幼儿园劳动教育丛书
江苏省“十四五”时期重点出版物出版专项规划项目

小工程 大劳动

幼儿园工程劳动教育实践

刘颖 虞永平 / 主编

林远龄
庄宏玲
唐淑玲
钟萍萍
梁 薇
罗 盈 / 著

XIAO GONGCHENG DA LAODONG

江蘇鳳凰教育出版社
Phoenix Education Publishing, Ltd

序

劳动对人类而言，有着特殊且重要的价值。劳动能够创造财富、创造世界。劳动对个体的发展更有着不可替代的价值。劳动能够让人发现自我、改造自我、确证自我，因此我们说，劳动“使人真正成其为‘人’，根本超越了动物界”①。劳动是人全面发展的重要途径，劳动教育是全面发展教育体系的重要组成部分。在2018年的全国教育大会上，习近平总书记特别强调了劳动教育的重要性，强调要在学生中弘扬劳动精神，教育引导学生崇尚劳动、尊重劳动，懂得劳动最光荣、劳动最崇高、劳动最伟大、劳动最美丽。2020年3月，中共中央国务院印发了《关于全面加强新时代大中小学劳动教育的意见》，强调了劳动教育是中国特色社会主义教育制度的重要内容，并要将劳动教育纳入人才培养的全过程。

遗憾的是，在过去的一段时间内，有关劳动教育的政策话语和研究热点主要出现在大、中、小学阶段，对幼儿园劳动教育的研究处于相对滞后的状态。然而，我们不能就此忽视劳动以及劳动教育对幼儿发展和学前教育质量提升的意义。

劳动活动是幼儿综合的学习。劳动需要动手。年龄较大的儿童，更多以间接经验的学习为主，学习的场所能够发生在课堂中，学习的方式能够以讲解为主。而幼儿是在直接感知、实际操作、亲身体验的过程中学习的。让幼儿获得经验，就是让幼儿去做事。幼儿的劳动，就符合这里所说的做事的特点。劳动对幼儿学习的意义直接体现在丰富了幼儿做事的机会。

劳动能够促进儿童全面的发展。劳动尽管强调身体的参与，劳动教育强调劳动态度、劳动习惯和劳动情感的涵养，但其价值绝不仅仅局限在身体发展和价值观的培养上。劳动的过程，是多个领域的经验有机结合的过程，也指向多个领域

① 赵敦华，孙熙国．中西哲学的当代研究与马克思主义哲学创新 [M]．北京：人民出版社，2011：298.

经验发展的过程。杜威在中国访问演讲时，就曾对南京高等师范学校附属幼稚园养蚕一事深有感触，并以此阐释劳动对学前儿童多领域发展的综合作用。

劳动教育是落实《指南》精神、提升学前教育质量的重要抓手。劳动教育重在亲身参与和实践，强调幼儿动手能力的发展。开展劳动教育，为幼儿提供了丰富的直接感知、实际操作和亲身体验的学习机会，有利于改变学习方式小学化的倾向。劳动教育关注对儿童劳动素养的培养，促进儿童体、智、德、美和创造力的全面发展，有利于改变当前教育中“扬心抑身”的倾向，能更好地落实《指南》精神。

尽管劳动教育未曾远离过我国幼儿园教育实践一线，我们在幼儿园中也总能看到这样那样热火朝天的劳动场景，但有关幼儿园劳动教育的理论与实践还充满着挑战和难题。例如，如何在我们的课程中定位劳动教育？如何处理劳动教育中劳动品质涵养和其他方面发展的关系？怎样合理地处理劳力和劳心的关系？如何为新时代的幼儿园劳动教育注入时代发展的特点？如何提供满足当代幼儿需要的劳动教育？如何不断丰富幼儿劳动教育的内容和形式？如何建构幼儿园劳动教育的资源和环境？如何在劳动活动中有效地回应幼儿，并为幼儿提供充分的机会和挑战？如何协同家庭、社区的力量共同参与到幼儿园劳动教育的实践当中？

基于对幼儿劳动以及幼儿园劳动教育价值的考量，我们和全国有志于从事劳动教育研究的十多所幼儿园一道，从 2019 年开始，开展了系统的幼儿园劳动教育研究。参与研究的幼儿园来自我国各个地区，有着不同的园情和研究基础。但共同的，是他们研究劳动教育的决心、热情和努力。每一所参与劳动教育实践研究的幼儿园，既整体性地对幼儿园劳动教育进行了探究，还从园所自身的基础条件、幼儿发展的现实需求出发，选择了种植劳动、饲养劳动、工艺劳动、工程劳动、生活自理劳动、社群服务劳动中的一类，进行了深入的实践与研究，以获得更扎实的幼儿园劳动教育研究经验和研究成果。

在这数年时间中，参与幼儿园劳动教育研究的各所幼儿园迎难而上，在实践中重新审视了幼儿园劳动教育的价值，凝练了劳动教育的理念，总结了组织劳动教育活动的策略，梳理了与《指南》对接、符合幼儿身心发展规律的劳动教育目标，建构了与幼儿生活密切相关的劳动教育内容体系，探索了多种形式的劳动教育组织形式，并尝试开展幼儿劳动教育的评价工作。在与实验园所园长、老师们共同研究的过程中，我们见证了完整儿童的发展，见证了老师们教育观念的更新、教育方法的改善、教育能力的提升，见证了《指南》精神的逐渐落地。

江苏凤凰教育出版社策划并出版的这套“幼儿园劳动教育”丛书，是对幼儿园劳动教育理论和实践研究的总结与展示，是对幼儿园劳动教育理念、立场、观点、策略、方式、机制的挖掘和整理。作为国内第一套系统呈现幼儿园劳动教育研究成果的书籍，本套丛书在内容、形式、体例上都还有诸多差强人意之处，我们也将在后续的研究中不断完善。此时推出这套丛书，我们希望能够给更多的学前教育同行以启发，让更多的幼儿园深刻地认识到幼儿园劳动教育的价值和实现价值的可能性，让更多的幼儿园参与到幼儿园劳动教育研究的队伍中来，让幼儿园劳动教育研究的成果造福更多的儿童。

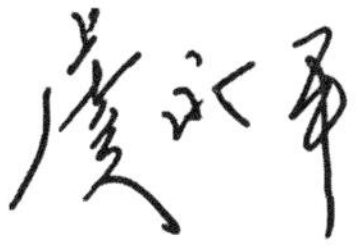

目 录

导言：
由“拎被子”引发工程劳动课题研究

每当小朋友将带回家清洗的被子拿回幼儿园的早上，幼儿园门口必定门庭若市。门内工作人员聚集，个个严阵以待、蓄势待发，而门外则会上演一出拥挤、吵闹的“大戏”。

你会听到，孩子们边哭边喊：“被子太重了，我拿不动！”“老师，帮我拿！”……家长不放心地说：“孩子太小了，拎不动被子，老师帮他拿一下吧。”“这是××班×××的被子，老师你帮他送进去吧。”“宝贝，你拎不动的，奶奶会交代老师来拿的。”……

你会看到，老师及工作人员恨不得长出三头六臂，一人拎着四五床被子，上上下下一趟趟将被子搬运到各个班级的忙碌身影。

这样的场景，每月都会上演几次。

关爱孩子是幼师的职责，照顾孩子、为家长解忧当然无可厚非，但是在一次次的拎被子“大戏”中，我们不禁质疑：这样的忙碌有意义吗？孩子得到了什么样的发展？孩子该不该自己拎被子？这算是力所能及的劳动吗？老师要不要继续当搬运工？这是剥夺了孩子劳动机会的包办代替吗？家长为何会如此不放心？是舍不得孩子劳动，还是担心孩子拎被子走路不安全？我们是否应该重新审视我园的劳动教育质量？是否能从“拎被子”事件中挖掘出更多的劳动教育内容？

为了解开种种困惑，我们围绕幼儿园劳动教育存在的问题组织了全园调研、大教研活动。很快，我们发现，虽然我园开展了一些劳动教育，但相对于整个课程来说课时占比少，形式与方法都有限，主要以穿衣、吃饭、叠被等培养个人自理能力的劳动为主，以轮流当值日生为植物浇水、扫地等为班级服务的劳动为辅。虽然教师提供了几种值日的内容供孩子自由选择，但劳动内容大同小异，且没有挑战性，对于孩子来说，这些劳动是“老师要我做的”“每次做的都一样”“太简单，几下就能做完”，这是导致孩子们对参与劳动兴趣不高的主要原因。

从孩子的表现中也折射出幼儿园对劳动教育还不够重视，教师从一日生活中挖掘劳动教育契机的课程意识还不够强，幼儿园的劳动氛围不浓厚。我们应以劳动教育为课题，集全园之力，深挖一日活动中的劳动契机，拓展劳动教育内容，丰富劳动教育的形式，加大劳动教育在园本课程中的占比，融合各项资源，形成课题研究合力，用孩子与教师的身体力行，唤醒幼儿园每一位成员的劳动意识，在幼儿园营造出崇尚劳动的浓厚氛围，向家长乃至社区弘扬劳动精神。

当然，对于将“劳动教育”作为课题，我们一开始也充满着迷茫和顾虑：这样的课题会不会让人觉得老旧、过时？能否得到各界的理解与支持？会不会出现“理想很丰满，现实很骨感”的尴尬？有何理论或相关成果能支持我们的课题研究？……在我们犹豫不决、无从下手之时，南京师范大学虞永平教授在了解我园的基本情况以及主题探究活动的课程基础后，鼓励我园以工程劳动为切入点，大胆进行劳动教育探究，为幼儿园劳动教育积累经验。虞教授的指点，让原本混沌、迟疑、找不到着力点的我们，一下子有了清晰的方向，不仅给我们的课题提出了一个全新的、充满挑战的概念——工程劳动，更让我们对接下来的研究有了底气和信心。除了专家的指点，我们也通过大量的调研，从工程劳动的视角去分析幼儿园开展劳动教育的价值与意义，认为工程劳动教育能促进幼儿更加全面和谐的发展，能打破幼儿园劳动教育的“瓶颈”，能为教师专业发展带来新的突破与挑战。

查阅现有相关文献后我们发现，我国对幼儿园工程劳动教育的研究刚刚起步，处在建立雏形的起始阶段，甚至对很多人来说“工程劳动”还是一个新鲜的名词。国内外学者们对工程劳动的研究主要在工程劳动理论方面，教学实践少之又少。虽然国内对学前教育阶段主题探究活动的研究较多，但是往往更注重科学探究，忽略了对幼儿劳动意识、操作能力、工程思维的培养。当前，我国的教育政策强调把劳动教育纳入人才培养全过程，而工程劳动强调培养幼儿的劳动意识、劳动能力、工程思维，正好弥补了我园主题探究活动课程的不足，因此，探索工程劳动在主题探究活动中的运用与实施具有理论与实践价值。带着满腔激情，带着一些疑惑和忐忑，带着新的理念，我们开始了对“劳动教育”课题的研究，我们将会遇到什么困难？遭遇哪些窘境？思想上又会迸发出什么样的火花？

一、初次邂逅，困惑不断

我园（厦门市实验幼儿园）创办于 1986 年，开展主题探究活动课程已有 20 多年。我园依据主题探究活动理论模型的基本原理和幼儿园育人的实际需要，融合陈鹤琴“活教育”思想、加德纳“多元智能”、维果茨基“最近发展区”及瑞吉欧教育等多种先进理念，构建主题探究活动课程，落实五大领域以及多元智能的发展目标，促进幼儿在认知、情感、能力等方面和谐发展。经多年潜心研究，我园逐渐形成了“玩中学”主题探究活动的品牌特色。当我园决定以工程劳动为基点，开展劳动教育课题研究时，幼儿园的现状、教师的苦恼、家长的疑惑、孩子的烦恼……种种困难接踵而至，让我们感到虽鼓着一股想要“大显身手”的劲儿，但又不知从何入手。

（一）幼儿园的现状

1. 课程实施现状

我园实施“玩中学”主题探究活动课程，已有 20 多年的基础与积淀。主题探究活动具有综合整体性、动态生成性、探究性、合作性等特点，强调幼儿主体性的发挥，以满足幼儿的兴趣与需要为基本出发点，提倡教师与幼儿共同探究。而工程劳动也是为了满足幼儿需求而进行的创造性活动，是运用技术进行设计、解决问题并制作产品的过程；工程是不断更新的，能激发幼儿有目的、有计划、有步骤地寻找能解决问题的创造性方案。两者在主体性、动态生成性、探究性、创造性、解决问题等方面“同根同宗”。我们找到了主题探究活动课程与工程劳动的契合点，这也让我们意识到，有主题探究活动课程的研究成绩作为基础，我们对推进实施工程劳动课程就更有底气和信心，能达到锦上添花的效果。

2. 教师队伍现状

工程劳动教育对教师的问题把控能力、有效互动能力、“支架”提供能力等都提出了较高的专业要求。但近年来，由于幼儿入园需求逐年快速增长，思明区对公办幼儿园大规模投入，我园犹如“黄埔军校”般持续输出经验丰富的优秀骨干教师，消耗了原有的积淀，目前教师队伍正处于一个“青黄不接”、两极分化的时期。教师团队中，入职 0 ~ 3 年的新手占教师总数的三分之一，入职 3 ~ 5 年的新秀教师流动现象比较严重，能独当一面的骨干教师和擅长开展主题探究活动课程的有经验的老教师占比较小，具体情况详见右图。

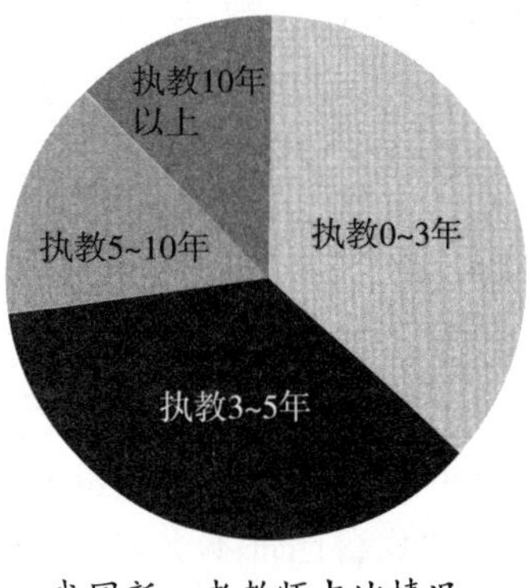

我园新、老教师占比情况

这样的教师队伍现状，是开展工程劳动课程必须面对的挑战。如何在尊重教师专业发展规律的同时，既解决青年教师经验不足的问题，又能激发年轻人善创新、爱拼搏的精神，保障工程劳动课程既有“量”更有“质”地在全园铺开？

3. 园所空间环境、工具等的现状

我园作为一所成立于20世纪80年代的老园，运动场地面积仅为1807平方米，幼儿运动只能轮流、分批进行。如何在老、小、旧的园区空间里，最大化地提升空间利用率，为工程劳动教育提供强有力的硬件支持？

此外，在劳动工具方面，我们的工程劳动是要来“真”的，将来或许会涉及挖土、锯木、打地基等工作，而市面上的劳动工具要么过长过大，要么过重过尖。虽然园内木工区已有一些工具，但都很“迷你”，常常因为不堪重负而破损。对于工程劳动中的工作任务来说，它们不像是工具，更像是玩具。没有称手的劳动工具，怎么办？

（二）教师的苦恼

教师的苦恼也比较多：开展了工程劳动，主题探究活动课程该何去何从？是直接摈弃主题探究活动课程，转而从零开始研究工程劳动，还是可以在多年研究的基础上，将其与工程劳动进行融合？又该如何使工程劳动与主题探究活动进行有机融合，使幼儿既劳心又劳力，促进幼儿均衡发展？

解读幼儿的行为，从而提供更为适宜的教育支持，是当下每个幼儿教师的必修课。实施工程劳动课程，同样需要教师“戴”上能敏锐捕捉儿童高光时刻的“眼镜”，否则容易使工程劳动陷入僵局或形式主义，变为枯燥重复的无意识劳动，“劳动创造幸福”更无从谈起。在工程劳动教育方面零基础、零经验的教师，其儿童观、教育观需要做出哪些转变，才能支持工程劳动教育活动在幼儿园顺畅地推进？

近些年来，随着劳动教育在社会上越来越被淡化，学校层面在一定程度上也出现了轻视、弱化劳动教育的现象，对适宜的劳动教育内容鲜少深入挖掘，教育形式也比较局限，教师自己的劳动技能也是非常有限的，甚至有很多劳动工具都不认识。在工程劳动教育内容实施前，我们通过一对一访谈收集我园教师对于工程劳动的种种疑问：

“什么是工程劳动？我们的课程算不算工程劳动？”

“什么样的工程是适合孩子做的？”

“工程劳动讲究的是劳心与劳力的结合，怎样在课程中平衡两者呢？什么程度的劳动才是适宜孩子的劳力？”

“我自己都不会钉钉子、锯木头，甚至连劳动工具都傻傻分不清楚，我能教孩子什么？”

“关于工程劳动的理论书籍、文章少之又少，没有‘巨人的肩膀’可以攀登，我感到手足无措。”

“这么小的孩子能做出什么工程来？不过是小打小闹，跟以前一样玩游戏罢了。”

“什么样的工程材料是适合孩子用的？”

“工程劳动要搬砖头、锯木头，会不会经常出现安全问题？”

“我是个‘90后’独生子女，从小到大我在家都不需要劳动，父母都为我包办了，说实话我的劳动能力很差，怎么办？”

……

（三）家长的疑惑

由于社会大环境对劳动教育的认识简单化、窄化，一些看不起体力劳动者、不珍惜劳动成果的现象时有发生，不少家长也走进了轻视劳动教育的误区，出现了把劳动看成是给孩子不必要的负担、用劳动作为惩罚孩子的手段、舍不得子女尤其是独生子女劳动等现象，劳动教育在家庭教育中被弱化、再弱化。为了较准确地摸清我园家长在家庭教育中是否进行劳动教育，我们以调查问卷的方式，对家长进行了“劳动教育在家庭教育中的占比”的调查，统计出来的数据令人惊讶，也发人深省。仅16%的家庭在家庭教育中会渗透劳动教育，让幼儿承担一些力所能及的简单家务，如擦桌子、倒垃圾、扫地、择菜等。但84%的家庭却不愿意让孩子进行劳动，这些家庭有各种各样的理由：

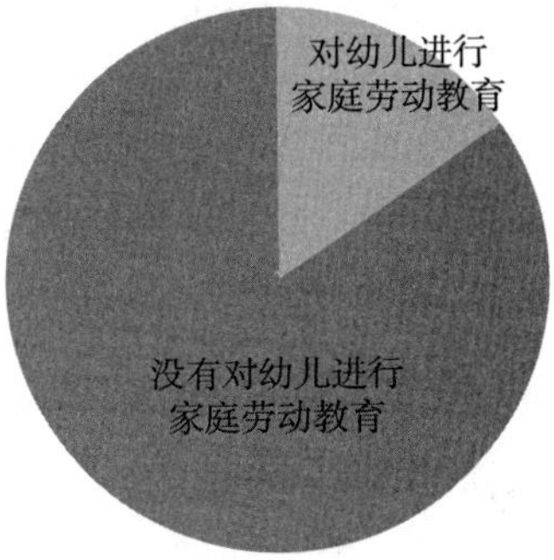

我园幼儿家庭
开展劳动教育的情况

“我们家几个大人围着一个孩子转，所有的事都替他做了，还有什么事能让孩子做呢？”

“让孩子做家务，（孩子）笨手笨脚的，越帮越忙，还不如我自己做更省心。”

“说实话，现在这个社会只要学好知识，生活能自理，就足够了。劳动教育远没有学习来得重要！”

“我们没有时间，（孩子）都是爷爷奶奶带，老人家什么事都包办了，我们跟老人家沟通了，可是他们不听，没有办法。”

“让孩子劳动，万一磕着、碰着怎么办？多危险啊！”

“现在不用孩子劳动，等他长大了自然就会了。”

“劳动教育是过去科技不发达的年代大力倡导的教育，现在科技这么发达，劳动教育已经过时了，没有那么重要了。”

……

（四）孩子的烦恼

虽然一直以来我园通过娃娃家的游戏、操作区的活动、自理能力比赛等来培养孩子自己穿脱衣物、自己吃饭、收玩具等基本的自理能力，也一直利用值日生的形式，让孩子做一些如叠毛巾、扫地、给植物浇水等简单的劳动，但孩子的劳动意识仍旧非常淡薄，不爱劳动、怕苦、怕累、怕脏的孩子超过半数，不珍惜他人劳动成果的现象普遍存在。在幼儿园一日生活中常常会听到孩子们如下的话语：

“老师，劳动太累了，我要休息！”

“你看我都流汗了，这里没有空调，太热了！我想去教室吹空调。”

“叠被子太难了，我不会，老师你帮我吧。”

“老师我不会剥虾，我不吃了，倒掉吧。”

“土太脏了，会把我的手弄脏，我不要碰。”

“扫地不好玩，我不想扫了，我要玩玩具。”

“为什么幼儿园的荔枝和我家的长得不一样？我家的荔枝都没有壳（每次家长都给剥好了），是白白的。幼儿园的有壳，还得剥，真麻烦。”

……

二、小试牛刀，窘事连连

万事开头难，当我们站在工程劳动的“始发点”，面对幼儿园软硬件的现状、教师的苦恼、家长的疑惑、孩子的烦恼，以及找不到相关资料答疑解惑的慌乱，我们鼓足勇气，做好克服重重困难的心理准备，本着“摸着石头过河”的心态，边做边摸索，边做边学习，边做边总结，在一次次摸爬滚打中，找寻着工程劳动教育高质量、高效率的实施道路。

在一个学期的工程劳动课程尝试中，我们以中、大班作为试点，开展了一系列从幼儿兴趣点生发出来的各具特色的工程劳动。都说“光说不练假把式”，唯有真正参与到工程劳动的实施过程中，才能真切体会到工程劳动中蕴藏着太多值得深入学习的东西，对教师的课程领导力、知识量的储备都具有很大的挑战，稍一大意，工程项目就可能会陷入“走偏”、无意义劳动的窘境。

比如，在大班工程劳动“蜗牛的家”中，遭遇建筑物倒塌问题——

孩子们发现阳台上的蜗牛一直神秘消失，他们认为蜗牛是因为居无定所才会不断失踪的，于是孩子们决定要为蜗牛“建一座真正的房子”。此刻，高兴的不仅仅是孩子，更为激动的是刚刚接手工程劳动教育任务的教师，因为孩子们的提议简直正中下怀：“为蜗牛建房子，这不正是工程劳动嘛。为蜗牛建一个小小的家，应该很简单吧……”教师信心满满地和幼儿一起进入工程劳动之旅，很快就体验到“知之非难，行之不易”的道理。因为缺乏工程劳动经验，对房子的架构、材料等问题没有前期计划，没有做足准备，当“蜗牛的家”盖到第二层时，就出现了“楼层坍塌”的问题，“蜗牛的家”一度成了“危楼”。

在经历一次次“遇到困难—想办法解决”的循环过程中，在使用了工程劳动标志性的水泥、砖块等材料后，“蜗牛的家”终于完工了，老师们激动不已，信心倍增——工程劳动似乎也没有想象中的那么难嘛。

但当教师冷静下来，才后知后觉地发现：大家似乎正在“穿着新鞋走老路”。教师用“简单粗暴”的方式将“工程劳动”进行了字面上的拆分，认为它至少应该包含“工程”“劳动”两个部分。而审视整个活动过程，虽然顶着“工程劳动”的帽子，表面上看起来孩子们热热闹闹地通过探究解决了搭建过程中遇到的各种问题，但真正涉及“工程”的内容却非常少，如工程基本步骤的梳理、施工先后顺序的确定、设计图的绘制、材料工具的选用等环节都做得不够细致，甚至直接被忽略了。在“劳动”方面的问题就更加明显了：拇指大的砖头、碗装的水泥……整个过程中，孩子的体力付出以及参与劳动的机会少之又少。那么，“蜗牛的家”到底是“工程劳动”还是“主题探究”，答案不言而喻。

幼儿尝试用纸、塑料膜搭建“蜗牛的家”

幼儿用碗调制水泥，用“拇指砖块”搭建“蜗牛的家”

又如，在中班工程劳动“靠背椅”中遇到难度适宜性的问题——

老师的腰受伤了，孩子们发现班级里没有能让老师坐得舒服一些的靠背椅，于是他们决定为老师做一把。可是在制作过程中，由于缺乏对椅子稳固性的充分考量，再加上材料种类较为局限、劳动技术不足，尤其是核心技术——制作靠背的技术问题一直无法解决，最后他们只能把几个瓶子粘在椅座上充当“椅背”，才最终做出了一把需要老师小心翼翼、“慢镜头式”坐下的椅子，而且坐下后最好静止不动，因为摇摇晃晃的椅子可能会随时散架，最重要的是不能往后靠，否则椅背会掉下来。

这样的“工程劳动”是否适合中班孩子来做？工程技术对他们来说是否太难？教师如何针对不同年龄段的孩子提供适宜的教学支架？

又如，在大班工程劳动“双子塔”中出现成品实用性与美观性差的问题——

大三班孩子在暑假时参观了很多建筑，决定在班级建一座厦门的地标性建筑——双子塔。孩子们通过测量、锯木头、钉钉子等劳动，终于做出了一座充满稚气的成品。我们思考：它和木工区的作品有什么区别呢？它只能欣赏，实用性几乎没有，与“工程劳动成品要在实际中能真正用起来”的要求不符，所以它不是一个工程劳动的成品，而只是仅供观赏的工艺劳动作品吧？教师对工程劳动课程的定位，怎样才能不出现偏差？是否可以将艺术领域的要求渗透到工程劳动中去，让作品不仅可以漂亮起来，还可以用起来？

厦门双子塔实景

幼儿制作的“双子塔”

又如，中班工程劳动“娃娃机”中出现工程核心概念缺失的问题——

下图是孩子们制作的“大型娃娃机”。但我们都知道，娃娃机的魅力在于“夹”的过程，该工程的技术难点应该在于制作一把“能夹、能放、能移动”的夹子。但反观孩子们制作出来的“娃娃机”成品，仅是靠勺子舀、钩子钩等方法将娃娃取出。工程劳动是否能脱离劳动对象的特点，任意设计、改造？这样偏离了游戏精髓的“娃娃机”，还算不算一件合格的工程劳动成品？教师在今后的活动中，该怎样准确抓住工程技术的核心，在工程劳动过程中注重培养幼儿的工程思维、工程意识？

“娃娃机”成品

幼儿用钩子钩娃娃

幼儿用勺子舀娃娃

大班工程劳动“鼓浪屿微景观”还反映出幼儿园硬件设施方面的问题——

大二班的孩子想在幼儿园做一个迷你的厦门地标“鼓浪屿”，这是一个很好的工程劳动项目。可是心急吃不了热豆腐，教师太过冲动，没有事先与孩子一起到“施工地”做好规划，没有引导孩子考虑周边的环境，就急着动工，出现了微景观比较突兀、比例不协调等问题。然而令人尴尬的事还不止于此，工程结束后，剩下来的水泥和沙土教师不知该如何处理，直接将其倒入了下水道，结果坏事儿了——下水道被堵住了！看来，连处理工程劳动产生的垃圾都有学问，老师们要学习的远比想象中多得多。另外，幼儿园的下水道看来也得紧跟课题研究的步伐做升级了，明沟暗渠的过滤能力有待提升。

大班工程劳动“上下坡道”中更反映出教师工程劳动知识技能储备薄弱的问题——

幼儿制作的“鼓浪屿”微景观

在平坦的路上骑自行车已经无法满足孩子的游戏需要了，他们打算建一条有上、下两个坡的自行车道，增加骑行中的刺激程度和趣味性。可是毫无工程劳动经验的教师在给坡道侧面抹水泥时被彻底难住了——水泥像长了脚似的，一直往下掉，根本糊不上砖头。教师和孩子们手足无措，只能一遍又一遍地尝试，可水泥就是不听话。多次的失败让孩子们逐渐失去了耐心，开始议论纷纷：“为什么一直粘不住呢？”“是不是水泥拌得太稀了？”“为什么抹在别的地方就可以？”“啊？连老师都不会呀！”“对啊，老师不是什么都会吗？”……孩子的童言稚语，让本就手忙脚乱的老师窘得满脸通红，满头是汗。一直站在旁边、年纪较大的保育老师说道：“这样是不行的，要用木板先固定好，再抹水泥。”经过保育老师的指点，师生们又开始了尝试，可不是木板尺寸不对，就是固定得太晚，还是接连失败。保育老师实在看不下去，亲自上阵，手把手地指导幼儿，终于完成了这个险些“烂尾”的工程。事后，小朋友满脸崇拜地围着“工程明星”追问道：“黄老师（保育老师），为什么你知道盖坡道？”保育老师第一次受到孩子如此热情的崇拜，兴奋地说：“在我的老家，人们都是这样盖坡道、盖楼梯的。我年轻的时候也盖过。”“哇，黄老师真厉害！”“黄老师最棒！”……在教学中本来胸有成竹、运筹帷幄的老师，在工程劳动中屡屡失败，被保育老师“抢走”了“女主光环”，甚至“抢走”了班级里的“小粉丝”，其中的挫败感不言而喻。可见教师的工程劳动能力亟待提高，劳动知识、技能储备急待提升。

以上只是部分班级在工程劳动中遇到的窘况，然而忐忑不安的远不止班级的老师，后勤、行政部门也遇到了诸多尴尬。

为了支持中、大班的工程劳动活动，后勤部门一股脑儿地购买了一批劳动工具，准备让大家大干一场，可万万没想到，问题随影而至！由于从市面上买来的铲子和锄头多数是成人用的劳动工具，孩子们根本拿不动，再加上工具数量多，尺寸大，幼儿园又暂时未配备专门的工程劳动工具间，班级也没有专门的工具箱，就出现了用也没法用、收也没处收的尴尬。由此可见，教学与后勤部门如何密切配合、互为助力，是个需要深思的问题。

行政部门的工作人员也是不停地连轴转，有时去工程现场给教师即兴做技术指导，有时指导后勤部门采购合适的材料，有时到班级观察工具的使用情况、收集整改意见。别小看入班观察，还真发现了不少问题——教师给才入园两个月的小班孩子发放铁制、尖头的挖土小铲子，让孩子们为植物松土，对于懵懵懂懂的小班孩子来说，铁质工具合适吗？安全吗？教师在发放工具和材料前结合孩子的年龄特点进行过思考吗？在中、大班的工程劳动中，常常看到教师、孩子拿着木头槌子、橡胶锤子在钉水泥钉，在他们看来，只要是锤子就能钉钉子，殊不知小小的锤子里也有大大的学问，铁锤、木槌、橡胶锤在工程劳动中各有各的用处，而钉水泥钉要用铁锤。

窘事层出不穷，问题比比皆是，有时让我们尴尬不已，有时又惹得大家啼笑皆非。本就“摸着石头过河”的我们，早就有了在工程劳动探索过程中深一脚、浅一脚的心理准备。困难不会少，问题一定有，但我们不藏着掖着，不懂就问，不会就学，大家抱团学习，一起寻找隐藏在问题背后的原因，一起寻找解决问题的途径。

功夫不负有心人，我们很快归结了几个急需解决的问题：

1. 工程劳动理论知识贫瘠

当前，可供借鉴、学习的工程劳动材料极为有限，老师们没有充足的理论依据支撑自己的教学行为。如果不设法尽快丰富教师的相关理论知识，给予其有力的抓手，将会影响教师在工程劳动中的课程领导力，跑偏、走老路等窘事仍将不可避免地发生，长此以往，工程劳动课题的研究效率及质量也将受到影响。

2. 教师工程劳动技能匮乏

老师们在工程劳动中屡屡受挫，一个很大的原因是自身工程劳动技能匮乏，绝大部分老师学习工程技能的途径是视频、文字、口耳相传，真正通过动手操作得出经验的少得可怜。俗话说得好，“台上一分钟，台下十年功”，纸上谈兵所获得的“技能”，在“真枪实弹”的工地上立马露怯，无所遁形。为了扭转局面，让老师们有一技傍身，在工地上能底气十足、游刃有余，幼儿园必须组织面向教师乃至全体员工的工程劳动基本知识与技能的培训，提供空间和时间让大家动手操练，从而丰富“实战经验”。

3. 工程劳动教育管理制度不全

管理方面的问题也层出不穷，着实让行政班子伤脑筋。买不到适合幼儿使用的工程劳动工具怎么办？材料、工具采买回来后，哪些应该投放在班级，哪些需要统一管理？统一管理的工具放在哪儿？谁来负责保管、清理、维护？投放到各班的材料可以无差别分配，还是该根据孩子的年龄特点有选择地投放？……看来，幼儿园的相关规章制度必须跟随课题研究的发展及时更新，形成相关管理办法，并不断完善管理机制，否则，行政班子成员就只能好似“消防员”般到处“救火”。

众所周知，课程的实施需要基于园所实际、依托班级实践开展，那样才富有说服力和推广性，而不是由园长和几位骨干教师拍脑袋决定。因此，如何根据我园园本实际和教师队伍的现状，发挥我园既有资源的优势，快速有效地开展和实施工程劳动教育，成为迫在眉睫的问题。

在研究时间紧迫、研究内容全新、师资队伍相对年轻的情况下，我园如何重新审思、调整管理“战术”，改变现状，引领教师团队打好快速反应战呢？这对我们而言是一个极大的挑战。

1 第一章 工程劳动课程设计

我们的问题和挑战

- **什么是工程劳动？**
- **工程劳动的内容从哪里来？**
- **在幼儿园，该如何实施工程劳动？**

“拎被子事件”引发了我园对劳动教育的思考，经过初步的调研和讨论，根据我园的基本情况，以及我园实施主题探究活动园本课程的实践经验，我们开启了充满挑战的新课题的研究，那就是工程劳动教育实践。

幼儿园工程劳动教育实践与研究在国内刚刚起步，研究成果主要集中在工程劳动理论方面，教学实践少之又少，因此，这一全新课题让老师们疑惑重重：什么是工程劳动？什么样的工程劳动适合孩子们？工程劳动的内容从哪里来？该怎样在幼儿园实施工程劳动？……

经过对文献的学习，以及在班级的工程劳动实践，工程劳动的概念在我们脑中逐渐清晰起来。工程劳动指的是在一日生活中，围绕幼儿感兴趣的问题、活动的需求等进行的创造性活动，是运用技术进行设计并制作产品以解决问题的过程，它强调通过以工程为核心的设计和制作活动来解决生活中真实的、有意义的问题，鼓励幼儿运用劳动和工程思维去解决问题，培养幼儿的“工匠精神”和创造性解决问题的能力。

然而，在初期的实践中，有不少教师认为幼儿园的“工程”就是小打小闹地做一些不能实际使用的模型，是不可能有既劳心又劳力的真“工程”的。但这并不意味着幼儿没有对生活的关注，没有设计产品的创想、制作产品的兴趣。那么，幼儿园如何支持幼儿去实现自己的想法，满足他们的创作愿望，让劳心与劳力共同呈现在幼儿对外部世界的探索与改造中呢？我们认为，问题的关键在于如何选择适宜的工程劳动内容，如何站在幼儿的视角实施工程劳动。

本章重点阐述适宜在幼儿阶段开展的工程劳动的内容、课程结构、操作模式以及实施步骤，以期提高教师实施工程劳动课程的能力。

第一节
工程劳动概述

一、工程劳动的概念

工程劳动指的是在一日生活中，围绕着幼儿遇到的感兴趣的问题、活动需求进行的创造性活动，运用技术进行设计、解决问题并制作产品的过程。它能够帮助幼儿掌握科学内容和方法、程序知识、批判性思维和解决问题的技能、组织和管理技能、交流的技能；它能激发幼儿有目的、有计划、有步骤地寻找解决问题的创造性方案。通过工程劳动，幼儿能够获得计划的经验、合作的经验、数学与科学认知的经验、艺术的经验等多领域综合性的经验。其特征有：

1. 依托问题情境，关注幼儿生活经验

幼儿园工程劳动必须基于一定的问题情境，即幼儿实际面临的问题，这能充分调动幼儿主动探究、动手创造的积极性，促进幼儿的深度发展。同时，工程劳动重视将幼儿的学习与生活经验紧密联系在一起，鼓励幼儿根据自己的生活经验提出解决方案，并在操作中实践，获得经验的提升。如大班工程劳动“了不起的交通指示牌”，幼儿发现幼儿园楼梯、洗手间等地方容易出现拥堵，影响大家的活动，这反映出他们对生活的关注，也是他们迫不及待想要解决的问题，因此，在制作指示牌时，幼儿积极学习工具的使用，并查阅资料做设计，最后制作产品，他们的综合能力获得了发展。

2. 强调跨学科学习，促进学科知识融合

工程劳动强调多学科的整合，这里的“整合”不是拼盘式的组合，而是打破学科界限，将各学科的知识运用到解决问题的过程中，如中班工程劳动“植物爬藤架”，在制作爬藤架的过程中，幼儿测量爬藤架应达到的高度、长度，这涉及数学知识；幼儿动手制作爬藤架的造型，这涉及技术、工程知识；探索爬藤架的稳固性，这涉及科学知识；最后装饰爬藤架，这涉及艺术领域的知识。在整个活动中，各学科的知识并不是单纯地拼凑在一起，而是联系起来进行实际运用。

3. 借助工具技术，提高解决问题的能力

工程劳动强调运用技术进行设计，解决问题并制作产品，因此技术是工程劳动的重要组成部分。在工程劳动中，幼儿利用平板电脑、交互式白板等现代信息技术工具收集信息，使用锯子、锤子、剪刀等简单工具来设计和制作产品，解决生活中的问题。如大班工程劳动“小凉亭”，幼儿先使用平板电脑收集关于凉亭的资料，并在交互式白板上进行统计、归纳，丰富了对凉亭结构的认识；在固定凉亭时，幼儿使用了麻绳、铁丝、电钻和螺丝等工具，解决了难题。这些工具的使用，不仅提高了幼儿的动手操作能力，推动其技术能力的提升，而且增强了他们解决问题的能力。

4. 鼓励团队合作，促进幼儿社会性的发展

工程劳动是要解决真实生活中的复杂问题的，面对复杂的难题，幼儿难以单独完成，需进行团队活动。在团队中，可以是同年龄段幼儿的组合，也可以是不同年龄段幼儿的合作，每个人都是活动的主角；在遇到困难时，同伴间互相支持，相互配合；在面对疑问时，大家积极提供有效建议。具有不同生活经验和认知水平的幼儿相互学习，共同探究，不仅能够帮助幼儿解决复杂的问题，推动其认知能力的发展，而且还能促进他们社会性的发展。

5. 运用工程思维，增强思维的严谨性

工程劳动是一个思维的过程，强调将知识转化成产品。幼儿的工程思维是在工程设计、制作产品的过程中形成的，他们遵循“明确问题—前期探索—设计—制作—测试与改进”的程序来应对工程实践中的问题，运用各种知识来解决问题，增强了思维的严谨性。如中班工程劳动“彩虹阳光房”，幼儿明确了“游戏房”的需求后，通过网络学习、现场观察等方式了解关于房子的知识，获取经验，他们根据已有经验和需求，设计并运用工具制作彩虹阳光房，在测试时发现存在牢固性方面的问题，于是选择以合适的钉子加固、添加龙骨和三角支架等方式优化产品。在工程劳动过程中，幼儿就像是工程师一样，遵照工程程序来解决问题。

二、工程劳动的价值

（一）工程劳动在幼儿层面的价值

工程劳动是跨学科知识的整合，它强调知识经验的积累、操作技能的学习、思维的开发和学习品质的养成、劳动素养的培养等多维目标。

在知识经验的积累上，工程劳动中包括对科学、数学、技术、工程等知识经验的初步认识。

在操作技能的学习上，工程劳动包括对信息技术的应用、材料的使用、工具的使用，以及观察和测量、设计图表等方法的初步接触。

在对思维的开发上，工程劳动更侧重工程思维的开发，即在工程设计和制作产品的过程中形成“设计性思维”和“程序性思维”，其核心是运用各种知识和技能解决工程实践中的问题。设计性思维在幼儿之间存在个体差异，设计的视角也呈现出个体差异性，幼儿的互动式学习有助于拓宽他们的探究思路，促使他们产出多样化的产品，提高解决问题的创新性。程序性思维是遵循“明确问题—前期探索—设计—制作—测试与改进”的程序来对待工程实践问题，能促进幼儿提升思维的严谨性。

在学习品质的养成上，工程劳动能反映幼儿的学习态度、学习行为与习惯，以及学习方法等，能培养幼儿对学习的主动性、面对困难的坚韧态度，培养他们在学习过程中的坚持性、注意力的持续性，提升其计划能力、合作能力等。

在劳动素养的培养上，工程劳动中蕴含了劳动意识、劳动能力、劳动品质。工程劳动强调“工程是为满足人类需求而进行的创造性工作”，幼儿通过创造性的劳动来解决生活中和游戏中遇到的问题，在创造性的劳动中，教师引导幼儿学习劳动知识、劳动技能，注重对幼儿劳动意识、劳动品质的培养。

（二）工程劳动在教师层面的价值

1. 帮助教师树立跨学科综合学习的课程观

工程劳动强调打破学科界限，将各学科的知识融合运用于问题解决过程中，而不是做简单的叠加和重合。在实施工程劳动时，教师需要考虑内容选择、目标制定和教学途径的有机整合，从跨学科有机整合的角度思考该如何调动幼儿的经验，如何为幼儿提供学习支架，如何将跨学科整合的思维落实在一日生活中。这个过程促使教师树立跨学科综合学习的课程观。

2. 帮助教师提高运用专业知识观察、解读幼儿行为的能力

教师观察、解读幼儿行为的能力，关系着工程劳动的实施效率。为解决我园教师普遍存在的“教育支持水平不高”的共性问题，我们通过专家引领、文献学习以及教育实践等方法，将工程劳动与幼儿各领域发展目标相互结合，引导教师运用专业知识观察幼儿的行为表现，准确把握幼儿当下需要的核心经验，从而提高教师观察、解读幼儿行为的能力。

3. 促进教师推进工程劳动策略的多元化

通过在幼儿园实施工程劳动课程，我们引进先进的教育理念，打破思维定式，将设计、制作和改进的工程思维引入幼儿园课程实施过程，扩宽、加深教师思维的广度和深度，转变教师存在的“生成与推进策略单一”的窘状，促进工程劳动推进策略的多元化。

（三）工程劳动在幼儿园层面的价值

幼儿园工程劳动是以幼儿为主体，运用工程思维进行的创造性活动，在活动中，工程劳动与主题探究活动相结合，围绕某一探究主题不断进行扩展和延伸。同时，工程劳动强调跨学科的综合学习，不仅表现为目标上的综合发展，更体现实施途径上的多领域融合，因此，幼儿园工程劳动能对不同领域进行有机整合，使幼儿园形成以工程劳动为特色的课程模式，促进幼儿跨学科综合学习，从而提高幼儿园的教育质量。

三、工程劳动的内容

（一）工程劳动内容的来源

经过实践，我们发现工程劳动内容一般有两个来源：幼儿生成、教师预设。

1. 由幼儿生成的工程劳动内容

《3—6岁儿童学习与发展指南》（以下有时简称《指南》）提出，要充分尊重和保护幼儿的好奇心和学习兴趣。兴趣是幼儿主动学习和探究的动力，幼儿主动学习则是其深度学习的前提。幼儿感兴趣的事物是工程劳动内容产生的重要途径。因此，幼儿园工程劳动可以从以下三个方面引导幼儿发现问题、思考并解决问题，激发幼儿的学习主动性，帮助他们获得真正需要的经验。

（1）关注幼儿在游戏中的需求，生成工程劳动内容

游戏是幼儿的基本活动，幼儿的游戏需求是生成工程劳动内容很好的切入点。为满足自己的游戏需求，幼儿能充分调动积极性参与工程劳动。如中班工程劳动“彩虹阳光房”，幼儿在户外自主游戏中发现“缺少了游戏房”，从而产生了设计并制作游戏房的想法，生成了“彩虹阳光房”活动内容。再如大班的“刺激自行车道”，是幼儿在“骑车”游戏中发现拥挤和冲撞影响了游戏体验，从而产生另建自行车道满足自己游戏需求的想法，也由此生成了工程劳动活动内容。

（2）关注幼儿感兴趣的动植物，生成工程劳动内容

近些年，“善待自然”的生态警钟频频敲响，教师更加重视幼儿与大自然之间的良性互动。可以围绕幼儿感兴趣的动植物生成工程劳动的内容，鼓励幼儿用自己的方式去照顾和保护动植物。如中班工程劳动“植物支撑架”，幼儿在照顾植物的过程中，发现龙吐珠的枝叶垂到了地上，容易被小朋友踩到，教师及时注意到幼儿对植物的“不舍之情”，引导幼儿讨论解决问题的方法，从而生成了“制作植物支撑架”的活动内容。

（3）关注周围的社会生活，生成工程劳动内容

大自然、大社会都是“活教材”，幼儿的学习离不开实际的社会生活。生活中一

些现象也会引起幼儿的关注，如果教师能够捕捉幼儿感兴趣的生活现象生成工程劳动内容，不仅能够培养幼儿解决实际问题的能力，也能够让工程劳动更加生动。如大班工程劳动“共享书屋”，幼儿发现“离园时，不少家长都早早来到幼儿园等待接孩子，这些家长在门口无事可做”，便迁移了社会生活中的“共享”理念，萌发了制作“共享书屋”，与接送孩子的家长分享好看的图书的想法，帮助解决实际生活中的问题。

2. 由教师预设的工程劳动内容

工程劳动内容除了由幼儿生成以外，还可以由教师预设。当幼儿经验缺乏或者生成内容有困难的情况下，教师可以介入，预设活动内容。教师首先可以从幼儿感兴趣的事物、关心的焦点、熟悉的社会生活入手，通过问卷调查、谈话等方式了解幼儿的想法。其次，可以根据《3—6 岁儿童学习与发展指南》中的目标，考虑本园、本班幼儿的发展目标，或者幼儿发展中存在的某一个或几个相对薄弱的环节，来选择活动内容。

如，由于小班幼儿年龄小，缺乏生成工程劳动活动内容的经验，教师在观察、了解幼儿兴趣的基础上，根据小班幼儿“生活自理能力薄弱”以及“缺乏劳动意识”等情况，预设了小班工程劳动内容“保护植物大作战”，引导幼儿照顾植物，给植物制作挂牌，并尝试使用简单的工具为植物制作“防晒衣”，保护植物，使其不被紫外线灯伤害。教师预设工程劳动内容时，充分考虑了幼儿的兴趣、年龄特点，选择他们在体力上能负担的、内容上可接受的、经验上能收获的劳动内容，逐步提高幼儿的劳动能力，增强其劳动意识。

（二）工程劳动的内容类别

经过实践，我们认为，工程劳动知识体系是一个整体，其所包含的科学、技术、工程、数学等学科知识是不可割裂的，是相互联系的。在工程项目实施的过程中，我们会广泛地运用数学中的测量、统计、图表等方面的内容，也会运用科学知识来进行判断、调整、加强等操作，以解决技术和工程中遇到的难题，因此，应将工程劳动看作一个完整的知识体系。

在实际教学中，我们将工程劳动的内容大致划分为四大部分——木作工程、土建工程、水利工程和综合工程。不同类型的工程劳动内容具有不同的特征。幼儿园的木作工程是幼儿以木头为主要原材料，使用钉、锯、锤、刨等技术对材料进行加工、改造并制作产品。土建工程在广义上是指土木工程和建筑工程，而在幼儿园，我们具体指的是建筑工程，是幼儿以砖头、沙土、水泥为主要材料，使用延长、垒高、围合等技术制作产品的过程。《中国水利百科全书》将水利工程定义为对自然界的地表水和地下水进行控制和调配，为达到除害兴利的目的而修建的工程。幼儿园的水利工程是幼儿自选材料，运用技术，制作产品，将生活中的水有效地利用起来，用于解决生活和游戏中遇到的问题。综合工程强调工程内容的综合性，在综合工程中，幼儿需要综合运用木作、土建等技术制作产品。

现将我园工程劳动案例按照不同类型进行整理（如下表），具体案例则详见后面各章。

厦门市实验幼儿园工程劳动内容

工程类别	年龄段	工程劳动内容
木作工程	小班	西红柿保卫战
	中班	玩具遮雨棚
	中班	了不起的爱心椅
	中班	彩虹阳光房
	中班	植物支撑架
	大班	小凉亭
土建工程	大班	我们的鼓浪屿——日光岩
	混龄	送给弟弟妹妹的“小天使”隧道
水利工程	中班	水池喷泉
	大班	阳台植物浇灌器
	大班	水往高处走
综合工程	小班	植物防晒衣
	大班	观鸟屋
	混龄	悠哉悠哉木栈道

注：上表仅收录我园自工程劳动教育开展以来，到 2021 年 6 月这段时间内，实施得较为成功的部分工程劳动案例。

第二节
工程劳动教学设计

一、工程劳动教学设计

（一）工程劳动目标设计

幼儿园工程劳动的目标，要根据幼儿身心发展规律和《3—6岁儿童学习与发展指南》中健康、语言、科学、社会以及艺术五大领域的目标来制定，同时应突出工程劳动对幼儿工程思维、劳动能力的培养。

工程劳动强调学科知识的融合，这不仅需要学科知识横向的融合，也强调纵向的联系，即工程劳动教育中的目标在不同年龄阶段应具有层次性、递进性和连续性。可以将《3—6岁儿童学习与发展指南》作为抓手，将《指南》中确定的幼儿不同年龄阶段的发展目标作为工程劳动活动目标的重要参考。

教师还应进一步根据工程劳动的内容，从五大领域分析幼儿在活动中可能获得的关键经验，进而进行目标设计。但是，目标设计并不是一成不变的，而应根据幼儿在活动中的行为表现和兴趣变化进行灵活的调整。现以混龄工程劳动“悠哉悠哉木栈道”为例，用表格形式展示该工程劳动对大班幼儿的目标设计，详见下表。

混龄工程劳动“悠哉悠哉木栈道”对大班幼儿的活动目标设计

领域	目标
科学	属性：了解健康步道的基本特征。 探究：在成人的帮助下制定关于木栈道的调查计划，并执行。 探究：探究中能与他人合作、交流。 物理：对不同材料稳固性和平衡性的掌握。 物理：观察、感知步道转弯处弯道的搭建方法。 探究：能观察、比较与分析，发现并描述健康步道的特征。

续表

领域	目标
数学	空间：按照设计图，运用各种材料制作步道模型，促进空间感知能力的发展。 排序：将步道样式按照一定的行进路线进行排列组合。 测量：自然测量，用简单的方式或者工具进行测量。 数量：量的比较，如比较材质的厚薄、点数所需材料的数量。 几何：感知步道搭建的高度、角度及坡度等。
技术	测量：初步掌握测量工具的使用方法。 固定：龙骨的固定——平铺、错开、穿插交叉等；扶手的固定——水泥的使用。 工具的使用：多媒体工具、劳动工具、测量工具等。
工程	设计：绘制设计图，并在活动过程中不断调整改进。 工程思维：遵循“明确问题—前期探索—设计—制作—测试与改进”的程序。
健康	劳动：能使用简单的工具和材料，如锤子、锯子、水泥。 劳动：能分类整理材料。 动作：具有一定的能力和耐力（搬砖）。 动作：动作灵活协调（使用锯子、锤子等）。 安全：能遵守使用工具的安全规则。
社会	同伴交往：活动时能与同伴分工合作，遇到困难一起克服。 同伴交往：在讨论中，别人的想法与自己不一样时，能倾听和接受别人的意见，不能接受时会说明理由。 自尊自主：主动承担任务，遇到困难能够坚持而不轻易求助。
语言	讲述：能有序、连贯、清楚地表达自己对木栈道的认识。 阅读：能从绘本中获得自己所需的信息。 书面表达：能用图画和符号表现事物。
艺术	欣赏：欣赏并感知厦门健康步道的结构、特征。 表现：能用多种工具、材料或者不同的表现手法表达自己对木栈道的认识。 表现：运用花卉装饰木栈道旁的小花园。

注：未加下画线的部分为教师根据《指南》五大领域发展目标进行的目标设计，加下画线的为在活动中生成的目标。

（二）工程劳动活动设计

活动设计是指为工程劳动制订具体的实施办法、步骤等。工程劳动的活动设计应以幼儿为中心，以幼儿实际遇到的问题为起点，以设计、实施为主线，对幼儿在活动中可能遇到的问题以及可能涉及的知识经验进行初步的设计。活动设计主要包括可能经历的活动步骤、涉及的核心经验、遇到的难点、可采用的教学手段、活动准备以及关键性提问等。

教师在设计活动时，应注意以下几个方面。

1. 注意活动内容的整合性

工程劳动强调跨学科知识的整合，这并不仅仅是指目标上的整合，也指教育活动内容的整合。设计活动时，应注意到活动主题下各个教育活动之间并不是割裂的关系，而是相互联系，甚至是相互递进的，是针对幼儿的问题由浅入深的探究。以大班工程劳动“阳台植物浇灌器”为例，教师根据幼儿的问题以及活动可能涉及的知识经验进行了活动设计。根据幼儿的设计图,该工程劳动分成了“水瓶浇灌器”“管道浇灌器”“虹吸浇灌器”三部分内容,在每个部分内容主题下都有具体的教育活动,如:管道浇灌器中包含了制作木架、平层流水的问题，调整木架与管道出水孔的问题等。这些内容都不是单独存在的，而是相互联系、相互递进的。详见下图。

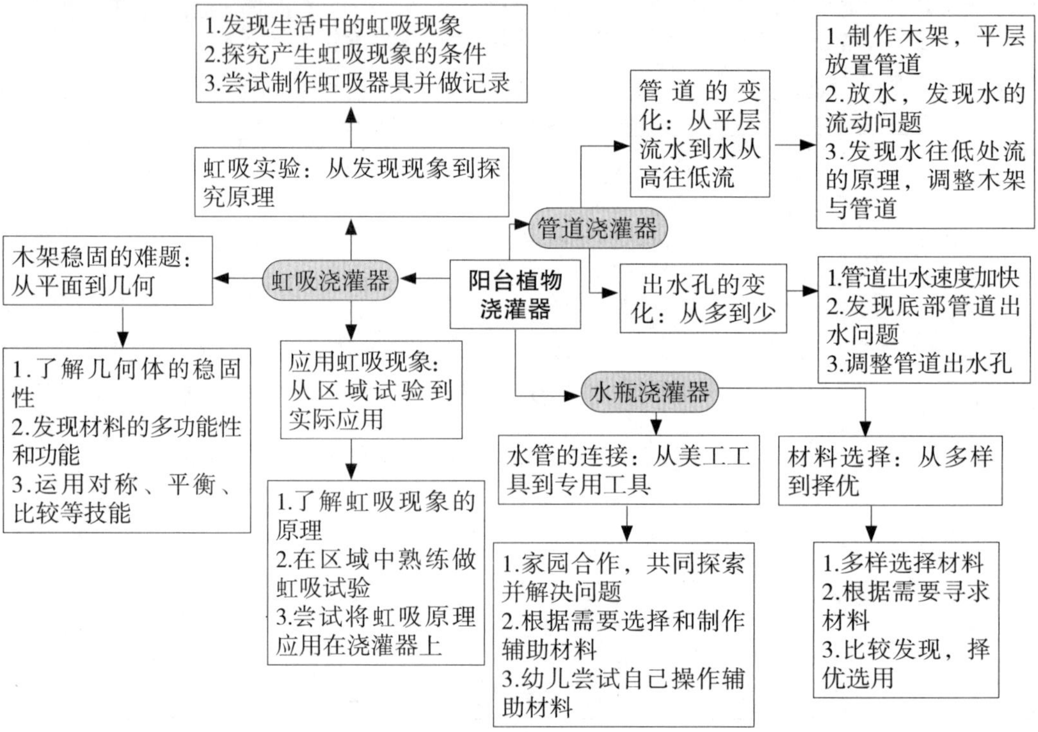

“阳台植物浇灌器”活动设计

2. 遵循工程劳动的操作模式

工程劳动的核心主要是设计，过程是幼儿积极主动的探索、设计和制作，成果则是制作的产品。因此工程劳动的活动设计主要有五个步骤：明确问题、前期探索、设计与制作、测试与改进、分享交流。以大班工程劳动“小凉亭”为例——幼儿在阳台上游戏时,发现太热了,教师通过播放视频、引导幼儿讨论等,帮助幼儿明确“阳台太热”的问题，确定了“制作凉亭”的解决方案;引导幼儿通过社会实践、观察凉亭造型、练习使用工具、收集材料等方式，对凉亭、建造工具等进行前期探索;幼儿根据前期探索和已有经验设计“凉亭”造型，考虑造型与功能的关系、功能与材料的关系，然后根据自己的方案选择竹子、稻草，运用捆绑、电钻打孔、钻螺丝等技能来制作凉亭;制作后，对凉亭的造型、功能等进行测试，发现凉亭的屋顶并不牢固，又在区域操作中运用“三角形稳定性强”的原理让屋顶牢固地“站起来”；最后幼儿通过展示作品分享自己的劳动过程，梳理经验，促进自身综合能力的发展。

3. 平衡预设与生成的关系

工程劳动开始之前,教师虽然根据幼儿的“最近发展区”预设了适宜的发展目标，遵循“明确问题、前期探索、设计与制作、测试与改进、分享交流”的流程制订了相应的活动计划，但这并不意味着只需要机械地按照设计内容开展教学活动。幼儿是多变且具有个体差异的群体，因此，在实际教学中，教师应观察幼儿的行为表现，灵活地根据幼儿的活动情况以及产生的问题进行调整，生成新的内容，引导幼儿深入学习。

以中班工程劳动“彩虹阳光房”为例，在开始之前，教师便预想到了幼儿制作的阳光房可能出现“不牢固”的问题，教师便预设了“龙骨的支撑作用”这个环节，帮助幼儿了解龙骨的作用，引导幼儿给不牢固的阳光房加上龙骨。但是在实际的活动中，幼儿并没有发现“缺乏龙骨导致阳光房不牢固”，反而发现“钉子的尺寸问题与阳光房的牢固性相关”，他们对不同的钉子产生了浓厚的兴趣。因此，教师考虑到，探索钉子的种类、型号和用处，有利于使幼儿了解钉子的不同用处，幼儿需要调动观察、对比、与社会人士交往互动等经验去购买合适的钉子，因此，教师决定调整活动方案，鼓励幼儿去社区购买钉子，并观察了解钉子。

（三）工程劳动环境设计

学习环境是教育实践中重要的一环，是课程的支架，是教与学的基础，丰富而有挑战性的环境能够充分激发幼儿的好奇心、探索欲望，支持幼儿主动学习。但是在工程劳动过程中，我们也发现教师在创设学习环境时缺乏计划性，经常想到哪里做到哪里，不会考虑环境的创设是否能够真正促进幼儿的主动学习，这便容易造成环境与幼儿的学习需求脱节。

班级环境设计的任务，促使教师对班级环境的规划、活动材料的投放以及材料与幼儿深度学习之间的关系有一个整体的把握，能够帮助教师在适宜的时机创设适宜的环境，促进幼儿深入探究学习。因此，在开展工程劳动之前，教师应根据本班幼儿的年龄特点和兴趣，分析工程劳动中的重点和可能出现的难点，围绕重难点思考班级环境的设计，包括区域材料的投放、墙面的布置等，为幼儿提供可探究的材料，创设能与幼儿互动的墙面环境，鼓励幼儿在与班级环境的互动中收获相关经验，从而帮助幼儿自主解决重难点问题。当然，预设的班级环境不能照搬套用，设计好的环境也不是一成不变，而是应该随着幼儿的兴趣和探究需要而变化。现以中班“了不起的爱心椅”活动为例，通过表格形式展示工程劳动活动中环境设计的要点，详见下表。

中班工程劳动“了不起的爱心椅”环境设计

工程劳动中的重难点	环境设计	幼儿可能获得的经验
1.了解椅子的结构、造型	区域材料 语言区：提供与椅子相关的绘本；通过网络收集各种椅子的图片，装订成册。 环境创设 收集生活中的各类椅子，在班级进行展示，引导幼儿实际观察椅子。	了解各种椅子的造型、形体结构特征，了解椅子的功能与造型之间的关系，为设计椅子做好经验储备。
2.根据功能设计椅子的造型，明确椅子的尺寸	区域材料 1.语言区：提供记录单，引导幼儿小组讨论椅子的造型。 2.美工区：提供纸笔、各种生活中的低结构材料和椅子的相关图册，引导幼儿用绘画、手工制作的方式，根据功能需求设计椅子的造型。 3.数学区：提供生活中的椅子、卷尺，引导幼儿测量椅子各部件的大小，从而掌握正确的测量方法。 环境创设 展示幼儿的设计图、椅子模型，鼓励幼儿间相互学习。	1.幼儿表征方式的转换：将脑袋中的想法转化成具体的形象，并用笔在画纸上表现出来，将纸上的设计转化成立体的模型。 2.掌握测量方法，学习测量椅子的大小，并明确适宜的椅子尺寸。 3.分享时，将图画符号转换成口头语言。
3.木工工具的使用	区域材料 1.语言区：提供包含木工制作内容的绘本、自制的“工具使用说明书”等，引导幼儿了解不同的工具及其使用方法。 2.木工区： ①提供各类木工工具、防护工具等，引导幼儿学习使用工具。 ②提供适合幼儿身高的操作台，引导幼儿正确使用工具。 环境创设 与幼儿共同绘制《工具使用指南》《安全防护指南》，并布置在墙面上，提醒幼儿学习正确地使用工具。	掌握木工工具的使用方法以及自我保护的方法。
4.椅子的稳固性问题	区域材料 1.科学区： ①提供各种钉子和厚度不同的木头，引导幼儿观察钉子长短与木头厚度之间的关系。 ②提供木工椅游戏材料供幼儿拼装，引导幼儿通过动手操作探索椅子的稳固性。 2.语言区：提供相关绘本，引导幼儿了解不同种类钉子的名称、特征以及用处。 3.美工区：提供椅子模型，引导幼儿动手动脑探索椅子的稳固性。 环境创设 1.展示椅子，引导幼儿观察生活中椅子的结构、稳固的原因，并记录自己的发现。 2.墙面展示幼儿遇到的困难以及对椅子的观察记录，让幼儿了解同伴的学习发现，从而促进同伴间的互相学习。	1.了解不同种类钉子的特征以及用途。 2.了解钉子长短与不同厚度木头的关系，通过对比确定需要的钉子的长度。 3.通过操作，探索保持椅子稳定的因素。 4.梳理自己制作椅子的过程、遇到的困难以及解决问题的办法。

续表

工程劳动中的重难点	环境设计	幼儿可能获得的经验
5.探索椅子的舒适性	区域材料 1.科学区：投放牛仔布、灯芯线、纱布等多种布料，引导幼儿运用多感官寻找适合做软垫的布料。 2.操作区：提供废旧玩偶、剪刀等材料，引导幼儿取棉花。 3.美工区：提供布料、棉花等物品，引导幼儿自主缝制软垫。 环境创设 1.投放各类带软垫的椅子，引导幼儿在与椅子的互动中探索椅子的舒适性。 2.将幼儿关于布料的调查表布置在墙面上，引导幼儿了解别人的调查情况。	1.了解生活中不同布料的触感及优缺点。 2.掌握裁剪、缝线等技能，能用工具制作软垫。 3.能通过简单的调查收集有关布料的信息，并用简单的符号记录下来。

注：下画线部分是根据幼儿的需要和生成的探究内容而灵活增加的环境设计。

（四）工程劳动资源利用设计

《幼儿园教育指导纲要（试行）》（以下有时简称《纲要》）中指出："幼儿园应与家庭、社区密切合作……综合利用各种教育资源，共同为幼儿的发展创造良好的条件。"幼儿园的活动资源包括物质资源、家长资源、社区资源、人力资源、网络资源等，工程劳动具有整合性、开放性，这也决定了工程劳动的开展需要以多元的活动资源为依托。

谈到活动资源的利用，很多年轻教师首先想到的就是家长资源和社区资源，在开展活动时，并未对活动资源的运用进行分析和思考，一股脑儿地把活动资源"强加"到活动中，导致资源的浪费和利用的低效。

以中班工程劳动"彩虹阳光房"为例，在幼儿遇到"阳光房不牢固"的难题时，教师立刻邀请家长入园开展助教活动，以讲解的方式指导幼儿加上三脚支撑架来加固彩虹阳光房。但是幼儿并不认为阳光房不牢固与三角形部件有关，在这次家长助教活动中，幼儿听得"一头雾水"，因此，该活动并没有真正地为幼儿提供支架，没有真正帮助幼儿发现解决问题的办法。这不仅浪费了家长资源，而且活动的效果也不佳。

鉴于此，我园工程劳动教研组围绕着"活动资源的设计与利用"展开了一系列教研活动，在教研活动中，我们认识到，幼儿园多元活动资源运用的关键在于对活动资源的挖掘和设计。在开展工程劳动之前，教师应根据工程劳动的活动线索（前期探索、设计、制作、测试和改进），或根据预设的幼儿在工程劳动中可能会遇到的重难点问题，来充分挖掘活动资源，分析活动资源可能帮助幼儿解决的问题，以及资源介入的适宜时间等，对活动资源进行分类整理和整体规划，以便在适宜的时间为幼儿提供适宜的资源，提高资源利用的计划性和有效性，推动工程劳动的深度开展。

当然，对资源利用做设计并不意味着在活动过程中教师必须照搬设计好的活动资源，而是应根据幼儿活动的需要进行适时调整。活动资源的设计能够帮助教师盘点、整合与活动相关的资源，帮助教师更好地把握适宜的资源介入时机，推动幼儿的发展。

现仍以中班工程劳动“彩虹阳光房”为例，展示经过研讨后我园教师调整的工程劳动活动资源设计，详见下表。

中班工程劳动“彩虹阳光房”活动资源设计

工程劳动操作模式	幼儿可能遇到的重难点问题	预设的可利用的活动资源	生成的可利用的活动资源
明确问题	让容易倒塌的积木游戏房稳稳地站起来。	1.网络资源：从网上寻找一些关于游戏房的照片或视频。 2.场地资源：现场考察班级阳台的情况，思考如何在阳台搭建游戏房。	
前期探索	房子的造型、结构、建造材料。	1.物质资源：提供关于房屋建筑知识的绘本，引导幼儿了解各地房子的造型。 2.文化资源：厦门具有特色的房子，如骑楼等。 3.网络资源：网上搜索全国各地具有特色的房子。	物质资源：请幼儿带透明玻璃房的模型来园，引导幼儿观察模型中房子的造型、结构等。
设计	将前期探索中明确的素材和想法转化成具体的形象。	1.物质资源：画笔、磁力片、积木、生活中的废旧材料，以及在前期探索中收集的调查表、绘本等。 2.人力资源：教师的指导。	
制作	工具的使用。	1.物质资源：锤子、锯子等木工工具。 2.人力资源：大班哥哥姐姐示范使用工具的方法，教师指导使用工具。	
	平面设计向立体建筑的转换。	1.物质资源：提供关于房屋建造方法的绘本，让幼儿了解造房子的基本步骤。 2.人力资源：采访大班哥哥姐姐，请他们介绍如何按照设计图建造房子。 3.场地资源：现场观摩场地、测量等。	
测试与改进	阳光房的稳固性。	1.人力资源：参观哥哥姐姐建造的小木屋，了解木屋稳固的原因。 2.物质资源：提供表现房屋建造过程的绘本，引导幼儿关注造房子时如何让房子稳固。 3.家长资源：请拥有土木工程技术的家长入园，为幼儿讲解房子稳固性方面的知识。	1.社区资源：参观社区中的五金店，了解钉子的种类，并寻找适宜的钉子。 2.物质资源：①提供木工椅游戏材料，引导幼儿在拼装过程中感受龙骨的重要性。②提供冰棒棍、图钉等，引导幼儿探索三角形的稳定性。

二、工程劳动组织形式

（一）教学组织形式

幼儿园开展工程劳动，应支持、引导并鼓励幼儿以个别化、探究性学习为主，凸显工程劳动的生活性、探索性和操作性。在教学组织形式上，以个别、小组和集体的形式进行。

个别化的学习中，教师应根据幼儿个体差异，围绕工程劳动内容，将有层次性的学习内容和学习材料渗透到环境、材料中，保证幼儿在“最近发展区”获得发展。以中班工程劳动“彩虹阳光房”为例，在幼儿遇到“设计”难题时，教师在语言区投放了绘本《小房子大世界》《大自然教我建房子》以及平板电脑等，引导幼儿通过阅读绘本、观看电脑中的视频等丰富关于房子的经验，同时，鼓励幼儿大胆走出校园，观察生活中房子的造型，并将它们记录下来，布置在班级主题墙上，引导幼儿通过与墙面记录单的互动，从不同角度了解生活中的房子。除此之外，教师还在美工区提供画笔、超轻黏土、筷子、磁力片等多种材料，引导幼儿根据自己的兴趣和水平选择适宜的材料设计房子。在个别化学习中，教师提供具有层次性、引导性的学习材料，支持幼儿围绕遇到的问题展开探索。

工程劳动鼓励幼儿进行团队合作，教师应善于发现幼儿在活动中遇到的问题，通过问题探究引导并鼓励幼儿进行团队合作，关注幼儿之间的互动，为幼儿提供分工合作、互帮互助、互相分享的机会，促进幼儿社会性的发展。以大班工程劳动“阳台植物浇灌器”为例，教师鼓励幼儿按照设计想法分成三组制作植物浇灌器（分别是水瓶浇灌器、管道浇灌器以及虹吸浇灌器）。在制作过程中，幼儿起初各做各的，大家都抢着使用工具，这导致灌溉器的一再失败。教师发现这一情况后，便组织幼儿讨论，引导各小组讨论失败的原因。通过讨论，幼儿不仅发现一个人“单打独斗”无法完成浇灌器的制作，而且还讨论了合作的方法。在之后的制作中，他们开始讨论、协商，学会了配合同伴的活动，明白了哪怕只是“扶着管道”这一简单的动作都是制作浇灌器的重要部分，幼儿从原本“人人争当主角”向“人人都是活动的主角”发生了转变。

集体教学形式在工程劳动中也是必要的。当幼儿在工程劳动中遇到了共性问题，或者因缺乏经验而无法将活动进行下去时，教师可以组织集体教学，通过问题的梳理、资源的运用、材料的操作等方式帮助幼儿架构起新旧知识之间的联系，促进工程劳动深入开展。以中班工程劳动“植物支撑架”为例，幼儿想要将两根木条对半锯开，变成植物支撑架的四条腿，他们知道用目测的方法并不能准确地找出木条的中间位置，但是他们却不知道该如何找到木条的中间位置。看到这个情况，教师便组织了集体教育活动“找中间”，通过梳理幼儿遇到的问题，提供毛根、绳子、吸管、纸条等各种软软的物体，引导幼儿运用对折的经验，找到软物体的中间位置，然后引导幼儿迁移经验，先用软的绳子测量出棍子的长度，再将绳子对折，找出棍子的中间位置，以此解决工程劳动中因幼儿经验缺乏而无法将活动进行下去的难题。

（二）活动手段

多元化的活动手段是工程劳动的特点之一，其中，小组讨论、实地参观、调查、发表、实验操作、展示是工程劳动的主要活动方式，这些多元化的活动手段能够促进对一个真实问题推进式、深入式的探究。小组讨论主要贯穿于工程劳动的各个环节，而针对工程劳动中的各项议题，如设计产品、探讨制作与测试产品时遇到的问题等，则以全班或者小组的形式进行商议，这样能起到点拨、引导的作用。实地参观是幼儿亲临现场，对工程劳动中遇到的问题进行有针对性的观察和记录，以亲身经历的方式建立起教室内外的连接，获取解决问题的资料，实现在个人经验基础上建构新知识的方式。调查是幼儿通过实地参观、专家访谈、书籍绘本阅读、网络搜索等方式来寻找问题的答案，从而解决工程劳动中的问题。发表是幼儿围绕工程劳动中的调查与实践分享自己的个人经验，可采用图画、记录单、讲述、视频、设计图、模型制作等来与同伴分享，促进同伴之间的互相学习。实验操作是幼儿针对工程劳动中的某一问题，收集相关材料，并对材料一一进行实验，从而获得解决问题最适宜的方法，在操作中建构知识经验。展示是工程劳动团队成员通过展示他们的成果来分享小组的想法、观点以及在工程劳动过程中所获得的知识、劳动能力和成功的喜悦，可以选用美工、表演、讲述、作品展示等方式进行，这既有利于工程劳动团队之间的交流沟通，也能够让家长了解工程劳动的活动进程，获得家长的支持、理解。在工程劳动中，不管运用哪一种活动手段，都应以幼儿为主体，引导幼儿进行自主探究、发现，让幼儿在活动中获得发展。现以表格形式梳理中班工程劳动“玩具遮雨棚”各活动环节中活动手段的运用，详见下表。

中班工程劳动“玩具遮雨棚”活动手段的运用

工程劳动操作模式	幼儿遇到的问题	活动手段的运用
明确问题	解决阳台玩具被淋湿的问题。	1.小组讨论：通过视频展示幼儿发现的问题，引导小组成员思考并讨论解决方案。 2.实验操作：针对幼儿提出的方案，通过实验操作的方法，获取最佳解决方案。
前期探索	遮雨棚的造型、结构、建造材料。	1.实地参观：通过参观幼儿园、小区的遮雨棚，了解遮雨棚的结构、造型、建造材料。 2.调查：通过阅读书籍、网络搜索等方式，了解生活中遮雨棚的各种造型，丰富关于遮雨棚的经验。 3.发表：通过记录表、照片展示和讲述等方式，分享自己调查发现的遮雨棚的秘密。

续表

工程劳动操作模式	幼儿遇到的问题	活动手段的运用
设计	将前期探索中确定的素材和方法转化成具体的形象，并用绘画和制作的方式表现出来。	1.小组讨论：幼儿根据对遮雨棚的前期探索，讨论并设计遮雨棚的造型。 2.发表：通过设计图、遮雨棚模型展示，从造型、材料、功能等方面分享小组设计的遮雨棚。
制作	将废旧阳光房改造成遮雨棚的框架。	1.实地参观：实地观察废旧阳光房，了解遮雨棚与阳光房的异同之处。 2.小组讨论：根据实地观察的结果讨论改造方案。
	探秘防水材料。	1.调查：通过网络搜索、观察生活中的防水材料等方式，了解防水材料的特性。 2.实验操作：收集可能防水的相关材料，通过实验了解材料的防水性。 3.发表：通过实验记录单、实验视频的展示，与同伴分享实验结果。
测试与改进	探索遮雨棚棚顶的防水秘密。	1.实地观察：实地参观幼儿园的遮雨棚，了解遮雨棚棚顶的造型、结构。 2.调查：通过网络搜索、访问成人等方式，调查遮雨棚棚顶不漏水不积水的原因，并记录调查结果。 3.实验操作：根据调查结果收集相关材料，通过实验探索遮雨棚棚顶能防水的秘密。 4.发表：通过展示自己的调查表、实验记录单等方式，分享自己发现的关于遮雨棚棚顶不积水、不漏水的秘密。
成果展示交流	分享制作好的遮雨棚。	1.小组讨论：展示成果并开展讨论等，如展示遮雨棚、模型、设计图，或者将自己制作遮雨棚的过程绘制成故事绘本，讲述并表演自己的工程劳动故事。 2.展示：通过遮雨棚实物、模型、设计的展示，工程劳动故事绘本的创编，讲述或表演等多种形式，展示自己制作遮雨棚的过程或趣事。

从上表中，我们能够清楚地看到，在工程劳动“玩具遮雨棚”中运用了多种活动手段，这些活动手段的运用，都是基于幼儿在工程劳动中遇到的难题，以幼儿为主体，鼓励幼儿通过多种方式去观察、发现、思考、分析，从而获得解决问题的办法，在解决问题的过程中促进幼儿综合能力的发展。

（三）教师角色

《纲要》中指出：“教师应成为幼儿学习活动的支持者、合作者、引导者。”在工程劳动中，教师的角色定位根据幼儿的不同活动而发生变化，教师可能是问题情境的创设者，可能是活动资源的提供者，可能是活动难点的指导者，抑或是幼儿探索的合作者。教师灵活地转变自己在工程劳动中的角色定位，可以让幼儿在工程劳动中获得最大发展，因此，教师应根据幼儿的年龄特点观察幼儿的活动，并分析幼儿在活动中的发展需要，根据幼儿不同的需要转换自己的角色。

1. 教师是问题情境的创设者

创设问题情境，明确问题，是引导幼儿开展工程劳动的第一步。因此，在工程劳动过程中，教师应认识到创设问题情境的重要性，努力挖掘生活中的教育契机，为幼儿创设“跳一跳，够得着”的真实问题情境，引导幼儿关注现实生活中的各种问题，激发幼儿的好奇心，鼓励幼儿大胆提问，在问题中明确活动任务。以大班工程劳动“刺激自行车道”为例，教师偶然间听到在大厅玩自行车的幼儿讨论着他们发现的问题——大厅人来人往，骑车的时候容易撞到人，也容易撞到柱子。但这毕竟是个别幼儿发现的问题，如何让班级其他幼儿也注意到这个问题呢？于是教师创设了问题情境，即组织一场骑行游戏，在骑行游戏中，让全班幼儿感受在人来人往的大厅骑行的不便，并且拍摄了视频，在游戏后引导幼儿回顾游戏过程，梳理遇到的问题，明确活动任务。

2. 教师是活动资源的提供者

在帮助幼儿明确了活动任务后，教师应根据幼儿的需要为幼儿提供充分的活动资源，包括物质资源、人力资源、技术资源等，让幼儿自主选择资源，自主通过观察、操作、探索等多种方式去认识问题和解决问题，自主建构知识经验。以中班工程劳动“好玩的车”为例，幼儿遇到了“组装的车轮转不起来”的问题，教师便为幼儿提供了资源，如：玩具车、卷纸筒、奶粉罐、木棍、缆绳、相关绘本等，让幼儿自选资源，探索车轮转动的秘密。活动中，有的幼儿拆解玩具汽车，探索底盘、车轮的结构，有的幼儿通过阅读绘本了解汽车车轮转动的秘密，还有的幼儿通过反复操作材料，发现“连接车轮的连杆要置于空心的转轴中，车轮才能转动起来”的关键经验，从而解决了活动中的问题。不同时期幼儿会遇到各种不同的问题，这些问题正是促进幼儿深度学习的关键点，教师应根据幼儿的探索需求，及时提供相应的支架，帮助幼儿解决问题。

3. 教师是活动难点的指导者

工程劳动是为了解决真实生活中的问题，真实情境中的问题是复杂、多维度的，幼儿需要运用不同领域的知识去解决，但是在此过程中，由于幼儿的年龄特点或者生活经验等因素，他们可能会遇到难以突破的难点，这时便需要教师转变角色，以活动指导者的身份，为幼儿提供技术、关键经验等方面的指导。以大班工程劳动“阳台植物浇灌器”为例，幼儿发现了制作的管道浇灌器中水不流动的情况，但是由于缺乏经验，他们找不到问题的关键，无法解决这个难点问题。因此教师便以开放式的问题“水是怎么流动的”来启发幼儿思考，将幼儿的思路引向生活中水的流动方向，同时指导幼儿进行管道实验，引导幼儿通过观察、操作等方式去发现问题的关键，并运用交互式一体机帮助幼儿梳理总结经验，从而帮助幼儿获得“水是从高处往低处流”的关键经验，帮助幼儿突破活动难点。再以中班工程劳动“风火轮书柜”为例，幼儿想制作书柜，但是缺乏使用工具的经验，导致活动一直停留在“纸上谈兵”的阶段，因此教师便对“工具的使用”开展了线上调查，了解幼儿关于工具使用方法的已有经验，再根据幼儿的“最近发展区”，通过微课、教师示范等，指导幼儿使用锯子、锤子等工具，帮助幼儿突破了技术难点。

4. 教师是合作沟通的倡导者

工程劳动是要解决真实生活中的复杂问题的，面对复杂的难题，幼儿往往难以单独完成，需进行团队活动。因此，在工程劳动过程中教师应成为合作沟通的倡导者。合作包括幼儿与同伴之间的合作、教师与幼儿之间的合作两个方面。在工程劳动中，教师要有意识地为幼儿提供合作的机会，如共同讨论产品的设计、共同制作产品、共同调查、共同分析资料，一起对活动难题进行探究等。教师也应成为幼儿探索的合作者，在幼儿需要的时候，以合作者的身份加入他们的活动，巧妙地影响工程劳动的进程。以大班工程劳动“滑滑梯”为例，幼儿用花片、积塑制作了滑滑梯模型，但模型的滑道是镂空和阶梯状的，幼儿只关注了滑梯的造型，并未关注滑道的特点，于是教师便以合作者的身份加入幼儿的活动，对幼儿说：“太棒了！滑滑梯模型都做好了，我们用弹珠来滑滑看吧。”在游戏中，幼儿很快就发现了滑道的问题，并通过实地考察获得了“滑道的面是光滑的且没有镂空”的关键经验，最后运用这个关键经验去调整滑滑梯模型。

第三节
工程劳动的实施步骤与实施原则

一、工程劳动实施步骤

工程劳动的实施指的是在一日生活中，幼儿围绕遇到的感兴趣的问题、活动需求而进行创造性活动，运用技术进行设计、解决问题并制作产品的过程，是有目的、有计划、有步骤地寻找解决方案的创造性活动。

通过工程劳动在各个班级的实施现状、案例分析等方式，我们探索出工程劳动的实施步骤一般包括：明确问题、了解经验、前期探索、构思方案、设计产品、制作产品、测试改进、成果展示。

工程劳动的实施步骤是一个迭代的过程，如下图所示。工程劳动的实施步骤是一个适当的“工程劳动指南”，但不是“处方”或要求，“工程师”可能会调整实施步骤，或者跳过某个步骤，这取决于工程劳动中的实际需要。

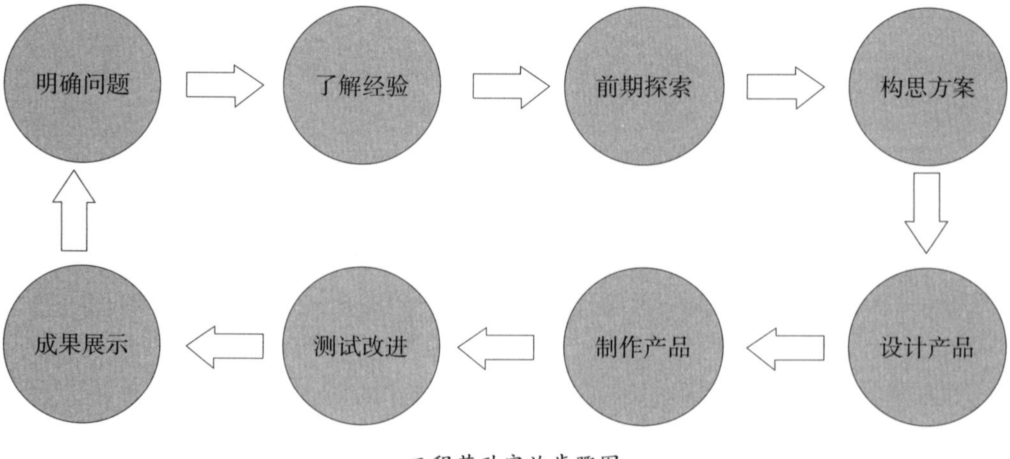

工程劳动实施步骤图

明确问题。工程劳动源于生活中的真实问题，问题是幼儿开展活动的内在驱动力，因此，工程劳动的首要环节就是为幼儿营造一个真实的、与其实际生活贴近的问题情境，帮助幼儿明确问题，调动幼儿对活动的积极性。问题的来源一般有三种：一是教师在为幼儿创设情境后直接给出明确的问题，二是隐含在创设的情境中，需要幼儿在情境中分析与识别的问题，三是幼儿针对生活情境自己提出的问题。无论哪一种问题来源，都应根据幼儿的年龄特点来确定探究对象，如小班幼儿具体形象思维初步萌芽，可能需要教师在为幼儿创设情境后直接给出要探究的问题，而大班幼儿抽象思维开始发展，他们就可以针对生活情境提出问题，从而明确任务。

了解经验。维果茨基提出了“最近发展区”的概念，我们要让幼儿在原有的基础上获得发展，就必须了解幼儿的已有经验。因此，在这一环节，教师应对幼儿进行学情分析。每个幼儿的年龄特点、已有经验、个人学习风格以及学习能力水平都是不一样的，因此，在开展工程劳动前，教师应用观察、随机访谈、问卷调查等方式了解幼儿的已有经验，分析幼儿在工程劳动中可能遇到的难点，以及工程劳动中幼儿应达到的学习与发展水平。

前期探索。前期探索是丰富幼儿关于工程劳动经验的重要手段。在明确活动内容后，幼儿围绕问题展开探索活动，他们可以通过讨论思考问题产生的原因，可以借助电脑、绘本等搜索有关资料，也可以通过实地调查等方式，收集一些与问题有关的知识与信息，如别人是如何解决问题的，解决这个问题的条件是什么等。在这个环节中，教师可以为幼儿提供探索的途径和方法，但是不限定幼儿运用哪种方式。幼儿在自主探索的过程中收集到的资料、增长的经验，都为之后幼儿构思方案、设计产品做很好的铺垫。

构思方案。在前期对问题进行了调查研究的基础上，幼儿需要构思解决问题的方案，这是问题解决的关键步骤，能够培养幼儿的设计性思维。在构思方案时，幼儿可以通过“头脑风暴”讨论解决问题的具体办法，包括问题解决的方案、程序、材料的使用、组内各成员的分工等。构思方案不是一定要在设计、制作产品之前，而是渗透在幼儿工程劳动的各个环节，如在制作产品环节，幼儿每次遇到问题时，都可以在探索的基础上重新讨论、调整方案。在构思方案时，教师应针对幼儿遇到的问题给予及时的指导，引导幼儿思考方案的实际性和创造性。

设计产品。在前期探索、确定解决方案后，幼儿就要设计产品。他们可以通过小组讨论来确定产品大致的模型、功能等，并用绘画、制作模型等方式，将小组讨论的产品的外形特征、关键细节等方面表现出来。但幼儿的设计并不是一成不变的，很可能会在制作过程中不断变化和调整，如，在不同的制作阶段，幼儿可进行局部细节的再设计。

制作产品。幼儿按照拟定的方案及设计图开展劳动、合作探究，并在活动过程中和活动结束后产生一系列的工作成果。在制作产品的过程，幼儿综合运用科学、数学、工程、技术、艺术等学科的知识，通过小组成员合作完成产品制作，但是他们不可避免地会遇到各种问题，如选择什么材料更为合适，如何将平面设计转化成立体建筑等，教师在这环节中虽不直接参与制作，但是应在幼儿遇到问题时鼓励团队成员积极研讨新问题的解决思路，引导幼儿对预设的方案、设计进行调整，同时为幼儿提供适宜的活动资源，如物质资源、人力资源、社区资源等，协助幼儿在与资源的互动中获得解决问题的办法。

测试改进。幼儿在完成产品制作后，应对照解决方案、设计图等来测试产品是否能够真正解决问题。幼儿可将设计的产品投入真实情境中使用，教师可引导幼儿通过观察、拍照、录像等方式了解产品的使用情况，并指导幼儿做好详细的记录。如在测试过程中出现了新的问题，幼儿需重新讨论，分析问题，寻找解决问题或优化产品的方法，再调整方案，设计、改造产品，并进行二次测试及改进。在这个过程中，幼儿能够感受到工程劳动就是一个不断循环、优化的过程，学会遵循“明确问题—前期探索—设计—制作—测试与改进”的程序对待工程实践问题，提高解决问题方法的严谨性，培养程序性思维。

成果展示。产品制作完成后，便是成果展示。工程劳动团队成员要来分享本小组的设计思路、团队分工，以及在工程劳动中遇到的困难和解决方法。成果展示的形式是多样的，如小组讲述、作品展示、制作故事图画书、情境表演等，幼儿可自选分享展示的形式，将自己参与工程劳动的过程以及在此过程中获得的知识经验、劳动能力和成功喜悦表达出来。分享展示环节不仅能够帮助幼儿将工程劳动中零散的知识经验进行系统梳理，而且能够发展幼儿沟通、表达的能力，引导同伴间互相学习，促使幼儿正确认识自己的不足与长处，从而逐渐形成批判性思维。

案例：中班工程劳动“彩虹阳光房”

1. 明确问题

孩子们喜欢在阳台用彩色积木搭城堡，在一次搭建城堡的游戏中，他们被阳光照射下形成的彩色影子吸引了。

培钰：你们看，这里出现了彩色的影子哎！

郭为：太漂亮了！红色，黄色，还有绿色的！

予宸：这就是一座彩色的城堡。

说完，孩子们开心地在彩色城堡里蹦蹦跳跳，这一跳，就把城堡撞到了。郭为嘟囔着：“这城堡太小了，轻轻一碰就倒，要是能有座大的城堡就好了。”这句话引起了孩子们的讨论。

梦迪：是啊，要不我们用更多的积木铺更大的地垫吧，那就可以搭更大的房子了。

晞瑶：不行，积木一碰就倒。

予宸：对，我们可以像一楼建自行车道的哥哥姐姐那样做一座房子。

郭为：那样我们就可以在里面做游戏啦！

教师将幼儿游戏和对话的过程拍摄了下来，随后播放视频，再现幼儿的活动场景，通过开放性的问题“他们遇到了什么问题？产生这个问题的原因是什么？”引导幼儿思考，从而明确问题——积木组合不牢固，导致游戏房倒塌。

2. 了解经验

在游戏中，孩子们萌发了建房子的想法，这不仅是孩子们的兴趣，更是来自幼儿游戏的真实问题，也是他们主动学习的驱动力。

在了解幼儿的兴趣之后，便需要了解幼儿的已有经验。于是，教师便组织幼儿围绕“建房子”话题展开讨论。

小国：我觉得我们可以建一栋大大的游戏房，要有门有窗。

鑫睿：好！可以用砖头，也可以木头。

一珊：可是这有点难，我们不会盖房子。

晞瑶：对啊，盖房子很难的，要用很多工具，我们都不会（用）。

芷钰：是啊，我们都不会，盖出来的房子肯定很容易倒。

从孩子们的对话中，可以看出他们对房子的结构和建房子所需的工具和材料有初步的了解和认知，但是缺乏使用工具和解决问题的经验，这使得他们觉得建房子是有困难的。此外，教师根据对孩子们的了解，判断现阶段班级幼儿大部分还处于单独游戏阶段，同伴分工合作游戏还不充分，而且做事缺乏计划性，一遇到困难、挫折就会退缩。

《指南》中指出：教师要“善于发现幼儿感兴趣的事物、游戏和偶发事件中所隐含的教育价值，把握时机，积极引导”。基于幼儿的兴趣和已有经验，教师认为：建一座游戏房对于幼儿来说是困难的，但并不是做不到；幼儿无法单独完成“建房子”的任务，需与同伴合作；他们还要学习使用不同的工具，需要运用工具动手动脑解决问题，在此过程中，幼儿的劳动能力、工程思维、社会性等都能获得发展。因此，教师决定追随幼儿的兴趣，鼓励他们动手动脑建房子。

3. 前期探索

决定要建一座游戏房后，就要对生活中的房子进行调查。孩子们分头行动，有的带来了玻璃房模型，有的用班级的平板电脑搜索房子的造型，有的带来关于房屋的图书，从图书中了解房子的造型，还有的和爸爸妈妈一起去参观有特色的房子，并把自己的发现记录下来，和小朋友分享。

馨逸：我看到一座彩色的房子，它的墙壁是五颜六色的。

小国：有的房子全部都是玻璃做的，阳光可以照进房子里来呢！

梓辰：我从书上看到，全世界房子的造型有很多呢！

涛涛：我也看到了，有蒙古包、吊脚楼和风车房。

郭为：我妈妈说很多房子都是根据大自然和人们的需要来建的呢！

收集资料是开展工程劳动重要的方法之一，是帮助幼儿丰富相关经验的重要手段。幼儿通过实地调查、上网浏览、阅读绘本等途径获取关于房子造型的信息，对房子的造型有了更加深入的认识，积累了一定的经验。同时，从他们的记录分享中，教师了解到幼儿的兴趣更多的在于房子的颜色、外形特征和建造材质。虽然中班幼儿的抽象思维正在发展，但他们进行计划、思考时还无法脱离具体的事物，还需要通过实际操作材料来再现他们的想法，因此，下阶段，教师将遵循幼儿的年龄特点，先鼓励他们用绘画、材料制作等方式再现对游戏房的认识和想法，从颜色、外形特征和建造材料等角度去设计游戏房，再根据他们的设计图引导他们构思建造方案。

4. 设计产品

在区域游戏中，孩子们开始设计房子。有的翻看图书寻找自己喜欢的游戏房造型，有的边设计边与同伴讨论，还有的用磁力片、积木搭建出房子的模型……经过一番努力，8份设计图诞生了，孩子们迫不及待地跟大家分享自己的设计。

达达：我这是花草屋，是一棵大树的造型。

馨逸：我想做的是颠倒屋，上次我去颠倒屋，每样东西都是倒过来的，太有趣了。

郭为：我和小国设计的是彩虹阳光房，阳光照下来就会有彩色的影子。

小国：对，我们还把房子的模型用磁力片搭出来了。

梦迪：那这个彩虹阳光房怎么做呢？

小国：可以用木头钉各种造型，贴上彩色的纸。

爱晨：哇！彩虹阳光房太漂亮了。

玥玥：是啊，而且房子长长的，可以让很多小朋友一起（在里面）玩。

培钰：那我们来做彩虹阳光房吧！

孩子们纷纷应和：好啊好啊，来做彩虹阳光房吧！

在设计环节，幼儿迁移了前期调查的经验，根据自己的爱好设计了不同的房子。有的幼儿只考虑了房子的材料，有的幼儿还考虑到游戏的需求。可以看出，幼儿做事情具有一定的计划性。幼儿的表征方式也在不断转换：将脑袋中的想法转化成具体的形象，并用笔在画纸上表现出来；将纸上的设计转化成立体的模型；在介绍设计图时，将图画符号转化成口头语言。

有了设计图和模型，接下来该从何入手呢？工具的使用、将模型转换成实地搭建等，都将是幼儿要面临的难题。教师在思考如何指导幼儿根据设计图构思建造方案。

5. 构思方案

不打无准备的仗。孩子们一边翻阅着介绍房屋建造过程的绘本，一边讨论。

承禹：我们必须先做一个大大的框架才行。

晞瑶：不，我觉得可以钉很多个小小的图形，然后拼起来。

梦迪：钉小小的图形比较简单，（做）大框太难了！

承禹：行，那我们先做小小的形状。

梦迪：用小图形拼起一个大房子，然后再贴上彩色的窗户。

小国：那我们要用什么材料呢？

梓辰：用木头吧，我看哥哥姐姐用的就是木头。

晞瑶：多大的木头呢？

承禹：我们去看看哥哥姐姐用的是什么样的木头吧。

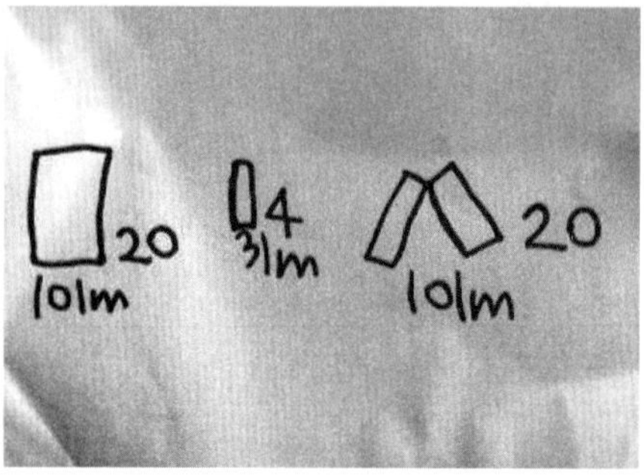

孩子们来到哥哥姐姐们建的小木屋，拿起尺子量了量，最终确定了所需材料的尺寸和材料的大致数量。

幼儿讨论制定了初步方案，方案包括彩虹阳光房大致的制作流程、所需的材料等。虽然只是简单的方案，但是从中可以看出幼儿对制作彩虹阳光房有了自己的想法。接下来，教师还将引导幼儿在制作中不断地调整、丰富方案。

6. 制作产品

工程队开始行动。他们从工具间里找到了木条、锤子、钉子、锯子、安全帽、护目镜等工具，互相帮忙穿戴好防护用具，摆弄着工具，研究工具该怎么使用。可他们研究了半天，都没把木头锯断。他们向教师投来求助的目光，于是教师加入他们的活动，一边讲解，一边示范锤子、锯子的使用方法，然后鼓励他们大胆尝试。终于，经过一次次的尝试，他们锯断了木头，钉好了第一个图形。他们欢呼雀跃。

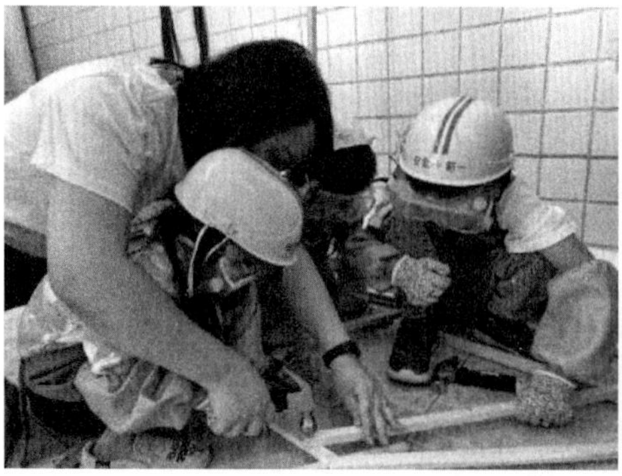

接下来几天，孩子们带着成功的喜悦又钉了好多个图形，有三角形、四边形、梯形等。然后从美工区找来彩色玻璃纸，将其裁成相应的形状，用胶枪把彩色玻璃纸粘

在对应的图形上。他们拿着做好的图形框摆弄着，想要把图形框拼成大房子，可都以失败告终，他们又向教师投来求助的目光。

于是，教师提出问题："如果小的形状拼不成大房子，那么怎样做大房子？"以这个问题引导幼儿重新思考，调整方案。提问果然启发了孩子们，他们开始讨论。

小国：对啊，怎么把房子建大呢？

煜南：我们可以用长一点的木条。

爱晨：可木条要多长才够呢？

小国：木条太长教室根本放不下，太短了房子就小了。

郭为：要不去阳台建阳光房吧！那里比较大。

煜南：对，做一个像花架那么高那么大的阳光房。

郭为：可是，那要怎么做呢？

爱晨：我知道，我看到绘本里说，要先量一量想做多大的房子，然后做一个大大的框架。

煜南：对，先钉出两个大大的长方形，再把两个长方形组合起来，就是一个大大的框架了。

孩子们讨论出了新方案，便准备在阳台建彩虹阳光房。他们将木条靠在花架上量了量，做上高度和长度记号，根据记号锯下相应长度的木条，并迁移之前的经验，钉出了两个大大的长方形框子。但组合两个大大的长方形框子可没那么容易，几番周折下，机智的"工程师"想到了"妙招"——请四个方形柜来帮忙，他们让两个长方形框子分别"站"在方形柜上，四边都由一个人"守护"，再用木条将两个长方形框子连接起来。这样，两个长方形框子就"摇身一变"，变成了一个大大的阳光房框架。

幼儿初尝成功的滋味，于是齐心协力，继续为阳光房“添砖加瓦”，用木条交错地钉出围墙的造型，再根据造型把彩色玻璃纸裁剪出各种形状，用胶枪将裁剪好的彩色玻璃纸“安”在围墙的造型上，彩虹阳光房“大功告成”。

建一座彩虹阳光房是幼儿的心愿，但对于建多大的房子，幼儿并没有具体的概念，于是通过实地建造将设计图和小模型变成了彩虹阳光房，理解了从平面到立体的空间转换关系，建立了初步的空间观念。他们在测量、锯木头、钉框架造型、粘贴彩窗的工作中，提升了运用工具、使用材料、同伴协作等方面的能力。

在活动中，教师始终以观察者、支持者、合作者的身份参与幼儿的活动，给幼儿足够的时间讨论，允许幼儿“试误”，鼓励他们与同伴合作，教师的“退步”成全了幼儿的“进步”。

但是幼儿的作品并不完善——阳光房并不牢固。接下来，教师引导幼儿将做好的阳光房投放到游戏中，让他们在游戏中进行测试，通过观察、讨论等方法发现问题、分析问题，动手动脑解决问题，优化作品。

7. 测试改进

孩子们绕着彩虹阳光房玩了起来。可好景不长，在搬动彩虹阳光房的过程中，它没有经受住考验，“解体”了。通过排查，孩子们发现太粗太长的钉子让木条出现了裂缝，导致阳光房松动散架。他们从工具间找来了小钉子，结果怎么也钉不牢。他们便在木工坊开起了“小会”。

爱晨：钉子太粗了，木条会裂的。

郭为：可是小钉子钉不牢。

玥玥：我们班的钉子都不合适，得去找找适合的钉子。

培钰：那去哪里找呢？工具间没有适合的钉子了。

小国：去五金店吧！

馨逸：什么是五金店啊？

小国：五金店就是卖很多工具的地方，我上次和妈妈去过，那里有很多钉子。

郭为：对，请老师带我们去五金店买钉子。

孩子们都是“行动派”，什么都没准备，就立刻邀请教师带着他们去五金店买钉子。于是教师问他们：“去五金店前，我们需要准备些什么呢？”教师的问题让孩子们冷静下来。

芊妤：对啊，我们什么都没准备呢！

小国：得带上钱才行。

爱晨：木条得带上，才能比一比。

培钰：我们也得跟园长妈妈说，让园长妈妈派保安叔叔保护我们。

会议中，孩子们记录下自己的问题和预想的解决问题的方法，然后带着记录单找园长妈妈“批假”，最后邀请保安叔叔同行。

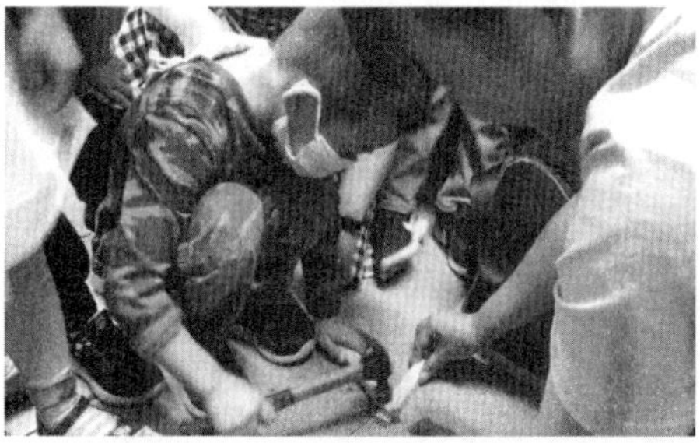

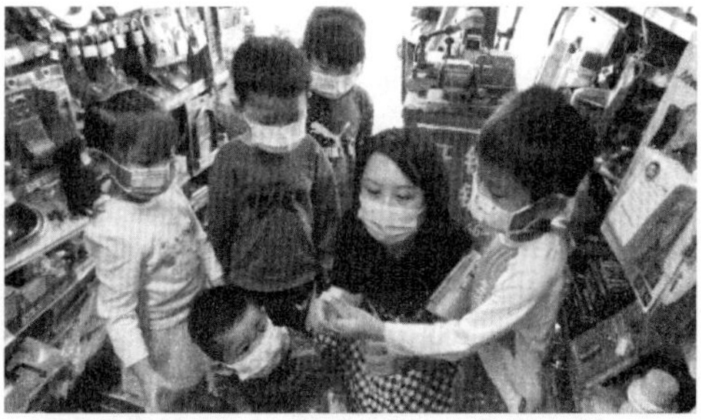

五金店里，钉子琳琅满目——木螺钉、水泥钉、圆钉、扁钉……有长有短，有粗有细，有的身上还有螺纹。该选哪种钉子呢？在五金店老板的介绍下，孩子们发现，不同的钉子作用大不同。他们选了几种长短不一用于钉木头的直钉，将事先准备好的木条叠在一起比一比，选出和“两根木头叠在一起”的厚度差不多长的钉子，最终用“试着钉一钉，看看是否牢固”这种方法确定了要购买的钉子。

遇到“阳光房解体”的问题时，幼儿通过观察发现导致问题的根本原因——粗钉子造成了裂缝，随后他们通过讨论确定了解决方案。在购买钉子的过程中，孩子们体验到了钉子的多样性，并向五金店老板了解不同钉子的用处，这大大地满足了他们探究的兴趣。同时，幼儿尝试运用对比、实验等方法确定要购买的钉子，初步具备了严谨的工程思维。在“寻钉”活动中，幼儿与材料、社会人士的互动，既拓展了经验，也是他们保持对建造彩虹阳光房兴趣的有力支撑。

8. 再次测试改进

孩子们用买来的钉子修复阳光房的“断肢”，彩虹阳光房很快便重新“站起来”了。但还没来得及开心，看似万无一失的阳光房却又出现了始料未及的情况——摇摇晃晃。孩子们四处排查，仍未找到问题的症结，便向教师请求“场外支援”。于是，教师便组织了一次集中活动，带着孩子们到哥哥姐姐的小木屋“实地勘察”。孩子的“火眼金睛”很快就发现了横在小木屋上的龙骨。

小国：这是什么呢？

姐姐：龙骨啊，有了它房子就会很牢固。

郭为：我们的阳光房就少了龙骨呢！

实地勘察后，孩子们回到班级，记录了自己发现的“小秘密”。教师还鼓励幼儿在区域活动中操作木工椅，聚焦椅子的稳固性开展实验。通过实验，孩子们发现了只有四只脚的椅子“站不稳”，但是椅子在两脚之间加了龙骨就能“站稳”了，这就验证了大班姐姐的说法。

椅子摇摇晃晃

椅子更稳固了

找到了突破问题的关键后，孩子们又开始忙碌了，先是迁移之前的经验测量出龙骨的高度（与阳光房等高），然后合作锯好龙骨，将龙骨钉在了阳光房的四条腿和横梁上。

可这并未完全解决问题，阳光房仍摇摇晃晃。这回孩子们没有请求“支援”，而是再次从哥哥姐姐造的小木屋上找答案，他们发现了小木屋的四个角上都钉了一根斜斜的木头，使那个地方变成一个三角形。这个三角形引发了孩子们的兴趣。

爱晨：这里为什么要做个三角形呢？

培钰：比较好看呀！

郭为：不是不是，之前姐姐告诉我，三角形也是会让房子变牢固的。

教师：是吗？为什么正方形、长方形就不行呢？

郭为：我也不知道。要不我们试试看吧！

发现三角形部件

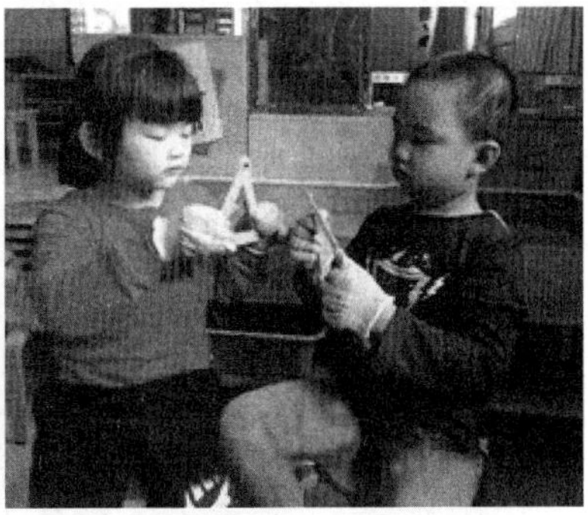

发现三角形构件更稳固

在活动区中，孩子们用冰棒棍做实验，他们将冰棒棍钉成各种图形——三角形、正方形、长方形、梯形等，然后扭动这些图形，发现只有三角形不会变形。孩子们非常惊喜。

小国：三角形不会变形，真的比较牢固哎！

教师：生活中，还看到哪些三角形让物体更牢固？

郭为：你们看，这本书上房子的屋顶就是三角形的。

爱晨：摄像机的三脚架也是三角形的。

芊妤：我在马路边看到了支撑大树用的就是三角形！

小国：三角形真厉害！那我们赶紧给阳光房钉上三角形吧！

说完，孩子们就撸起袖子加油干活，在阳光房的四个角上都加上了一根木头，形成三角形的构造。有了三角形的“加持”，阳光房果然“站稳”了。

彩虹阳光房终于竣工啦！孩子们欢呼起来，围着阳光房蹦蹦跳跳。阳光照射下来，地面上出现了彩色的影子，真是美极了！

房子的稳固性是一个复杂的问题，幼儿通过实地观察、访问、对比、实验、迁移生活经验等方法，对稳固性进行深度探究，发现了龙骨和三角形构件的作用，从而突破难点，获得核心经验。这是幼儿科学思考能力关键经验的获得，在此过程中，幼儿培养了探究精神，提高了问题解决能力。建造阳光房就是一个经历数次失败，然后通过再设计、再制作进行改进的过程。幼儿就像工程师，在设计制作—调整再制作—核对验证的过程中尝试错误，自主解决问题，坚持不懈地调整、优化作品，最终体验成功的喜悦和成就。

9. 成果展示

彩虹阳光房大功告成了，孩子们在游戏中体验着成功的快乐，教师鼓励孩子们将这份成功的喜悦通过成果展示的方式跟大家分享。这个建议立刻得到了孩子们的认可。他们开始讨论该如何展示制作彩虹阳光房的过程。

爱晨：我觉得我们可以把彩虹阳光房展示出来，跟大家介绍阳光房的造型。

卫博：还可以展示设计图，告诉大家我们是怎么设计的。

小国：展示设计图和阳光房都只是展示作品，怎么让人家知道我们做阳光房的故事呢？

梦迪：要不做本图画书，把我们遇到的困难和解决问题的办法记录下来。

郭为：这倒是个好办法，可是我不怎么会记录。

梦迪：没有关系的，你可以帮我们想一想做彩虹阳光房的过程啊。

培培：除了记录，我们还可以用表演的方法啊。

郭为：对啊，把遇到的困难演出来，一定很好玩。

……

孩子们你一言我一语地讨论着，最终确定了展示的形式——设计图展示、作品展示、图画书展示、故事展示、表演展示。他们自主分组，讨论分工：有的负责介绍彩虹阳光房，有的负责制作图画书，有的负责表演。他们分配角色，布置场地，演练彩排，还时不时请老师看看他们演得怎么样。

展示会上，幼儿自信满满地展示了设计、制作的彩虹阳光房，展示了他们制作阳光房时遇到的困难和解决问题的方法，他们把自己工程劳动的过程以及在此过程中获得的知识经验、劳动能力和成功喜悦表达出来。由于幼儿全程参与了整个制作过程，有非常丰富的体验和感受，所以他们每人都有强烈的表达欲望，而满溢的成就感也让他们迫切地想介绍自己的作品，所以在展示会上，他们不仅自信大方、表述完整，而且互相补充、共同合作。通过这种方式，孩子们全面梳理了从工程劳动中获得的零散的知识经验。

二、工程劳动实施原则

（一）坚持可持续发展

幼儿可持续发展是幼儿教育关注的焦点，在工程劳动过程中也应坚持可持续发展原则，为幼儿的终身发展奠定良好基础。工程劳动中的可持续发展强调“人与自然、人与人、人与社会之间和谐相处”，所以，应把幼儿置身于自然、社会之中，鼓励幼儿在周围生活和自然环境中自主探究，在与人相处中自主发展，激发幼儿尊重、热爱、保护自然的意识，与人友好相处，培养幼儿可持续发展的态度和行为习惯。以中班工程劳动“玩具遮雨棚”为例，幼儿想做遮雨棚为阳台上的玩具挡雨，他们通过了解遮雨棚的造型、班级的材料，选择将与遮雨棚造型相似却“无人问津”的阳光房改造成玩具遮雨棚。从案例中，我们可以发现，幼儿保护玩具的想法、对废旧材料的循环利用等皆体现可持续发展的思维。

（二）强调跨学科融合

现实生活中，各事物都不是单一存在的，其内在的各部分，以及该事物与外部事物之间都存在着各种有机关联。《3—6 岁儿童学习与发展指南》中，将幼儿的学习分为健康、语言、社会、科学和艺术五大领域，强调幼儿园的课程应将五大领域有机结合起来，因此，在工程劳动中也应强调跨学科融合，在活动中，应给予幼儿足够的思考时间和活动空间，鼓励幼儿运用综合知识和技能去解决真实生活中的问题。跨学科整合不仅仅强调五大领域之间的有机融合，也应该关注同一领域间各个层面的整合。以大班工程劳动“小凉亭”为例，幼儿通过讨论确定了凉亭屋顶的造型，并在美工区找来和木条相似的一次性筷子、吸管、毛根做屋顶的模型，在制作模型时，孩子们发现“三角形的屋顶最牢固”。有了模型后，他们便参照模型用竹子做小凉亭的屋顶。可是，他们发现竹子屋顶不好固定，容易摇晃，孩子们便上网搜索搭建竹凉亭的方法，发现用“凹槽镶嵌”的方法能让凉亭更加牢固。于是孩子们便尝试运用螺丝刀等来凿凹槽，用铁丝来固定屋顶。但是这样做并没有解决他们的问题，他们便去寻求工程师叔叔的帮助，在工程师叔叔的帮助下，孩子们用电钻把自攻螺丝打进竹子里去，最终解决了屋顶牢固性的问题。从这个案例中，我们不难看出，幼儿综合运用了语言、艺术、技术、科学、社会等多个领域的知识和技能。

（三）关注真实情境问题

杜威的“儿童中心论”强调，儿童的世界是一个具有他们个人兴趣的人的世界。莎莉·穆莫认为，当学习内容与幼儿的生活相联系时，幼儿的学习最有效。一个真实存在于幼儿生活周围的问题可以触发幼儿的主动学习，因此，在工程劳动实施的过程中，应关注幼儿的真实生活，选择现实生活中有待解决的问题，引导幼儿调动生活经验，运用真实材料解决问题。以中班工程劳动“玩具遮雨棚”为例，班级幼儿发现春天的雨水把阳台上的玩具弄湿了，玩具容易损坏，于是提出了一个解决方案——为玩具制作遮雨棚。确定制作方案后，教师根据幼儿的设计提供了木板、木头、布等材料，引导幼儿制作遮雨棚。从这个案例中，我们不难发现，问题来源于幼儿的日常生活，幼儿调动自身的生活经验提出了解决方案，并利用真实材料去解决问题。

（四）注重创新思维培养

工程劳动是一个活动过程，更是一种思维方式。工程思维是在工程劳动的设计、研究和实践中形成的，是一种运用各种知识解决工程实践问题，将知识转化成产品的过程，是创新思维的体现，能培养幼儿创造性地解决问题的能力。因此，在工程劳动各步骤的实施过程中，应注重对幼儿创新思维的培养。如在明确工程任务时，应引导幼儿关注真实情境问题。真实情境中的问题是复杂、多维度的，幼儿需要运用不同领域的知识去解决问题，当把不同领域的知识应用于多维度的问题情境中，幼儿的思维也就变得多元，创新思维就在问题解决的过程中建构起来；在幼儿构思问题解决方案时，教师应先引导他们调动生活经验，或进行前期实地考察，再提出解决方案；由于幼儿之间存在个体差异，他们提出的解决方案也不尽相同，这有助于拓宽他们的探究思路，提出多样化的方案，从而提高他们思维的创新性水平；在幼儿设计与实践时，教师应提供多样且可调整的工具，指导幼儿在熟练掌握工具的基础上灵活使用工具去制作产品，综合运用知识去解决制作过程中遇到的问题，将平面设计转化成实际产品，进一步培养幼儿的创新思维。以中班工程劳动“了不起的爱心椅”为例，幼儿在构思制作爱心椅的方案时，观察周围的生活，调动自己的生活经验，提供了各种爱心椅制作方案：有为受伤老师制作的“架脚椅”，有为将要结婚的老师制作的“公主椅”，有为辛苦工作的保育老师制作的“棉花椅”，还有为方便小朋友在阳台观察记录植物生长状况的“蜈蚣椅”等。这样多元化的解决方案，是幼儿开阔思维的体现，幼儿再根据各椅子的特点将平面设计转化成实际的椅子，运用综合知识去解决“稳固性”“装饰性”“柔软性”等问题，进一步培养了幼儿的创新思维。

第四节 工程劳动的操作模式与实施保障

以往的园本课程重视对幼儿“探究能力”和“学习品质”的培养，在开展工程劳动实践后，我们逐渐将对劳动意识、劳动品质和习惯的培养渗透到园本课程中，形成了我园工程劳动特色课程“主题探究式工程劳动”，主要包括“劳心”和“劳力”两个部分。具体来说，“劳心”包括劳动意识的培养、劳动品质和习惯的养成，以及五大领域核心经验的渗透，“劳力”主要指劳动技能的学习。

一、工程劳动操作模式

主题探究式工程劳动是指在主题探究活动中，围绕着幼儿遇到的感兴趣的问题、活动需求进行的创造性活动，是幼儿运用技术进行设计、解决问题并制作产品的过程。

工程劳动源于幼儿生活中的真实问题，明确问题是工程劳动的开始。3—6 岁幼儿的思维特点主要是具体形象思维，在工程劳动的前期，需引导幼儿收集相关资料，丰富幼儿的经验，幼儿有了经验后，才能创造性地去设计、制作产品；在制作产品的过程中，幼儿会遇到各种困难，他们可能会通过实地观察、搜索网络资源、实验等方式进行测试与改进，从而再次明确他们遇到的问题，进而解决问题。因此，在工程劳动过程中，明确问题、前期探索、设计、制作、测试与改进是一个不断循环的过程。

此外，在工程劳动过程中，幼儿、教师、后勤人员三者是互相支持的学习共同体，幼儿会将自己活动的情况反馈给教师与后勤人员，教师与后勤人员根据幼儿的需要为他们提供物质、技能、精神等方面的支持，引导幼儿不断地去劳动、去创造。工程劳动具体的操作模式如下图。

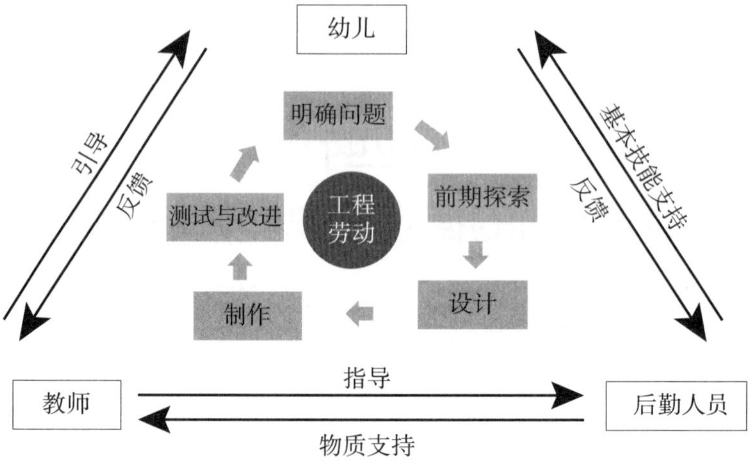

工程劳动操作模式

现以中班工程劳动“植物支撑架”为例，来说明工程劳动中幼儿、教师、后勤人员是如何相互支持，推进工程劳动发展的。

案例：中班工程劳动“植物支撑架”

1. 龙吐珠受伤了

新学期，班级里多了一个大阳台，孩子们喜欢在阳台上踢足球、玩游戏，可是阳台上调皮的龙吐珠却长得非常茂盛，枝叶都延伸到了阳台的地板上，于是阳台上经常发生这样一幕——

家翔：老师，彦哲又踩到叶子啦！

彦哲：我不是故意的，玩球的时候没有注意到！

子悦：这个叶子太多了，都长到地板上了，经常被小朋友不小心踩到。

由于在防疫特殊时期，班级的阳台成了孩子们唯一的“户外乐园”。而阳台上的龙吐珠长得特别茂盛，枝叶都拖到地板上。孩子们提出：“老师，我们玩游戏的时候总是要很小心才能不碰到叶子，这样太不尽兴了。”这个问题该如何解决呢？怎样既能满足幼儿尽兴游戏的需要，又能保护植物呢？

在工程劳动价值取向的引领下，我们决定把握住时机，鼓励孩子们积极开动脑筋，把“小心翼翼”变成“尽情玩耍”。

2. 帮助龙吐珠，我有办法

我们决定支持孩子们想办法解决问题，便提供了绘本、平板电脑等材料，鼓励他们自主收集“在阳台游戏中保护植物的方法”，同时组织孩子们围绕“游戏时如何不踩到植物”话题展开了热烈的讨论，并引导他们尝试将自己的办法画下来。

梓恒：我们可以用桌子把它撑起来，这样就不会踩到它的叶子了。

至诚：我的方法是用很多的砖头把长出来的植物给围起来。

钰菡：我觉得可以用网，把这些长到地面上的叶子吊起来。

弋琛：我的方法是用木头做一个架子，然后用架子把这些叶子撑起来。

从孩子们的分享中，我们发现，孩子们对影响他们玩游戏的因素比较清楚，并想到了一些既能保护植物又能尽情游戏的办法，但这些办法真的都可行吗？我们决定鼓励幼儿一一验证他们的方案。后勤人员也根据孩子们的方法为幼儿购置了砖头、木头等材料。

“桌子组”的孩子们合力把桌子搬到了阳台，可是他们发现，平时要用桌子来吃饭，不能一直把桌子放在阳台上，经过讨论后，孩子们决定放弃用桌子这个想法。

“砖头组”的孩子们从一楼搬来了砖头，并用砖头把龙吐珠围了一圈，可还是有一部分叶子没办法全部围在圈内。孩子们认为用砖头围圈会把场地缩小，于是用砖头围这个方法也被否决了。

在解决问题的过程中，孩子们能大胆表达自己的想法，并根据实际问题，有针对性地想办法将龙吐珠给撑起来。虽然在实践过程中发现有些办法并不实用，但他们能根据实际情况做出正确的判断。

最后就剩下“木头组”的方法了，“木头组”的孩子们很坚定地来到了木工区，穿戴上各种防护装备，而“设计师”弋琛不慌不忙地拿出了在区域活动中画的支撑架设计图，跟他的伙伴们讲解制作思路。

弋琛：我们需要两根一样长的木头，再把木头锯成一段段的，然后把一段段的木头钉在长的木头上，这样上面部分就完成了，最后再钉上两根柱子就完成了。

孩子们听着弋琛的讲解，似乎了解了制作的步骤。

于是，他们的工程开始了。

弋琛的设计思路非常清晰，也很清楚应该如何实施制作步骤，但缺少对场地实际大小的测量。我并不想插手，而是想看看孩子们会如何按照设计图来制作架子。

3. 做第一个支撑架

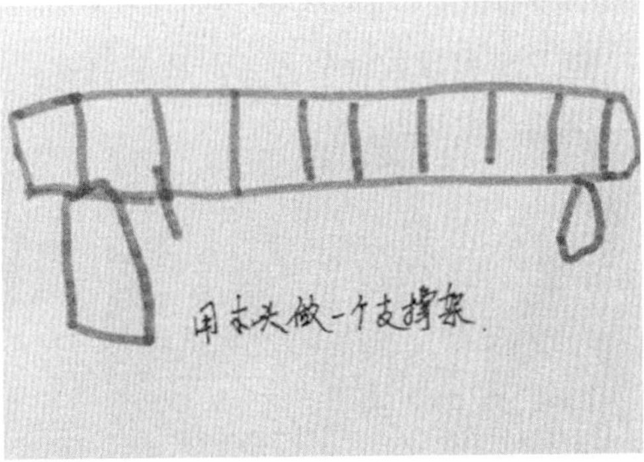

弋琛从木工区里找来了两根一样长的木头，又找来一根较长的木头，跟伙伴们说："我们需要把这根木头锯成每段一样长的。"

哲予：那要锯多长呢？

弋琛（张开手臂比了比）：我觉得这样就够了。

彦哲（张开手臂）：那太短了，应该要这么长。

弋琛：那就椅子这个长度吧！（指椅子的宽度）

彦哲将木棍的一端大致对准椅子的一边，然后在靠近椅子另一端的木头上用笔做上了记号。支撑架的长度就这么被草率地决定了。

从幼儿的操作中，我发现他们能借助（自然物）椅子的宽度大致测量出所需的棍子的长度，并懂得用笔在棍子上做记号。

在记录好所需的木头的长度后，怎么使用锯子呢？这难倒了孩子们。第一次使用锯子，孩子们都没有经验，因此他们请来小白阿姨帮忙。小白阿姨仔细地为孩子们讲解锯子的使用方法，以及使用锯子时的安全注意事项。在小白阿姨的指导下，孩子们尝试用锯子。有的孩子帮忙压着木头，有的孩子拿着锯子，小心翼翼地在记号处来回拉扯锯子。没一会儿，孩子们用锯子成功锯下了第一段木头。可是要怎么让之后锯下的木头都与之一样长呢？

若霖：我们再用刚刚的方法，对着椅子画上线就可以了。

彦哲：不用这么麻烦，把刚刚锯下来的木头放在长木头上，再做个记号，锯下来的就一样长了。

哲予照着彦哲说的方法，将锯下来的一截木头放在长木头上。

彦哲还提醒哲予木头顶端要对齐，在长木头上做上记号，再沿着记号锯下来，这样锯下来的才能跟之前的一样长。

从孩子们的操作中，我发现彦哲对测量的方法有了粗浅的了解，并能运用比较的方法将木头截成一样的长度。

按照弋琛的思路，孩子们很快将木头锯成相等的小段，并将它们固定在两根一样长的木头上，完成了架子的上半部分。

4. 将两条腿变成四条腿

雨桐又从木工区找来了两根木头，弋琛将这两根木头放在一起比了比长短，发现是一样长的，就将它们钉在架子的两边，做架子两边的柱子。架子终于完成了，跟设计图上的架子一模一样。可是，架子却立不起来。

雨桐：是不是上面太重了？

哲宇：是柱子太长了吧？

教师：为什么椅子、桌子能够站得稳呢？

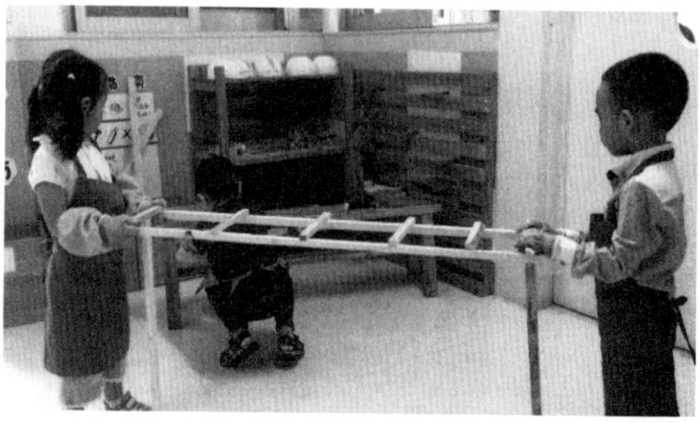

弋琛仔细看了看架子，又看看旁边的木工椅，说："不对，设计图错了，柱子太少了。我们的椅子有四条腿，桌子也有四条腿，可架子只有两条腿，这样肯定站不住，架子也要有四条腿才行。"

虽然第一次的制作失败了，但这并不影响孩子们的信心，因为他们很快就发现了问题——两条腿的架子是没办法站稳的。弋琛能对比生活中的事物找出问题，并将经验进行迁移，找到合理的答案。从平面的设计图到立体的作品，孩子们在探究过程中已经有了一个小小的突破，能够发现设计图与实际的立体物品是有差别的。

找到了问题，他们也很快找到了解决策略——将两条腿的柱子变成四条腿。可是木工区已经没有长度合适的木头做另外两根柱子了，这可怎么办呢？子悦提议："我们把这两根钉好的柱子取下来，把它们锯一半，就变成四根柱子了呀！"这个方法很快就得到了同伴们的认同。可是新的问题又来了，木头的一半在哪里呢？

哲予（手指着木头）：中间应该是在这里吧！

弋琛：太上了，应该下来一点。

芷宁：这样看是不准的，应该拿卷尺量一下。

他们拿出卷尺量了量木头。

弋琛：这上面的数字密密麻麻的，我看不懂。

芷宁：这么长的数字，中间在哪里呢？

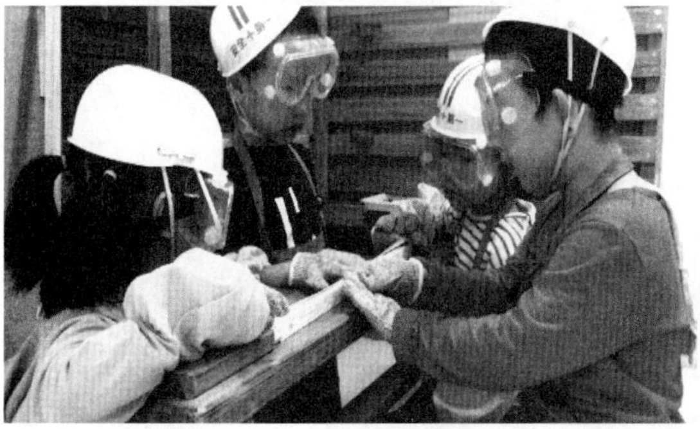

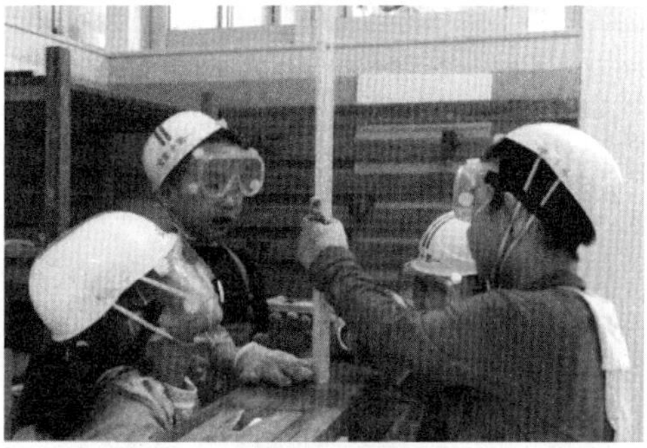

弋琛：黄老师，你能帮我们找出木头的中间吗？

从孩子们的对话及操作中，我了解到他们的已有经验及现阶段遇到的困难。他们知道用目测的方法并不能正确找出木头的中间位置，也从之前看过的动画视频中了解卷尺是一种测量工具，却不明白如何使用它，看不懂卷尺上面的数字，无法找出木头中间的位置。对于中班上学期的幼儿来说，用卷尺测量显然已经超出了他们的经验范围。

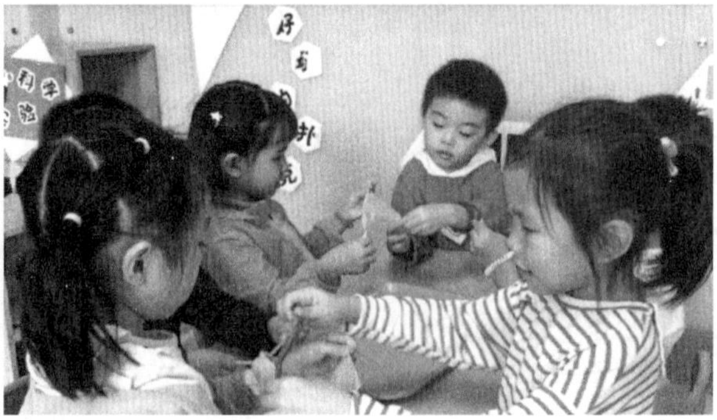

于是，我针对孩子们现阶段存在的问题开展了一次“找中间”集中活动，引导幼儿先给软的物体找中间，再将经验迁移到硬的物体上。在活动中，孩子们知道了可以用对折的方式找到物体的中间位置。

通过经验迁移，芷宁很快掌握了新本领，她先用绳子比出木头的长度，再将绳子对折，就这样很快就找到了木头的中间位置。

这个知识点对于大部分幼儿来说还是很难的，只有少部分幼儿能掌握这个方法。但我们仍将这些材料投放到区域活动中，引导幼儿在一次次操作中获得“找中间”的经验。

木头中间位置确认后，孩子们很快将两根支撑腿分别锯下一段，然后固定，最终完成了支撑架。

在幼儿认识世界的初始阶段，一个数学概念，需要经由许多不同经验的慢慢积累，才会在他们的脑海中逐渐由模糊而清晰。在“植物支撑架”工程劳动过程中，孩子们开始有了测量意识，初步探索了利用自然物来比较、测量所需的长度，这对于孩子们来说是一个突破。

支撑架的完成让孩子的内心充满了成就感，可是这个支撑架真的适合用来架起龙吐珠的枝叶吗？答案是明显的。但我并不想直接告诉他们答案，而是想让他们通过实际使用去发现架子真正存在的问题，并根据问题找出解决方法。

5. 把小架子变成大架子

孩子们将做好的架子放到阳台，想要撑起龙吐珠，可将架子一放，问题立刻出现了。

伟杭：不合适，它太小了，叶子还是在外面。

彦哲：这个架子太小，也太短了，没办法将所有的叶子都撑起来。

弋琛：要做一个更大的架子才可以。

教师：那架子需要多长，才够撑起所有的叶子呢？

彦哲：架子应该从这里到那里！（指着植物边走边说）

教师：那要怎么量呢？起始位置在哪里？终点位置在哪里？

在指导下，孩子们将起始的位置定在龙吐珠的左侧，终点位置为龙吐珠的右侧，测量过程中，发现整根木头的长度刚刚好，架子的长度就这么确定了。

教师：架子的长度有了，那架子需要多宽呢？

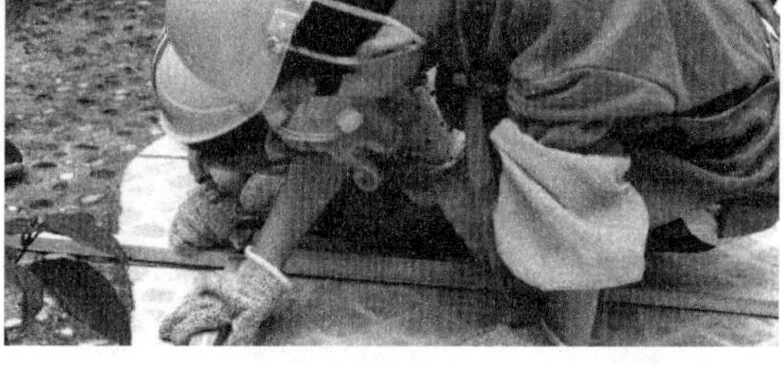

弋琛（指着地砖形成的缝）：龙吐珠刚好长到这里，我们就做到这条线，应该就可以了！

在我和保育老师的指导下，孩子们又测出了支撑架的宽度，很快就再次动工啦！有了做第一个架子的经验，第二个架子做起来就顺手多了，孩子们很快完成了锯木头的工作，剩下就是组装工作了。可是，要怎么摆，架子上半部分短木棍之间的距离才能一致呢？弋琛提议，可以根据地砖的缝摆放短木棍，这样短木棍之间的距离就都相同，整齐划一。

有了几次经验，孩子们能巧妙借助环境资源，利用地砖缝来摆放材料，让材料更加整齐，同时也提高了工程劳动的效率。

就这样，孩子们按照弋琛的想法摆放了材料，并以最快的速度将这些短木棍固定好，完成了支撑架的上半部分。在幼儿组装支撑架时，我和保育老师虽然没有直接帮助他们，但也没有闲着，而是在一旁关注他们的活动，为他们安全使用工具保驾护航。

在组装过程中，他们又提出了问题："架子需要多高呢？"孩子们马上分享自己的想法。

槿安：我们可以用木头量一下龙吐珠的高度，这样就知道架子的高度了。

芷宁：不对，龙吐珠那么高，这样架子就会变得很高，没办法把地面上的叶子撑起来。

家翔：那我们量一下阳台这个台阶的高度，这样就可以把地上的叶子撑起来了。

弋琛：那样架子就太矮了。我们就以这朵花的高度为标准，在木头上画一条线，

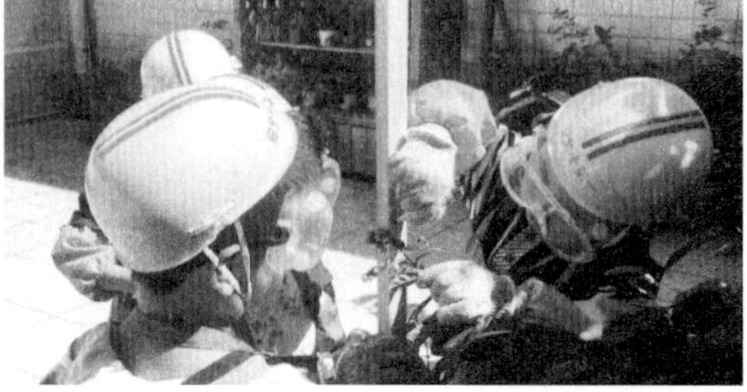

就是架子的高度。

从孩子们的对话中，能发现他们不再随意决定架子的高度，而是通过一定的测量标准来决定架子的高度。同时，还能对同伴提出的想法给出自己的判断。在不断积累经验的过程中，他们能巧妙借助环境资源，确定架子所需的高度。在制作支撑架的过程中，孩子们对“测量”概念的学习历程是宝贵的，这部分经验虽然只是整个“测量”概念的一部分，但却是相当重要的一部分。

支撑架的高度虽然有了，可孩子们并没有考虑到架子的高度与支撑力度之间的关系——支架越高，支撑的面积就要越大，才能让支架稳稳立住。但我想孩子们很快就能发现问题，并继续针对问题寻找解决方案。

6. 使不牢固变牢固

确定了架子的高度，孩子们快速锯好四根一样长的木头，并将它们与架子的上半部分固定在一起。眼看架子就要完成了，他们果然又发现了新的问题。

芷宁：架子太不牢固了，摇摇晃晃的。

家翔（蹲下身子看了看）：我觉得是柱子太高了，它才站不稳。

槿安（用手压了压架子上部）：是不是上面太重了，柱子太高了，支撑不了呢？

弋琛（看了看柱子）：不对，我觉得是柱子太细了，应该把柱子加粗才对。

凌萱：那到底是什么原因呢？

正当孩子们找不到原因时，我提出了问题：“哥哥姐姐搭的房子为什么会那么牢固呢？”引导幼儿通过观察同伴的作品来寻找问题的答案。

家翔：对啊，我们可以到一楼看看哥哥姐姐们的作品，他们做了一个很高的房子，看看它的柱子有什么不同。

从孩子们的动作及对话中，能发现孩子们遇到问题越来越从容，懂得先观察支撑架的外部特征，再大胆猜测造成架子不牢固的原因，还懂得向大班的哥哥姐姐求助、学习，寻找解决问题的方向。

有了解决问题的方向，孩子们立马行动起来。在我和保育老师的带领下，他们现场参观了哥哥姐姐搭建的房子，发现哥哥姐姐做的房子用的是将两根木头合并在一起的方法，还发现柱子上端加了一块木板，构成了“三角形”。原来，加粗柱子或者多做一个“三角”就能让架子变得牢固。

架子的稳固性是一个复杂的问题，于是，我们为孩子们提供了相关的材料，引导他们实地观察、对比，并做实验、迁移生活经验等，对稳固性进行深度探究，发现了加粗柱子和“三角形”的作用。

有了解决问题的策略，孩子们动手将固定好的柱子拆解下来，做调整，从一根柱子调整成“1+1=1”根柱子，即将柱子加粗。在孩子们的共同努力下，支撑架真的成功站稳了。

可这样便成功了吗？我问孩子们：“这回成功了吗？”鼓励孩子们再次测试。这一测试，新的问题又出现了。

彦哲：龙吐珠的叶子被撑得太高了，有的枝条太短，没办法放在架子上面。

哲予（蹲下身来看看）：架子太高了，没办法撑起所有的叶子。

弋琛（蹲下身，仔细观察）：我也觉得是架子太高的问题。

家翔：那就把它锯短一点，这样就可以了。

家翔的方法很快就得到了小伙伴们的认同，他们决定将柱子锯短一点。可是要锯多短呢？

弋琛：如果和台阶一样高，两个合在一起就会很牢固！我们用绳子量一下这个台阶上砖头的高度，就锯这些下来。

设计师的话总是具有权威性的，孩子们毫不犹豫地同意了弋琛的想法。

最后，弋琛量出了台阶的高度，并在四根柱子上做上记号，与同伴合作，把四根柱子都锯短了。

最后，孩子们终于完成了龙吐珠的支撑架，它不仅起到保护龙吐珠的作用，同时帮助幼儿解决了无法在阳台上尽情游戏的问题，真是个实用的支撑架。

孩子们就像一个个工程师，在设计—制作—调整再制作—核对验证的过程中，他们不断试错，自主解决问题，坚持不懈地优化作品，最终体验到成功的喜悦。

从上述案例中，我们不难看出，在工程劳动中，明确问题、前期探索、设计、制作、测试与改进是不断循环的过程，在这个循环的过程中，幼儿、教师、后勤人员是互相支持的合作伙伴。现以工程劳动“植物支撑架”为例，用表格来梳理在工程劳动中幼儿、教师、后勤人员的相互支持情况。

工程劳动中幼儿、教师、后勤人员的相互支持活动

工程劳动操作模式	活动阶段	幼儿的活动	教师的活动	后勤人员的活动
明确问题	龙吐珠受伤了	发现游戏中的问题。	教师分析该活动的价值取向、幼儿的已有经验，以及活动中幼儿的学习与发展情况。	
前期探索	帮助龙吐珠，我有办法	1. 小组讨论产生问题的原因。 2. 收集资料。 3. 构思方案。 4. 验证方案的可行性。	1. 组织幼儿进行小组讨论。 2. 为幼儿提供探索的途径与资源，如平板电脑、绘本等。 3. 引导幼儿思考，并通过尝试来验证方案的可行性。 4. 指导幼儿分享验证结果。	1. 为幼儿提供方案中的材料，如砖头、木头等。 2. 在幼儿验证过程中给予幼儿安全方面的指导与防护。
设计	画支撑架的设计图	在区域活动中设计支撑架，思考其所需材料以及制作步骤。	在区域活动中为幼儿提供支撑架的相关图片，引导幼儿了解支撑架的结构。	
制作	做第一个支撑架	1. 按设计图制作支撑架。 2. 学习使用锯子等工具，穿戴好防护用具。	观察幼儿的活动情况，分析幼儿的发展水平。	1. 为幼儿提供支撑架所需材料，如木头、木工工具等。 2. 指导幼儿穿戴好防护用具，指导幼儿学习使用锯子等工具。
	将两条腿变成四条腿	1. 遇到“站不稳”问题，分析原因，重新调整设计方案。 2. 学习用对折的方式找到物体的中间位置。 3. 按设计图调整支撑架。	1. 指导幼儿观察生活中的物品，从而找到支撑架“站不稳”的原因。 2. 通过集中活动“找中间”帮助幼儿找到木头的中间位置。	配合教师，指导幼儿用对折的方式找到物体的中间位置。

续表

工程劳动操作模式	活动阶段	幼儿的活动	教师的活动	后勤人员的活动
测试与改进	把小架子变成大架子	1. 测试做好的支撑架是否能够撑起龙吐珠，并根据结果重新调整方案。 2. 测量支撑架所需的高度、长度、宽度。 3. 组装支撑架。	1. 通过提问，引导幼儿思考支撑架要做多大才能支撑起所有的龙吐珠叶子。 2. 指导幼儿学习测量支撑架所需的高度、长度、宽度。	1. 配合教师，在幼儿测量支撑架所需的大小尺寸时进行个别指导。 2. 指导幼儿组装支撑架，关注幼儿在组装过程中的安全。
	使不牢固变牢固	1. 遇到"不牢固"的问题，思考、分析原因，并从他人作品中寻找解决问题的方案。 2. 根据方案，加粗柱子，钉出三角形部件。 3. 再次测试，并调整支撑架的高度。	1. 引导幼儿观察并发现他人作品较牢固的秘密。 2. 通过提供相关材料，引导幼儿探索物品的稳固性。 3. 鼓励幼儿再次测试支撑架是否合适，并再次调整。	1. 与教师共同带领幼儿去观察他人的作品。 2. 在幼儿加粗支架、钉三角形部件、调整支架高度时，关注幼儿使用工具的情况，指导幼儿保护自己。

二、工程劳动实施保障

（一）人员结构调整

保教结合是幼儿园工作的基本原则之一，在工程劳动课程实施的过程中，我们确定了“教学优先，后勤推进”的原则，改变了以往由教师以班级为单位独自组织和实施课程、后勤队伍重点对幼儿的生活加以指导的做法，形成了教师队伍与后勤队伍交互融合的课程实施局面。后勤队伍的加入，不仅能为教师组织与实施课程提供物质的保障，而且还能与教师共同为幼儿的活动提供劳动技能的支持，推进课程的发展，进一步体现了保教深度结合。

除了后勤队伍的加入以外，我们还打破了班级的界限，鼓励班级间进行交互活动，实现了园际的师幼互动和幼幼互动。比如：大班工程劳动“刺激自行车道”中，大班幼儿在建自行车道时，向全园幼儿发出了邀请书，请全园幼儿共建车道，而教师也根据自身的特长，通过走班的方式加入建“刺激自行车道”的过程，实现了园际的师幼互动和幼幼互动。

（二）以理论为导向，建立课题组

在课程实施与推进的过程中，教师是关键。基于工程劳动课程的综合性，我们召集教师成立了工程劳动课题组，课题组成员有高级教师 2 名，一级教师 21 名，二级教师 9 名。同时，我们还借助思明区进修学校的优势，联系了幼教室主任，以及有土木工程、劳动技术、科学研究等方面特长的家长，组成校外专家群，为我们的工程劳动提供理论支持，必要时还请他们进行现场指导。

在课题组活动中，我们开展了多形式的教研活动。有专项理论学习活动，丰富教职工关于工程劳动的理论知识；有针对某一工程劳动中具体的重难点问题进行的集中交流活动，重点突破师幼在课程实施中遇到的难题；有年级段平行班之间的互相取经，鼓励年级段平行班级之间走班观摩，汲取他人优秀经验，然后因地制宜地运用在自己的课程实施过程中；有围绕共同兴趣的互助式探讨，教师可自由组合形成一个个小教研组，针对共同感兴趣的内容，随时展开互助式探讨，从而提高自己实施课程的能力；还有劳动技能的展示，在学期末以娱乐方式展示教职工在开展工程劳动教育过程中获得的新技能，如锯木、砌墙等。通过多种形式的教研活动，教师们不仅丰富了关于工程劳动的理论知识，加深了对工程劳动的认识，还消除了自身在课程实施中的困惑，从而更加适应教育的需求。

（三）打破空间限制，建立资料库，提供硬件保障

工程劳动课程具有学习内容多样化、学习方式多样化、所需工具材料多样化的特点，为顺利实施工程劳动课程，我们必须保障硬件条件。硬件条件主要包括项目材料及书籍、实践场地等方面。

在我园，每个班都是工程劳动的实践场地，教师与幼儿可根据班级的需要开展工程劳动，可以利用班级的教室作为实践的场地，也可以在班级的阳台开展工程劳动，而且我们还根据幼儿的需要挖掘了园内的场地，将原本要报废的“淘气堡”游戏场所变成了工程劳动的实践基地，为工程劳动的实施提供了场地保障。

我们还建立了工程劳动资料库，资料库主要分为三个区域——工具区、图书区及智能化设备区。在工具区，我们制作了工具箱，将锯子、锤子、胶枪、安全帽、防护衣等工具分类收纳到各个工具箱中，方便幼儿按照自己的需要取用；在图书区，我们收集、购买了关于 STEM 教育的图书，以及指导幼儿开展具体工程项目的相关图书等，供教师与幼儿随时翻阅；在智能化设备区，我们提供了平板电脑、高清拍摄仪等现代化设备，幼儿可以随时通过设备查找、阅读相关资料，教师也能更好地存储、处理相关信息。

2 第二章 木作工程

我们的问题和挑战

· **老师有顾虑，家长不放心，怎么办？**

· **我们自己都不会，怎么办？**

· **只有劳心，没有劳力，怎么办？**

作为工程劳动教育研究的“小白”，我园在刚刚步入工程劳动教育的初始阶段，大部分班级选择和开展的活动以木作工程劳动为主，老师们甚至认为幼儿能“使用锤子钉钉子”，能“锯开木头薄片”，就已经非常厉害了。看似简单的工程劳动，实则蕴含了大量的工程思维和劳动能力，而现实中，在女教师居多的幼儿园里，普遍存在“花拳绣腿”或“纸上谈兵”的现象，木作工程实践经验更是极少涉及。由于教师对工程劳动理解的偏差和劳动技能的匮乏，她们往往体悟不到木作工程中隐含的深度学习的契机和其真正的价值，再加上教师和家长都长期受“安全保护”传统观念的桎梏，不敢放手，也不愿放手，生怕幼儿在自己手上或眼皮底下“受伤”，这就造成木作工程劳动停留在浅尝辄止或简单的劳动技能训练上，既忽略了“劳心”，也达不到“劳力”的效果。

木作是建筑劳动中常用的技术，幼儿园的木作工程是幼儿根据自己的兴趣和需要，以木头为主要原材料，使用钉、锯、锤、刨等技术，对材料进行加工、改造并制作产品。在幼儿园，木作工程的主要特征是：以幼儿生活和游戏中的需要为主要内容，以木材制品为主要材料，使用木工工具的劳动。木作工程的开展对幼儿的发展具有重要的价值。第一，丰富幼儿对材料和工具的认知。幼儿在开展木作工程劳动时，要先认识传统的木作工具，了解优秀的木作作品以及木作文化。第二，帮助幼儿掌握简单的木作技能，如钉、锯、锤、刨等，培养幼儿的木作技术素养。第三，有助于幼儿认知水平的发展。在木作工程中，幼儿可以了解物体的不同建构方式，学习基本的测量方式，提高空间感知能力等。

本章侧重于讲述从哪些渠道和路径打破木作工程劳动的“屏障”或改善现状，引发教师的内在驱动力，厚积薄发，重温劳动的美好，唤醒教师对工程劳动教育展开积极的思考并做出行动上的改变，使木作工程劳动在幼儿园真正落地生根。

第一节
在工程劳动培训中体会“放手”“放心”

“劳动教育”是当前教育领域的高频词。将劳动教育列入教育内容，最早可追溯到蔡元培先生提出的“德智体美劳”五育并重的教育方针。然而相当长的时期内，劳动教育在政策中有体现，在实践中却往往被忽视，在幼儿园中被“弱化”、在家庭中被“软化”、在社会中被“淡化”的现象不同程度存在着，制约了劳动教育在树德、增智、强体、育美、创新等方面的育人实效发挥。2018 年，全国教育大会相关会议精神强调要“努力构建德智体美劳全面培养的教育体系”。党的十九届四中全会《决定》中进一步明确了“培养德智体美劳全面发展的社会主义建设者和接班人”的培养目标。2020 年发布的《关于全面加强新时代大中小学劳动教育的意见》也强调劳动教育是中国特色社会主义教育制度的重要内容，要全面贯彻党的教育方针，坚持立德树人，把劳动教育纳入人才培养全过程，贯通大中小各学段，贯穿家庭、幼儿园、社会各方面。因此，幼儿园也应该积极把握育人导向，遵循教育规律，创新体制机制，注重教育实效，实现知行合一，促进幼儿形成正确的世界观、人生观、价值观。

一、对劳动教育的再思考

新时代呼唤劳动教育，是对劳动教育本质认识的回归。它既有马克思主义“教劳结合”思想的引领，又传承了“耕读传家久”的传统，还具有鲜明的时代特征，强调教育要与以科学技术为基础的劳动相结合，书本知识应和实践经验相结合，培养教师的专业精神、职业精神、劳动精神。我们目前所拥有的一切，包括社会的发展、科技的进步、生活的改善……无一不是在劳动中创造的。然而，现在大部分人常常忽略了体力劳动，只重视读书、考学等脑力劳动，劳动应有的意义被弱化了。因此，我园在开展工程劳动教育的初期，便组织了“劳动教育再思考”研修活动，引导教师重新认识劳动，了解劳动教育的意义。

如果问有谁从精神层面完美诠释了劳动的意义，也许近些年网络上那些田园生活艺术达人做到了。我们组织老、中、青三代教师，一起欣赏相关视频，一起重温劳动的美好。一些表现生活劳动场景的优质视频，展现出的生活之美，吸引了全世界无数人。最引人注目的无疑是他们作为劳动者的那一双双手。那些手，从树上采摘新鲜的瓜果，从土里挖出一串串花生；拉着牛的缰绳在地里耕种，紧握着稻穗摔打出稻谷；甚至将旧石板刷上铜色油漆，做成古朴的洗手台，用葡萄皮染出淡紫的布料，再做成纱裙……在这些劳动者日常生活的每一个角落，你能看到的那些美丽的物件，无不是他们亲手制作。他们用自己的双手告诉人们，从一蔬一食，到一灯一屋，都可以通过自己的劳动获得。

但是，如果劳动的意义就是创造出一些生活用品，那么我们拿着钱去商场购买不是也能得到精美的物品吗？可见，劳动吸引我们的不是它的结果，而是劳动的过程。看到美好的劳作场景，我们可以沉醉其中，甚至有被治愈之感，究其原因，在于这个劳作的人自身就深深沉醉其中：劳动不是一个获取物质的工具，而是生活本身，当劳动者享受着劳动的过程，故能用心地对待一木一锯、一锤一钉。当我们认认真真钻研将钉子敲进木材的最佳角度时，仿佛时光都停了下来。我们能感受到劳动给生活带来的点点滴滴帮助，在观赏他人劳动过程的画面时逐渐产生共情。那些反映劳动过程的视频是生活美学的范本，而美的创造来自热爱劳动的心灵。热爱劳动本身，劳动的过程才能趣味盎然。

正如《中国新闻周刊》所评的：“用一餐一饭让四季流转与时节更迭重新具备生活的意义，让人看到‘劳作’所带给人的生机。”那些精彩的视频让我们深刻认识到了劳动的意义。重新看待劳动的意义，生活或许会另有一番天地：双手在舞蹈时，心灵在歌唱。

在我园选择从木作工程开始进行工程劳动教育课题研究之后，我们又组织了一场“实验劳动家”教研活动。活动倡导教职工将自己最拿手的劳动技能通过视频的方式向全园公开展示。有了这个展示的机会，教职工们都放开了手脚：有些教师结成团队，探讨如何表现劳动技能的精、益、高；有的教师独立练习，废寝忘食，乐此不疲；保育员们则害羞地一边说自己什么都不擅长，一边展露出过人的“绝招”。到了全园劳动汇报会举办当日，我们通过大屏幕滚动播放这些视频，只见大家使出浑身解数，有的缝纫，有的锯木头，有的砌砖墙，有的编竹篮，有的织毛衣……大家一边发出羡慕、赞叹的声音，一边相互求教。现场变成一个大型的劳动 PK 场，让人热血沸腾！那个冬天很冷，但我们心里火热——全园教职工参与的劳动展示会，不仅让大家“解锁”了劳动技能，更点燃了大家心中的劳动之光。

二、厘清困难找方法

万事开头难，有了教研展示活动的带动，大家借着这股子劲，纷纷摩拳擦掌，教师们想轰轰烈烈地组织班级工程劳动，他们搬木头、找锤子、买钉子……想着从最熟悉的木工劳动开始入手。一切看起来都挺顺利。正当大家勾画着全园热火朝天投入其中的美好场景时，现实把我们拉了回来。在一次教研活动上，我们围绕“当下面临的困难”进行分析与讨论时，教师们抑制不住地抢着“倒苦水”。

朱老师：没办法没办法，我看到孩子拿锤子钉钉子差点把手砸到，吓得赶紧收起工具。万一（孩子）受伤，如何向家长交代？

陈老师：不要说孩子了，才半天时间，我的指甲都被刮花了。伤不起伤不起！

林老师：受伤我不怕，我怕自己不会教，把两块木头钉在一起我都难办到！水泥钉和铁钉有什么区别？木槌和铁锤又有什么用途？好难！

吴老师：不是我不想开展（劳动指导），首先我不会技术，其次我不敢组织，不懂怎样开展，担心孩子受伤，家长也不赞成，没有家长的支持，课程推进难上加难。

实践之后，教师纷纷表达了肺腑感言，可是，单凭这三言两语，难以准确判断大家的真实问题。于是我们通过一个小程序展开了一次“小木工困难大调查”，结果发现：70% 的教师选择“遇到了技术难题而停滞不前”这个困难；60% 的教师是因为缺乏理论支撑和理念统合而对劳动课程并未完全接受，认为这是一个没有把握的挑战；80% 的教师认为木作工程劳动有危险，责任重大，家长方面不认可，担心幼儿会受伤……

治病要对症，问题显现了，那就好办了！这些其实也正是大家在木作工程劳动开展初期遇到的三大困难——第一是“不想”。这主要是教师理念未更新与内容层出不穷之间的矛盾。第二是“不敢”。家长不敢让幼儿冒险，教师不敢承担孩子可能受伤的风险和随之而来的家长的责怪，教师自己也不敢操作。第三是“不会”。包括技术上的困难、心理上对陌生领域的抵触。这三大困难虽然将我们前行的道路堵得死死的，但是遇难退缩不是我园的作风，乘风破浪才是我们的风格。我们通过教研、学习、实践操作等方法寻找突破口，把它们一一击败，为进一步开展工程劳动课程扫清障碍。

（一）帮助教师树立信念，打破陈旧思想

既然我们现阶段开展的教育活动内容是木作工程劳动，那么，就有必要先分析其意义和目的。我们把原先一个月一次的全园大教研时间化为密集型的一周一次，从泛化到聚焦，分别组织教师学习全国教育大会的精神，让大家领会实施劳动课程的大教育背景；同时，园长携骨干教师先行，前往南京向虞永平教授团队学习与请教，将每一场讲座、每一次见闻、每一个感受，都用相机、摄像机、纸笔等记录下来，

力求把先进理念原汁原味地还原出来，带给教师；鼓励教师通过学习获得资讯，刷新认知。当我们摆明了对待劳动教育课程的方向和态度之后，就开始组织班级活动进行尝试。

经过初次尝试，教师又提出一个困惑：每天都很忙碌，现有的活动已经非常丰富，老师们哪来的时间再“加码”开展木作工程劳动呢？我们根据大家的反馈，提出了一个思路：原有的课程，与新的木作劳动相融合、同促进。具体如何结合呢？

我们首先帮助教师把原有的几个主要教学形式大致列出来，分别是集中教学活动、主题探究活动、区域活动、创造性游戏和户外活动，然后，围绕“如何在现有教学形式背景下融合木作工程劳动”这个话题组织课题研讨。教师们结合本班具体情况展开了热烈的讨论，总结出“融合”办法。这进一步打消了大家对“增负加码”的焦虑。大家提出，可以在区域活动背景下开展木作工程劳动，比如，在班级增设一个木作工程区，提供木头、锯子、钉子等材料，供幼儿操作，使其获得相关经验；可以在主题背景下开展相关木作工程劳动，比如，在“鸟世界”主题探究活动中，通过木作劳动为小鸟造房子；可以在集中教学活动中达成木作工程劳动相关目标，比如，通过组织科学活动，引导幼儿进行自然测量，解决木作工程劳动中的问题，促使木作工程劳动顺利推进；还可以在生活、游戏及户外活动等各个环节发现木作工程劳动的生成契机，比如，在户外记录活动中幼儿可能生成制作一把既能遮挡阳光又能放置记录本的“多用长椅”的想法，就可以通过木作工程劳动来实现……

有了这些思路，教师们逐渐消除了之前的抵触心理，开始尝试在班级开展木作工程劳动。与此同时，我们还分别组建了小、中、大班木作工程劳动教育研讨群，通过现代化信息技术手段不定期向大家推送相关活动，也鼓励教师在群里随时抛出疑惑，让大家脑力激荡，帮忙想办法、出点子。众人拾柴火焰高，在这样的氛围下，教师们逐渐树立了信念，打消了顾虑，实现了从不想做到主动做的转变。

（二）帮助教师克服家园沟通的困难，学会胆大心细

家长的顾虑和不放心也是开展工程劳动课程的阻力之一。通过调查、访谈，教师反馈：大部分家长认为幼儿年龄小，劳动能力较弱，怕幼儿伤着、累着；家里大大小小的劳动都被家长包揽了，不给幼儿锻炼的机会。另一方面，家长忽视劳动教育的价值，调查结果显示，大部分家长更希望幼儿园教育培养幼儿的合作交往能力、学习能力、身体适应能力，更希望幼儿在未来能够取得良好的成绩，能够很好地融入社会。他们单纯地认为幼儿园劳动教育只是对幼儿劳动能力的训练，而忽视了劳动对幼儿精神世界的重要价值，严重忽视了劳动教育的重要作用。而且家长普遍认为锤子、锯子、钉子这类工具都属于不安全的材料，对幼儿园开展木作工程劳动教育的认识与理解也很片面，他们认为这种事情应当由专人来做，而不该让幼儿冒险。

教师的教育教学活动离不开家长的支持与理解，家长的顾虑和不理解容易让教师放不开手脚，而且幼儿劳动教育缺少专门的保障机制，教师也担心孩子在劳动过程中受到伤害，无法向家长交代，这样的“束手束脚”阻碍了劳动教育的实施。

针对这样的情况，我们又开展了一次问卷调查，发现教师与幼儿家长在劳动教育课程实施方面存在沟通不足的现象，不少教师反映，幼儿园实施劳动教育，主要的困难在于和家长的沟通上，很多家长有自己的教育观念，有时并不认同和配合教师的教育工作。日常生活中，家长对劳动教育的认识不够，认可度低，经常包办代替，导致幼儿动手能力较弱；家长还担心幼儿受到意外伤害，也不愿让幼儿运用劳动工具。可见，家长与教师在实施劳动教育方面并未达成共识，对于家长的顾虑，教师不懂得排解与引导，久而久之，幼儿就束手束脚，不敢投入地参与木作工程劳动，这也直接影响了幼儿园劳动教育的实施效果。

因此，让家长放心，争取家长的理解和认同，是开展劳动教育的保障；转变家长传统的“成才”观念，提高其对幼儿园劳动教育的认识，正视劳动教育的价值，才能更好地促进课程顺利实施。针对以上情况，我们开展了系列培训，来消除教师的顾虑、家长的疑虑，促进课程实施。

1. 树立安全意识，安全防护做到位

认真组织老师开展研训活动。结合幼儿的实际情况，引导教师认识木作工程劳动工具，懂得安全防护。如：在使用钉锤的时候，为了避免可能飞溅的钉子，必须事先佩戴好护目镜；为了保护手指，须戴上棉线厚手套；锯木头时会产生木屑，口罩必不可少，用图文并茂的形式将戴口罩的方法与步骤展示出来，供大家学习。此外，还让教师学习木作工程劳动技能，如了解握锤子的合适位置、研究锯子和木头之间的角度等。

我们还根据幼儿的年龄特点，通过班级教研、年级讨论、全园交流，共同制订内容较为合理、形式较为适宜、过程较容易实现的中、大班工程劳动计划表。教师还可以借助幼儿喜爱游戏的特点，积极引导他们参加木作工程劳动。另外，一些看似微不足道的日常行为有助于幼儿养成遵守规则和喜爱木作劳动的好习惯，如：引导幼儿参与日常修葺班级桌椅、整理阳台植物架的劳动，在户外活动后组织幼儿完成轮胎、沙地游戏器具等的整理和归类等。有的班级，在幼儿进行木作工程劳动时教师拍摄相关视频，通过回放视频、赞赏分享等方式带动全班幼儿参与劳动的热情，教师会积极赞美幼儿的劳动成果，哪怕是一条歪歪斜斜的木栏杆、一辆不够美观的木板车，在教师眼里都是幼儿了不起的劳动成果！这样不仅增强了教师对组织幼儿参与木作工程劳动的信心，也将良好的状态传递给更多教师，让他们更有兴趣组织幼儿开展木作工程劳动。

2. 开展线上家长培训，帮助家长体会劳动的价值

最初，教师只是在线分享幼儿在木作工程劳动中的视频、照片、作品。可是，单纯的视频、照片呈现，对于家长来说，还是“外行看热闹”，他们无法领会课程的真正意义，无法感知劳动课程对幼儿发展的促进，反而增加了更多对安全的疑虑与担忧。根据这一情况，我们组织了一场以“信息技术——视频、照片的制作”为主题的教研培训，指导教师利用手机、电脑软件等对木作工程劳动的视频、照片等素材进行剪辑，添加文字，说明开展木作工程劳动的意义，并请幼儿配音，以此让家长直观感受到木作工程劳动对幼儿合作、动手、沟通等能力的促进作用。如：在“云空间”播放幼儿制作“校门口安全小卫士”的视频，让家长看到幼儿在生活中发现要“维持大门口的接送秩序”，看到幼儿遇到的支撑支架的困难，看到幼儿通过锯、切、钉等技能制作围栏的过程，以及幼儿劳动时完整的安全防护措施，看到了教师从专业角度梳理出来的“幼儿的发展可能”。随着劳动进程在视频中依次展现，家长感受到木作工程劳动的不一般，一开始的怀疑、担忧，逐渐化为认可、支持。

3. 通过家校平台促进家园合作，共同培养幼儿的劳动能力

家园合作为幼儿创设更好的劳动环境。父母是幼儿的第一任老师，因此家长首先应该提高自身的劳动意识，进而在保证安全的前提下让幼儿自主完成力所能及的劳动。我们请家长在家带领幼儿整理衣服、洗碗、扫地、分碗筷，并不断提升劳动难度，激励幼儿积极思考，不断改进方法，帮助幼儿掌握更多的劳动技能和技巧。此外，幼儿园强调“幼儿自己的事情自己做”，我们告诉家长应该放手让幼儿自己做事，要相信幼儿，给幼儿机会，不要总觉得幼儿太小什么事也干不好。事实证明，经常参与劳动的幼儿获得的自我认同感和满足感，是多于不参与劳动的幼儿的。教师也积极与家长沟通幼儿园近期的木作工程劳动目标，并获得家长的支持与配合，促使木作工程劳动更顺利地开展，使幼儿获得更大的发展。

（三）帮助教师厘清理想和现状，从“不会”到“我会”

课程开始时，我们想象中的劳动场面是这样的：教师个个身怀绝技，锤子、斧子、刨子信手拈来；幼儿兴致勃勃，争先恐后地模仿、学习、设计、研究、创造；家长很支持，因为这些活动别具特色，既有趣又有挑战性……可是，“理想很丰满，现实很骨感”，当我们在班级开展木作工程劳动相关活动的时候，诸多问题出现了！老教师们觉得自己年岁已高，力不从心；中年教师觉得自己技不如人，青年教师觉得自己越来越“不像个老师”。看到大家的苦恼，我们也在思考，应该先解决哪个薄弱环节才能使当下

的状况有所改变呢？我们通过园级培训、年级研讨、实地研究三步帮助教师解决难题，支持木作工程劳动顺利前行。

1. 全园培训，解决技术难题

哲人说：人生早年多劳动、多做事是一种很好的磨炼；如果年轻人理想远大，却缺乏足够的历练，则难以成大事。教师指导幼儿进行木作劳动，自己必须掌握劳动方法，了解劳动过程，自己必须先熟悉相关方法和技能，这样才能在幼儿实际操作之前帮助他们明确劳动的主要环节、产品的制作步骤和要点，以及相关注意事项，做到心中有数。

因此，掌握木作工程劳动技能和方法是教师开展木工工程的先决条件。我们为教师购买了相关书籍，如由首都师范大学出版社出版的木工坊案例集《快乐小木工》，由南京师范大学出版社出版的《小小木工坊》，由华夏出版社出版的《亲子木工》等，教师各自学习后再参加集中培训，通过研讨，将木作工程常用工具、使用方法、安全防护措施要点、内容选择、组织形式等内容进行分类提炼，并整理成表格式图文说明，形成一部电子版的“操作指南”，存在幼儿园公共平台，供教师随时查看、阅读。除此之外，我们还号召年轻教师上网，利用各种资讯平台为大家找寻适宜的视频资源，经过筛选、分类，去粗取精，整理出一套“木作工程电子百科技能参考视频”，为教师解决遇到的技术难题提供有效支持。

我们还开展对保育老师的培训，引导她们补充生活劳动内容，培养幼儿的劳动意识。幼儿园“一日生活皆课程”的理念早已深植教师心中。保育老师们勤劳能干，总是把幼儿的生活料理得井井有条，她们也是课程实施过程中的重要一员，因为生活劳动这部分内容也是培养幼儿劳动意识的一个重要的依托。为此，我们开展了对保育老师的培训，请她们将一日生活中可以由幼儿参与或完成的内容剥离出来，借助日常活动中的常规活动锻炼幼儿的劳动能力，比如餐前引导幼儿发放餐具、擦桌子，午睡起床后，请幼儿自主叠被子、系鞋带、梳头发等。教师还组织幼儿参与各种活动，如“我是小小值日生”“宝宝爱劳动”“我是生活小能手”等，在潜移默化中对幼儿进行影响，激励幼儿参与劳动，使幼儿理解劳动的不易，培养其劳动意识。

2. 实地研究，探索好方法，“解锁”新技能

对于具体形象思维特质鲜明的教师而言，实地研究是一个有效聚焦问题、解决问题的好方式。我们通过实地观摩让教师发现问题，并推动教师围绕问题提出多种解决方法，学习新的劳动技能。

在“刺激自行车道”施工现场，出现了一个让大家屡试屡败的困境：一段刚堆砌起来的木桥板，不是倒下就是歪斜，当大家都感到比较失望、想要放弃的时候，从家长中自告奋勇走出一位木工师傅！大家心中差点熄灭的小火苗又重新燃起。他看

了一眼教师与幼儿共同的“作品”之后，凭借着丰富的木作经验告诉我们一个浅显的交叉受力法。他将剩余的木板用横竖交错的方式组合起来，教我们如何架构能更加牢固。那一刻，无论是园长、老教师还是中青年教师都“鸦雀无声”，安静投入地学习、记录、拍摄……当桥面搭建完成时，大家异口同声发出了一声长长的“哦——”，那一刻，仿佛又打开了一扇窗，拦在大家面前的绊脚石不见了。

经过这次事件，教师们开始重新审视自己的不足与面临的问题。我们收集了问题，大致将这些问题分为“技术难题”“理论难点”“方法困惑”。在之后的培训中，就更加有目的地围绕这三点内容，邀请相关专业人士来园对教师开展相关培训，将屡试屡败的失望化为屡败屡试的斗志。

我们还针对教师木作劳动技能不足的问题组织他们进行相关研讨，如整理各种锯子的用法，帮助教师突破技能“瓶颈”；根据班级木作工程劳动项目所需的技术种类，组织教师以小组形式讨论，通过实际操作、亲身体验、直接感知的方法不断尝试、琢磨与研究，形成相关经验后，一起制作“木作工具使用步骤”展板、“木作工具手册”和“木作劳动说明书、步骤图”等物化资料，为接下来需要相关经验的教师与幼儿做好指导、说明。

3. 互相观摩，在木作劳动教育培训中体会劳心和劳力

陶行知主张“生活即教育”，倡导在劳力基础上劳心，做到脑、体并用。他的生活教育理论是对劳动教育的扩展和延伸，丰富了劳动教育的内容。他认为“劳动是获取真知的重要途径，劳动教育也只有寓于生产实践才能真正具有长久生命力”。因此，我园让教师在实践过程中感受、体会老先生的主张——教、学、做合一。如木作工程劳动“了不起的爱心椅”，起源是班级老师的脚受伤了，幼儿想为老师设计制作一张便于休息的高椅。“做椅子”就成了中班幼儿新学期的第一个木作工程劳动。教师预设了与椅子有关的各种活动，如工程劳动“制作一把休息椅”，提供了关于工具的使用、椅子的构造等知识的绘本，带领幼儿在日常活动中认识高跷，了解椅子的种类和材质，学习挑战不同难度的制作方法，也预设了由此延伸开来的讨论、测量、制作、美化等各类具有综合教育意义的活动。但在这个活动中，劳心充分，劳力不足。

我们决定身体力行，从日常劳作开始，激发师幼投身于具体劳动的热情。春季，园长带领教师，教师带领幼儿，拿起铁锹，开始劳动，在仅有的一方土地上开荒、播种、搭架子，汗流浃背的同时满怀期待，感受着春天万物蓬勃生长的强大生命力；夏季，我们移花接木，用日益粗糙的双手营造“低成本”园舍绿化；秋季，收获丰收的果实，一瓜一果、一蔬一豆，全是我们与幼儿宝贵的收成，大家捧着、望着、闻着，满心欢喜；冬天，收好种子，期待下一个丰收季的来到。大家就这样在劳动中不断地领悟、学习，体验田野文化。全员参与劳动实践就是我们的学习方法。实践劳作让我们走出班级，来到田间地头，有说有笑，干得热火朝天，享受大汗淋漓的畅快，在田间这方课堂体会“劳动耕耘人生”，收获丰富的劳动经验。既有劳心又有劳力的体验，才是真正完整的劳动体验！

第二节
劳动教育课程的建设与实施

起初，当各班以木工坊为载体开展木作工程劳动教育时，幼儿只是在教师的“大力帮助”下简单地运用锯、锤等工具制作一些小模型，这些模型只是展示品，并不能服务于幼儿的游戏和生活，因此这些活动并不是真正的木作工程。究其原因，在于教师掌握的工程劳动实践经验较少，是工程劳动方面的“小白”，无法科学合理地组织与实施工程劳动课程。那么，以木作工程劳动为主的劳动课程该如何组织？它在幼儿园整个劳动课程中处于什么样的位置？如何让教师、家长放下顾虑，放心让孩子去参与木作工程？如何兼顾劳心和劳力？这些都引发了我们对园本劳动课程和管理制度的整体思考。

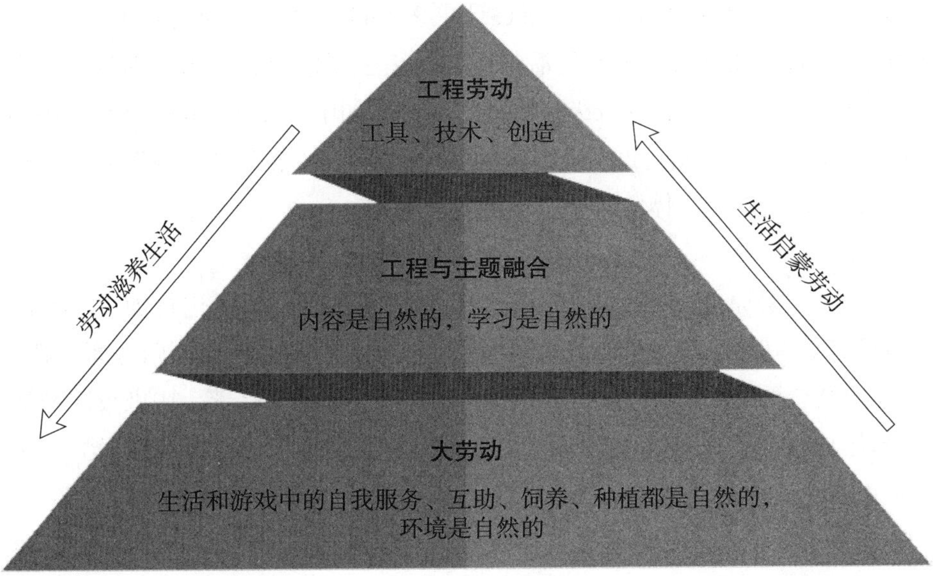

园本劳动课程体系

一、逐步建设结合生活、自然生态、丰富多元的劳动教育课程

我们从幼儿的年龄特点出发，以“源于生活、通过生活、回归生活”为核心，整合环境资源和家庭资源，拓展劳动教育的内容和形式，逐步构建“金字塔式”的劳动课程体系，即把劳动教育与生活相融合，在课程实施中关注五大领域的有机融合，让儿童获得多元体验，形成自然、丰富、多元的园本大劳动课程体系。

1. 基础大劳动课程

指渗透于一日生活环节的劳动活动。幼儿在生活中自然习得自我服务和服务集体的基本技能，包含自我服务和服务班级两类，如生活和游戏中的自我服务、互助，以及饲养、种植劳动。这是整个园劳动教育课程的起点和基础。在我园，主要包含以下两方面内容：

自主餐点活动。我园的“一餐两点”和水果餐均给予幼儿自我服务的机会。我园营造轻松、自主的用餐环境，培养幼儿良好的用餐习惯。点心和水果，不同年龄段的幼儿（使用不一样的餐具）均自取自拿。午餐时，值日生承担餐前和餐后整理工作，中、大班幼儿自己打饭，小班幼儿自己取餐。

种植劳作课程。因地制宜，利用班级阳台、园级的种植区域开展种植劳动，让幼儿亲历种植过程，参与作物的管理工作，探究并感悟生命的成长，体验收获的喜悦，分享成熟的果实。主要劳动内容包含作物种植、作物管理、果实加工等。

2. 主题与项目劳动课程

幼儿园利用环境资源为儿童创新设计更多元的主题式和项目式劳动体验课程，是每学期或每月幼儿特有的常态生活的一部分。主要包含：月末自助餐、月中生日长寿面、全收获劳动分享餐及班级小修补活动等。如中、大班幼儿每月轮流担当“月末自助餐”小助手，根据自助餐食谱及季节变化，增加节令食品制作准备材料，从而提高幼儿的动手能力，体验制作美食的劳动乐趣。

3. 木作工程课程

以木头为主要原材料，使用钉、锯、锤、刨等技术对材料进行加工、改造并制作产品的劳动。其核心是工具、技术及创造。在我园主要包含以下两方面内容：

与主题结合的木作工程坊内容。指基于主题探究活动背景，在班级区域活动中展开的木作工程，体现班级主题探究特色。如中、大班在区域游戏中设立“小小木工坊”，配置了全套木作劳动工具柜和相关劳动工具，孩子们可围绕主题探究活动的内容开展木作劳动，教师鼓励幼儿利用钉、锯、锤、刨等技术对材料进行加工和创造，提高幼儿使用木工工具的能力。

木作工程劳动实践基地的探索活动。我园在幼儿园一楼大厅开辟出一大块公共

的工程劳动实践基地，供幼儿开展木作工程。在这里，孩子们可以像“小小工程师”一样，进行勘察、测量，运用钉、锯、锤、刨等技术来解决实际生活中遇到的问题。无论是制作幼儿园大门厅处的共享书屋、长栅栏，还是在幼儿园公共区域内“修路架桥”，各班幼儿都可以自主提出想法，然后带着“计划书”“投标书”向园长妈妈“要地要粮”，争取“工程上马”；工程“投标”成功后，幼儿在班级老师的引导和组织下，自行选材，并合作开展木作工程。

二、劳动课程实施从重点突破到全面开花

1. 重点突破，骨干先行

劳动课程的实施是一项大工程，而工程劳动作为最具有挑战性的新课程内容，对老师们来说几乎是从零开始，刚接触木作工程时，我们不可避免地走了些弯路。

第一阶段：全面推进全园大班工程劳动。我们借鉴主题探究活动的课程实施经验，采用“全面铺开，百花齐放”的同步推进方法，但收效甚微。这是因为教师在木作工程劳动课程实施过程中不再是单一的课程实践者，而要参与课程的决策、开发、实施、评估各个方面，这对教师的专业水平提出很高的要求，而我们的教师队伍还很年轻，在课程实施方法上存在“急功近利”等问题。这也说明每个班“单打独斗”式的推进方式存在不足。

第二阶段：重点“攻克”单个班级的木作工程项目。面对第一阶段实践中反映出来的问题，我们及时调整策略，根据当下的师资水平，在全面铺开的基础上，吸取有经验且有意愿的骨干教师组成研究小组，成立专项团队，“集中火力”，对其进行培训和引领，将教师的注意力引到如何“观察、解读幼儿的需求和兴趣”、如何“站在儿童的视角回应和诱发幼儿的深度学习”等方面，围绕这些方面进行研讨和课程设计，尽可能地体现“幼儿在前，教师在后”的理念，以此提升教师的课程领导力，合力推出木作工程劳动经典案例。例如，专项组的成员“蹲点”大三班的“刺激自行车道”工程劳动，从课程计划、推进、组织，到人员的分工（拍摄、撰写文稿、记录），从多渠道的教研培训，到劳动工具使用技能的切磋……这些专项探讨让这批骨干教师通过实际案例汲取了实施木作工程劳动课程的相关经验和要点，尤其是在课程资源的整合利用、主题探究活动与木作工程的“无缝连接”、劳心与劳力的双轨交替等方面，积累了不少经验。

2. 结合主题，有效推进

我园作为“福建省课改基地园”，经过 20 余年的研究，建立了“以自然为轴心”的玩中学主题探究活动课程体系，教师们从“长电量”的主题探究活动课程中获得

了丰富的经验，这个优势是否有利于木作工程劳动课程的实施和开展？带着这个问题，在劳动课程的实施过程中，我们开始思考将木作工程与主题探究活动自然融合的策略。

主题探究活动具有综合整体性、动态生成性、探究性、合作性等特点，强调幼儿主体性的发挥，以满足幼儿的兴趣与需要为基础，提倡教师与幼儿的共同探究。而工程劳动也是为满足幼儿需求而进行的创造性活动，是运用钉、锯、锤、刨等技术对以木头为主的材料进行设计，并制作产品解决问题的过程；工程劳动的内容也是不断更新的，能激发幼儿有目的、有计划、有步骤地寻找解决问题的创造性方案。我们发现，两者都强调主体性、动态生成性、探究性、创造性，并且都是促进幼儿在解决问题的过程中获得经验和成长。

主题探究活动来源于孩子的生活，活动对象是孩子感兴趣的、有发展价值的和操作可能的事物，如动物、食物、自然现象、周边的生活等，贯穿于幼儿的每日生活中。于是，各班的孩子们在主题探究过程中，自然而然地产生了探究、创作、创造的想法，这也成为木作工程活动内容的来源。

如大二班开展“图书世界”主题活动，收集到大量绘本等书籍，为了便于保管，更为了便于大家借阅，孩子们便想到制作一个“书柜”来摆放和管理图书。中三班开展“有趣的椅子”主题活动时，孩子们探索了多种多样的椅子，因为有老师将要结婚，他们就想给老师制作一把特别的“公主椅”。

开展工程劳动以前，在主题探究活动中，幼儿的表征形式常常最终止步于工艺劳动，未能走到工程劳动层面。活动最后呈现的“书柜”“椅子”等可能都是以建构作品和美工作品为主，多停留在摆设、展示功能上，即使是孩子提出用积木建构的作品很容易倒塌，教师也出于安全性等考虑直接将此问题忽略，不能给幼儿后续的活动提供支撑，导致孩子无法通过劳动过程感受材料连接方法和承重性、坚固性、平衡性等真实问题，更无法体验用木板、钉子、锤子等敲敲打打的劳动技能和方法，

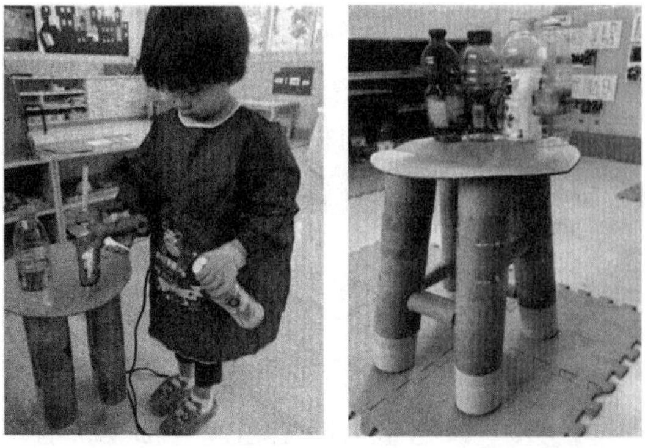

“靠背椅”（主题探究活动作品）

“公主椅”（工程劳动作品）

缺乏解决真问题的过程，更得不到理想的结果。而木作工程劳动课程的实施，给主题活动的表征类作品重新按下了“开启”键，赋予其新生命，使活动成果实现了服务于生活的“实用功能”上的质的飞跃。如此一来，木作工程和主题探究活动找到了完美的契合点和落地方式：主题探究活动为木作工程提供探究过程，木作工程则是主题探究活动物化产品的创造过程，这就能实现劳心与劳力更为自然的交融互补。明晰了这一点，我园工程劳动课程的发展思路也就理顺了。

3. 经验嫁接，全面开花

在工程劳动课程的实施中，我园通过“重点突破，骨干先行”的方法，让骨干教师在案例研究中先成长起来，然后在各自班级发挥带动引领作用，通过经验嫁接，以点带面，逐步推动、带动我园青年骨干教师队伍的专业成长，以此带动工程劳动课程在全园各年龄段的实施。

一是通过典型的工程劳动案例分享经验。在工程劳动具体活动的开展和研究过程中，我们十分注重过程性材料的收集与积累。到目前，老师们共整理、撰写了31个课程故事，拍摄并剪辑了30多段典型的幼儿劳动视频，通过扫描相应的二维码可观看。各班的工程劳动与主题活动有效结合，特色凸显。我们选取精彩活动的视频及典型案例进行多途径分享，让全园教师互通共学。通过对学习、嫁接成功经验，新教师理清了思路，走对了方向。

二是通过工程劳动项目研究共同体促进互研互通。为激发参与者的主动性，我园鼓励教师们根据自己的课题研究方向自主组队、结盟抱团，加入或成立新的木作工程项目研究共同体，有目的、分阶段，针对木作工程劳动中的共性问题开展集中研讨，充分发挥集体的智慧和力量，集思广益，互补有无，将问题各个击破，提升全体教师的工程劳动思维，由此带动整个课程滚动式发展。

三、管理机制的改变势在必行

虽然有了园本大劳动课程体系作为工程劳动课程的背景，但这仍不足以支撑教师放开手脚，引导幼儿自主开展木作工程劳动，因此，幼儿园需要改变原有的管理机制来支持教师开展木作工程。

（一）化整为零——提供时间上的保证

1. 增加幼儿参与劳动的机会和时间

以往，幼儿的作息时间分割得相对小块、固定，教师忙于“跑”完各环节流程，在生活、学习活动环节不停地催促孩子。在基础大劳动课程教育背景下，我们放权，允许教师采用大时段的作息时间表，减少日常过渡环节，让教师可以根据实际需求来弹性、自主地安排作息，给予幼儿充足的劳动时间。如：日常餐点环节，餐前增加幼儿自主取餐的时间，增加幼儿抬放桌椅、铺桌布等活动的时间，餐后增加幼儿清理桌面残渣、倒盘中残渣、分类放餐具、擦桌面等活动的时间；月末自助餐活动开始前，增加幼儿削皮、摘叶、剥玉米粒等备餐活动的时间；种植劳动、工程劳动结束环节，延长幼儿收拾整理工具和防护用具的时间……总之，通过作息制度的改变，给予幼儿更多参与、体验劳动过程的时间，让幼儿的双手充分动起来。

自助餐前幼儿合作摆放桌椅

幼儿共同铺桌布

2. 在时间与空间利用方面给予教师灵活调整权

利用混龄时间开展工程劳动。“大带小”的混龄活动可以更有效地对各类资源进行优化组合，提升劳动活动的效果。如小班的孩子参与中、大班哥哥姐姐的除草、翻土、播种、修补等活动，中、大班幼儿则用自己的语言，把学习到的方法、自己的经验用心地教给弟弟妹妹，担任领导人和指导者的角色，小班幼儿在中、大班哥哥姐姐帮助与影响下，观察、模仿除草、握铲的方法和用力方式等，在充满爱和关怀的劳动氛围中，自然而然地学习和掌握新的劳动方法。

利用区域游戏时间开展工程劳动。除中式的教育教学劳动活动之外，区域游戏时间是开展幼儿劳动活动最常用的时间段。教师们根据不同的劳动目标，与幼儿讨论确立区域劳动的主题，引导幼儿以小组合作或独立承担的形式开展木作工程劳动，如阳台种植、班级修补、木工小制作等。

根据实际情况错峰开展工程劳动。围绕同一主题的工程劳动项目，各班级根据不同的劳动内容错时开展相应的劳动活动。如为了完成较大型的“刺激自行车道”，大班 4 个班级进行“项目分工”，有的班完成桥道的铺设，有的班完成石子路面的铺设，有的班则完成隧道的搭建等，各班根据进度进行协调，错时开展工程劳动，既有分工，又有合作。

结合时令、季节开展工程劳动。工程劳动活动依据一年四季的时令而开展。如春季播种，夏季搭防晒凉亭，秋季多灌溉浇水，冬季则架防寒棚等。

抓住平行班合作时间开展工程劳动。不以班级为单位，而是拆班组成工程小组，由具备相应特长的教师负责带领每个单元工程劳动的开展，孩子们则根据兴趣选择相应的单元工程劳动，这样幼儿就不仅仅是参与本班单一的工程劳动项目活动，且教师们优势互补，便于培训和研讨，也强化了劳动教育的主体责任，利于分工协调。

（二）节能办公——提供物资上的支持

虞永平教授曾说：幼儿的劳动就是同物质世界的相互作用，在劳动的过程中，幼儿用工具或材料改变客观世界，来达到自己的目的，并对包括劳动者在内的人产生一定的影响。因而，适宜的劳动工具的提供，为幼儿的发展创造无限可能。

工程劳动课程需要的木材、水泥、螺丝钉等都属于消耗品，对园所来说也是大项的支出，为了给幼儿提供更多的劳动工具和材料，我们因地制宜创设条件，制定了“无就补，少就加，买不到就做，做不了就改，改不了就代替”的递进式节能措施，尽可能多地为幼儿提供工程劳动的场地、资源、工具、材料等。我园也倡导全体教工节能办公，建设“节约型校园”，在全园新一届教代会上发出“勤俭办园”提议，向大家收集各类资源，并合理使用，尽可能减少不必要的水、电浪费，压缩其他支出，为幼儿的劳动提供尽可能多的物质支持条件。我园为幼儿提供的适宜的劳动工具主要有——

（1）生活劳动工具类：长餐夹、短餐夹、加盖大餐盘、长形餐盘、长柄汤勺与漏勺、短柄菜勺、削皮器、刮皮刀等。

（2）种植劳动工具类：小锄头、小铁铲、小铁锹、小钉耙、浇水壶、小镊子、剪刀、放大镜等。

（3）工程劳动工具类：

木作类：大型木作台、钢锯、刨子、羊角锤、榔头、砂纸、手钻、充电式打孔机、螺母刀、胶枪、电子水平尺等。

泥水类：搅拌铲、抹灰铲、水泥铲、大塑料盆、涂料刷等。

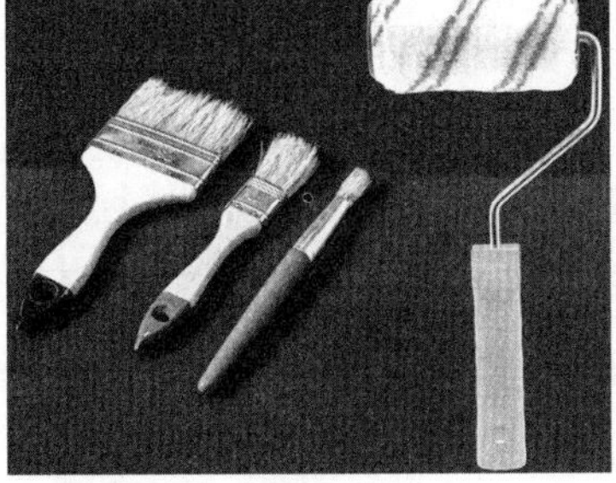

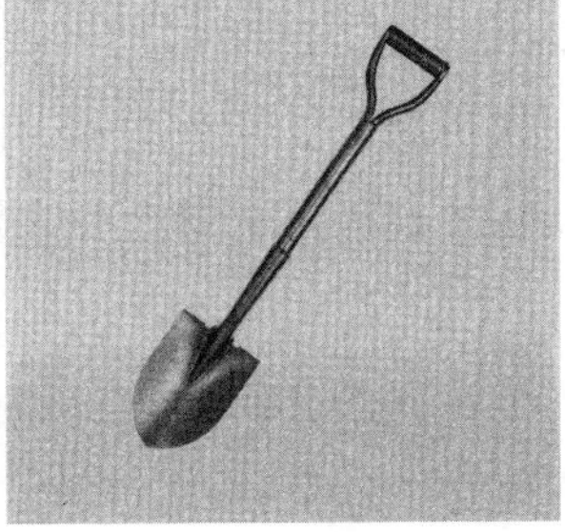

水利类：螺丝刀、小钳子、充电式打孔机、玻璃胶枪等。

（4）其他防护工具类：水鞋、防水围裙、护目镜、安全帽、棉质手套等。

（三）安全机制——为工程劳动保驾护航

1. 有效的安全保护在前

我们不仅提供多样、丰富、充足的劳动材料、工具，还做好充分的安全防护。如定制统一的木工柜，对劳动工具进行归类保管，为一些尖锐的劳动工具做好安全防护套。

2. 适度放手，挑战在后

幼儿园里的任何活动都要以安全为前提，然而，过度的保护反而使得幼儿不能判断活动风险。我们在开展工程劳动活动前，会对环境和材料进行规划和评估，教师要引导幼儿熟知操作前的准备工作、注意事项，并通过配套的提示图谱给幼儿形象化的提醒等。如在木工坊里，幼儿专用的榔头、锤子、锯子等硬、尖的劳动工具，都做上软套，同时对幼儿进行必要的安全防护教育。我们发现，当幼儿专注于某项劳动活动时，其注意力更加集中，自我防范能力更强。随着幼儿经验的日益丰富，他们会逐渐拥有对危险的判断和规避能力。比如，在使用锯子、钉子、锤子和充电式小电钻时，他们会主动戴上防护手套；在搬运砖头、木板等材料时，会互相提醒戴上手套、头盔、护目镜等。

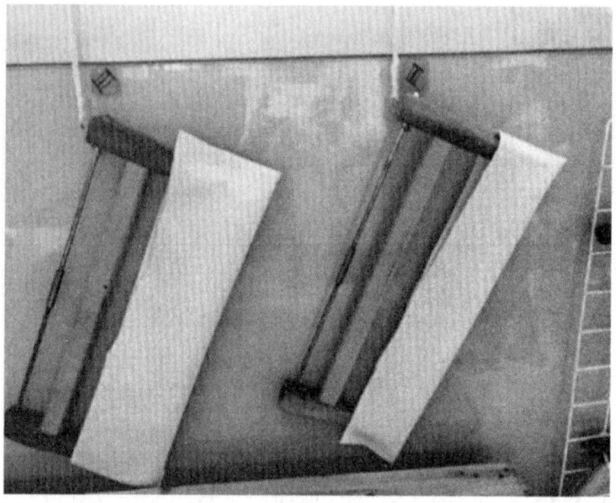

班级劳动工具柜一角：为锯子穿上防护套

3. 形成定期、定人进行安全检查的管理机制

各类劳动资料日渐丰富，一些安全隐患也随之而来，尤其是工程劳动的工具、材料，多为尖锐、坚硬的材质，幼儿在以往的生活中接触、使用得较少，如使用不当，可能造成对幼儿的伤害，所以必须定人管理，定期检查其安全性。

（1）设立大劳动资源仓库，所有工程劳动的工具和材料共享。调整幼儿园内劳动工具的品类，购买补充新的材料，设立工程劳动资源仓库，其中的工具、材料由专人保管，定期整理。班级需要用哪些劳动工具或材料，须先在信息化平台上向管理人员报备，填写好借用和归还时间，登记好数量，使用过程中的损耗、安全隐患及相关心得体会等也要在活动后记录下来，供他人借鉴。

（2）班级专用工具柜必须上锁，钥匙由班主任保管，工具柜在使用时方可打开。工具在让幼儿使用前，教师都须先检查一遍，先试用，确定零件等无松动、非常安全后，方可交给幼儿使用。

4. 坚持绿色生态发展方向

绿色兴则文明兴。我园提倡教工过“苦干创新、奋发有为”的高尚生活，也引导幼儿体验劳动的创造之美、朴素之美。我园是一所老园，校舍较为陈旧，又地处洼地，很是潮湿，部分建筑、户外器械、柱子等，因风雨侵蚀，难免破损、老旧。但只要不存在严重的安全隐患，我园坚持“能修的先修，能补的先补，能让孩子修的让孩子修，能让孩子补的让孩子补”的原则，鼓励幼儿发现园舍中需要出新、改造的地方，然后引导孩子讨论、分析，选择适当的方式，通过劳动创造来进行修补。

大班幼儿用水泥修补大厅底柱

班级阳台上经幼儿加固后的旧木箱

为班级、幼儿园进行小修小补，不仅发展了幼儿的动手能力，更帮助他们养成勤俭的美德，促进形成集体责任感，而在使用“新”物品的过程中，孩子们会更加珍惜这些“老物件”，这也让孩子们真真切切感受到用劳动创造生活所带来的新惊喜！

第三节
解放儿童——“野放”文化

教育家陶行知先生曾提出要解放儿童的大脑、双手、嘴巴、眼睛、时间、空间，以拓展儿童的创造力，解放儿童就是在教育上破除对儿童身心自由发展的束缚，使其健康发展。[①]当前，成人对幼儿的过度保护剥夺了他们全面发展的机会，《幼儿与环境》一书中提到了关于“儿童如何失去应对风险的机会”的讨论，人们普遍认为其主要原因是现在的孩子如同穿上了一层“泡沫包装”，总是被父母包围着，以确保孩子永远不会遭遇身体或情感上的风险[②]。其实，在一线工作中，我们不难发现，许多父母、教师似乎无法容忍正常的游戏中的风险，为了规避这些风险，他们常常把孩子装在自己能够把控的“套子”里，这也不许动，那也不许玩，把孩子保护得像个一碰就碎的“瓷娃娃”。殊不知，这正是剥夺了孩子学习与发展的机会。在木作工程劳动中，我们起初也是如此，生怕孩子在使用钉子、锤子、锯子等工具时受到伤害，从而经常给他们使用一些“假工具”，甚至包办代替。经过一系列研训活动，我园逐步形成“野放文化”，教师转变了教育观念，解放儿童的大脑和双手，让他们像个“野孩子”一样不断地尝试与挑战。但在“放”的同时，教师保持对幼儿行为的思考，以专业的手段促进幼儿的全面发展。

一、我们所理解的“野放”文化

当前，“劳育”被提到了与“德育”“智育”“体育”“美育”同等重要的位置。然而，在现实中，劳动教育并未真正走进幼儿园。当今的孩子以独生子女居多，他们便成了家里的“小公主”“小王子”，家长以孩子还小为借口，包办了所有的劳动，甚至

① 汤广全．刍议“解放儿童”[A]. 西华师范大学学报（哲学社会科学版），2009.
② 朱莉·M. 戴维斯．幼儿与环境：致力于可持续发展的早期教育 [M]. 孙璐，张霞，王巧玲，姚春生，译．南京：南京师范大学出版社，2018.

不允许孩子尝试任何有风险的活动，把孩子捧在手心上、装在蜜罐里。家长们过度保护孩子的做法，也让幼儿园不得不小心翼翼起来，幼儿园的教师和保育老师精心照顾孩子们的生活起居，为孩子们创设安全的环境，将劳动教育的相关内容尽量简化，减少甚至取消一切有风险的活动，将孩子拘在看似安全的环境中。这也在无形中剥夺了孩子的劳动机会、自主探索的机会，让孩子成为“温室里的花朵”、易碎的“瓷娃娃”。当前，成人虽然重视幼儿的早期教育，英语课、舞蹈课、绘画课、围棋课等比比皆是，却唯独忽略了劳动教育，孩子的动手实践能力差，缺乏基本的生活自理能力，依赖成人，自主性差。

反观国外，很多发达国家都非常重视劳动教育，在幼儿很小的时候便有意识地培养其劳动意识和劳动能力。从“中美孩子家务清单对比”中我们可以看出，当国内幼儿园的孩子在学习各种才艺时，美国的孩子在学习倒垃圾、浇灌花草、整理玩具；美国的孩子经常通过自己的劳动技能去挣零花钱，即使父母有足够的钱去支持孩子的学习与生活，孩子也要为自己工作，努力支付自己的学费等。在德国，从法律上规定了幼儿在家庭中应受的劳动教育，首先就要求幼儿承担家务劳动，协助父母完成家庭中的一些劳动。自幼儿蹒跚学步开始，父母就要有意识地引导幼儿去帮助家庭承担些许家务，父母可以为幼儿创造条件，却不能全部包办；稍大些的孩子要帮助成人完成打扫房间等难度较高的家务劳动；小学阶段的孩子更是要负责为全家人擦拭皮鞋、浇灌院子里的花草等①。日本的劳动教育也是值得我们学习的，日本的父母放手让幼儿自己背着书包、拎着便当盒去幼儿园，入园后幼儿自己更换衣物和鞋子；日本幼儿园一个班级有 10 ~ 30 个孩子，却只有一位教师，因此，从幼儿上小班起，对其自理能力的培养就是一项重要的教育内容。午饭时间，孩子们需要自己把桌椅从教室外搬到教室里，平日的杂务都交给孩子们完成，这不仅让他们学会了生活自理，更培养了他们的自主性、独立性。然而，在国内的幼儿园，大部分幼儿都是由父母抱着或开车带着上幼儿园的，教师也常常接到家长要求帮助幼儿更换衣物的电话，可以说，成人几乎包揽了孩子的一切劳动。

如此强烈的对比，究其原因，是国内的教师、家长还没有充分认识劳动教育的价值，故而常以“孩子还小”为借口，剥夺幼儿劳动、动手的机会。

幼儿的思维特点决定了他们是通过直接感知、实际操作、亲身体验的方式来获得经验和发展的，而木作工程劳动就是让幼儿在生活、游戏中去发现问题，通过动手操作钉、锯、锤、刨等去制作产品，从而解决问题。木作工程不仅仅强调身体上的劳动，更包含脑力的劳动，即劳心、劳力相辅相成，两者呈双螺旋状不断延伸。因此，木作工程是一项综合性的活动，它对幼儿身心全面发展起着重要作用，能够

① 徐佳鑫 . 幼儿劳动教育存在的问题及对策研究——以江西省南昌市为例 [D]. 江西师范大学，2020.

激发幼儿各方面的潜能。首先，锤子、锯子等工具的使用能够促进幼儿身体发育，促进幼儿大、小肌肉群的发展，在使用工具时，幼儿动作的灵活性和协调性都能获得提高，因此木作工程劳动能帮助幼儿健康成长。持续性的木作劳动还能让幼儿感受劳动的不易，这既能培养幼儿吃苦耐劳、不怕困难的良好品质，还能让幼儿学会尊重劳动者，尊重他人的劳动成果。同时，木作劳动还能促进幼儿语言能力、社会交往能力和问题解决能力等多方面的发展。幼儿在木作工程劳动中遇到的问题是真问题，他们需要调动综合能力来解决这些真问题，因而他们与同伴的交往能力、语言表达能力和问题解决能力也随之发展起来。如开学初，幼儿要提着重重的被子到自己的教室，在此过程中，他们或请求同伴、成人的帮助，或利用木板制作出拖拉车来拉，通过多种方式将被子运到教室，同伴交往能力和问题解决能力也获得发展。

劳动意识、劳动能力和劳动习惯不是在人的某个年龄阶段自动产生的，而是从小培养起来的，我们认为幼儿完全有能力在教师、家长的引导下进行劳动。因此我们倡导的“野放”文化，就是在相对安全的情况下，赋予幼儿自主权，给予他们鼓励，并充分放手，让幼儿在生活、劳动、游戏中动手动脑地去探索，大胆尝试和挑战，并在幼儿需要的情况下给他们适宜的支持，指导他们劳力、劳心，去解决生活中遇到的真实问题。

二、“野放”的收与放

（一）“野放”前的顾忌与束缚

工程劳动是幼儿围绕着真实生活中的问题，运用技术设计并制作产品的过程。这也就要求教师充分放手，让幼儿动手动脑，去想办法解决问题。但是，安全问题和家长的看法无疑成为我们“野放”前最大的顾忌和束缚。起初，我们虽为国外一些幼儿园 STEM 教育活动中孩子们的精彩表现而惊叹，但我们所面对的家长的不理解和质疑，以及过度保护幼儿的做法，让我们不敢真正地放手让我园的孩子去使用工具，去“冒险”。“管住你的嘴，管住你的手，睁开你的眼睛，竖起你的耳朵”成了我们最常挂在嘴边的口号，却并未真正加以落实。在幼儿开展工程劳动课程实践之初，我们只为幼儿提供积塑、迷你砖头、木槌等“假工具”，让幼儿摆弄摆弄，教师也常常在幼儿摆弄时忍不住告诉幼儿应该怎么敲，甚至动手帮助幼儿制作。

以大班工程劳动“蜗牛的家”为例，幼儿在阳台发现有小蜗牛，萌发了为蜗牛建个家的想法，孩子们提出要为蜗牛盖一栋砖头房子，可这对于孩子们来说是一件非常困难的事，教师虽不愿打击幼儿的信心，却不愿幼儿去冒险，便从网店购买了迷你小砖头，让孩子们去倒腾，在孩子和水泥时，教师也忍不住“出手相助”，最后，

幼儿用迷你砖头盖“蜗牛的家”

“蜗牛的家”虽然盖好了，但其中蕴含的幼儿学习与发展的机会也被无意中剥夺了。

再如大班工程劳动“滑滑梯模型”，幼儿想做一座从二楼阳台通到一楼草地的滑滑梯，教师便鼓励幼儿绘画设计滑滑梯模型，并为幼儿提供积塑、纸张、筷子等材料，引导幼儿按照设计去制作。在此过程中，幼儿虽自主动手制作，却放弃了他们最初的梦想——跃层式的滑滑梯，因为教师从安全角度考虑，只是让孩子做做模型，并未让幼儿真正思考跃层式滑梯该如何制作，没有让幼儿去测量跃层滑梯需要的高度，没有让幼儿思考制作那么高的滑梯应该如何操作。这个故事，我们曾在全国第二期幼儿园课程故事研讨会上分享过，也有幸得到了虞永平教授的指导。虞永平教授提出：“如果让孩子真正运用材料制作一个真正能滑下来的滑滑梯，那多有意思！”他的这句话点醒了我们，引我们深思，看似“放手”的背后，却隐藏着教师的犹豫和不信任。该如何打破“僵局”，便成了我们彼时最需要解决的问题。

全国第二期幼儿园课程故事研讨会上，虞永平教授给予我们指导

经过多次学习，安吉游戏的“真游戏，真冒险”给了我们很大的启发。在安吉游戏中，水、泥土、树枝、砖块、锯子等是孩子们的玩物和工具，孩子们可以按照自己的需要选择材料，在大自然中自主游戏；教师不再是指导者和引领者，更多的是观察者和支持者。为什么同样看似充满着不安全因素的安吉游戏能让教师放手、家长放心呢？我们深挖安吉游戏的“秘密武器”，发现教师观念的转变和扎实的家长工

作是让安吉游戏绽放精彩的秘诀。教师要充满游戏精神，与孩子们共同游戏，才能做到真正放手。只有教师真正放手了，幼儿才能在体验与探索中学会自我保护，学会管理风险。同时，通过家长开放日让家长亲自体验幼儿的游戏，去感受游戏的快乐和幼儿在游戏中的发展，这也是家长理解、接纳安吉游戏的重要因素。有了先行者的经验，我们何不赋予幼儿真正的自主权，尽最大可能给予幼儿空间、物质、心理上的自由，放手让幼儿大胆探索和挑战呢？

（二）“野放”后的精彩与适切

在前人引路下，我们发现“野放”不仅要有“放”的意识，还要有教育的精神。“放手”不是“放羊”，不代表教师可以“无作为”。教师应在对幼儿的活动进行观察，在对幼儿“最近发展区”的科学把握上，思考如何“放”才能让幼儿在相对安全的情况下获得最大程度的自主和发展。

首先，撕掉“高控”的标签，更新教师的观念。我们冲破束缚的第一步便是撕掉“高控”的标签。我们将室内室外与幼儿无关的环境创设全部去掉，解放教师的时间和双手，让教师有时间去参与、观察和解读幼儿的游戏。同时，通过每周四的全园教研、年级组教研以及不定时的课题小组教研，以活动案例、现场观摩活动为媒介，以《3—6 岁儿童学习与发展指南》为抓手，引导教师尝试分析放手之后的幼儿游戏，让教师看到幼儿在游戏中能力的发展和自我保护水平的提高，以此引发教师对“野放”内涵的理解，让“野放文化”不仅有“放”的意识，也具有教育精神。

其次，替换假工具，甄选符合健康、安全要求的真材料。我们摒弃了迷你小砖头、塑料积木和木槌等那些无法让幼儿进行真正的制作活动的“假工具”，根据幼儿工程劳动的需要，采购了一批适合幼儿使用的工具、符合健康要求的木头和幼儿劳动防护工具，同时指导幼儿为这些工具制作保护套。除此之外，我们也定期关注工具、材料的卫生情况，排查安全隐患，还引导幼儿了解材料的安全隐患，让幼儿也加入守护安全的队伍。

最后，消除家长的顾虑，让家长成为工程劳动课程实施的同盟。家长对工程劳动的态度影响着课程的开展，但是，家庭的“放手”往往与幼儿园的“放手”是不同的，幼儿园的“放手”是具有教育精神的，是为了在给予幼儿最大自主权的基础上运用相应的教育策略促进幼儿成长，而家庭的“放手”缺乏教育理念和教育手段，容易使“放手”变成“撒手”。因此，想让家庭“放手”，不仅仅要消除家长的顾虑，更要帮助家长形成意识。我园通过班级家长会、开放日观摩活动、家长助教等形式，邀请家长参与木作工程，了解木作工程，不仅让家长直观地看到幼儿在活动中的大胆、自信以及各方面能力的发展，也让家长理解教师“放手”的教育策略。我们还鼓励大班幼儿画“日记画”，引导他们将自己在木作工程中的游戏记录下来，带回家与家长分享。这样的互动让家长更加系统地感受到了幼儿在木作工程中的学习与发展，慢慢的，家长认同了工程劳动，成为工程劳动的“同盟军”。

有了这样的改变，工程劳动课程才做到了真正的“野放”，而“野放”也让工程劳动活动收获了精彩和适切。下面以中班木作工程“玩具遮雨棚”为例加以说明。

案例片段：中班木作工程“玩具遮雨棚”

春天的雨水很多，幼儿发现“雨水总把阳台上的玩具淋湿，玩具容易坏掉”，这个问题让他们萌发了制作遮雨棚的想法。教师围绕制作遮雨棚的关键经验进行多次剖析和研讨后，决定放手支持幼儿的想法。

幼儿通过观察生活中的遮雨棚、帐篷等物品，了解了遮雨棚的特点，并设计了分层的遮雨棚。同时，他们考虑所需的建筑材料和工具，向幼儿园申请购置木头等“真”材料和锤子、锯子、钉子等“真”工具，他们都想当“真”工程师！

在制作遮雨棚的过程中，他们实地观察了场地，测量了需要搭建的遮雨棚的大小，学会运用锯、钉等方式制作遮雨棚的框架，探索了遮雨棚框架的稳定性，发现三角形支架能让遮雨棚更加牢固。在制作完遮雨棚后，他们又进行了防水性测试，发现平面棚顶容易积水，防水效果不好，于是他们调整棚顶样式，让棚顶有一个倾斜度，这样雨水就能顺着斜坡流下来，顶面不再出现积水现象。遮雨棚建造完后，孩子们非常兴奋，马上将玩具整理到遮雨棚里，脸上满是自信和喜悦。

上述案例中，幼儿从发现雨水淋湿了玩具开始，围绕“遮雨棚”进行了认识了解、设计制作、测试改进、交流分享等一系列活动。整个活动中，幼儿为了完成自己的计划和任务，不断探索、调整、改进，在解决问题的过程中，学习就产生了。教师看到他们制作遮雨棚时挥汗如雨，看到他们解决问题时专注、认真的表情，看到他们探究时的深度学习过程，听到他们完成工程后的欢呼，不禁深深地感叹：有什么比这样的活动更精彩呢！

三、“野放”文化的启发与挑战

在“野放”文化背后，幼儿有着诸多精彩表现，各方面能力也有了较大的发展，我们深刻地感受到“孩子是有能力的、自信的主动学习者”，他们主动学习，不怕困难，勇于尝试，敢于挑战，这些良好的学习品质，让教师、家长感动。“野放”文化背景下的工程劳动也给了我们一些新的思考和启发。

（一）安全方面，从过度保护到自主防护

工程劳动是一项综合性的劳动，具有一定的挑战性。在工程劳动中，安全风险一直是我们最为关注的问题。起初，在安全方面，我们慎之又慎，不为幼儿提供真正的工具，帮助幼儿完成一些看似有风险的事情，但是在过度保护之下，幼儿却像是被绑住了手脚，无法获得真正的发展。其实，在幼儿成长过程中，有危险是很正常的，成人又能保护他们几时呢？倒不如让幼儿在工程劳动中自己去判断风险，在一定限度内放手让他们去尝试，去摔跟头，这样他们才能更好地对危险做出判断和预防，学会保护自己，变原来的被动保护为主动防护。

事实证明，幼儿自我保护的意识并不比成人差，每次开始使用锯子、锤子等工具前，他们总是自觉地穿戴好防护工具；锯木头的时候，他们总是相互留意，相互提醒；劳动之后，他们也能自觉地将工具的保护套给装上，并检查地板上是否有掉落的钉子，将现场清理干净，以防其他幼儿受到伤害。

（二）观念方面，从“包办”到“放手”

“放手”是我们最常挂在嘴边的词，但是过度保护、不信任幼儿的传统思想让我们很难真正做到放手让幼儿自主探索、尝试，当看到幼儿遇到问题时，我们总是忍不住“抢戏”，出手为幼儿解决问题，这也在无形中剥夺了幼儿学习与发展的机会。“包办”“放手”不仅仅是简单的行为，更是观念的转变。安吉游戏创始人程学琴曾说：“身为教师，必须担当，我们不能因为害怕而剥夺了孩子发展的权利和机会！”[①]《纲要》中指出，教师应成为幼儿学习活动的支持者、合作者、引导者，因此，教师应相信幼儿，“管住手，闭上嘴，往后退”，最大程度让幼儿自主尝试，接受挑战。

教师的“退后”能让幼儿走到“台前”，能让幼儿自主探索，积累相关经验，能发展幼儿的综合能力，但强调幼儿自主并不意味着教师就可以“无作为”，教师的“放手”是建立在对幼儿活动进行观察与分析的基础上的。在幼儿自主探究的过程中，教师应以一个观察者的身份观察、记录、分析幼儿的活动情况，在幼儿遇到危险、遇到问题难以坚持或者长时间停留在无意义的重复性操作层面时，教师应通过合作的方式介入幼儿的活动，为幼儿提供适宜的材料，以开放性的问题启发幼儿思考，促进幼儿在与环境的互动中自主分析问题、解决问题，架构知识经验，从而促进幼儿的深度学习。

（三）内容方面，从模型到产品

工程劳动指的是在一日生活中，围绕着幼儿的兴趣、遇到的问题、活动的需求等进行的创造性活动，是运用技术进行设计、解决问题并制作产品的过程。工程劳动强调要制作产品。但由于对安全问题过分纠结，起初我们只鼓励幼儿运用废旧材

---

④ 陶学菊．“由自”还是“由他”——基于安吉游戏的思考 [A]. 开封文化艺术职业学院学报，2021（4）.

料按照设计图制作微模型，但经过虞永平教师那句“如果让孩子真正运用材料制作一个真正能滑下来的滑滑梯，那多有意思”的点拨，我们开始反思，制作模型和制作产品是有区别的，制作产品能让幼儿更加深刻地理解设计图与实物之间的关系，在制作成品的过程中幼儿需要考虑更多的因素，更具有挑战性，也更能够发展幼儿的综合能力。因此，在工程劳动的内容上，我们发生了转变，鼓励幼儿运用技术制作真正的工程作品，解决真实生活中的问题，我们则根据幼儿的需要为他们提供真正的工具、符合健康标准的材料。

（四）视角方面，从关注劳心到重视劳心劳力的结合

《新时期中国劳动教育的再创新：劳动教育政策述评》一文中提到：劳动教育越来越多样化，目前已囊括了技能培养、技术能力、创造性思维、劳动习惯等方面。可见，新时期的劳动也悄悄发生着变化，从简单的体力劳动，发展到体力劳动和脑力劳动的结合，即劳力和劳心相结合。

在开展工程劳动课程初期，我们被“工程”两字迷惑，把注意力放在了劳心上，重点关注幼儿是否按照设计图去制作产品，在制作产品时是否能够动脑解决问题，而忽略了工程劳动中的“劳力”。其实，在工程劳动中，劳心和劳力应呈双螺旋上升状态，劳心和劳力应交替进行。以中班木作工程“彩虹阳光房”为例，在建造彩虹阳光房的活动中，幼儿要运木条、锯木条、钉房子等，这些都是劳力，但该劳动需要的不仅仅是劳力，也穿插着劳心，如测量房子高度、观察钉子的种类、探索房子的稳固性等。因此，教师的视角也发生了转变，从原来只关注劳心，转变为关注劳心劳力的结合，鼓励幼儿在劳心中挥洒汗水，在劳力中探索思考，促进幼儿心智与力量的共同发展。

（五）家长方面，从排斥到接纳

家庭是幼儿园重要的合作伙伴，工程劳动的开展更需要家长的支持、参与。开展工程劳动课程之初，家长并不理解，也不支持，教师经常听到家长反对的声音——“要拿锯子锯木头，那太危险了！”“我的孩子又不当木工，学这个做什么？”“孩子每天回来都弄得脏兮兮的，就像从泥里爬出来的！”……但是，我们并没有因此放弃，而是通过家长会、家长开放日等多种形式，让家长看到幼儿在工程劳动中的综合发展，解除家长们的疑虑，渐渐地，家长从内心接受了工程劳动课程。

当然，从观念上改变了家长的想法还是远远不够的，需要家长的行动才能促进工程劳动课程的发展。因此，在开学初，我们摸清家长的特长，经常与家长分享幼儿参与工程劳动的情况以及遇到的问题，鼓励家长加入幼儿的工程劳动中，带领幼儿开展前期调查，入园参与幼儿的活动，与幼儿共同解决问题。这样的做法，得到了家长的支持和肯定，他们不仅理解了开展工程劳动课程的意义，而且参与了工程劳动的实施，真正做到了家园共育。

第四节
木作工程劳动案例

经过一段时间的研训和实践，我们梳理了一个个由儿童的兴趣和问题所引发的木作工程劳动案例，每个案例都展现出幼儿积极主动地探索、学习的过程，展现了教师支持、引导幼儿进行活动的策略和方法，下面摘录部分，以期给打算实施或正在实施工程劳动课程的幼儿园教师提供一些值得借鉴的实践经验。

一、西红柿保卫战

幼儿年龄段：小班
活动持续时间：2020 年 9 月—2021 年 1 月
案例提供者：汤秋华

第一次来到小菜园，小朋友们马上被大大的菜园吸引了，他们三三两两地聊了起来。

景阳：你看，好大的菜园！
小双：是啊，可是这个菜园只有杂草！
新宇：对啊，菜园子里不是要种些水果蔬菜吗？
志玲：我们可以种些什么呢？
新宇：西红柿！我喜欢吃西红柿！
嘉怡：好啊好啊，西红柿可以做好吃的西红柿炒蛋和意大利面。

新宇和嘉怡的想法得到了大家的一致认可，小朋友们决定在菜园子里种西红柿。

种植活动是幼儿亲近自然的一种方式，幼儿选择了西红柿这种可以做成很多美食的蔬菜作为种植对象。西红柿这种蔬菜生长周期短，且根茎、果实有明显特征，便于持续激发幼儿的兴趣，利于幼儿持续观察，因此，我们跟随幼儿的兴趣，开展了一系列围绕西红柿的探索活动，尽可能将种植劳动的机会交给孩子，鼓励幼儿自己种、自己照顾，在种植过程中，培养幼儿的劳动意识和劳动能力。

1. 预设目标与活动初期网络结构图

“西红柿保卫战”活动预设目标

领域	预设目标（幼儿最低发展目标）
健康	1.能根据需要，用笔涂涂画画。 2.能尝试使用简单的工具。
艺术	能运用简单的线条和色彩等手段来表现西红柿的成长过程、木栅栏的外形特征。
语言	1.原意向同伴表达自己制作木栅栏的材料与工具，以及木栅栏的相关知识。 2.喜欢用涂涂画画表达自己观察到的木栅栏。
社会	1.原意和小朋友一起参加工程劳动活动，喜欢承担一些小任务。 2.乐意与同伴分享成果。
科学	1.能感知和区分支撑架、木栅栏的大小、多少、高矮、长短等量方面的特点，并能用相应的词表示。 2.能发现工程劳动中的问题，尝试用数学的方法来解决，体验和发现生活中很多地方都用到数。

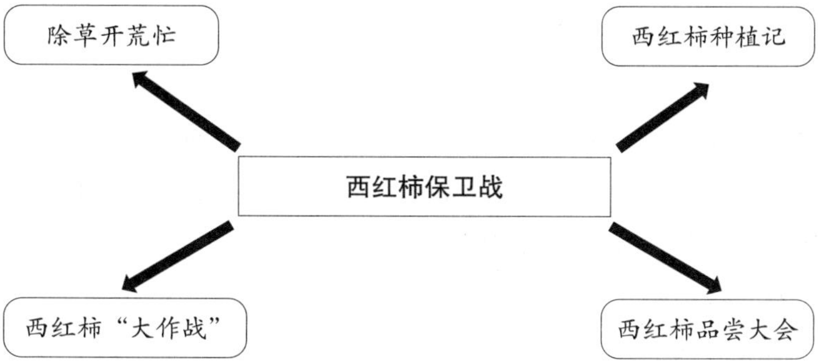

“西红柿保卫战”活动初期网络结构图

2. 除草开荒忙

（1）除草行动（略）

（2）杂草变身记（略）

3. 西红柿种植记

（1）西红柿种植小窍门（略）

（2）西红柿养护小妙招（略）

4. 西红柿“大作战”

（1）让西红柿苗“站起来”

经过孩子们的照料，西红柿苗长高了，可是他们却发现了新问题：长高的西红柿苗弯下了腰，有的西红柿苗甚至都趴在了地上。这是怎么回事呢？

有了调查经验的孩子，立刻想到可以通过电脑找答案。他们便请我和他们一起搜索西红柿苗“弯腰”的秘密。查阅信息后，孩子们发现原来西红柿苗的茎是软软的，没办法支撑太多叶片和花果的重量。孩子们还通过网络找到让西红柿苗重新“站起来”的方法，即搭架子。

找到解决问题的方法后，孩子们开始寻找搭架子的材料。他们在一楼操场上发现了很多竹子，便想用竹子来搭架子。可这时梓勋却提出了反对意见：“竹子被砍下来，那不就死了吗？”这句话给大家浇了一盆冷水，看着孩子们失望的表情，我便问：“所有的竹子都不能用吗？观察一下，这些竹子的尾部有什么不一样呢？”我引导幼儿关注干枯竹子和鲜活竹子的不同。孩子们的眼睛一下子就亮起来。

星凯：有的竹子有绿色的叶子，有的怎么光秃秃的？

恩汐：你看这些竹子比较绿，这边的竹子感觉有点黄黄的。

柏安：我知道我知道，没有叶子的黄黄的竹子就是死掉的。

恩汐：对，秋天的树叶掉下来也是黄黄的，也是死掉的。

笑笑：我爷爷说，修剪干枯的叶子和树枝，明年就能长出新的树枝来。

星凯：那我们把干枯的竹子砍掉吧！

恩汐：那怎么砍呢？我们又不会。

梓睿：我们可以找大班哥哥姐姐帮忙。

小双：对，我看过哥哥姐姐们锯木头呢，很厉害的！

于是，孩子们来到大班，请哥哥姐姐帮忙锯竹子。大班孩子带着防护工具和锯子来到一楼，他们边锯竹子边向小班孩子们讲解使用锯子的方法。小班孩子们也没闲着，瞪大了眼睛仔细观察学习，最后还把锯下来的竹子和掉落的垃圾整理干净。

锯好竹子后，大班哥哥姐姐帮忙把竹子搬到西红柿菜地的边上，还热心地问："你们这个架子要搭多高呢？"

廷君：跟我一样高吧。

俊龙：不对不对，那太高了！

佑安：我觉得要像西红柿那样高。

梓硕：西红柿有多高呢？

心莹：那我们来比一比吧！

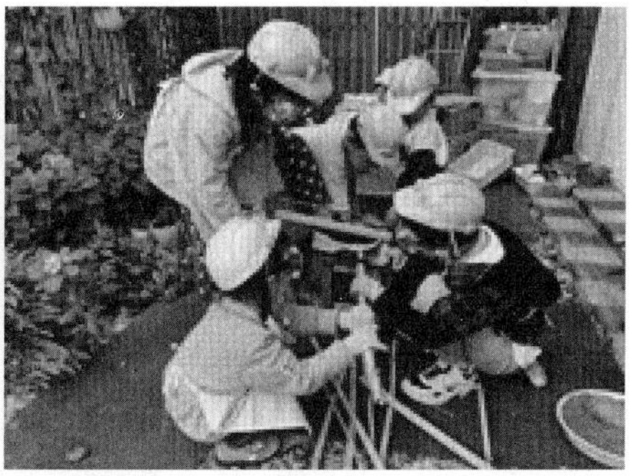

孩子们齐心协力举着竹子和西红柿苗比了一比，一开始，竹子的起点并不是在地面上，而是悬空了一段。大班孩子看到了，马上喊："这样比不对，你们要把竹子放在土地上，才能比。"在大班哥哥姐姐的指导下，孩子们将竹子的起点放在种着西红柿苗的地面上，然后有的扶着竹子，有的在竹子上做记号。随后，继续在大班孩子的帮助下，把几根长长的竹子根据记录结果分成若干段，准备搭竹架子。

在发现"西红柿苗趴地上了"这个问题后，幼儿能够运用网络资源搜索需要的信息，了解问题产生的原因以及解决的方法；在寻找材料的过程中，幼儿通过观察发现干枯竹子和鲜活竹子的不同特征，了解了植物的一些生长特性，如修剪枯枝能让植物长出新枝等，学会了合理利用材料；在锯竹子的过程中，能力有限的小班幼儿能够想办法请大班幼儿帮忙，并专注地学习使用锯子的方法，还做一些力所能及的事，如帮忙扶着竹子、整理物料等；在与大班幼儿的互动中，小班幼儿不仅获得了使用锯子的经验，而且学会了比较高矮的方法——物体的起点要在同一水平线上。

当幼儿遇到问题时，教师以合作者和引导者的身份，与幼儿共同搜索信息，发现问题形成的原因，并以开放性的问题"这些竹子的尾部有什么不一样"引导幼儿关注并发现干枯竹子和鲜活竹子的不同之处，从而启发他们选择适宜的竹子来解决问题。

（2）让竹子立起来

孩子们拿着准备好的竹竿，摩拳擦掌地想把竹子架起来，他们有的两两合作将竹子往下压，有的用锤子锤，可是缺乏经验的孩子们不管怎么用力，竹子总是站不起来。于是，孩子们又找大班的哥哥姐姐来帮忙。在大班哥哥姐姐的指导下，孩子们尝试用“将竹子埋在土里”的方法。他们学着哥哥姐姐的样子穿戴好防护用具，拿着小铲子在西红柿苗的周边挖了几个小坑，然后合作将竹子放进土里，再用土把竹子埋起来。这样一来，三根竹子就摇摇晃晃地立起来了，但仍然无法成为西红柿苗的“依靠”。孩子们又向大班哥哥姐姐投去了求助的目光。

大班哥哥：这样是不行的，我们要把三根竹子靠在一起，然后捆起来。

景旸：可怎么捆呢？

大班哥哥（做示范）：像这样，两只手把三根竹子拢住，一个人把绳子缠绕在三根竹子上，注意三根竹子都要缠住哦，然后上下交叉打结，拉紧，就好啦。

孩子们学着大班哥哥姐姐的方法，尝试将竹竿捆在一起，可是“打结”却难住了他们，他们把绳子绕来绕去，怎么都打不好结。正当孩子们进行不下去时，我提醒孩子们：“除了绳子以外，还有什么东西能把竹子捆起来呢？”引导孩子们寻找自己能够操作的材料。

孩子们就到班级找了起来。他们在美工区找到了毛根，兴奋地大喊：“你们看，毛根只要拧一下就可以了！”孩子们拿着毛根来到菜园子，有的扶着竹竿，有的将竹竿用毛根扎起来，还有的轻轻地将西红柿的茎和竹竿扎在一起。孩子们通过齐心协力的劳动，终于把西红柿苗的架子搭起来了。他们看着自己的成果，高兴地拍起手来。

在遇到问题“竹子立不起来”时，小班幼儿能够主动寻求大班幼儿的帮助，并在大班幼儿的指导下，自己动手尝试运用工具将竹子立起来。但小班幼儿精细动作的发展还不够成熟，因此在捆竹子时，他们学不会像大班幼儿那样用绳子来打结，因此教师便引导小班幼儿寻找适宜自己操作的材料；在扎西红柿架子时，小班幼儿能够模仿大班幼儿的合作行为，几个人一起将西红柿架子搭起来。可见，不同年龄段的幼儿在这个活动中获得了不同的发展，大班幼儿尝试与小班幼儿沟通，像小老师一样指导小班幼儿学习，具有自主性和责任心，而小班幼儿则能够模仿大班幼儿的行为，学习使用工具，学会了合作。

（3）保护植物的木栅栏

经过一段时间的细心照料，西红柿长得很快，可是，令人伤心的事发生了——长在靠外边的西红柿被踩断了。孩子们又开始寻思如何来保护西红柿。他们去观察公园里的小植物和路边的绿化带，把自己的发现用照片和符号记录下来，和大家分享。

芸菲：我看到植物园里的花朵是用栅栏围起来的，这样就不容易踩到它们了。

柏安：园丁伯伯在植物旁边立了一个“请勿踩踏”的牌子，提醒大家小心。

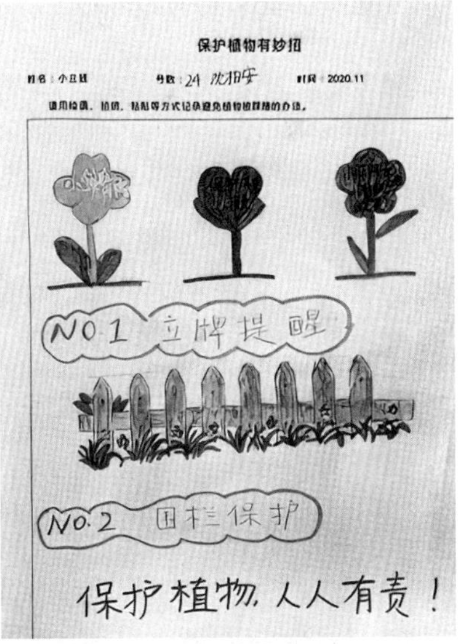

交流分享后，幼儿决定做一排木栅栏，把西红柿苗保护起来。他们围绕着“要做什么样的木栅栏”展开讨论。

芸菲：我们可以用一些小木条来做木栅栏。

小双：我同意，中间有一个（根）长长的木头，把它们连成一排。

思浩：在长长的木头上，钉上一根根的木条。

羽骁：栅栏也要像西红柿苗那么高才行。

说完，孩子们用简单的线条把木栅栏的造型画了出来，然后到幼儿园的仓库里搬出了几根细长的木头。

有了搭架子经验的孩子们不再依赖大班哥哥姐姐，而是自己尝试制作木栅栏了。他们学着大班哥哥姐姐的样子，戴好护目镜和安全帽，戴上了手套，穿上了围裙，就像一个个小工程师。

他们拿着木头，在西红柿苗边上比一比，做上了记号，再拿起锯子锯木头。可是木头却“不听话”，摇来摇去。他们叫来同伴帮助自己按住木头，这下木头就不再摇晃了，在一下一下来回的拉锯中，第一根木头被锯断了，孩子们高兴地跳了起来。这下他们更加自信了，一个个跃跃欲试，没一会儿，就锯断了好几根木头。虽然他们的动作并不娴熟，木头的锯面并不平整，但这是他们第一次独自完成锯木头的任务，他们有满满的成就感。

锯完了木头，下一步就是把木栅栏钉起来了。孩子们没有这方面的经验，仍然去请教大班哥哥姐姐。

大班的幼儿一边示范，一边仔细地解说："手握锤柄的位置不要太靠近锤头，而要尽量靠近手柄的末端，因为这样才会更省力、更灵活。使用锤子时，眼睛还要看准钉子，不能歪斜，才不会锤到自己的手。"

小班的孩子们学着大班幼儿的样子尝试钉栅栏，虽然他们人小力气小，但他们却不气馁，也不愿当"甩手掌柜"，将自己的任务交给哥哥姐姐，而是慢慢地一遍遍尝试，一遍遍地敲击着钉子。经过几天的努力，木栅栏终于完成了！他们用之前"挖坑”的方法将木栅栏立在了西红柿苗的周围。看着有了护栏的西红柿苗，他们更加开心了！

活动中，幼儿再次遇到问题——西红柿苗被踩断，这时的他们，与之前相比，解决问题的经验丰富了，他们不再依赖成人，而是自主观察公园、路边的绿化带，寻找保护西红柿苗的方法。通过观察，他们了解了栅栏的外形特征、制作材料等信息，并尝试自己用简单的线条来画出栅栏的造型。在制作栅栏时，他们能够自主动手去量栅栏的高度，自己锯断木头；不会钉钉子时，他们主动请教大班幼儿，学习使用锤子的方法，并学习自己钉栅栏。他们的动手能力获得了发展。

5. 预设目标与生成经验对照表，及活动终期网络结构图

“西红柿保卫战”活动预设目标与生成经验对照表

领域	预设目标	生成经验
健康	1.能根据需要，用笔涂涂画画。 2.能尝试使用简单的工具。	1.活动中利用画笔、纸张等记录修剪杂草、制作木栅栏需要的工具和材料。 2.敢于尝试使用劳动工具。
艺术	能运用简单的线条和色彩等手段来表现西红柿的成长过程、木栅栏的外形特征。	1.能用绘画、手工等形式表现西红柿成长过程中遇到的问题。 2.在大班幼儿的帮助下绘制设计图。
语言	1.原意向同伴描述自己制作木栅栏的材料与工具，交流木栅栏的相关知识。 2.喜欢用涂涂画画表达自己观察到的木栅栏。	1.介绍木栅栏时，能配以动作，口齿清晰地介绍。 2.能结合图画的形式进行介绍。
社会	1.原意和小朋友一起参加工程劳动活动，喜欢承担一些小任务。 2.乐意与同伴分享成果。	1.与同伴发生冲突时，能听从成人的劝解。 2.自己能做的事情自己做。 3.为自己收获活动成果感到高兴。
科学	1.能感知和区分支撑架、木栅栏的大小、多少、高矮、长短等量方面的特点，并能用相应的词表示。 2.能发现工程劳动中的问题，尝试用数学的方法来解决，体验和发现生活中很多地方都用到数。	1.了解西红柿的种植方法。 2.了解植物支撑架、木栅栏的基本特征。 3.用自然测量的方法，测量支撑架和木栅栏的高度。 4.尝试搭建三角支撑架，尝试竖立起木栅栏。

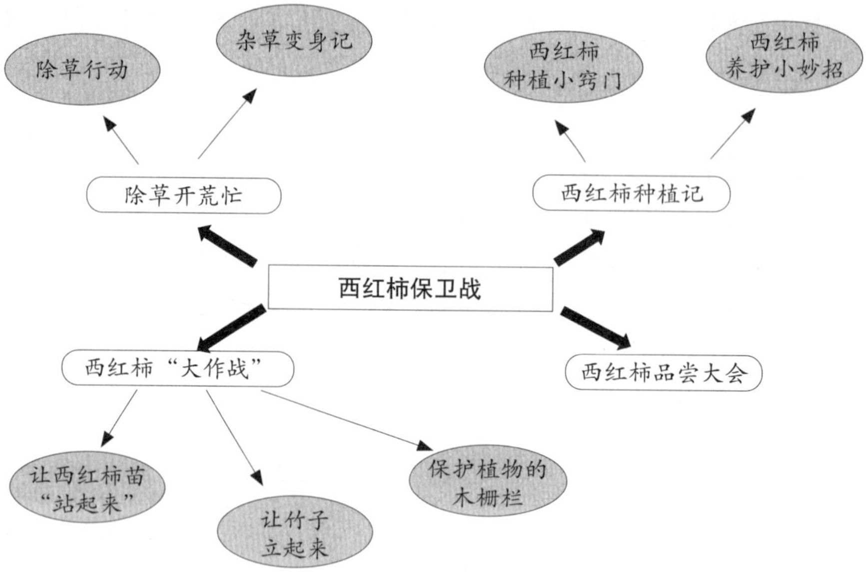

“西红柿保卫战”活动终期网络结构图（阴影部分为生成内容）

收获与感悟

1. 关注幼儿生活，提高幼儿的综合能力

幼儿的一日生活皆课程，一日生活中蕴含着丰富的教育契机和教育资源。因此，本学期我们充分发挥生活的教育作用，挖掘生活中的教育资源，从幼儿感兴趣的植物入手，培养幼儿的综合能力。在“西红柿保卫战”一系列活动中，我们选择幼儿喜爱且生命周期长、形态变化多、适合小班幼儿种植并观察的植物——西红柿，并且为幼儿提供适宜的工具和材料，引导幼儿动手照顾植物。我们从幼儿的种植活动中充分挖掘有意义的问题，生成其他活动内容，如“杂草变肥料”环节，从幼儿的问题“割掉的杂草有什么用呢”入手，通过网络调查、与成人的互动，生成了将杂草晒干埋在地下变成植物肥料的延伸活动，这不仅让幼儿获得了有关肥料的知识经验，而且让幼儿感受到对大自然资源的循环利用。

同时，我们还充分挖掘生活中的人力资源、社区资源、网络资源等，在幼儿遇到问题时，鼓励幼儿与生活中的资源进行互动，丰富幼儿的经验。如在养护西红柿遇到问题时，教师邀请有种植经验的家长入园为幼儿答疑解惑，在与家长的互动中，幼儿大胆提问，并收获了关于养护西红柿的一些小妙招。

2. 打破年龄界限，促进同伴的互相学习

《纲要》指出：“幼儿同伴群体是宝贵的教育资源，应充分发挥这一资源的作用。”不同年龄阶段幼儿的相互交往和共同活动，能够促进同伴之间的互相学习，提高幼儿社会交往的水平，帮助幼儿在原有基础上获得发展。在本系列活动中，我们打破了幼儿年龄的界限，在小班幼儿遇到技术上的难题时，鼓励他们寻求大班幼儿的帮助。在制作竹架子和木栅栏时，大班幼儿尝试通过示范、讲解、合作等方式指导小班幼儿学会使用锯子和锤子，大班幼儿也学习如何与小班幼儿沟通，他们的社会交往能力和语言表达能力得到提升，而小班幼儿则通过观察、模仿大班幼儿的行为，习得使用锤子、锯子的基本技能，提高了动手能力及解决问题的能力。由此可见,不同年龄和发展水平的幼儿之间的互相学习,能够帮助他们在“最近发展区”获得多方面的经验。

二、了不起的爱心椅

幼儿年龄段：中班

活动持续时间：2020 年 9 月—2020 年 12 月

案例提供者：周明珠　王若丹

学期伊始，孩子们发现脚受伤的王老师坐在椅脚歪了的钢琴凳上，纷纷关切地问：“王老师，你怎么受伤了？会疼吗？”“你坐在上面要小心哦。”“椅子有点歪歪的，我好担心。”虽然因为新冠疫情，大家隔了半年没见，但一声声暖心问候马上就拉近了大家的距离。“我们给王老师做一张新的椅子吧！”贴心“小棉袄”梓涵一提出这个建议，就得到了大家的支持。于是，接下来的话题就围绕着“做椅子”展开了……

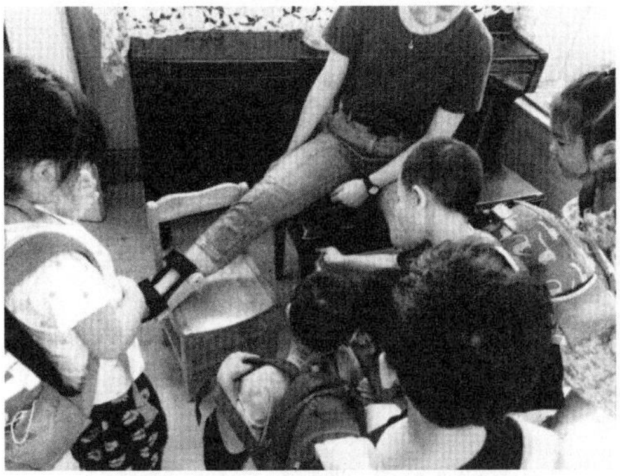

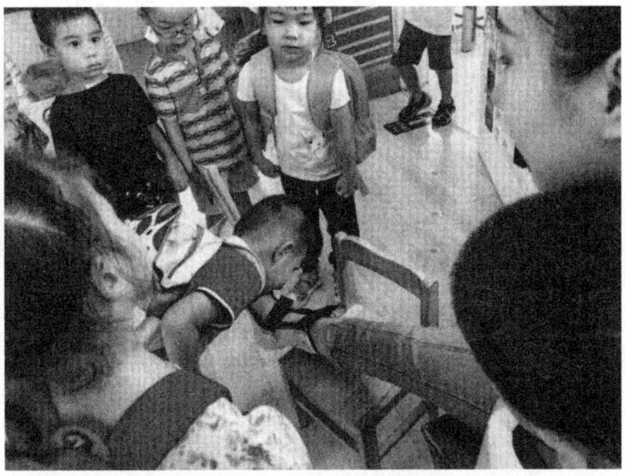

从孩子们的情绪和语言表达中，可以切实感受到他们对老师的爱和关心。做椅子可以发展孩子们的工程思维，增强他们的劳动能力，更重要的是他们可以从中获得为他人付出的力量感和幸福感，是一个很好的工程劳动项目。但从无到有地做一把椅子，对于刚从小班升上中班的孩子们来说，会不会太难？半年没见，孩子们对椅子又了解多少呢？我决定先一探究竟。

1. 预设目标与活动初期网络结构图

“了不起的爱心椅”活动预设目标

领域	预设目标（幼儿最低发展目标）
健康	1.能使用简单的劳动工具。 2.手的动作灵活协调。
语言	1.能清楚地讲述做椅子的相关知识。 2.愿意用图画和符号记录做椅子时的想法。
社会	1.愿意分工合作解决工程劳动中遇到的难题。 2.敢于尝试有一定难度的活动和任务。
科学	1.能通过观察和比较发现问题。 2.能通过简单的调查收集需要的信息。
艺术	能运用绘画、手工制作等方式来表现椅子。

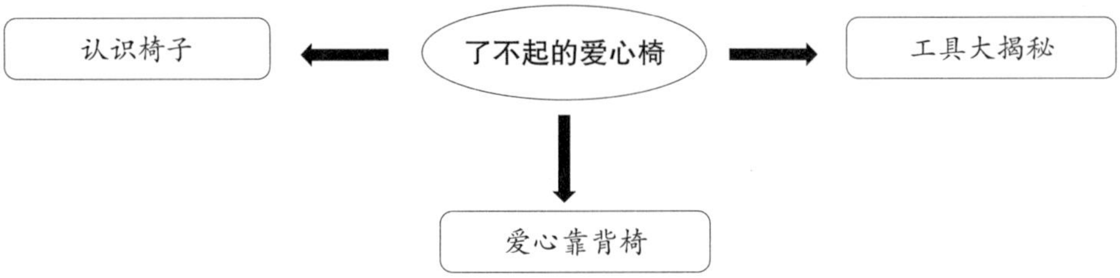

“了不起的爱心椅”活动初期网络结构图

2. 椅子知多少

教师：你们想给王老师做一把什么样的椅子？怎么做？

恩俊：我们可以给王老师做一个可以架脚的（椅子），拿很多木板（做）。

楚妍：还可以靠上去的，竖起来（的方向）再多一些木板，这样比较舒服。

梓涵：对，还要公主造型的，很漂亮，拿公主的纱裙做。

浚哲：还要有一个拐杖造型的，这样王老师起来的时候还可以拄着拐杖。

小花：拿钢铁做个能飞天的椅子，这样王老师就不用走路了。

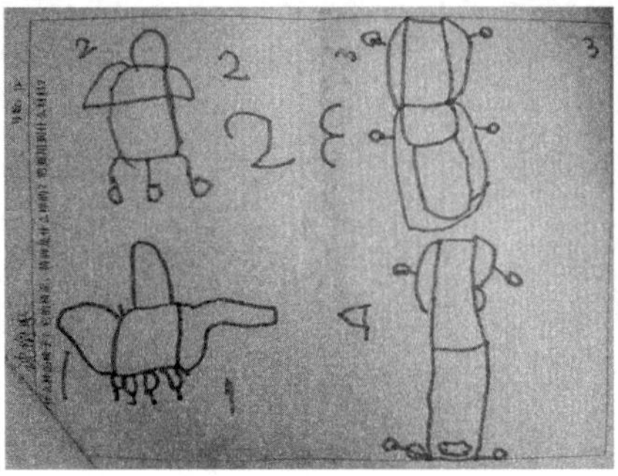

对于做椅子，有的孩子从自己的喜好出发，关注的是造型，而有的孩子考虑到的是需求，关注的是椅子的功能，从中可以看出孩子们有丰富的想象力和一定的计划性。但对于怎么做，即对椅子结构特征的了解，孩子们还是比较欠缺的。于是，我们想到利用家长的力量来了解孩子的前期经验。我们先发放调查问卷，请家长了解自己孩子对椅子的认识，再有针对性地引导孩子进一步了解椅子的种类及结构特征。此外，家长们还自发地把家里比较特别的椅子送到幼儿园和大家共享，拓宽每个孩子的经验。

以下是我们发放的调查表。

“椅子形体结构知多少”调查表

随着班级“了不起的爱心椅”活动的开展，幼儿对椅子的形体结构有了进一步的认识，为具体了解每位幼儿的掌握情况，更好地帮助幼儿为下一步画椅子设计图打基础，我们设计了以下问卷，请您引导幼儿如实填写。谢谢配合！

1. 幼儿号数＋姓名		2. 性别	□男　□女	3. 幼儿年龄（几周几个月）	
4. 请幼儿描述这张椅子的特征（多选）			A. 有靠背　B. 正方形的椅面 C. 有四个椅脚　D. 椅子 选项排序：＿＿＿＿＿＿＿＿ 其他：＿＿＿＿＿＿＿＿ （备注：请按幼儿提到的选项的先后顺序在横线上写上序号；幼儿如有其他的描述请继续补充）		

续表

<table>
<tr><td>5. 请幼儿描述这张椅子的特征(多选)</td><td colspan="2"></td><td>A. 椅面是圆形的　B. 有一根大椅脚
C. 有五根小椅脚　D. 可以升降　E. 椅子
选项排序:________
其他:________
(备注:请按幼儿提到的选项的先后顺序在横线上写上序号;幼儿如有其他的描述请继续补充)</td></tr>
<tr><td>6. 请幼儿描述这张椅子的特征(多选)</td><td colspan="2"></td><td>A. 摇摇椅　B. 有扶手
C. 椅脚弯弯的　D. 椅面长长的　E. 椅子
选项排序:________
其他:________
(备注:请按幼儿提到的选项的先后顺序在横线上写上序号;幼儿如有其他的描述请继续补充)</td></tr>
<tr><td>7. 幼儿在描述椅子的特征时,首先提到的是(单选)</td><td colspan="3">A. 整体结构,如靠背椅、摇椅　B. 椅面形状
C. 椅脚结构　D. 椅脚数量　E. 其他:其他:________</td></tr>
<tr><td>8. 请幼儿依次画出或拼搭出以下椅子(请将幼儿作品依次拍照上传)</td><td></td><td>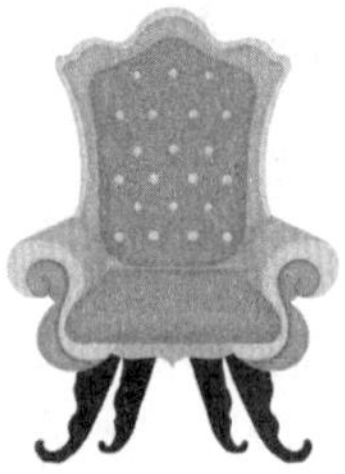</td><td></td></tr>
</table>

3. 椅子做多大

对椅子有了一定的了解后,孩子们决定给王老师做“靠背椅”。但是要做多大呢?他们纷纷张开双手比画起来。可是大家比画出来的大小都不一致,也说不出哪个大小最合适。

栩栩:我们应该去量一量钢琴凳多大,王老师坐在上面刚好。

教师:我们要怎么知道钢琴凳多大呢?王老师坐在上面是高度刚好还是长度刚好?

小花:我们拿木棍量一量就知道了。

大家同意了小花的建议,拿来了木棍,竖着放在钢琴凳旁,在上面画一根线做标记。

楷文:椅子做这么大就可以了!

若依:这只是高度,我们还要量王老师需要多大的地方坐合适呢!

若依说完,又拿来了两根木棍,让王老师坐好之后,确定椅面的长和宽,并画线做上标记。让人惊喜的是,为了区分三个长度,他们还拿来不同颜色的毛根做标记。

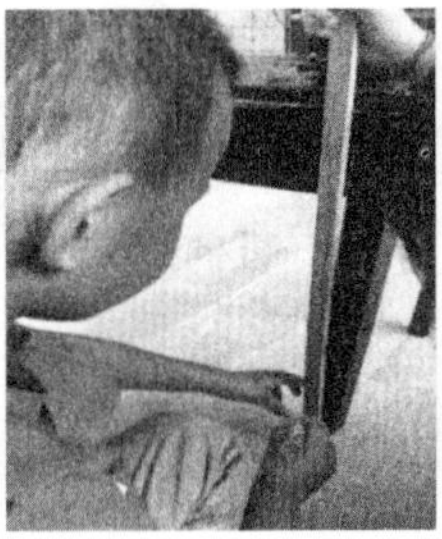

就这样，为了确定椅子的大小，孩子们从没有具体的大小概念，到借助物体做比对，再到做标记确定、区分不同的长度，对结果进行量化表征，其探究能力与测量能力在不断提高，而属于孩子们的第一张椅子工程设计图就这样诞生啦！

4. 工具大解密

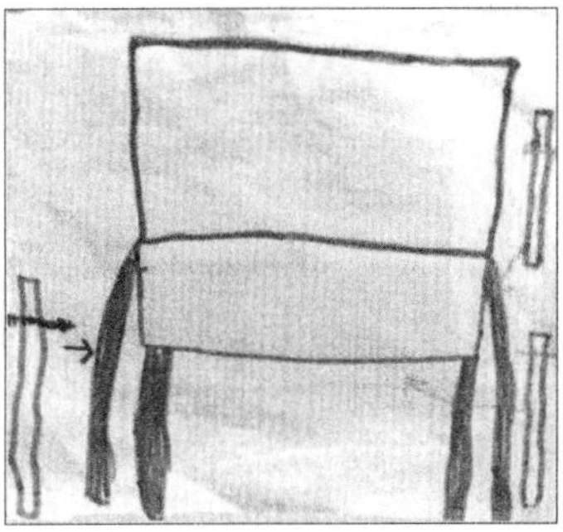

设计图完成后，孩子们终于要开启他们最想尝试的那一步——锯木头钉钉子了！尽管教师示范过如何使用这些工具，也把工具使用技巧的图示贴在了墙上，孩子们却依旧铆足了劲尝试各种动作，探索最使得上劲的办法。原来是我们忽视了幼儿力量较小以及幼儿与成人之间有身高差这些实际情况，给孩子们提供了过高的操作台，工具使用技巧图示也是站在成人角度才能看得清楚的。

但就在这样的情况下，幼儿经过多番尝试后，知道了哪种工具最适合、什么情况下需要邀请同伴合作才能完成、手抓握在什么地方最使得上劲，他们就像第一次发现工具使用技巧的开拓者一样，郑重其事地梳理出了区别于成人的“小朋友工具使用手册”，这让我们不得不感叹：孩子天生就是伟大的学习者！而我们很庆幸，在这个过程中没有一味地去干预，而是退一步，从旁进行观察，提供更多的工具种类、更多的空间，让孩子们去探索、去发现、去获得。

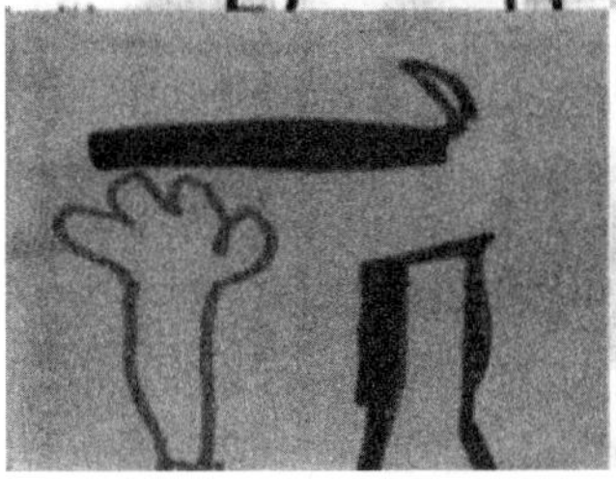

5. 牢固的秘密

做椅子所需要的木头锯好了，孩子们开始照着设计图拼装起来，很快椅座部分就完成了，大家迫不及待地邀请王老师来试坐，可是还没等王老师完全坐下去，椅子就四分五裂了。

楚妍：是不是因为木板没有锯平？

洺嘉：是因为椅面不是一整块吗？

若依：椅子明明很大，怎么会不牢固呢？

杰森：是不是要大一点的钉子才更牢固？

教师：椅子的稳固性和什么有关系呢？我们要怎么找到问题的答案？

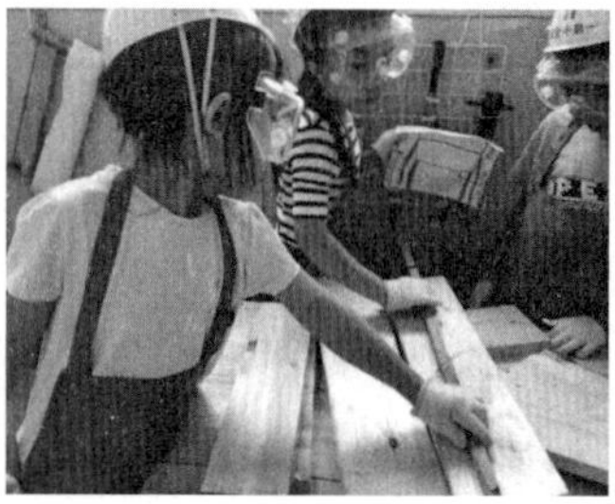

带着问题，孩子们开始分头行动，有的小朋友请教了刚好来班级维修门把手的小蔡叔叔，有的小朋友对比了木工桌的构造，有的小朋友向智能手机的语音助手询问，有的小朋友直接动手实际操作，最后大家碰头，在一起分享自己得到的信息。

楚妍：我猜得没错，小蔡叔叔说不牢固的原因是因为椅脚没有锯平。

洛桐：木工桌的木板横横竖竖地交叉钉在一起，我们是不是要（给椅子）多加一些木板？

若依：对，对，这样它们就抱在一起，不容易被晃动。

奕铭：多钉一些钉子。但是用太大的钉子木头会裂掉，我们要选中等（大小）的钉子。

办法总比困难多！面对想要解决的问题，孩子们主动进入真正的学习状态，像工程师一样，根据情况从多角度进行猜测，盘活身边的多种资源，和同伴分享交流，获取一个个关于“牢固”的核心经验。

6. 倒了又倒的椅背

椅座牢固后，孩子们信心倍增，马不停蹄地开始钉椅背。要怎么钉呢？孩子们又摆弄了一番。

楚妍：直接放上去就钉起来了呀！

奕翔：不行，我们要拿一根很长的钉子，从上面往下钉才钉得住。

愉安：可是没有这么长的钉子啊。可以钉子斜斜地钉，把椅背和椅面钉在一起。

洛桐：木板太重了，斜着钉没力气。可以和椅座钉在一起，这样比较好钉。

大家听取了洛桐的办法，钉好了椅背，却发现它像“楼梯”一样高高低低的。

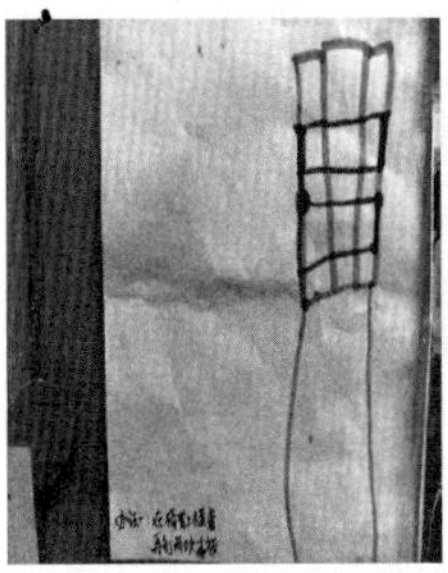

“我知道了，应该是要‘横横竖竖’钉才会平平的。”若依迁移先前让椅子稳固的办法。可当横着加了一块木板后，由于木板过重，椅背开始前后摇晃，孩子们紧张地赶快坐上去，双手向后紧紧地把住椅背。

“一定是太重了，我们把中间的木板取掉一块试一试。”可是取掉了一块木板后，椅背反而晃得更厉害了。孩子们百思不得其解，就从椅子展示区搬出所有的靠背椅，开始琢磨椅背是怎么固定的。

很快，大家就发现：所有的椅背和椅脚是一体的。但无奈，孩子们做的椅座已经钉好了椅脚，而且当时用来稳固椅脚的木板现在因为凸出了一块反而成了稳固椅背的阻碍，工程就此“卡住”。

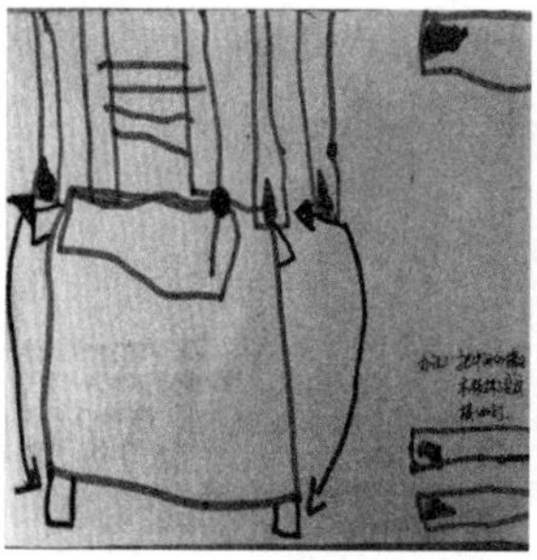

教师：为什么椅背和椅脚连接在一起椅背就不会摇晃了？

奕翔：因为椅座力气大！椅背和它都靠在一起，力气就大了。

教师：那我们现在有什么办法，能让椅背和椅座多一些位置“靠”在一起呢？

孩子们再次把椅背拆下来尝试，先把靠背往下移动，直到发现凸出的那一块和椅座架空了，于是又锯了一块一样大小的木头嵌进去，终于成功了！

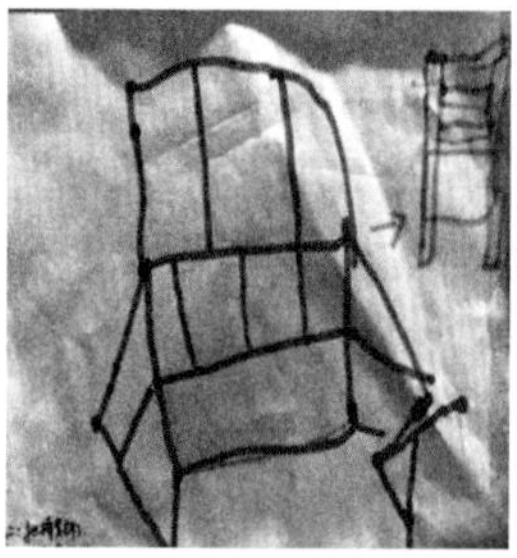
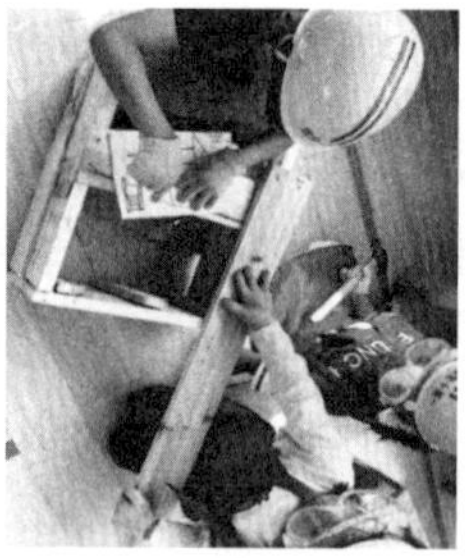

孩子们还贴心地做了一张给王老师架脚的小椅子，然后小心翼翼地搀扶着王老师坐下，看到椅子一点都没晃动，孩子们兴奋地总结：“这样不仅椅背牢固了，椅座也更牢固了，做出了这样特别的椅背，我们真了不起！我们叫它‘了不起的爱心椅’吧！”

椅背的固定是整个“靠背椅工程”中最困难的一步，历时整整一周，孩子们钉了拆、拆了钉，不断地攻坚克难，在此过程中学会了分析他人提出的办法是否可行，在思维碰撞中优化“最佳方案”，即使失败了，也能从中总结原因，调整方案，工程思维得到了发展。

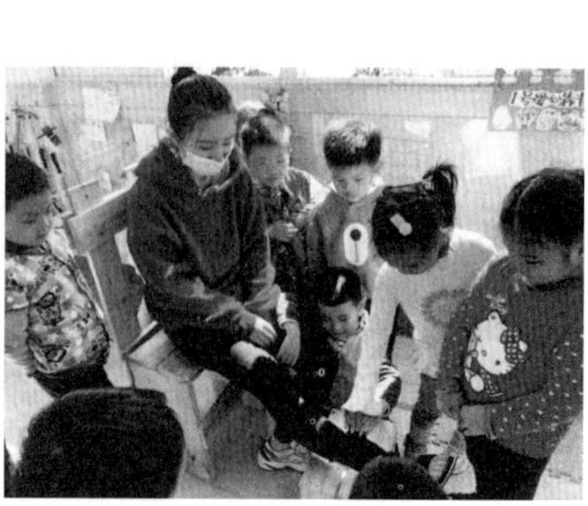

在幼儿遭遇失败时，我刻意创设宽松的氛围，让幼儿不断尝试，总结经验；当幼儿无法解决问题时，我又利用开放性问题激发幼儿聚焦问题的关键，具体情况具体分析，从而突破难点。“了不起的爱心椅”诞生了，它不仅消除了我一开始的顾虑和怀疑，反而对孩子们有了更多的期待。

7. 云朵棉花椅

第一把椅子做好后，孩子们士气大振，想要为每天辛勤工作的保育老师陈阿姨也做一把椅子。

教师：王老师脚受伤了需要靠背椅，那陈阿姨需要什么样的椅子呢？

恩俊：陈阿姨每天提饭很辛苦，要一把很舒服的椅子。

昊泽：对，每次给有些小朋友喂饭的时候她都会给自己捶捶腰。

浚哲：她每天还要拖地、擦窗户，看我们睡觉的时候，坐的都是我们小朋友的矮矮的、硬邦邦的椅子。

小花：陈阿姨太辛苦了，我想给她做很软很软，像云朵一样柔软的椅子。

愉安：我们可以用很多棉花做一个垫子，这样陈阿姨坐下去就很舒服了。

智旋：我们还可以采访一下陈阿姨，问问她需要什么样的椅子。

陈阿姨的工作贯穿于孩子们的一日生活，虽然越是日常的东西越是容易被忽略，可从孩子们的对话中可以看到他们不仅关注、关心陈阿姨，还能捕捉细节，体恤陈阿姨的辛勤付出。

通过采访，孩子们了解到陈阿姨需要一张椅腿长一些的椅子。结合这个因素，孩子们在椅子展示区寻找了几张柔软舒服的椅子做参照。通过讨论，最终决定将“骨架简单”“椅面适合加云朵棉花垫”的7号椅子作为结构参考，以陈阿姨小腿的长度作为高度。

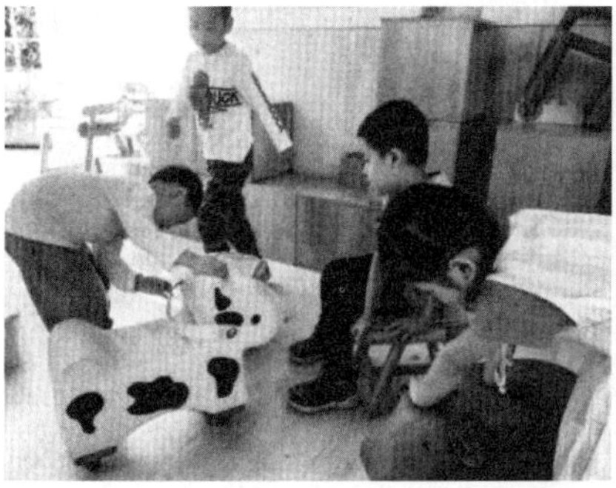
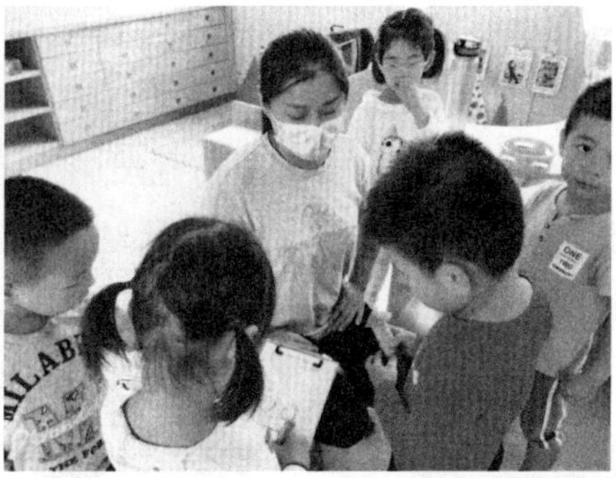

按照讨论出来的方案，孩子们先照着7号椅子完成了椅脚，再用“横横竖竖法”钉好了椅座，架子稳固后，拿来阅读区的棉花靠垫绑上，椅子就完成了。

可是，在试坐时，孩子们马上就发现了问题——垫子太大，且中间部位凸出来了，坐上去不舒服。

辰洋：这样可不行，陈阿姨坐上去会更难受的，我们要重新做一个垫子。

芷杨：对，做成云朵的形状，塞进很多的棉花，那样一定很柔软。

楚妍：还要用最舒服的布料，像我今天穿的衣服就滑滑的，很舒服。

梓涵：我的纱纱裙摸起来也很舒服，可以用纱布做垫子。

大家争相摸着自己的衣服，都说自己衣服的面料最舒服，说了半天，也没有个结论。这时，班里最有号召力的若依提出把不同的布料都放在桌子上，大家轮流去摸一摸、比一比。

对孩子们来说，布料虽然是日用品，可是之前没有人引导他们关注有哪些布料、这些布料有哪些特点和不同。于是我们一起观看了对布料种类进行介绍的视频，每看完一种布料的介绍，大家就从穿的衣服中找出相应的面料，放在桌子上，标记好编号。没想到，我们身上的衣物竟然用了十几种面料：牛仔布、灯芯绒、纱、棉、缎、涤纶、腈纶、毛绒……我们还引导幼儿一起看了缝在衣服里侧的面料成分表，分析每种布料的优缺点，开了一场“布料触感体验会”。最后通过投票统计，8 号涤纶材质以光滑、不易皱等优点赢得了绝大多数孩子的支持。

确定好布料后，测量、裁剪、缝线，孩子们各显身手，一气呵成！可是问题马

上就来了——没有棉花。怎么办？

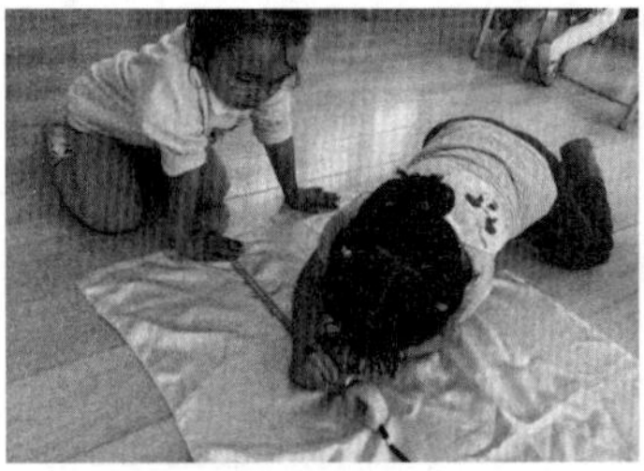
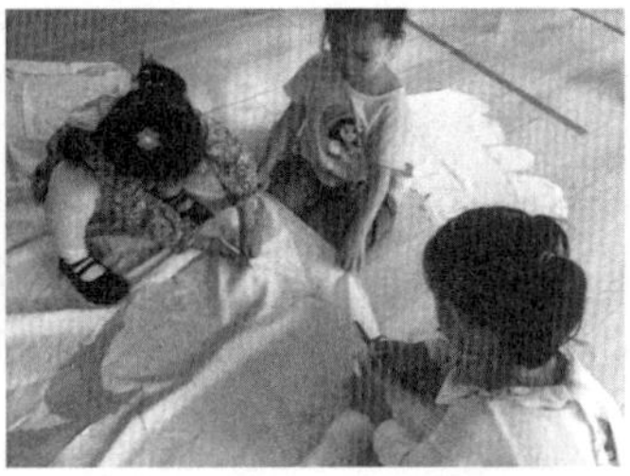
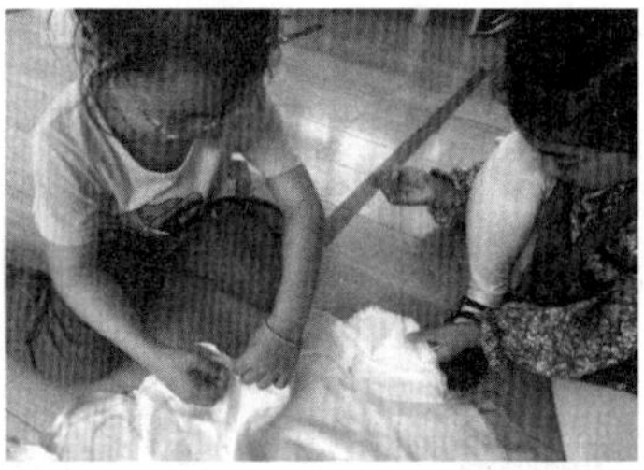

智旋：可以找四楼保管室的阿姨申请，不过需要等上一段时间。

曾阳：不然，把语言区的垫子拆了，把里面的棉花取出来。

钰翔：可是这样太浪费了，语言区也就没垫子了。

教师：我们生活中有哪些地方有棉花？而且是被闲置的？

楷文：我想到了，妈妈说我家很多玩旧了的玩偶，可以从里面取出棉花。

大家都为楷文这个两全其美的好办法点赞，纷纷从家里拿来了废旧玩偶，进行“手术”，拆出棉花，再往垫子里填充，填充满后还给云朵垫子四周缝上绑带，把它绑在椅面上，就这样，云朵棉花椅就做好啦！

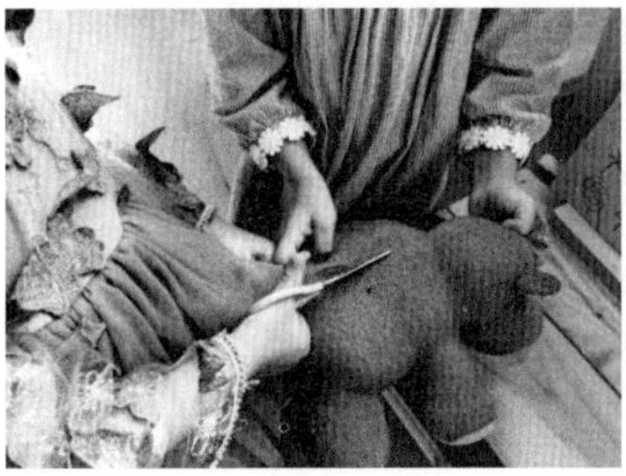
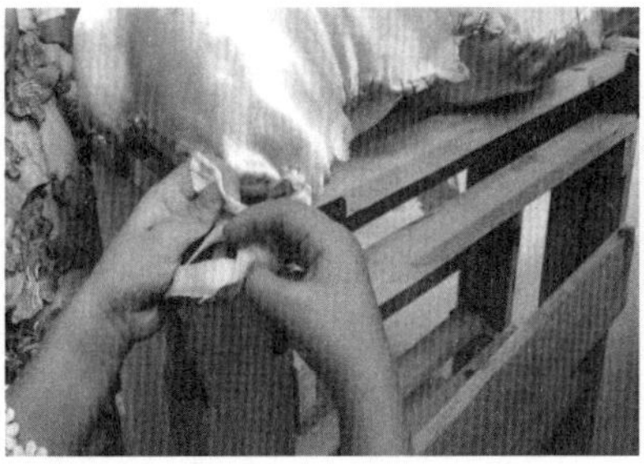
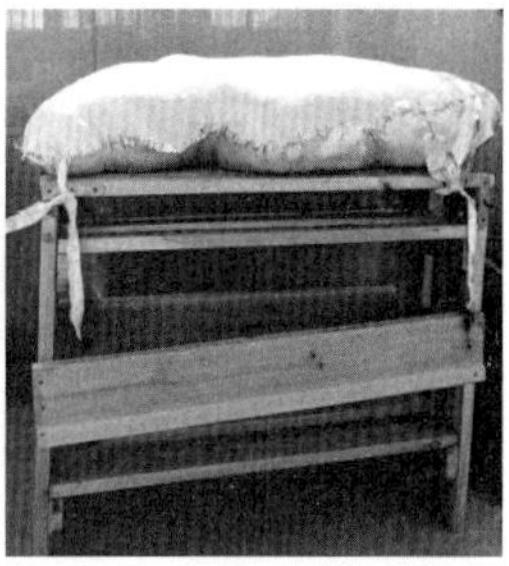

椅子做好后，孩子们兴奋地拉陈阿姨试坐，陈阿姨激动地称赞道：“真是太柔软、太舒服啦！”

一个“云朵棉花椅”的设想，竟引发了如此有趣的活动，孩子们选取布料时学会了对比发现每种布料的不同，并根据需求选择布料；因为不会写字，把椅子上的数字（“2”号椅，上面有数字“2”）用作布料的代码，方便统计；在没有棉花的情况下，能通过废物利用的办法一举两得。整个过程中，孩子们丰富了知识，解决问题的能力在经验的碰撞中不断提高，也让活动内容得到延伸。

8. 给周老师的公主椅

就在“云朵棉花椅”椅子收工的同时，周老师和小朋友分享了将要结婚的喜讯，并应孩子们的要求分享了婚纱照，孩子们看着照片，激动地说：“穿婚纱的周老师像公主一样，太美啦！不然我们送给周老师一把公主椅，给她做结婚礼物吧！”

小小工程师们一拍即合，首先量好了周老师背部和腿的长度，结合公主该有的皇冠、蝴蝶结、纱布等元素，设计好了公主椅的图纸。

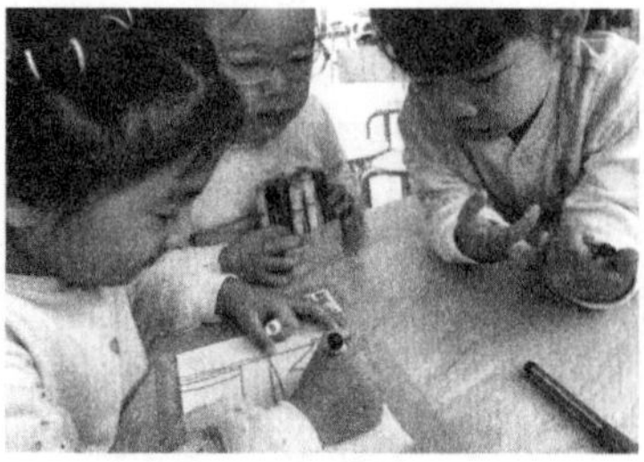

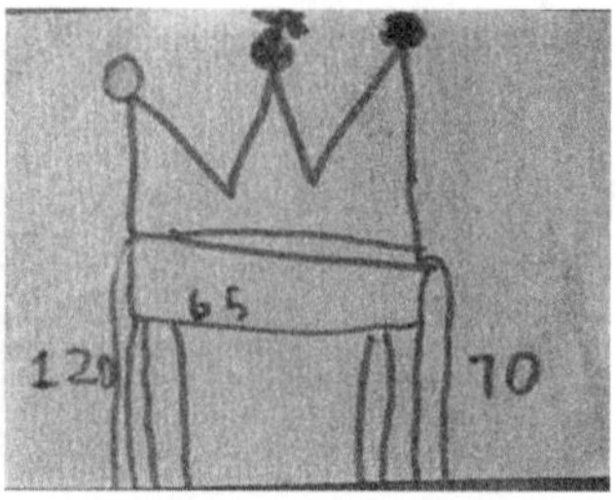

有了前期经验的铺垫，孩子们按照计划钉椅面、钉椅脚、钉蝴蝶结，带蝴蝶结的椅座很快就做好了。

可根据设计图继续往下做“皇冠”时，孩子们有些无从下手，纷纷向我投来求助的目光。的确，皇冠造型的靠背椅对于孩子们来说是有挑战的：第一，设计图中的“皇冠”是一个完整的造型，而班级里的木板材料最宽的是 10 厘米宽，需要几块木板组合在一起才能达到需要的宽度；第二，皇冠的三个尖角的宽度是等距的，而要做出尖角，就需要改变原来平直地锯木头的方式，要依照斜线来锯。我决定引导孩子们边尝试边将难题逐一攻破。

尝试一：用建构区的三角积木来做尖角。尺寸不符，失败。

尝试二：在木板上画皇冠的尖角，再锯下。宽度小了，失败。

尝试三：取三块木板，将每块木板都锯下两角，拼接。尺寸依旧太小，失败。

在前三次尝试中，孩子们迫切想要解决的是三个尖角如何呈现的问题，可是只有先确定“皇冠”的总体大小，才能解决三个尖角的问题。于是，我提醒孩子们对照设计图看看“皇冠”的大小，于是他们拿来六块木板，在上面画了三个大小不一的尖角，画完后，孩子很疑惑：怎么还不像皇冠呢？

教师：你们把今天的工程计划图拿来，看一看，能把皇冠分成几部分？

楚妍：（它）有三个尖角，可以分成三部分。

教师：你们看中间的那部分像什么？

奕翔：哇，是个小房子的造型哪！三个小房子拼在一起就变成皇冠了！

可六块木板怎么变成三个“小房子”呢？孩子们又看着自己眼前木板上的三个尖角，很快就提出了解决办法：“可以把两块木板当成一块！”于是，画尖角，拼接，装饰，送给周老师的公主椅也很快就完成啦！

在做皇冠状椅背的过程中，孩子们的视角经历了从整体到局部再到整体的转变，虽然经历了多次失败，但是他们不但没有气馁，反而愈战愈勇，在探究中不断思考，在尝试中不断改进。教师则抓住必要的介入时机，以启发提问的方式帮助幼儿厘清问题，给予支架，促进幼儿获得多方面的经验。

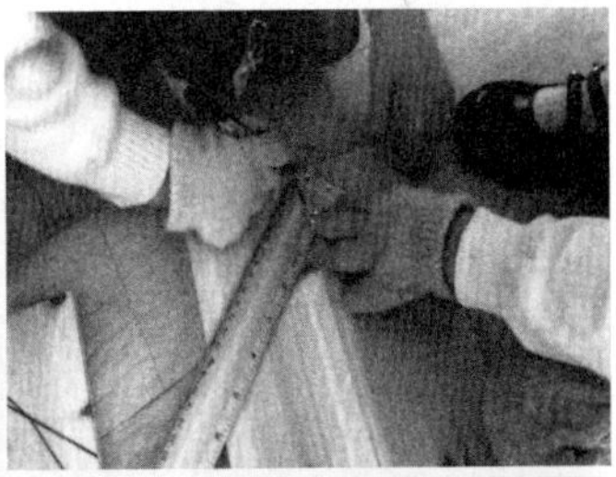
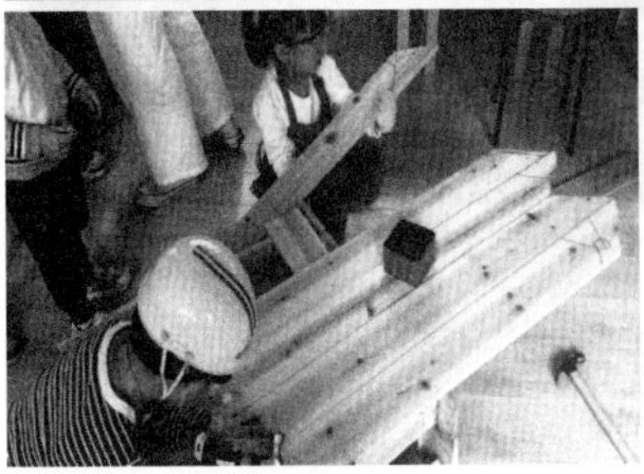

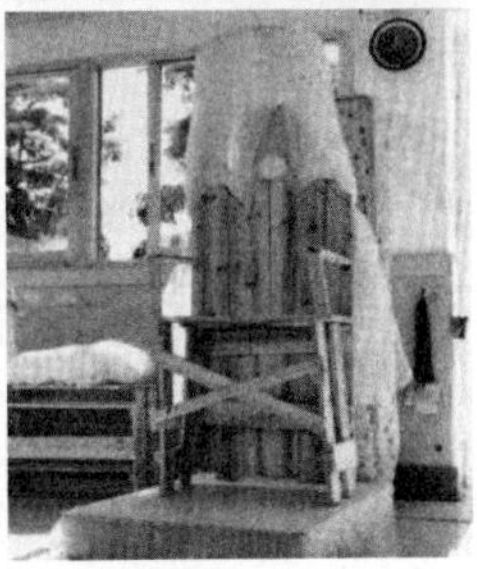

来园参观的老师络绎不绝，公主椅做好后，为了宣传，孩子们想到可以像商店展示商品一样，做一块介绍牌立在椅子旁边，让大家了解它的名称。经过讨论与投票，权杖造型的介绍牌因为与这把椅子的风格最相符，高票胜出，为了使它和椅子更相称，孩子们还选择了和“皇冠”尖角上的“珠宝”相同颜色的黄色 KT 板来做介绍牌。可介绍牌做好后，孩子们发现没办法立住它。

孩子们想到幼儿园有很多介绍牌，于是组队到幼儿园各角落去观察，看看介绍牌都是用什么方式站立才能不倒的。最后，通过筛选，大家选择了最稳固也最便捷的方式——往奶粉罐里注水泥，将介绍牌插在里面。这样一来，介绍牌确实能立住了。

在椅子完工这天，周老师特地换上了领证时穿的婚纱，弯下身子让孩子们给她戴上“皇冠”，郑重地坐上了独一无二的公主椅，开心地拥抱了每一个孩子。孩子们兴奋地说："这一定是周老师收到的最特别的结婚礼物！周老师一定会幸福的哦！"

公主椅的完成对孩子们来说具有里程碑式的意义，他们在一次次尝试中，完成了最具挑战性的皇冠造型的椅背，教师见证了他们的成长，用穿婚纱接受祝福的方式赋予这个重要的时刻仪式感，让孩子们感受到自己的劳动成果被珍视，感受到自己在被爱的同时还拥有爱人的能力。

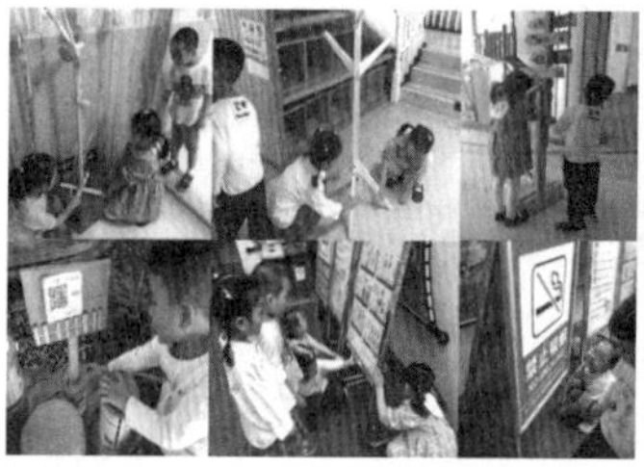

9. 长长观察记录植物蜈蚣椅

公主椅刚完成，孩子们又反馈：在阳台观察记录植物的生长情况很不方便，需要在阳台上做一张方便观察植物的椅子。可是阳台那么大，植物种类也很多，椅子要放在哪里，做多大呢？通过采访和投票，大家得出椅子的摆放地点：青菜田与地瓜田旁。接着就是设计和制作啦。

（1）蜈蚣椅的诞生

孩子们巧妙地借助田地旁边瓷砖的缝隙进行了测量，围绕着"便于观察和记录"

这个要素，孩子们设计图中的“可以坐很多人”“有遮阳伞”“有画架”这些亮点被逐一采纳，测量了适合的长度后，大家画出了植物观察椅的设计图。

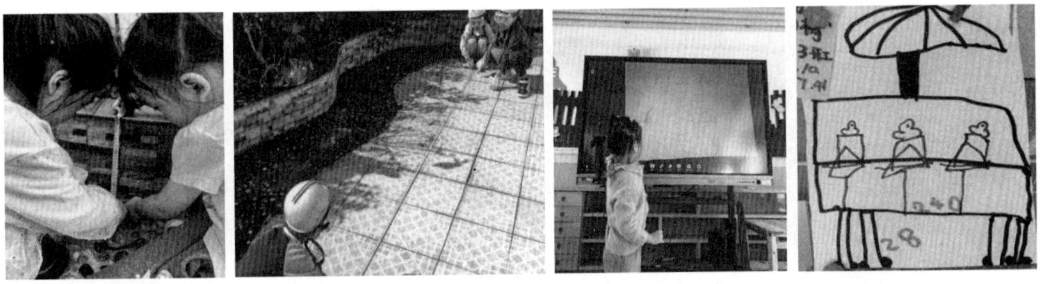

按照计划，孩子们首先完成了椅座，可大家往上面一坐，椅面中部就凹陷下去了，回放照片时，孩子们很快就找到问题所在：“支撑力不够。”于是，他们在“横横竖竖法”的基础上，又加了很多椅脚，终于把椅面支撑住了。他们还给椅子取了一个有趣的名字，叫“长长观察记录植物蜈蚣椅”！

（2）会转动的遮阳伞

计划的第二步，是安装遮阳伞。孩子们尝试用透明胶、热熔胶、超轻黏土来固定遮阳伞，但都失败了。

奕翔：我知道了，木头粘不住。

楚妍：而且伞也很重。我们试一试把雨伞钉在上面吧！

增瀚：直接钉肯定不行，要用木板夹住再钉。

洺嘉：从下往上钉没力气，我们要把椅子放下来侧着钉。

可侧着钉的话，因为伞柄是鼓起来的，总是钉不进去。孩子们又尝试把两块木板嵌进双层靠背，将伞柄夹在里面，这样伞柄终于钉好了。

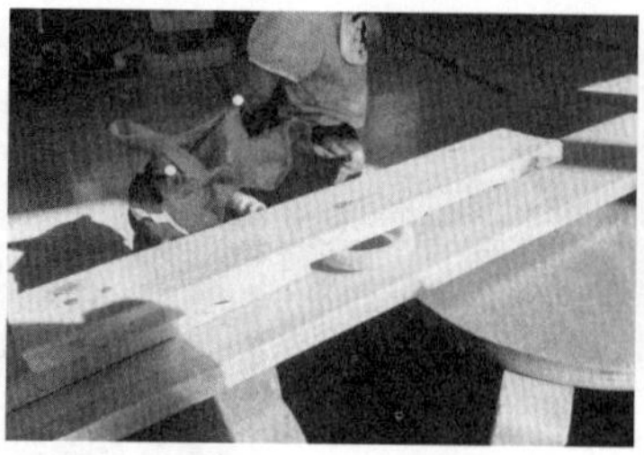

当遮阳伞撑开时，孩子们又发现细伞柄的遮阳伞会往下斜，盖住观察者的头。

奕翔：一定是这个缝隙太大了，我们用放大镜把它填满。（往缝隙中塞进放大镜的柄）

穆一：怎么还是会倒？为什么伞柄比放大镜的柄更粗，放大镜却没掉下去呢？

杰森：我知道了，放大镜（上面部分）比缝隙大，所以不会掉。

奕翔：我们把伞柄弄大就不会掉了。

于是，奕翔拿来超轻黏土，将其固定在伞柄上部，将伞柄变粗，细心的他还担心伞珠可能会刺到小朋友，也将伞珠用超轻黏土给包了起来。

“长长观察记录植物蜈蚣椅”终于做好了，孩子们兴奋地把它搬到阳台上开始使用，可新的问题很快又来了：随着时间的推移，阳光的角度也随之不断变化，固定住的遮阳伞只能把阳光挡住一会儿。

景怡：能不能像我妈妈装在电动自行车上的遮雨棚一样，四面八方都装上遮阳布？

增瀚：不行，这样我们没办法观察，而且会很闷热。

赞恺：能不能装一个机械手，让伞跟着阳光转动？

艺淇：我家的台灯就是像机械手一样可以转动的。

林曦：我妈妈的擦玻璃神器也是可以转来转去的。

教师：我们生活中还有什么是可以转动的？是用什么办法转动的？可不可以把转动的办法运用到遮阳伞上呢？

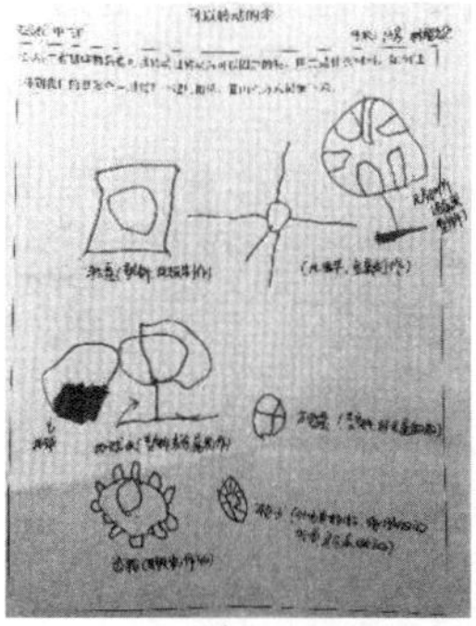
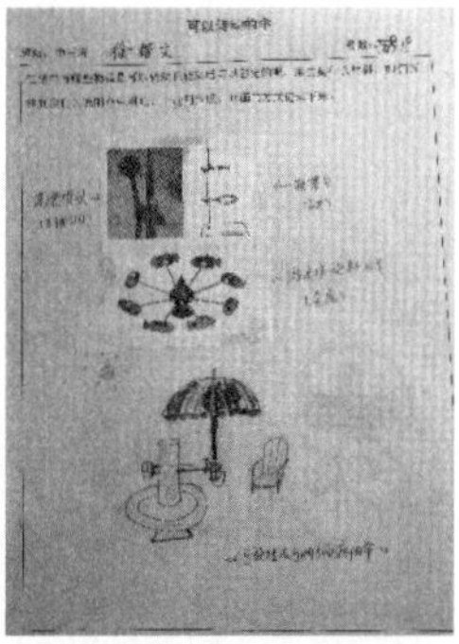

于是，孩子们带着调查表，观察家里会转动的物品，记录下来与大家分享。综合考虑后，大家选择迁移简单方便的擦玻璃神器的办法：用两块木板夹住一块木板，再把遮阳伞安装上去。当三块木板钉在一起后，孩子们发现它没法转动，正当孩子们纳闷时，信言带来了他和爷爷做的折叠椅，大家惊喜地发现，把钉子换成和折叠椅上一样的螺丝，就可以转动了。

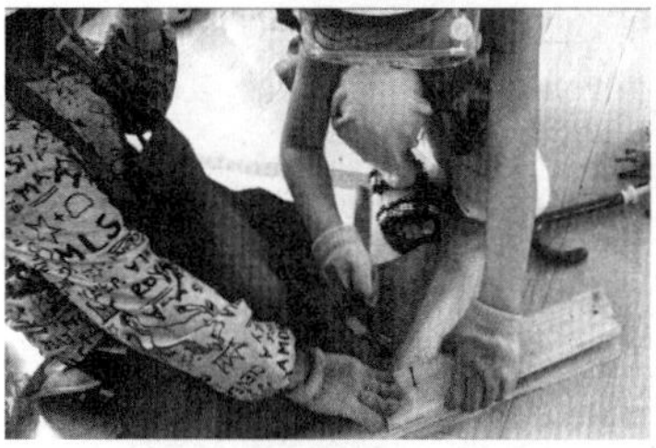

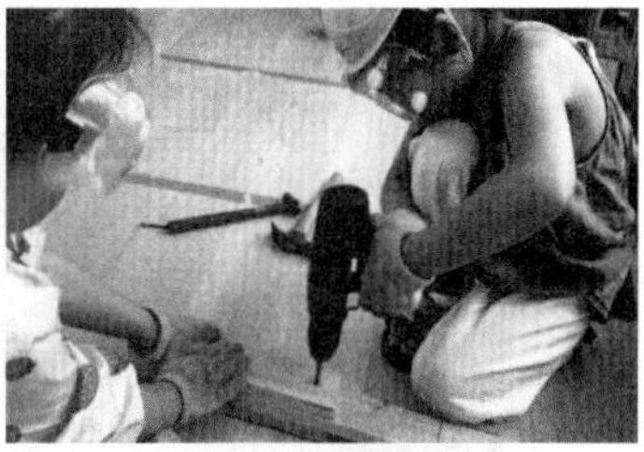

（3）蜈蚣椅变好看了

遮阳的问题刚解决，新的问题又来了：下了几天大雨后，“蜈蚣椅”变得“满目疮痍”，钉子处锈水肆意横流，即使晾干了还是留下了黑色的痕迹。刚努力完成的劳动成果就这样变得很难看，孩子们心里都很难过。这个问题怎么解决呢？孩子们观察椅子展览区里的椅子，突然有了想法：“你们看，这些椅子都加工过了。我们也可以给椅子涂上喜欢的颜色和图案，这样椅子就会变好看了。”

于是，孩子们一起欣赏了不同造型和带有多种图案的椅子，并投票选出了“动物”主题图案，认为这个图案最适合放在阳台。有了想法后，孩子们开始画设计图，可当底色涂好后，孩子们又觉得无从下笔，因为设计图是用 A4 纸画的，而蜈蚣椅是宽度和长度 1：8 的细长条，比例完全不一样，而且一旦把图案画上去了就没办法修改了，怎么办呢？

教师：搭丝瓜架子时我们是怎么画设计图的？

辰洋：我想到了，是拍下植物角，打印出来，然后直接在丝瓜地的图片上画出设计图。

芷杨：对，我们也可以用这个办法，给椅子拍照片，然后在一体机上先画。

若依：太好了，我们可以把椅子划分区域，在一体机上确定好要画的内容，（然后）就可以按照相应的部分画（到椅子）上去了。

于是，孩子们兵分几路，有的设计，有的调色，有的绘画，有的用松果制作立体小动物……在大家齐心协力的劳动中，蜈蚣椅焕然一新，成为幼儿园的“明星工程”。

有了前面几次做椅子的经验，这张蜈蚣椅孩子们做起来不仅更得心应手，还多了一份细致和严谨，工程思维明显得到了发展。他们在设计时能先进行调查，听取众人的建议，结合需要的因素进行设计；装饰时能预设可能出现的问题，并及时调整方案，重新进行规划；遇到困难时，能通过多种途径解决问题，不断完善工程。而教师在欣喜地记录孩子们的成长的同时，也与幼儿分享着这一份喜悦，让孩子们从另一个视角见证自己的成长，获取满满的成就感和幸福感。

10. 预设目标与生成经验对照表，及活动终期网络结构图

“了不起的爱心椅”活动预设目标与生成经验对照表

领域	预设目标	生成经验
健康	1.能使用简单的劳动工具。 2.手的动作灵活协调。	1.在使用劳动工具时具有一定的力量和耐力。 2.知道安全使用常用工具的方法及自我保护的方法。
语言	1.能清楚地讲述椅子的相关知识。 2.愿意用图画和符号记录做椅子时的想法。	1.能向同伴清楚、连贯地讲述制作椅子过程中的困难及发现。 2.愿意与他人交谈与制作椅子有关的趣事。
社会	1.愿意分工合作解决工程劳动中遇到的难题。 2.敢于尝试有一定难度的活动和任务。	1.制作椅子的过程中，敢于发表和坚持自己的合理意见，当知道别人与自己的想法不同时，能倾听和接受别人的意见。 2.遇到困难主动出主意、想办法，不怕困难。 3.会分工合作解决工程劳动中遇到的难题。
科学	1.能通过观察和比较发现问题。 2.能通过简单的调查收集需要的信息。	1.动手动脑探索制作椅子的物体和材料，并乐在其中。 2.能用数字、图画、图表或其他符号记录制作椅子的过程。 3.能根据观察结果提出问题，猜测并验证答案。 4.能用卷尺进行正确的测量。 5.能感知不同椅子的形态结构特征，能画出并拼搭出该造型。
艺术	能运用绘画、手工制作等方式来表现椅子。	1.能运用画、粘等方法做椅子模型。 2.能灵活运用生活中的不同材料表现自己制作椅子的感受。

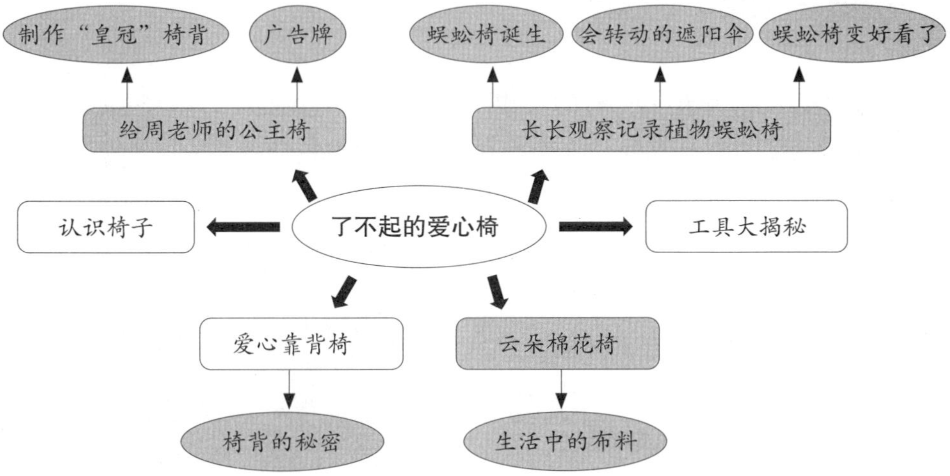

“了不起的爱心椅”活动终期网络结构图（阴影部分为生成内容）

收获与感悟

1. 生活诱发工程，工程滋养生活

说到“工程”，脑海中最先想到的是“科学”“技术”这些词汇，但是和孩子一起亲历了这次关于椅子的工程劳动过程后我才发现，当工程和孩子的生活相结合，和孩子童真的想法相碰撞时，工程也能变得温暖和温情。在这次活动中，孩子们以给脚受伤的老师提供更加舒适的椅子作为出发点，给每天辛勤工作的阿姨、即将结婚的老师送“椅子”作为礼物，还为了解决自己观察植物不方便的问题，自主设计相应的椅子，非常有想法，也很有创意，且产品最后都运用到了生活中，方便、丰富了生活。

2. 相信幼儿的力量，“助攻”散发光芒

做椅子这个工作，对于从未接触过工程劳动的孩子来说是困难却很有挑战性的。在这个从未踏足的领地，他们需要花费更多的摸索与探究时间，去学习运用各种工具，运用工程思维、科学思维、劳动技能，将他们的想法一步步实现。可幼儿的力量是强大的，在整个过程中，幼儿与环境、材料互动，与同伴、教师进行思维碰撞，运用工程思维去探索数概念……他们各方面的进步是令人欣喜的。

三、小凉亭

幼儿年龄段：大班

活动持续时间：2020 年 9 月—2020 年 12 月

案例提供者：吴鹏莹　王明雯

阳台上植物有的开花了，有的长出了果实，有的长高了，孩子们成群结队地去阳台观察植物，不一会儿他们一个个满头大汗，嘴里嘟囔着：“阳台上也太热了吧！”“对呀，还没数完长了多少个无花果就满头大汗了。”其他孩子也跟着抱怨起来。

沁沁：我们去找一把伞撑着，再接着数。

铭朗：可以带小电风扇来吹，就会凉快一点。

柏熠：要不我们等天气不热了再去吧！

梓彤：周末我和爸爸、妈妈去爬山，累了就会到凉亭里休息一下，可凉快了！

瑾瑜：我三明老家也有凉亭，爷爷、奶奶们都喜欢坐在里面乘凉。要不我们也来搭一个凉亭。

这个提议得到了大家的赞同。搭建一座凉亭，既可以遮阳，还能让阳台上的爬藤植物有地方生长，太棒了！

“兴趣是最好的老师”，孩子们对搭建凉亭产生了兴趣，这是引发他们主动学习的前提。《指南》中也提出：“幼儿的经验来源于生活和动手操作，兴趣是活动最好的推进器。”因此，我们以此为契机，追随孩子们的兴趣，引导他们共同搭建凉亭，来一场工程劳动之旅。

1. 预设目标与活动初期网络结构图

“小凉亭”活动预设目标

领域	预设目标（幼儿最低发展目标）
健康	能使用简单的劳动工具或用具。
语言	1. 愿意与他人讨论有关凉亭的问题，敢在众人面前说话。 2. 能有序、连贯、清楚地讲述建造凉亭过程中遇到的问题及解决问题的方法。
社会	1. 建造凉亭的过程中，遇到问题愿意向他人请教。 2. 能与同伴分工合作建造凉亭，遇到困难一起克服。 3. 爱惜与同伴一起制作的凉亭模型，别人的作品也知道爱护。 4. 探究中能与他人合作、交流。
科学	1. 能通过观察、比较与分析，发现凉亭的特征。 2. 在成人的帮助下能设计不同造型的凉亭，并按照设计建造凉亭。 3. 能用图画、数字等简单的符号记录自己遇到的困难及解决问题的方法。
艺术	1. 能用多种工具、材料或者不同的表现手法来制作凉亭模型。 2. 能用自己制作的美术作品布置、装饰凉亭。

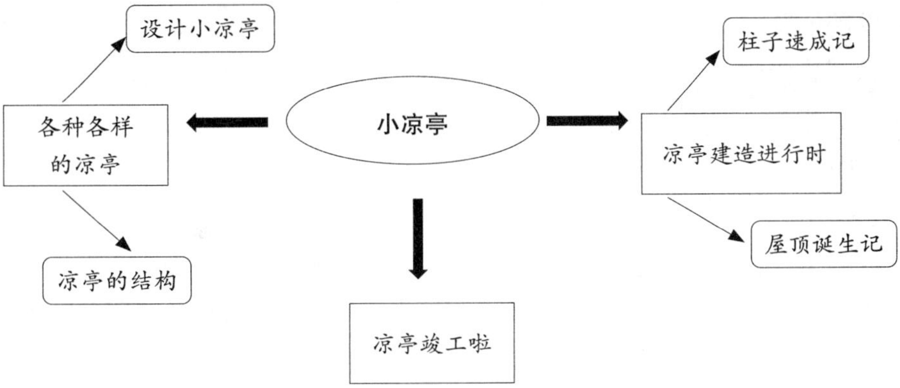

“小凉亭”活动初期网络结构图

2. 工程劳动初期

（1）认识各种各样的凉亭

为了解更多有关凉亭的信息，孩子们利用周末时间与爸爸妈妈一起观察诸多凉亭，并完成了学习单《凉亭大调查》，然后带到幼儿园进行分享。

是安：莲花公园有一座石头搭建的凉亭，由四根石柱和一个屋顶组成。

欣阳：这个我知道，我家小区里还有玻璃屋顶的凉亭呢！

辰洋：仙岳山的凉亭是用木头建造的。

铭欣：我和爸爸还从网上查到很多不同形状的凉亭，有四角亭、六角亭、八角亭……

从孩子们的交流中，可以发现他们对凉亭的外形特征有了基本的了解，但凉亭更深层的特征还有待孩子们深入挖掘和探究。作为老师，我们应把握教育契机，积极引导孩子们深入了解凉亭的秘密，因此，我们给孩子们提供了各种凉亭的图片、相关书籍，还有纸、笔等，让孩子们根据参考资料，结合自己的想法，绘制简单的凉亭设计图。

（2）设计小凉亭

建造一座什么样的凉亭呢？孩子们都有自己的想法，于是他们决定分组设计。在商量过程中，他们还将建造凉亭所需的材料记录在设计图旁。完成设计图后，他们信心满满地进行介绍，希望最后自己小组的设计图变成一座真正的凉亭。

鸿逸：我们设计的是三角形屋顶的凉亭，用木头、木板来建造。

钰涵：我们设计的是砖头建的半圆形屋顶，这么特别的凉亭相信大家都会喜欢的。

铭朗：这也太难了吧，半圆形很难建的。

瑾瑜：我们设计的是梯形屋顶的凉亭，主要用竹子、稻草建造。

柏熠：不错，梯形的凉亭看上去会比较大，能让很多小朋友在里面乘凉。

书娴：那我们就搭梯形屋顶的凉亭吧！

最后，孩子们通过讨论和投票，决定造一座梯形屋顶的稻草凉亭。

在围绕凉亭设计稿进行讨论的过程中，可以看出孩子们对造凉亭的一些基础材料是了解的，他们知道造凉亭可以用木头、竹子、砖头，甚至是稻草。而对于凉亭的设计，孩子们迁移了之前调查凉亭时获得的经验，设计出不同造型的凉亭，有美观型的，有实用型的，可见他们做事有一定的计划性。他们将自己的想法用图画、符号等表现在画纸上，并大方地向同伴介绍自己小组的设计图。

（3）造多大的凉亭

有了设计图，孩子们迫不及待地要开始建造。可是，要造多大、多高的凉亭呢？他们犯难了。

诗钰：要造高一些，起码要比我们高。

品源：应该再高一些，这样老师、阿姨也能进凉亭里玩。

瑜瑄：可以，那吴老师最高了，造吴老师一样高的凉亭吧！

何洛（边说边张开手臂比画）：除了吴老师那么高之外，还要能进很多个小朋友，凉亭应该要这么大。

铭浩（指着一侧阳台上的玩具屋）：跟那边的玩具屋一样大好不好啊？

舒然：对，起码要这么大，我们才能进去玩。

天宇：那我们一起来量一量玩具屋有多大吧。

牧心：用什么量呢？

麟斐：用抱大树的办法来试试。

孩子们开始一个一个手拉着手，把玩具屋围起来，进行测量。

梓彤：哇，我的手臂快要断掉啦。

书豪：赶紧再来一个人！还少一个人！

熙雯：让我数数。哇！我们8个人才把玩具屋围起来。

确定了凉亭的大小后，紧接着，孩子们又找来竹子，跟吴老师的身高比了比，在竹子上做上了高度标记。

在确定造多大的凉亭的过程中，由于孩子们没有具体的概念，他们用手拉手围合的方法来进行测量，先测量阳台上的玩具屋，得出面积要8个小朋友围起来那么大，再在选好的空地上由8个小朋友围成长方形，用这个办法确定了凉亭的面积大小。如何将标记好高度的竹子成功锯断成了孩子们接下来要面对的难题。

3. 凉亭建造进行时

（1）柱子速成记

①切割竹子有办法

确定凉亭柱子（竹竿）的高度后，孩子们开始锯竹竿，可是竹竿滑溜溜的，锯子锯的时候容易打滑，怎么办？

卓阅：竹子也太难锯了吧，我一脚踩在竹子上了，它还是会移动。

品源：我和仕轩一起压住竹子这边，应该就不会移动了。

诗文：没错，锯竹子的上面位置，它会打滑，我们可以从侧面位置试试看。

鸿逸：也可以两个人一起合作拉锯子，这样力气比较大。

商量后，孩子们开始分工合作：有的压住竹竿的两边，保持竹竿稳固；有的合作，

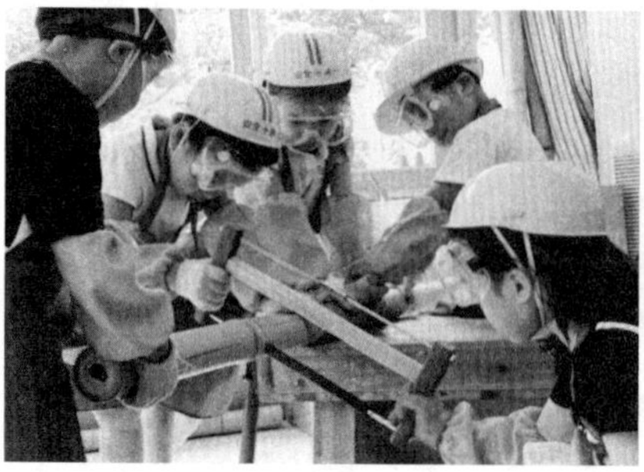

轮流从不同的位置锯竹子，或两人一起拉锯子。不一会儿工夫，孩子们的手法越来越娴熟，很快，四根竹竿柱子就锯好了。

在锯竹竿的过程中，孩子们遇到了困难，同伴之间就开展讨论，尝试寻找解决问题的方法。在尝试切割竹竿时，他们探索在不同方位锯，同样通过同伴互助掌握了切割竹竿的方法，提升了使用工具的熟练度。

②让竹子站起来

孩子们准备将锯好的四根竹竿立起来当凉亭的柱子，可是刚把竹竿立好，问题就出现了。

喻禾：哎呀，竹子站不住怎么办？

之安：对呀，好不容易站稳了，又倒下了。

柏熠：我们可以学哥哥姐姐搭植物藤架的方法，把竹子插在土里。

牧心：这个办法可以，还可以用木板固定竹子的底部。

何洛：我们把三根竹子捆在一起，柱子变粗，就能站稳了。

天宇：可是这样需要很多竹子，而且变粗的柱子还会占很大的位置。

舒然：我看小蔡叔叔用绑的方法把国旗固定在栏杆上，我们也可以试试。

孩子们拿着他们收集到的材料和工具开始一一尝试，很快他们发现，用土、木板增加底座重量可以让竹竿站起来，而竹竿依靠栏杆固定也能站稳。经过讨论，大家决定把两根竹竿用绳子紧紧捆绑在栏杆上，另外两根竹竿，则用土填充花盆，然后将竹竿插进去。四根柱子终于成功地站立起来了。

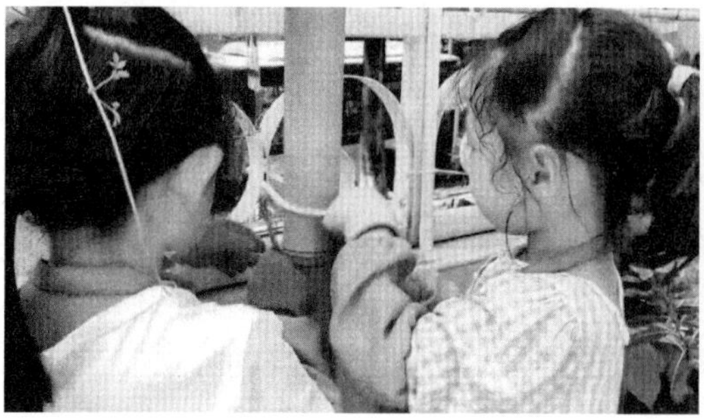

让竹子站起来确实是一个难题，孩子们通过尝试、对比、实验、迁移生活经验等方法，最终得出向栏杆借力、增加底座重量的方法，让竹子稳稳地站了起来。这是幼儿科学思考关键经验的获得过程，他们在活动中逐步学会了比较、概括，锻炼了思维能力，提高了探究能力与解决问题的能力。

（2）屋顶诞生记

①怎么造屋顶

凉亭的柱子已经完工了，那梯形的屋顶要怎么造呢？造屋顶时，孩子们又犯难了，将竹竿在四根柱子上面横来竖去，怎么也搭不出梯形的屋顶。于是，回到班级后，孩子们决定在木工区尝试用木条搭建梯形屋顶，想要研究出搭建屋顶的方法来。

骆圻：沁沁，梯形屋顶要怎么搭呀？

沁沁：要把四根木条摆放成长方形当屋顶底座，先固定好。

书娴：我来量一量，找几根一样长的木条。

是安：那我们在底座的四个角各立一根木条，用钉子固定起来。

麟斐：咦，这样在中间再放一根木条加固不就是梯形屋顶了嘛！

铭朗：哈哈，梯形屋顶造成功了！

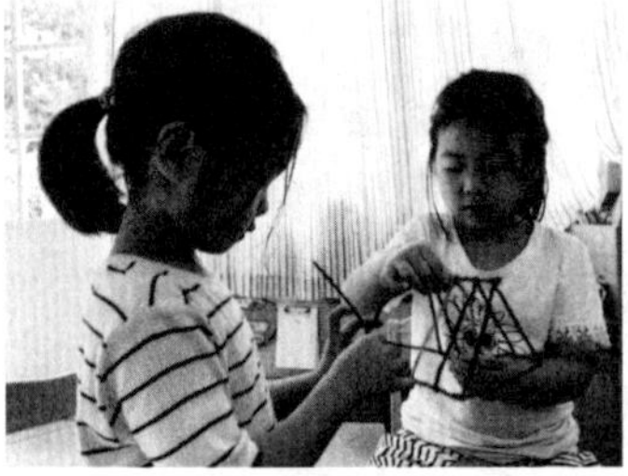  

搭建出梯形屋顶模型让孩子们体验到了成功的喜悦，他们又从美工区找来和木条相似的一次性筷子，做屋顶模型。他们用绳子固定筷子的交叉处，使结构牢固。孩子们还找来吸管和毛根，做了一个小屋顶。在区域中成功搭建屋顶模型后，孩子们准备着手用竹子做梯形屋顶。

在建造屋顶的过程中，孩子们遇到困难不放弃，积极寻找解决问题的方法。为了解决问题，先在区域中自主选择适宜的材料尝试搭建梯形屋顶的模型，通过探究、操作，最后建造出了梯形屋顶。在这个过程中，他们体验到分工合作的快乐。

②固定底座有妙招

孩子们在搭建屋顶模型时获得了经验，他们知道了：要造屋顶，先要定底座。于是他们先用四根竹子搭好方形底座，接着用麻绳捆绑竹子的交叉处，眼看底座就要完成了，新的问题又出现了——底座不牢固，摇摇晃晃的。怎么办呢？孩子们提出要上网搜索，了解搭建竹凉亭的方法。很快，他们发现了凹槽镶嵌的方法。

睿莹：这个方法可以，我们也在竹子上挖个洞吧！

之安：不错，有了凹槽，屋顶底座就不会打滑了。

梓彤：那我们赶紧动手吧！

孩子们跑到木工区，拿来锯子，其中一个人一手拿着锯子、一手扶着竹子，开始从竹子侧边动手锯，可是竹子太光滑了，锯子没拉两下，竹子就滑开了，孩子们锯得很吃力。

诗钰：哎呀，锯子不适合用来挖凹槽。

辰洋：我们用工具刀试了也不行，还要换个工具。

何洛：可以用螺丝刀和锤子试试，我爷爷就是这样凿进去的。

孩子们开始用锤子和螺丝刀来挖凹槽，他们先是用锤子敲出凹槽的轮廓，接着用锤子敲打螺丝刀，凿通凹槽。孩子们一起加油干，很快，凹槽都挖好了，他们将屋顶搭建成型，之后再用绳子在各交接处捆绑，进行固定。

在固定屋顶底座的过程中，孩子们发现屋顶框架不牢固，通过上网查找，发现一个“秘密”——使用凹槽能防止竹子松动；在尝试使用各种工具后，最终探索出用螺丝刀和锤子是在竹子上凿出凹槽的比较好的方法。在此过程中，他们大胆尝试，既拓展了经验，又获得了工具使用技巧，提升了劳动技能。

③铁丝、电钻来助力

孩子们用凹槽嵌合法固定好了屋顶，并用绳子捆绑竹子的交接处，但是这个方法并未完全解决屋顶摇晃、松动的问题，这可怎么办呢？他们再次商讨，寻找更好的方法。

铭浩：为什么用绳子固定了，屋顶还是会松动呢？

杭钰：那我们把绳子拉紧绑吧。

瑾瑜：绳子绑紧了屋顶还是摇晃。可能是我们的竹子屋顶太重而绳子太软了，所以不行。

辰洋：我们用铁丝试试，它比较硬，应该可以固定竹子。

沁沁：对，铁丝要用钳子才能拧得动。

教师：那你们就一起试试吧！

孩子们从木工用具柜里找来铁丝和钳子，两两合作，先用钳子切剪出长度适宜的铁丝，然后将铁丝绕在竹子的交接处，再用钳子的尖嘴钳住铁丝头，顺时针方向拧，直到铁丝拧紧为止。

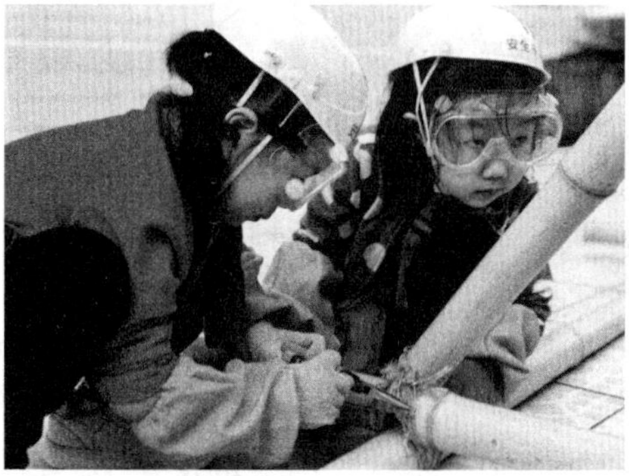

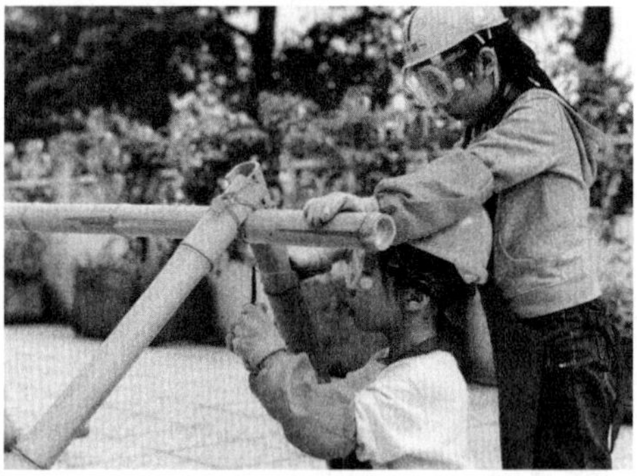

用铁丝固定竹子后，孩子们开始检查屋顶的牢固性，很快发现这个办法还是于事无补。他们想了很久，决定去请楼下正在施工的工程师叔叔来帮忙。

柏熠急切地问：“小叶叔叔，你有办法让屋顶不摇晃，变得再牢固些吗？”工程师叔叔拿出了电钻：“这个需要用到电钻，把自攻螺丝打进去。”书娴说：“我知道了，就是用电钻在竹子上先戳个小洞，再把螺丝打进去。”工程师叔叔肯定了书娴的想法。只见工程师叔叔先在电钻上安了一个钻头，然后在交接处的竹子上打洞，接着将自攻螺丝打进去。随后，孩子们自己也体验了一回如何使用电钻——把着电钻，让钻头垂直于竹子，然后用力往前推压电钻。

在工程叔叔的帮助下，凉亭屋顶很快就固定好了。

让屋顶牢固不松动确实又是一个难题，孩子们使用凿凹槽、绳子捆、铁丝绑的方法都解决不了问题，后来寻求工程师叔叔的帮助，终于闯过了难关。在这一系列活动中，孩子们使用的工具由常见的绳子、铁丝拓展到木工专用工具电钻、自攻螺丝等，使用的工具虽然不同，但探索的方式其实是相同的。使用电钻对孩子们来说是具有极大的挑战性的，但面对困难时，他们相互合作，勇于探索尝试，最终完成了屋顶的加固。

④三角支架作用大

有了电钻、自攻螺丝的“加持”，凉亭屋顶真的牢固了，不摇晃了。接下来就是将屋顶与柱子进行组合了，可是事情没有孩子们想象的那么顺利，新的问题又出现了。

奕成：屋顶这么重，又要放得那么高，应该更牢固一点才更安全。

钰涵：是的，我也觉得应该再加固一下。

教师：你们有什么办法能让屋顶变得更加牢固呢？

孩子分成小组，带着问题在班级、阳台以及一楼的“刺激自行车道”处寻找答案，很快，铭朗小组在画架上发现了三角支架的秘密。

铭朗：画架的黄色木条一扣上，两边的画板就能稳稳地站住了。

景妤：对呀，变成三角形的了。

梓彤：我知道，是黄色的木条把两块板连接起来了。

麟斐：这个是三角支架，可以让画架变牢固。

俊佑：那我们的凉亭屋顶也用三角支架来加固吧！

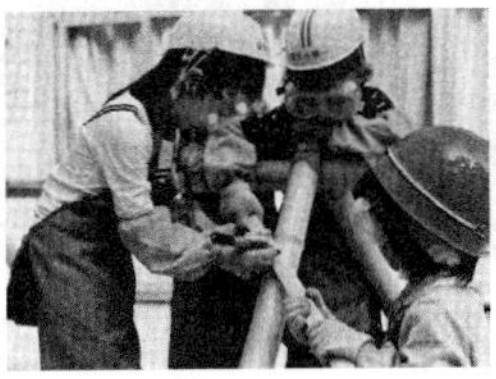

回到班级，孩子们分享了各组发现的“答案”，一致决定在屋顶四个角上都斜加上一根竹片，形成三角支架，加固屋顶。他们开始寻找材料、工具，先测量出支架条所需要的长度并做好记号，接着合作锯下支架条，将支架条用电钻、自攻螺丝固定在屋顶三角处。

在用三角支架加固屋顶的劳动中，孩子们通过实地观察，发现了身边的三角支架的作用，于是迁移经验，在屋顶上增加三角支架条，使其更加牢固。整个过程需要劳心、劳力，这满足了孩子们的兴趣和需要。此外，这项工程劳动涉及丰富的工具、材料，也让孩子们有足够的探索机会，促进他们深度学习。

（3）稻草装修记

①编织稻草帘

凉亭框架的建造已基本完工了，孩子们进入该工程最后的部分——铺设稻草屋顶。怎么将稻草铺上屋顶呢？

欣阳：我们用胶枪把稻草一根一根粘在屋顶上。

鸿逸：竹子很光滑的，用胶枪胶，不牢固，很容易掉。

熙雯：要不我们用绳子来绑。

何洛：对呀，把稻草整理成一把一把的，像窗帘一样绑成一片。

柏熠：这个办法可以，我们试试吧！

在实际操作中，孩子们发现稻草很长，捆绑时需要多人帮助，而且费了很大工夫还不能将稻草捆紧。孩子们讨论起来：“为什么捆不紧？到底要怎么捆呢？”他们纷纷向老师求助。在老师示范捆绑稻草后，孩子们发现了秘密。

梓彤：原来捆绑的时候要多绕一圈，每一圈还要收紧了打结。

舒然：是的，帮忙的小伙伴还要握紧捆绑位置的两边才行。

是安：嗯，再来一个小伙伴帮忙把稻草整理成一把一把的就更棒了！

带着新经验，孩子们再次尝试捆绑，这次大家都捆得很牢固了，很快，一片片既漂亮又牢固的稻草帘编织好了。

在捆绑稻草帘的过程中，孩子们自主尝试、操作，发现是有较大难度的，需要

多人合作。他们在一次次的尝试及教师的技术支持下，掌握了编织稻草帘的方法，这让他们获得了成功和自信。

②固定稻草帘

编织好的稻草帘要怎样安到凉亭屋顶的框架上呢？孩子们又展开了新一轮的探索。

瑜瑄：我们想把稻草一捆一捆地绑在屋顶上面。

仕轩：但是只能绑最上面的一排稻草，其他地方都没办法绑了。

语佟：那用挂的方法试试吧，把稻草帘挂在横着的框架上。

瑜禾：可是这样的方法也只能固定稻草帘左右两边的位置。

泽恩：对呀，第二排稻草帘中间部分会垂下去。

铭朗：我觉得可以用一个东西把稻草帘固定起来。

牧心：那就用竹片把稻草帘固定住吧！

最后在牧心的提议下，孩子们找来竹片、记号笔，测量出屋顶框架的长度，在竹片上做好标记，再用锯子在标记处锯下竹片，接着在两条竹片之间铺一张稻草帘，最后用电钻、自攻螺丝将竹片、稻草帘固定。

《指南》中指出，教师要支持幼儿与同伴合作探究与分享交流，引导他们在交流中尝试整理、概括自己的探究成果，体验合作探究和发现的乐趣。孩子们在固定稻草帘遇到困难时，讨论、交流自己想到的固定稻草帘的多种方法，他们获得了下面这些经验：固定稻草帘的方法很多，具体用哪种方法要根据情况而定；稻草帘需要竹片固定，才不会垂吊下来……这个过程是孩子们宝贵的学习过程，他们作为活动的主人，自己思考，自己操作，自主解答，不断成长。

屋顶“装修”结束后，在全体小朋友、教师、保育老师的共同努力下，屋顶与柱子组合成功，小凉亭完美投入使用了！

4. 预设目标与生成经验对照表，及活动终期网络结构图

“小凉亭”活动预设目标与生成经验对照表

领域	预设目标	生成经验
健康	能使用简单的劳动工具或用具。	1.能根据需要画出图形，线条基本平滑。 2.能正确使用各种简单的工具，如锯子、钳子、螺丝刀等。
语言	1.愿意与他人讨论有关凉亭的问题，敢在众人面前说话。 2.能有序、连贯、清楚地讲述建造凉亭过程中遇到的问题及解决问题的方法。	1.介绍自己设计的凉亭及制作的模型时，能使用常见的形容词，语言比较生动。 2.能用简单的图案和符号表现建造凉亭时遇到的问题及解决问题的办法。
社会	1.建造凉亭的过程中，遇到问题愿意向他人请教。 2.能与同伴分工合作建造凉亭，遇到困难一起克服。 3.爱惜与同伴一起制作的凉亭模型，别人的作品也知道爱护。 4.探究中能与他人合作、交流。	1.知道别人的想法与自己的想法不同时，能倾听和接受别人的意见，不接受时能说出理由。 2.主动承担任务，遇到困难能坚持，不轻易求助。
科学	1.能通过观察、比较与分析，发现凉亭的特征。 2.在成人的帮助下能设计不同造型的凉亭，并按照设计建造凉亭。 3.能用图画、数字等简单的符号记录自己遇到的问题及解决问题的方法。	1.用一定的方法验证自己的猜测。 2.学会用自然测量的方法测量物体的高度、宽度，掌握测量的方法。 3.发现生活中许多问题都可以用数学的方法来解决，体验用数学解决问题的乐趣。
艺术	1.能用多种工具、材料或者不同的表现手法来制作凉亭模型。 2.能用自己制作的美术作品布置、装饰凉亭。	1.能运用情景表演等方式展示建造凉亭的过程。 2.能运用绘画、手工制作等方法来美化凉亭及班级主题环境。

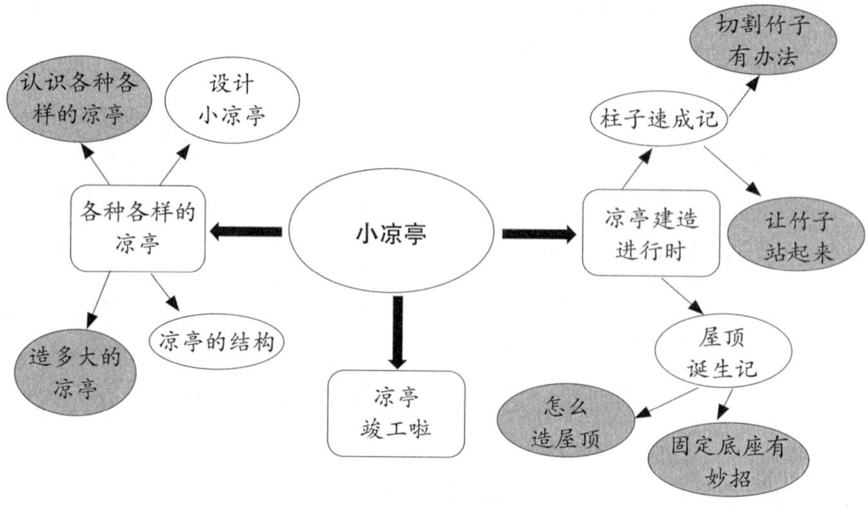

“小凉亭”活动终期网络结构图（阴影部分为生成内容）

收获与感悟

陶行知先生曾说："手和脑一块干，是创造教育的开始。"孩子的创造活动是在不断的探索、尝试、操作中完成的。他们的创新思维只有通过一些实际的尝试和操作才能物化，也只有通过一系列尝试、操作，他们的创新思维才能更加符合现实，更具有实际效果。

在建造凉亭的过程中，孩子们的能力不断地被激发起来，获得了较明显的提高。他们在一次次动手操作中总结经验，吸取教训，不断拓展自己的思路，尝试用各种方法解决问题。其实这就是一种创造力的表现。比如，在搭建屋顶的过程中，孩子们通过自主探索、同伴合作、小组交流等方式，攻克了一个又一个难点，最终获得了成功，将建造凉亭这件高难度的事情变成了现实。在编织稻草帘的时候，孩子们通过寻求帮助、观察，学会了分草、编织、捆扎、打结等多种方法，不仅认识了材料的特点，还获得了解决问题的成就感。

可见，在工程劳动课程中，教师应创造条件，为孩子们提供动手操作的环境与物质材料。在孩子们操作的过程中，教师应尊重其主体地位，尽可能多地给他们时间、空间以及选择材料和工具的机会。当孩子们遇到困难时，教师要鼓励他们用自己的方式去解决问题，支持、鼓励、调动其解决问题的积极性，从而引发幼儿的自主探究。总之，教师应放开思想和胆量，鼓励创新思维，激发创造力，对孩子与众不同的想法给予支持，让他们充分、自信地表现，教师自己则真正成为幼儿学习的支持者、合作者、引导者。

我园开展工程劳动教育研究初期，仅有木作工程。从"西红柿大作战""了不起的爱心椅"及"小凉亭"等木作工程案例中，我们可以看出，木作工程内容都是依托主题探究而产生的。上文从班级课程角度阐述了教师与幼儿相互合作、探究摸索、拆解难题、创造成果的过程；从园所管理角度说明了此阶段我园给予师幼灵活的时间安排、提供丰富的物资支持、做好安全防护工作等，反映出我园的管理措施也在跟进和转变；从教师专业成长的角度，分享了园本研训工作的推进情况，真实地呈现了我园在木作工程初期探索时，应对教师的顾虑、家长的担心、幼儿的安全防护等新挑战的过程。这些都是我园领会新时代劳动教育的意义和价值、努力创设劳动教育与生活相融的环境、初步构建"金字塔式"的园本大劳动课程体系的过程，是我们真正意义上"解放儿童"，实现工程劳动课程在我园"落地生根"的关键节点。

3 第三章 土建工程

我们的问题和挑战

- **老师在哪里？孩子在哪里？**
- **工程劳动的内容从哪里来？**

经历了前期的研训，我们都认识到了木作工程劳动的价值，学会了一身有关木作工程劳动的技能，教师、家长也开始逐渐放手让幼儿去动手、去劳动，工程劳动总算度过了“开头难”的阶段。

但工程劳动的实施远不止木作工程劳动，土建工程劳动在幼儿园可以尝试吗？我们翻查了资料，了解土建工程的含义：土建工程在广义上是指土木工程和建筑工程，而在幼儿园，通常具体指的是建筑工程，是幼儿以砖头、沙土、水泥为主要材料，使用延长、垒高、围合等技术制作产品的过程。在幼儿园，土建工程的主要特征是：幼儿围绕着感兴趣的主题，运用砖头、沙土、水泥为主要材料，加以辅助材料，建造各种工程建筑的劳动。同时，我们分析了土建工程蕴含的独特价值：在土建工程中，幼儿在物体和材料的相互作用中，探索沙子、水泥、石头等物质的特性及用途，如石头可以用来盖房子，水泥能够黏合砖头等，积累水、水泥、沙石的调配比例等经验，感知水与不同物质混合后形成的材料在形态、重量等方面的差异等。

土建工程劳动肯定也没有想象中的那么容易，老师们常常思考：土建工程劳动内容从哪里来？还能开展什么土建工程劳动？除此之外，困扰我们的还有许多难题，比如：在课程实施过程中，我们常常发现教师找不到自己的“位置”，忍不住为孩子们操心，为他们提供自认为适宜的材料，给予幼儿当下并不需要的指导……深思下去，其实这是关于“谁”的问题——谁是工程劳动课程的主导者？幼儿的想法谁来实现？谁可以成为工程劳动的主角？

我们通过学、研、做，逐渐转变教师的观念，让教师学会从幼儿的生活中挖掘土建工程劳动的内容，让幼儿成为课程的主人，同时，充分挖掘教师、保育老师、家长等人的特长，鼓励他们参与课程，促进土建工程劳动的推进与发展，让每个人都站在课程的“C 位”。

第一节
劳动“C位”属于谁

现阶段，我园教师队伍正处于一个“青黄不接”、两极分化的时期，教师水平也参差不齐。骨干教师善于从幼儿的生活中生成工程劳动，还总能恰到好处地在劳动开展过程中保持“幼儿在前，教师在后”的互动关系，她们也善于观察和捕捉幼儿在工程劳动中的闪光点，与幼儿就工程劳动的话题开展讨论时总是滔滔不绝……而占教师总数三分之一的年轻教师，虽掌握一些工程劳动技术，却不知如何与幼儿互动，不善于捕捉工程劳动中的闪光之处，也不善于观察、分析幼儿在劳动中遇到的困难，当开展工程劳动的时候，常常表现出各种“不放心”——设想好活动，准备好工具，预设好内容，费尽心力地教幼儿各种劳动的技能，想方设法地规划幼儿的劳动进度，竭尽全力将幼儿纳入自己预设的“轨道”中，汗流浃背地组织完一个活动之后却总有“事倍功半”的遗憾，沮丧地发现幼儿兴趣淡淡，渐行渐远……

面对现状，教师们很困惑：该如何生成工程劳动的内容？该如何在工程劳动教育中摆正教师和幼儿的位置？谁才是工程劳动的主角？……围绕这些困惑，幼儿园设计了一系列园本培训内容，把“幼儿活动行为观察研究”作为教研培训的第一步，力争将“人人C位”的观念植入工程劳动教育课程之中。

一、通过学、研、训，将“C位”还给幼儿

（一）通过案例分析研讨活动，让教师看到幼儿的“C位”

所谓“C位”，是一个网络流行语，“C”来源于Center，“C位”则是“核心位置”的意思。后来，“C位”这个词应用得越来越广，逐渐迁移到生活当中。当某一个人在团队中处于核心位置时，人们便称他处于“C位”。

在日常生活与工作中，大多数人的思维方式仍然倾向于具体形象思维，比如，在我园教研活动中，当不同思想、理念相碰撞的时候，教师们常常会请教研组长“举

个例子”，于是，案例分析成为我们教研活动中最“好用”的研讨形式。针对年轻教师“摆不正”幼儿与教师的位置的现象，我们通过完整案例解析、视频片段研讨等方式，让教师们看到工程劳动中幼儿的“C位”。每学期末，我园会举行工程劳动案例分享活动，由骨干教师牵头，分享自己参与的工程劳动中师幼互动的情况。通过鲜活案例的分享、研讨中的思想碰撞，让年轻教师理解“幼儿在前，教师在后”的意义，学会“管住手，闭上嘴”，将工程劳动主角的位置还给幼儿。同时，我们还不定期地开展视频片段研讨，通过回放幼儿参与活动的视频，把教师们的目光引到幼儿具体的行为和语言上，引导教师分析幼儿的活动情况和“最近发展区”，从而学会基于幼儿的“最近发展区”给予幼儿适宜的支持策略，避免教师过度“抢戏”。下面以土建工程劳动“刺激自行车道”的片段为例，展现幼儿跨班级、跨年段参与“刺激自行车道”建设的过程，分享我们是如何通过以老带新的方式，帮助新教师解决工程劳动中容易“抢戏”的问题，树立幼儿“C位”理念，提升课程领导力的。

案例片段一：“刺激自行车道”的起伏路

在土建工程劳动“起伏路”的铺设过程中，发生了这样一件事……

木木：老师，我们铺设起伏路需要什么材料呢？

教师：可以试试用水泥塑造啊！

一一：那可以去哪里买呢？

教师：我们一起去问总务老师吧！谁想去？举手。跟我来！

教师带领刚才举手的幼儿一起去了总务办公室。教师向幼儿说：“你们问吧，需要什么就告诉庄老师。”

幼儿面面相觑，一言不发……

教师向庄老师说：“我们班想申购一些铺设水泥起伏路的材料，等算好了数量再请庄老师帮忙购买……”

我们组织教师围绕这段视频展开讨论，园长接连抛出三个问题：在这条三分钟实况小短片中，你们看到了什么？看懂了什么？如果是你，你会怎么组织？

陈老师：教师说太多、做太多。

林老师：幼儿才是课程的主人，每一次的困难都应该是教育的契机和新内容生成的起点。视频里教师完全把自己当成了主角。

何老师：在活动中尊重幼儿，真是说起来容易做起来难。我们常常会控制不住地“抢戏”。虽然视频中是一位年轻教师的行为，可是这种现象也偶尔会在我组织的活动中出现。教师其实低估了幼儿的能力，长期如此，会导致幼儿“不敢、不愿”。为什么不能尝试一下，让幼儿站在“C位”，我们在旁边提供帮助呢？

李老师：如果是我，我会让幼儿自己探索建造“起伏路”适宜的材料，教师在后支持，可以让孩子通过信息技术手段查阅相关资料，将选择的材料、了解到的价格、根据统计做出的经费预算等记录下来。教师应该激励幼儿“主动出击”，成为课程的主人。

在这样的实例回放与讨论过程中，教师们看到了自己不自觉“抢戏”的不当之处，在集体分析、聚焦式的讨论后，教师意识到将“C位”还给幼儿的重要性。当教师的观念开始转变，最好就是趁热打铁，通过一个更完整的案例开展第二场研讨活动，提升“C位”文化下教师对课程的领导力。

案例片段二：自行车道初探

有了设计图，孩子们发现想要把天马行空的大胆设计变为现实更是难上加难。要如何帮他们实现想法呢？大班幼儿在认知能力方面比中班时有了明显进步，他们喜欢探索，能主动关心周围感兴趣的环境或事物，开始有目的性地观察，想象力和创造力也在不断提升，我想，可以引导幼儿先根据设计图建构出模型，接着再帮助他们实地搭建。

幼儿很快根据设计图建构出了自行车道模型，有了初步的空间观念，接着，我引导幼儿观察模型，思考可以分几部分建造，再将这些部分嵌入到整体空间中。通过这样将整体分为局部，又将局部嵌入整体的方式，帮助幼儿加深对整体与部分关系的理解。

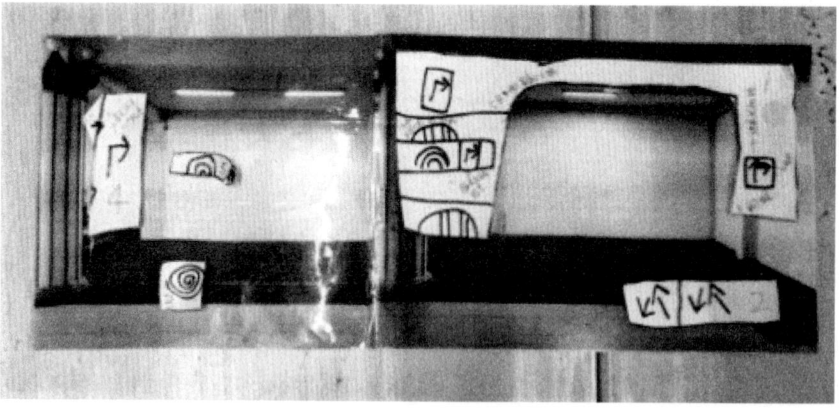

幼儿设计的自行车道模型

理解了自行车道从平面到立体的转变，幼儿开始寻找合适的材料。一开始，他们找来结构区的材料进行拼搭，但是因为材料太小、不够结实、很容易被碰倒等原因，无法实现让自行车真正骑上去的愿望。到底选用什么样的材料才合适呢？

在一次午后散步活动中，我们像往常一样经过一楼的“热带雨林”，发现了“蜗牛的家”。

教师：哥哥姐姐们为蜗牛做的房子是什么样的？

思娴：蜗牛的房子可结实了，是用砖头做的。我们也可以用砖头来建自行车道。

琪琪：对，除了砖头，还要有水泥，这样才能够把砖头粘住。

针对选材问题，我们组织教师展开讨论。

吴老师：用水泥？怎么搅拌？

姜老师：我可不会！我都不会，幼儿怎么会？到时候组织起来好难。不然我们建议他们用其他材料来制作吧。

张老师：设计图不错，计划也有了。不如让他们试试吧？

丁老师：技术层面的事情，我们可以一边学习一边帮助幼儿啊。

教师想法有了转变，他们虽然还心存疑惑，但很清楚应该接受幼儿的提议。最后，教师们选择支持。案例中是这样说的：

我们支持和鼓励幼儿在探究过程中动手动脑寻找答案，解决选择哪种材料最合适的问题。但幼儿想建造的自行车道和他们平日玩的建构游戏相比，是一个大工程。幼儿经过几次失败后，我们引导他们接触自然，发现“蜗牛的家”是用砖头搭建的，他们将这个直接经验进行迁移，这体现了“在探究中思考，在尝试中分析并改进”的精神。

在后续的土建工程劳动课程中，我们就这样，不断以动态案例推进式研讨的方法帮助教师让出“C位”，以幼儿为主角。把“C位”还给幼儿后，教师逐渐习惯于站在幼儿的后面，作为技术、力量、思维的支持者。在“刺激自行车道”工程不断推进的过程中，每一个新活动的产生都是为了解决幼儿遇到的真问题，活动与活动之间不是相互割裂的，而是有着内在的必然联系。我们发现，当我们把“C位”交给幼儿，对幼儿来说也是意义非凡的。整个探究活动中，幼儿为了达成自己的计划，完成土建工程任务，不断探索、调整、改进、劳作，深度学习，创新实践，他们猜测、分析、推理等思维能力得到很大的发展，教师的课程领导力也获得了提升。

（二）通过观察幼儿行为，让教师支持幼儿的“C位”

在过去，我们往往关注活动本身，如目标的定位，材料的准备，活动的设计、形式与组织上，即在活动前期准备中教师花费较大的精力。可是在组织土建劳动课程时，我们发现，密切观察幼儿当下的行为、困难、亮点、兴趣，才是课程延续、实施的根本。在“幼儿在前，教师在后”理念的引领下，教师在活动中提供适宜的支持，才能让课程得以延续和提升。如，在我园组织公开观摩活动时，我们设计了记录表《幼儿行为表现观察与分析》（如下表），引导教师在公开观摩活动中关注幼儿的行为和语言，以此反思教育行为，学会将目光转向，通过幼儿的行为学习支持幼儿的方法，将“幼儿是活动主角”的理念落到实处。

幼儿行为表现观察与分析

观察对象：　　　　**观察时间：**　　　　**填表人：**

你看到了什么？		
环节	教师行为	幼儿行为表现
你看懂了什么？可以做什么？（重点观察分析幼儿的行为表现）		

除了公开观摩活动外，我们在每周班级教研活动、每月年段教研活动中，引导教师围绕幼儿的行为表现展开教研，分析幼儿的发展情况，然后基于幼儿的发展情况思考下一阶段的支持策略。这样不仅能够引导教师在一日活动中关注幼儿的情况，而且还能避免教师“抢戏”，将“C 位”还给幼儿。班级教研活动记录详见下表：

续表

（大二班）班级教研活动记录表

2020—2021 学年第二学期

活动时间	2021年6月3日 星期四下午	周次	第15周	地点	大二班	人数	4人
主持人	吴鹏莹	参加人员	庄宏玲、王明雯、谢卫杰				
主要内容	1.本周幼儿发展情况；重点是关于“近期工程劳动进一步推进”的讨论 2.制定下周的教育策略						

过程记录：

内容：本周幼儿发展情况；重点进行关于“进一步推进工程劳动”的讨论

吴鹏莹：在上周的工程劳动中，幼儿巧妙地利用废旧纸板制作“观景台”模具，并将搅拌好的水泥浆注入模具，建造双层“观景台”。在本周推进工程时，幼儿提议用细木条制作观景台的栏杆，但他们在准备锯栏杆时遇到了困难，不知道栏杆要做多高。今天我们就根据幼儿遇到的以上情况说说接下来工程劳动应如何推进，请大家说说各自的想法和建议。

王明雯：其实幼儿已锯好一些木条当栏杆了，但是由于测量不准确，导致栏杆有长有短，固定在观景台上后不整齐，不美观。我们应该引导幼儿学习有关自然测量的知识技能，帮助他们解决工程中遇到的问题。

庄宏玲：不错，对于大班幼儿来说，自然测量的知识点是应掌握的一项技能，如何在工程中引导幼儿正确测量？我们需要让幼儿知道几个要素，如明确起点和终点、沿着直线测量、测量物首尾相连、中间不能留缝隙等。

吴鹏莹：对，庄老师提到这些就是测量的核心经验。测量问题的解决，不仅有助于工程的开展，还能激发幼儿学习数学的兴趣，让幼儿知道数学可以解决生活中遇到的问题。所以我们有必要开展一次有关自然测量的集中活动。

王明雯：是的，在自然测量过程中，我们要让幼儿通过反复验证，知道测量结果一定是唯一的，以此锻炼幼儿的细心程度以及同伴之间的配合度。那么接下来我们就可以带着幼儿到“日光岩”微景观进行实地勘测，先引导幼儿测量出适宜的栏杆高度，再标记相同长度的栏杆。

谢卫杰：幼儿在工程劳动中由于标记方法不正确导致栏杆长度不一，我们还要注意观察幼儿是否掌握了首尾相连的测量方法。另外，我观察到，很多幼儿一入园放好书包就到楼下进行户外体育活动了，大部分幼儿急着去玩而忘记洗手、喝水，在下阶段工作中，我们要提醒幼儿养成入园后就洗手、喝水的好习惯。

吴鹏莹：好的，谢阿姨提到的这几点很好。使用正确的标记方式才能让测量过程更加科学、完整，所以我们要重点让幼儿掌握一日生活中常用的一些测量和记录方式，让他们不仅会测量，还会标记、记录。同时，我们也要加强幼儿入园后主动洗手、喝水的习惯培养。现根据以上大家所说，总结如下：

1. 开展有关自然测量的集中活动，丰富幼儿的测量方法。
2. 引导幼儿用自然测量技能解决“观景台”栏杆长短不一的问题。

有了“幼儿在前”的活动和“教师在后”的支持，幼儿的“C位”才可能稳固，才能不断推进课程，不断引导幼儿在土建工程中获得发展，获得成就感，最终实现幼儿的“C 位文化”。

（三）通过“星星之光”，让教师学会捕捉幼儿的“C 位”

“尺有所短，寸有所长”，每个人都有自己的优缺点，我们通过教研活动指导教师根据观察到的幼儿的特长、优点来设置各种奖项，如“力量小英雄”“搬砖小能手”“建筑小明星”等，并提供升旗仪式等全园的公共时光给幼儿搭建表现平台，使每个处于“C 位”的人都有亮相机会，这样一来，教师就可以引导班级幼儿展露优点并带动弱项发展。

二、发现教职工的闪光点，让每位教职工站到“C 位”

我们原有的认知中，教师是幼儿园课程的建设者，是工程劳动课程开发的重要执行者；幼儿园要真正落实工程劳动课程，使工程劳动活动顺利开展起来，关键人物还是教师。殊不知，在我园土建工程劳动课程背景下，人人都有机会成为“主角”。我们经常会定期或不定期地组织各种教研活动，教研范围和内容也很特别，有班级的、年段的，还有园级的；有技术类、生活类、信息类，还有实践活动观摩学习类……最有趣的是，全园全员都是教研活动主持人！真是应了孔子的“三人行必有我师”那句话。

（一）通过技能展示，亮出教职工的闪光点

俗话说“技多不压身”。自从我们开始了工程劳动课程研究，更是深感拥有一些技术对教师而言是多么重要！因此，园内常常定期或不定期地组织“教职工技能展示”PK 活动，有时候是定主题的，如“生活技能大比拼”，有时则是自由发挥、展示。教职工们八仙过海，各显神通，有的展示缝纫技术、刺绣本领，有的展示擦玻璃窍门，有的展示锯木头速度，有的织毛衣，有的砌砖……平时害羞的保育老师、默默无闻的门卫大叔都登上舞台，成为主角。展示活动最后，我们还颁发“量身定做”的奖项，如“金勺子奖”“大力士奖”“织女奖”“砌砖达人”……让每位教职工站到“C 位”。

（二）通过实践活动，发挥教职工的闪光点

以土建工程为例，当我们对水泥和沙土搅拌比例困惑不已时，门卫大叔用他饱经风霜的手教会我们按 1：4 的比例来混合材料，当我们带领幼儿簇拥在他身旁学习技术时，他也自豪地说：“今天我真像老师！”当结束了一阶段的劳作，我们总是难以对拍摄下来的照片、视频做出取舍，导致手机内存超负荷，手机变得卡顿，这时候，刚入职的“00 后”小妹妹站了出来，用年轻人娴熟的手法，手指飞速点击，一会儿工夫，一堆视频、照片等资料已被打包整理、去粗取精，再运用变速、转场、配音等手段剪辑成有头有尾的视频故事，年轻人成为舞台上最亮的星，她们懵懂的脸上

洋溢着自信的笑。当我们面对一堆平的、尖的、长的、短的土建工程劳动工具，为如何收纳它们感到头疼时，对寻找合适的拌水泥的容器绞尽脑汁时，保育老师用她们丰富的整理经验，教会我们利用鞋盒、纸箱 DIY，做出安全又实用的工具整理柜，她们还会在我们搅拌水泥前，飞快地为塑料盆套上一个结实的防水袋子，供我们劳作，这时的她们，是大家心中最佩服的生活达人！幼儿园好似一颗钻石，拥有无数的切割面才能成就闪亮，我园有了教职工这些主角，大家才能互相学习各种技能，才能让工程劳动课程熠熠生辉。

三、师资培训：工程劳动的内容从哪里来

对工程劳动内容的选择，是教师组织课程的最重要的选择，因为内容决定着活动的意义与课程的价值。在选取工程劳动内容方面，我们通过以下方法帮助教师理清思路。

（一）互助式结对，在一日生活中发现工程劳动内容

我园年轻教师居多，她们热情澎湃，经验却有所不足，常常发现不了适宜幼儿开展的工程劳动内容，又羞于开口请教其他有经验的教师，经常到开学将近一个月了都发现不了适宜班级开展的工程劳动内容。虽然我们通过讲座、微信文章、案例学习等形式开展了相关培训，可是收效甚微。于是，我们组织教师们来了一场“导师结对拜师会”。新教师自由选择“心仪”的导师，和导师共同签署“拉手协议”。此外，幼儿园还设立了“午后沙龙”时间，在此时段，行政工作人员和后勤人员会为教师们提供一方可以轻松聊天的小天地。新教师负责收集一日生活中自己认为有价值的瞬间，通过视频拍摄、随笔观察、照片图片等方式记录下来，在“午后沙龙”时间里，跟自己的导师畅聊，通过经验的碰撞、理念的融合，最终形成有价值和长远意义的活动内容。

如，在一日活动的体育游戏中，年轻教师观察到幼儿骑车时很拥挤，频繁撞向一楼大厅的柱子，她将这个现象拍摄下来，并根据后续与幼儿的谈话记录下幼儿“想做自行车道”的想法。该年轻教师觉得幼儿的这个设想挺有趣，但有些不现实，因此没有放在心上，只产生了更换游戏内容的想法。在“午后沙龙”与导师的交流中，老教师敏感地捕捉到这一信息，并鼓励该年轻教师组织土建工程劳动，开展相关课程，由此产生了“刺激自行车道”工程劳动内容。

众人拾柴火焰高。久而久之，“一日生活皆课程”的理念已植入每位教师心中，当越来越多的教师加入“午后沙龙”之后，在一日生活中发现的工程劳动的内容也越来越丰富！

（二）邀请式跟班，在幼儿行为中生成工程劳动内容

在工程劳动教育培训中，最受欢迎且行之有效的是跟班驻点，从对幼儿行为的观察中分析、甄别、生成工程劳动内容。

我们在期初组织平行班教师互相跟班活动，也支持教师互相邀请同事或年级组长、课题组组长、教学园长走进班级，多角度观察幼儿的行为，包括兴趣、困难、愿望等，然后通过分析、研讨，生成工程劳动内容。我们还安排了“专家门诊”，所谓“专家”，无非是在工程劳动课程内容生成方面较有经验的热心教师，她们自告奋勇报名加入。“专家”除了指导，更多的是协助，当其他教师有需要时，可提前半天向“专家”发出预约邀请，“专家”来到现场，或帮忙拍摄，或帮助记录，或协助观察……最后大家集中开展教研活动，帮助年轻教师学会从幼儿的行为中提炼工程劳动的内容。

如，有一年开学初，幼儿园砍掉了一些挡住大一班光线的树木，引发了幼儿的议论。

林一：大树砍掉了，小鸟怎么办？

轩轩：是的啊，小鸟好可怜。

木木：它没有了家，万一下雨就糟糕了。

涵涵：而且没有树叶，太阳出来也会热晕小鸟的……

正巧，这个片段被前来“会诊”的“专家”听到了，她连忙掏出手机，将此情景拍摄下来，并在活动后播放了这个短片，组织本班教师进行交流、研讨。就这样，一段幼儿谈话引发了后续的工程劳动——“鸟世界”。教师们感叹：真的要做个有心的教师，去认真聆听、观察、感受幼儿的世界，这样才能生成幼儿感兴趣的有价值的活动内容。

（三）在幼儿园特有资源的支持下产生工程劳动内容

冯晓霞教授在谈及“幼儿园特色建设路径”时曾这样说过：“不用刻意追求幼儿园特色，你的地方资源是别人不可复制的。”近些年，许多幼儿园为了搞园本特色，费尽心思向其他幼儿园学习、模仿，却忽视了自己园所本身所具备的地域条件资源、社会文化资源、民风民俗资源等，这些其实就是幼儿园的特色。确实，这些地方特色能为我们的工程劳动课程提供很好的助力。我们在地方资源背景下开展的一些工程劳动活动就十分有特色，如“厦门骑楼”，通过延伸和拓展幼儿的经验，把具有厦门特色的微景观搬进了园内；如“幼儿园的滑滑梯”，结合幼儿园的生日庆祝会，提供了具有本园时代属性和特殊节庆意义的素材；如“刺激自行车道”“优哉游哉木栈道”，也是厦门本土的公共建筑与本园实际问题相结合的案例；还有“校门口的安全小卫士”“植物防晒衣”，等等。是的，宝贵的地方资源是无法被复制的，是工程劳动课程内容的重要来源之一。

第二节
工程劳动教育理念的确立

通过初步实践，工程劳动课程在我园落了地，教师们首先在木作工程课程实施方面积累了一定的经验，但是在后续的课程实施过程中，我们发现仅仅用木作工程思维去设计、创造产品已经无法帮助幼儿实现越来越多的想法，因此，逐渐增加了以砖头、沙土、水泥为主要材料，使用延长、垒高、围合等技术制作产品的土建工程。面对新的土建工程内容，我们该如何从教师教育理念的转变、幼儿园的管理和保障方面去支持教师和幼儿开展活动?

一、确立“生活启蒙劳动、劳动滋养生活”的大劳动教育理念

我园的劳动教育课程构架与实施遵循三条原则：源自生活、通过生活、回到生活。将劳动教育与一日生活融合、与体验活动课程融合，是我园劳动课程的原点与支点，通过丰富的生活自理劳动、种植劳动、美食劳动、工程劳动及亲子家务劳动等项目劳动，促使幼儿形成良好的自理能力和劳动习惯，从而启蒙劳动思维，培养劳动能力，产生“劳动最美丽”的美好情感，让每个幼儿劳心又劳力，真正做到“生活启蒙劳动、劳动滋养生活”。

“生活启蒙劳动”，即劳动教育的内容源自幼儿的真实生活，劳动的内容是与幼儿的实际生活紧密相关，且是幼儿力所能及的简单的、粗浅的、可胜任的事情。

“劳动滋养生活”，即劳动以具体的生活活动作为实施途径，最终目的是服务幼儿的生活并提高幼儿的生活能力。

（一）劳动教育目标来源于幼儿对现实生活的需要和幼儿发展需要

幼儿园一日活动包括盥洗、如厕、喝水、午睡、餐点等，是幼儿在园活动的重要部分，在其成长过程中具有无可替代的教育功能。通过学习《指南》，我们了解、分析幼儿学习与发展的基本规律和特点，紧紧围绕幼儿一日生活各环节，有意识地

让劳动教育渗透进幼儿生活全过程，并体现小、中、大各年龄段基础分层，各有侧重。

小班幼儿：侧重于生活自理能力培养。小班幼儿自主意识萌芽、发展，拥有强烈的自己做事情的心理欲望，已具备简单的自我服务劳动能力，这时有目的地引导他们在日常生活中做一些力所能及的事，不仅能培养他们“自己的事情自己做”的劳动意识，还能让幼儿养成热爱劳动的好习惯。对小班幼儿的劳动教育以“为己”为主，着重解决满足自身基本生活需要的各种劳动能力的掌握问题，如，会自己使用汤勺吃饭，会穿脱鞋袜、裤子和外套，会提裤子，会用纸巾擦鼻涕，会卷高衣袖洗手，会取餐，会搬动小椅子，会简单种植和饲养等。

中班幼儿：以服务他人和主题劳动为主。中班幼儿的生活自理能力提高了，在自我服务的基础上，有了进一步服务他人、服务集体的愿望。如系鞋带、叠薄被子等自理劳动，取餐点、擦桌椅、整理物品、收拾玩具、摆放碗筷等值日劳动，集体种植、养殖活动，以及制作一些班级物品或给班级物品做小修补等。这些都能增强中班幼儿服务他人的意识和集体意识。

大班幼儿：关注提升其劳动思维和能力。大班幼儿已经有了一定的自立意识和较强的自理能力，心灵较敏感，可塑性也较强。我们引导大班幼儿自己扣纽扣、洗手帕、洗小件衣服；帮助扫地、倒垃圾，整理床铺、收放被褥；帮助剥豆角、摘菜叶、包饺子、做面食、收拾碗筷；为班级修补图书、玩具；合作完成工程劳动作品……以此增强他们的劳动思维能力，提升其劳动计划能力等。

（二）劳动教育内容来源于幼儿对生活的观察和实践

劳动本身就是幼儿生活的一部分，是伴随幼儿生活的过程自然而然地产生的，所以幼儿劳动的发生是自然的，是为解决生活中的问题而存在的，通过劳动又可以提升幼儿生活的品质。

1. 需要通过劳动来解决的问题在生活实践中产生

幼儿时常发现生活中的一些问题，并积极思考，如：玩具、图书乱了、破了，怎么办？为区角游戏收集的纸箱凌乱且占用空间，怎么处理？阳台种植的蔬菜，叶子被虫子吃了，怎么办？校园门口早晚有点拥堵，该想什么办法？班级的保育老师经常腰疼，要制造一张什么样的椅子，可以让她坐得更舒服些？幼儿园大厅水池里的小鱼被鸟叼走了，要怎么保护它们呢？……幼儿还因照看种植园地而产生了制造自动灌溉器的念头；因照顾植物想到要给植物搭遮阳架；春天看到围墙边的树木被修剪掉，惊动了小鸟，又产生了在靠近大树的阳台上做鸟窝、观鸟台、喂鸟器的想法……

在生活中，孩子们通过观察产生了许许多多的“小问号”，教师组织幼儿开展讨论，帮助他们找出一些好的解决问题的办法，然后引导幼儿分组展开不一样的劳动活动，最后再引导幼儿总结、梳理经验，从而提升幼儿的劳动能力。

2.通过劳动实践解决问题，用劳动成果回馈生活

孩子们把缺角少页的图书补好了，又能看到完整的故事了；把区角凌乱的纸箱做成了“打地鼠”游戏道具，可以玩新的游戏了；捉掉了菠菜叶上的虫子，收获了绿绿的菠菜叶，做出了好吃的菠菜饺子；幼儿园大门口放置了孩子们自行设计并制作的“分流隔离柱”，把家长和孩子很好地分成两队，进进出出就不拥堵了，有效加快了早晚入、离园的速度；给腰疼的保育老师量身定做了一把“云朵棉花椅”，阿姨说坐在上面果然舒服多了；在大厅水池边围了一圈奶粉罐防护栏，再在上面盖一张防护网，既保护了小鱼，又能跟小鱼一起玩游戏……孩子们自己摸索、实践，通过劳动解决了生活中的很多问题，同时也享受着劳动带来的变化和无限惊喜。这其中，幼儿既是劳动的主人，又是劳动的直接受益者。瞧，大班幼儿在一楼架空层骑小车时，因为没有明确的路线和隔栏，常因避让不及而出现小车相撞或拥堵的现象，他们由此产生了要建儿童自行车道的想法，而自行车道建好后又成为很棒的游戏场所，拓宽了孩子们户外活动的空间。

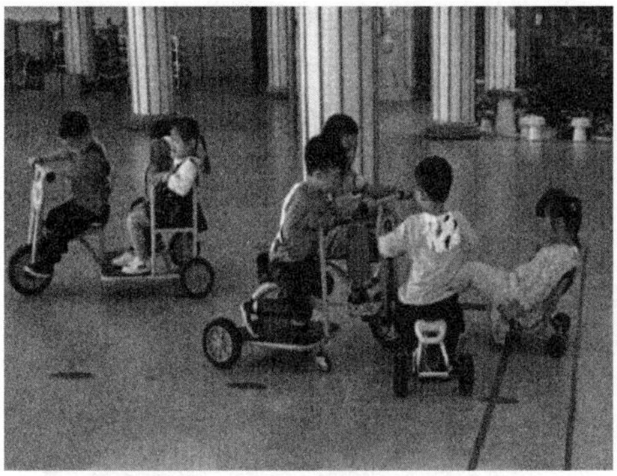

“刺激自行车道”开放前后

（三）劳动教育的价值蕴含在幼儿对生活的体验和探索中

1.注重引导幼儿在生活中养成劳动习惯

幼儿劳动的过程就是体验生活的过程。幼儿的劳动意识和能力，是通过在日常生活中直接参与、亲身体验而逐步形成和提高的。幼儿阶段的劳动教育，更加注重培养幼儿的情感、态度和习惯，劳动成果则不容易被直接看见。

幼儿园一日生活蕴含着巨大的劳动教育价值。通过系统性的学习，教师对幼儿劳动教育有了全新的视角，通过分析现实问题，教师对劳动教育的价值和内涵有了新的认识。教师们通过实践，对劳动教育的特性也有了更深的理解，即更加重视一日生活各环节的教育价值，更着眼于遵循各年龄班幼儿发展的轨迹，捕捉幼儿一日

生活中蕴含的劳动契机，更加细致和理性地关注幼儿在生活中养成劳动习惯，习得劳动技能。

2. 注重幼儿劳动品质的培养和劳动精神的塑造

（1）班级评选，“面”上的培养——颁发“劳动小勋章”

在劳动课程实施过程中，为激发幼儿的劳动兴趣，培养幼儿良好的劳动习惯，各班根据幼儿的年龄特点和幼儿的意愿，结合班级主题活动内容，进行“班级劳动之星”的评选。奖项名称由各班师幼自行约定,如“劳动小能手”“穿袜小达人”“光盘小达人”等，由班级幼儿自主设计、制作“劳动小勋章”，定期评选、颁发奖章。在班级层面上，我们重点关注幼儿自己的事情自己做、不怕苦不怕累、乐于参与劳动的良好品质的养成。

“劳动小达人”评选墙及“劳动小勋章”

（2）全园评选，“点”上的宣传——“劳动爱心小天使”表彰

我园以“六爱教育”为主线，在幼儿中广泛开展以树美德养文明为宗旨的“爱心小天使”评选活动，鼓励小朋友们爱自己、爱朋友、爱长辈、爱班级、爱幼儿园，从身边的点滴小事做起，学会关心、帮助他人，学会爱小家、爱大家等。每个班级每两周评选出“班级之星”,在此基础上,每班每月再推选出四名“爱心小天使”，最后每学期推选一名幼儿参加全园“最佳爱心小天使”的评选。被推荐参评全园“最佳爱心小天使”的幼儿照片和事迹照片，张贴在楼道的“爱心宣传长廊”。“爱心小天使”主题活动，是我园自 2007 年以来一直坚持开展的文明校园创建创意项目，目前已开展 30 多期了。在劳动课程实施以来，为加强新时

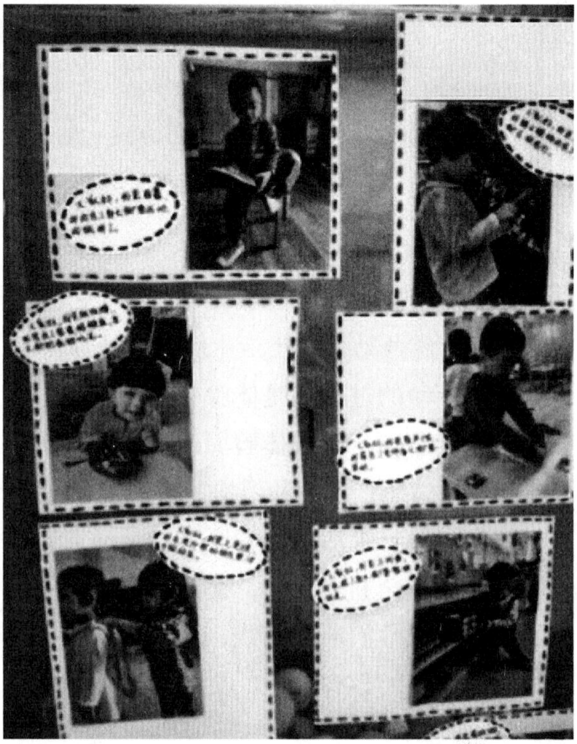

期社会主义核心价值观的渗透，我园拓展了“爱心小天使”主题活动形式，进一步深化活动内涵，把劳动品质纳入评选范畴。如：小班幼儿以生活自理能力、中班幼儿以为集体服务、大班幼儿以劳动能手为“爱心评选点”，先进行自荐自评，以此提升师幼对劳动习惯、劳动素养的重视程度。通过评选，树立劳动典型和榜样，展开宣传。此活动以幼儿为主体，引导幼儿相互监督、自我教育，强化了幼儿的文明礼仪习惯，增强了幼儿的劳动意识，提高了幼儿的劳动素养。如，小班幼儿能主动帮助同伴垫汗巾，中班幼儿能积极主动地帮助小班弟弟妹妹整理衣服、收拾玩具，大班幼儿能主动打扫、为班级服务……因为他们都想成为最有爱心的劳动小天使！

（3）全园劳动基地，“神”上的聚焦——“工程小明星”表彰

雅典卫城是希腊人民的瑰宝，幼儿园也是孩子们的瑰宝。在幼儿园一楼大厅的一角，孩子们开辟出一块专门的“卫城建筑工地”，这里也是我园工程劳动实践基地的公共区域。在这个面向全园幼儿开放的劳动实践基地，孩子们打破班级界限，进行更大劳动量的工程劳动：搬木块、锯木头、锤钉子、搭架子、和水泥、垒砖块、刷墙画……

在劳动实践基地里劳动，孩子们有时需要忍耐天气的炎热，有时需要烦心蚊虫的叮咬，有时要面对同伴的挑战，有时还要有重来一遍的执着和勇气，当然，还要有发现问题解决问题的好奇心和探索欲……所以，经全班幼儿评选、由园长亲自盖章授奖的“工程小明星”，一定是既懂劳心又肯劳力、富有智慧的小小劳动者，也是劳动精神的小小传承者！

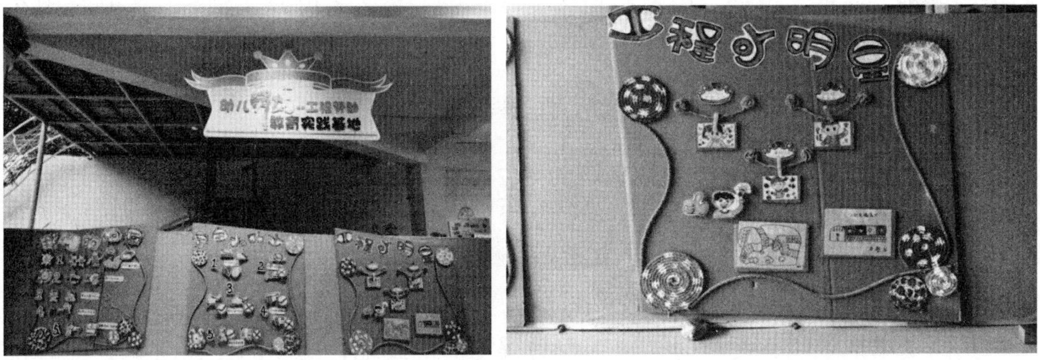

“工程小明星”照片展示墙

二、让生活与游戏成为土建工程的摇篮

土建工程内容源于幼儿生活和游戏中的真实问题，具有开放性，因此，教师应关注生活与游戏的重要性，赋予幼儿更多的自主权，支持幼儿处于土建工程的“C位”，让生活与环境成为幼儿能选择、能决策、能做主的主场。

（一）幼儿生活和游戏的需求成为土建工程内容的发源地

《指南》指出，教师要“善于发现幼儿感兴趣的事物、游戏和偶发事件中隐含的教育价值，把握时机，积极引导”。当学习内容与幼儿的生活相联系时，幼儿的学习才最有效。一个真实存在于幼儿生活周围的问题可以触发幼儿的主动学习，生活和游戏占据了幼儿一日活动的大部分时间，因此，教师应关注幼儿的真实生活，将幼儿生活和游戏的需求放在首位，选择现实生活中有待解决的问题，调动全部资源，帮助幼儿自主运用技术解决问题，促进幼儿的综合发展。

我园园舍虽不大，但风格精致，基本上每个班级均有一方小小的户外阳台作为种植角、养护角，幼儿在每天养护动植物的过程中产生了各种美好的想法和需求，自然而然衍生了新的工程劳动内容，而工程劳动的结果反过来又促进新的劳动行为的生发。

如，养护植物的过程生发了土建工程。生态园凹凸不同的泥泞小路给幼儿养护植物带来了困难，他们很难把装着营养土的小车推到生态园里为植物施肥，于是他们萌发了铺路的想法。他们运用沙土、水泥、砖头等材料，为生态园铺上了一条条各具特色的小路，如水泥路、砖头路、贝壳路等，有了平坦的小路，幼儿养护植物更方便，而且再也不怕雨天小路积水泥泞了。

再如，呵护动物的过程生发了土建工程。为了照顾小兔子“奶茶”，让“奶茶”有一个新的生活和游戏场所，幼儿萌发了给“奶茶”做一个“游乐场”的想法。他们现场勘查、选址、设计，用水泥和砖头围合出一角，不仅使“奶茶”不必再困在笼子里，也让幼儿能够近距离地观察、照顾“奶茶”。

（二）幼儿生活和游戏的环境成为土建工程的实践场

土建工程的实施同样也离不开幼儿的生活，它需要一定的空间、工具、材料等环境和载体的支持，教师要调动环境资源去帮助幼儿获得综合经验，帮助他们解决土建工程中遇到的难题，方能保证土建工程从设想变为成果。

1. 土建工程支持游戏环境的改变

我园受场地限制，无法为土建工程另辟专门的场地，更多的是在对原有生活和游戏环境进行重构或改造的基础上，来支持幼儿开展新的土建工程劳动。

以大班土建工程“刺激自行车道”为例，在户外活动中，大家发现“骑车太难了，经常撞到人和柱子”，这个问题让孩子们萌发了制作一条专门的自行车道的想法。幼儿请求园长进行“场外支援”，在分享了他们的调查发现后，园长爽快地批了一块专属空地，即原来的自行车骑行场地，让幼儿在此建造一条专属自行车道。有了场地，幼儿用交错搭砖的方法搭建了桥墩，用横竖交错的龙骨结构加固了木头桥面，并延长了斜坡的长度，让斜坡变缓，还在两侧安装了围栏，让自行车道更安全。

在土建工程劳动课程中，我们支持幼儿对游戏环境进行改造或重构，幼儿对原有游戏场地的改造，不仅能满足幼儿对游戏的需求，而且能促进幼儿综合能力的发展。

2. 土建工程支持幼儿对材料、工具的探究

幼儿的具体形象性思维决定了他们是通过直接感知、动手操作、亲身体验来获取经验的，他们的学习离不开材料和工具。木作工程给幼儿带来认识和使用各类工具的机会，而土建工程则为幼儿带来对更多材料的物理特性进行探索的机会，在对沙、石、砖、泥等材料进行操作的过程中，幼儿不仅能感知、体验不同材料的不同特性，也拓展了关于砖头垒高、水泥与沙土搅拌比例等土建工程的实践经验。

以大班土建工程“日光岩”为例，幼儿选择水泥、砖头来建造日光岩微景观，面对新的材料，他们一时无从下手，于是他们请教家长，上网查询如何调配水泥，并自己动手调配水泥。他们用筛子筛出细沙，将细沙加入水泥中，在调配水泥的过程中，发现水泥的黏稠程度与水的多少息息相关，而水泥的黏稠程度与材料自身的黏合性也有关系。在与材料的互动中，幼儿不仅了解到不同材料的特性，还积累了关于水泥、沙土搅拌比例的经验。

土建工程满足了幼儿对工具、材料的探索需求，他们通过对工具、材料的操作、探索、观察、比较，逐步丰富相关经验，使得生活和游戏的环境真正成为工程劳动的实践场。

三、树立“人人都是 C 位”的观念

从最初的单年龄段班组试点，到全年龄段重点参与，再到总园、分园两园区的同步嫁接、迁移，我园把劳动课程的实施与幼儿园的各项日常工作紧密结合了起来，针对劳动课程面临的困难与新挑战，实施了“全园参与”“人人为师”“全员成长”的管理方略。在园内自上而下地树立起支持儿童主动参与劳动的意识，形成了支持性的、有价值认同感的人文环境，进一步促进并推动我园劳动教育课程的有效开展。

（一）“每个人都是课程的参与者”

我园劳动教育课程的构建，是一个由行政领导、教工（教师）、幼儿共同参与的过程，全员全方位动员起来，让幼儿园所有工作人员都加入劳动大工程，使参加劳动逐渐成为我园日常工作的常态，也初步形成了一个较高效、有保障的落实劳动教育课程的管理与运作系统。

根据实际情况，我园在行政管理上提出“教学优先，后勤推进”的口号，改变教学部门单打独斗的模式，从管理上推动后勤部门积极配合教学部门实施工程劳动。后勤部门根据幼儿园已有资源，从硬件和软件两方面入手，给予有效的支持。硬件上，

对开展工程劳动所需的环境、设备、材料进行大盘点，全方位、无条件、尽所能进行物质、设备的充实，保障到位；软件上，后勤所有人员紧跟教研动态，积极参与工程劳动各种培训，关注幼儿自我服务等基础劳动技能的养成，在一日活动中寻找契机支持教师、服务幼儿。

我园通过开放式管理，让后勤、行政人员服务教学一线，由被动到主动，由封闭到开放，为劳动教育课程改革服务。如资料管理员主动服务一线，及时整理大劳动工具间，创造性地管理幼儿园劳动教育资源，指导教师合理利用各类资源；仓管、保洁员主动为幼儿缝制各种劳动防护用具、用品，节省开支近万元；总务人员主动为扩大幼儿劳动活动的空间、增加劳动材料而奔波；财务人员主动汇报，公开账目、资金安排，保证劳动教育课程改革所需等。这一切都为幼儿园大劳动课程创造了一个良好的精神和物质环境，使全园上下形成合力，共同开展劳动教育实践。

（二）“每个人都可以成为老师”

我园一直把“以人为本”的管理理念引入管理机制，坚信人是幼儿园管理的起点和归宿，是管理的动力和核心，管理的成败也取决于人。在管理过程中，紧紧围绕“以人为本”的办园理念，始终注意激发教职工的主体精神，提升教职工的自主能力，注意实现教职工个人与群体价值的辩证统一，并渗透教职工“自我学习、自我实现”的管理策略。

班级教师是我园劳动教育课程实施的主要引导者，但除班级教师群体外，我们还有一群在其他服务岗位上的后勤员工，如保育老师、保安、厨师、保健医生、水电工、园艺师等。他们虽文化程度不如教师高，且年龄偏大，但这并不影响他们在长期的生活中积淀下丰富的劳动智慧和经验，尤其是他们在各自专业领域中所展现出的精彩纷呈的劳动技能，为我园大劳动教育课程提供了很好的资源补充。如有的保育老师种植经验丰富，就引导孩子们一起播种、间苗、管理种植园地；有的保育老师很会做菜，就给孩子们示范如何擀面皮、包饺子、搓汤圆；厨房刘伯伯很会做面食，

厨师伯伯示范如何和面

老师们与保安共同研究如何稳固木架

经常被老师们请到班级，让他教大班孩子和面、揉面等；保安蔡叔叔兼职修理小水电和木质器材，动手能力很强，就常常被孩子们请教怎样才能锯直木头，怎样才能钉好木板使木板不开裂……

（三）“每个人都享受过程、收获成长”

劳动是一切幸福的源泉。把劳动教育当作幸福来享受，那么劳动教育就可以很美。我园的大劳动课程是系列设置、自主选择、持续开展的具有生长力的校园劳动活动，在劳动内容的不断推进实施中，每个人都享受这个过程，并持续成长。

1. 教师的劳动意识不断增强

经过劳动实践，教师意识到自己不再是简单的劳动知识的传授者、劳动活动的创造者，而逐渐转变为幼儿劳动的引导者、劳动活动的支持者。从“定不住腿、管不住手、忍不住嘴”式的包办者，逐渐转变为“定住腿、管住手、巧动嘴”的引领者。教师鼓励、刺激幼儿参与劳动的积极性，充分调动幼儿的自主性，形成与幼儿共同学习、共同劳动、共同进步的生动局面。尤其是教师们在参与工程劳动实践的过程中，时时要学习了解各类劳动工具的使用方法，教师们的小维修、小修补技能自然得到大幅提升。

2. 保育员的专业观念大大强化

在全员参与劳动的过程中，我园专门为保育员开辟了系列专题培训《学习劳动，做一名专业的保育员》，并要求保育员参与引导幼儿进行班级种植、自助餐备料等劳动。幼儿园还定期组织保育员交流心得体会。许多保育员就如何处理好“既要照顾幼儿生活又要放手培养幼儿的自理能力”这个看似两难的问题述说了具体案例。在保育员“岗位练兵”教研中，我们把保育员对幼儿的生活指导（如指导小班幼儿穿脱鞋袜、指导中班幼儿穿脱T恤外套、指导大班幼儿折叠被褥等）进行重点展示、规范，让他们互学互鉴，进一步帮助保育员强化“放手”理念，各班级生活劳动被包办的现象明显减少了。

保育老师指导中班幼儿穿脱衣服

保育老师指导大班幼儿折叠被子

3. 各岗位工作人员的服务意识明显增强

在大劳动环境中，幼儿园的其他工作人员（包括保健医生、厨房人员、保安、保管员等）都参与园本劳动课程的培训，并全程参与每一期全国劳动教育基地园阶段工作视频交流会，聆听虞老师对幼儿园劳动教育理念的解读。这种“无折扣式”的专家培训，能更好地向全员精准传达劳动教育精神。同时，我园指导各岗位工作人员立足本职参与“劳动大练兵”活动，为提高幼儿园劳动课程的质量创新性地开展工作。各岗位工作人员都能明晰自己的劳动职责，力争在自己的岗位上主动为师幼提供更好的服务。如，从引导幼儿参与自助餐的餐前准备到餐后垃圾分类，从鼓励幼儿每天自我服务到每月自己提被子上楼，从劳动教育相关视频的拍摄到案例的分享，都有后勤人员的身影和努力！

第三节
儿童为本——“C 位”文化

在木作工程劳动实施期间，我们更多的是解决“敢不敢”的问题，而进入土建工程阶段时，我们则直面“儿童在哪里”的挑战，即要解决“幼儿在土建工程中应处于什么位置，‘以儿童为本’如何落实到土建工程中”这个主要问题。带着这样的问题和思考，我们在开展土建工程劳动的过程中，逐步总结和梳理出基于儿童立场的“C 位”文化。

在幼儿园的土建工程劳动中，“C 位”能给幼儿的学习与发展带来什么帮助？有没有其他角色能占据这个核心位置呢？经过研究，我们发现，在每个土建工程项目中，都应以儿童为本，关注他们的兴趣和需求，支持他们探究、发现沙、石、泥、土的不同特质，引导他们用独特的视角表现表达土建工程区别于木作工程的方面，如物料的坚硬程度、耐受性，成果相对固化的特性等，应在不同阶段、不同领域、不同空间里，让每位幼儿都有机会成为占据“C 位”的主角。

一、我们想要的“C 位”

相较其他工程劳动而言，土建工程的劳动成果占地面积大，且相对固化不易移动，以往都是由园长或教师决定工程建在哪里、建多大、建成什么样，甚至会从安全角度出发摒弃水泥、砖头等材料，也就是说，从材料的选择到成果的展示，几乎都是成人包揽，与“以儿童为本”的理念相差甚远。

在土建工程劳动中，我们想要的“C 位”就是让所有幼儿都有机会成为主角，教师创设机会，让幼儿拥有被珍视、被欣赏、被支持的体验。过去，我们更多的是由教师主宰或主导活动的内容和过程，或者只有能力较强的幼儿才有机会成为主角，如今，不同个性、不同特长的幼儿因为有了符合“私人订制”要求的空间和条件，即使是能力弱的幼儿也有机会站到“C 位”。《3—6 岁儿童学习与发展指南》指出：

尊重幼儿发展的个体差异，幼儿的发展是一个持续、渐进的过程，同时也表现出一定的阶段性特征。每个幼儿在沿着相似进程发展的过程中，各自的发展速度和到达某一水平的时间不完全相同。要充分理解和尊重幼儿发展进程中的个别差异，支持和引导他们从原有水平向更高水平发展，按照自身的速度和方式到达《指南》所呈现的发展“阶梯”，切忌用一把“尺子”衡量所有幼儿。① 因此，为了让每位幼儿都有机会成为站在“C 位”的主角，教师应转变观念，认同不同的幼儿有不同的发展优势，应在行动中给予幼儿切实的支持，在土建工程及其他工程劳动中，为每个幼儿创设不同的“C 位”！

二、“C 位”的无界与聚形

“C 位”文化是幼儿园整个大家庭的文化，不只是教师和幼儿才需要努力追求，幼儿园行政、后勤人员，以及幼儿家长等都要给予支持。当下，还有很多幼儿园存在“为劳动而劳动，为工程而工程”的现象，人为“窄化”或局限了工程劳动的界限，在劳动过程中尊重和关注幼儿的个性化发展特点和优势更无从谈起。追溯其缘由，我们发现，造成这一现象的很大一部分原因是幼儿园行政管理出现了“黑洞”，即幼儿园或管理者因不放心的心态而采取高控的管理策略，设置了很多显性或隐性的管理措施，教师受到管理条框的约束，将其“转嫁”到对班级课程或幼儿发展的限定上，就造成了“模具化”“一刀切”“一把尺”等状况。因此，我们要探索的就是带领幼儿园大家庭里的所有成员自上而下地转变观念，为管理“松绑”，发挥行政管理这个中枢神经的“指挥棒”功能，为土建工程劳动教育的开展创设更为适宜、有效的管理氛围和策略，使之更能适合教师、适合幼儿，最大限度地满足幼儿发展的个性化需求。

“C 位”本无界，管理聚有形。一百个幼儿就有一百种“C 位”的可能，“C 位”并无领域之别，也无界限之分，如何将这些看似无界无形的“C 位”形象地呈现给幼儿？教师有哪些具体的抓手？幼儿园要形成哪些管理机制支持幼儿走上“C 位”？我们采取了多种措施，如让班级幼儿和教师拥有自主空间，鼓励设立不同的“C 位”平台；定期组织主题活动；创设幼儿园劳动教育实践基地和表彰宣传基地，并形成固定的常规管理机制……从而让“C 位”文化成为有温度、有热度、有制度的可视化成果。

① 李季湄，冯晓霞 .《3—6 岁儿童学习与发展指南》解读 [M]. 北京：人民教育出版社，2013.

三、让幼儿走上“C 位”的方法与策略

工程劳动是为满足人类需求而进行的创造性活动，是运用技术进行设计、解决问题并制作产品的过程。幼儿园的工程劳动是一种有效连接不同领域知识与技能的综合性的活动，主要指的是让儿童在实际的问题情境下，有目的、有计划、有步骤地寻找解决问题的创造性方案。

显而易见，工程劳动中，幼儿在劳力的基础上劳心，两者呈现双螺旋的状态，不断拓宽和加深幼儿学习与发展的过程。在这个过程中，既有学习能力的养成，也有脑力激荡的创造，还有各种劳动品质的涵养。不能将此过程简单“窄化”为一些基本的劳动品质或某几种劳动技能的获得。土建工程中既要有翻土、挖沙、搬砖的体力，也要有交错砌砖、泥水搭配的学习探究，如果无法从“以儿童为本”出发，容易陷入“教师主导、幼儿服从”的境地，那样的话，土建工程劳动场域最终只是教师的“建筑工地”。此外，教师也不能只关注个别善于表现的幼儿，不能只关注幼儿“能说会道”等一两种较单一的能力的发展，而应以全体儿童为对象，关注他们的兴趣和需求，激发他们的主动性和自主性，让每位幼儿都有“C 位”出镜的机会，体现个别存在的独特价值。

（一）把握“空间距离”，转变审美视角，让出“C 位”主宰权

以往我们总认为，教师就是要近距离操控，才能实现教育的使命。我们觉得高端大气的成人美学视角才是真正的美，才应该摆在“C 位”。殊不知，与幼儿保持适宜的空间距离才能获得最理想的美学效果。有一个画家，在他作画的时候，总是不时地后退几步来观察自己的作品。旁观者受好奇心的驱使，问他后退的原因，他的回答是为了更好地看清自己的作品。“不识庐山真面目，只缘身在此山中”，这说明距离太近，就领略不到事物的整体美。时至今日，在土建工程劳动中我们教师应懂得转变审美的视角，退出主导地位，抛弃“高控”的策略，保持“旁观者”的空间距离，这样才能更好地看清幼儿的行为，读懂幼儿的需求，就像画家那样，后退几步，让出“C 位”的主宰权，让幼儿有权利和机会自主选择、自主决定、自主表现。

（二）把握“时间距离”，敏锐捕捉亮点，让幼儿轮番占据“C 位”

根据美学上的审美距离论，要获得最佳审美感受，审美主体还必须把握好审美的时间距离，主要是处理好审美时间的早与晚、快与慢、长与短、远与近的关系。“入芝兰之室，久而不闻其香”，教师由于长时间与幼儿零距离接触，一定程度上产生了审美疲劳，造成“什么都关注”或“什么都不关注”的状况，因审美时间、距离把握不恰当，导致看不到、发现不了、捕捉不到活动的精彩瞬间和学习契机。在具体实践中，我们教师要努力给自己量身打造一只“闹钟”，在适当的时间提醒自己睁大

明亮的双眼，保持敏锐的观察力，掌握观察、支持幼儿的策略和方法；时刻提醒自己从关注教师自身行为转向关注幼儿，并合理分配对幼儿的注意力，让不同的幼儿有机会轮番占据属于自己成长过程的“C位”。我园在工程劳动课程、劳动教育实践基地、各个班级里设置了各式各样的“C位”明星榜：平时默默无闻的羞涩小男孩成为“计算测量工程小达人”，平时轻声细语的小姑娘是“抡锤高手”，做事马虎的淘气包也可以成为绘制设计图的“细心工程师”……

（三）把握“心理距离”，拓展“C位”舞台，敢于秀出“C位”

心理学研究表明，人与人总是处在有一定空间距离的位置关系上，这种空间距离在特定的环境中传递着不同的心理感受——相互接近是友好，保持较远距离则表示对立或疏远。把握好“心理距离”也是审美活动的一项基本原则，即审美主体与审美对象之间要保持一定的心理距离，最佳的审美效果就产生于适当的心理距离。印度诗人泰戈尔在诗中说：“世界上最遥远的距离，不是生与死，而是我就站在你的面前你却不知道我爱你。”的确，教师经常在急于求成心理的驱使下，用“高控”、严厉、指挥、命令的态度与幼儿相处，不知不觉就拉开了与幼儿的心理距离，幼儿因担心或“藏拙”心理而不敢表现，害怕表现。为了打破这种心理距离，我们大胆地把幼儿的土建工程作品——小花坛和歪歪扭扭的小栅栏——展示在幼儿园的大门口，让“C位”作品走出班级，延伸到幼儿园围墙外。这样大胆秀出“C位”的做法，进一步转变了原本教师“高控”主导的局面，拉近了幼儿与教师的心理距离，启发、鼓励教师在时间和空间上拓展“C位”舞台，让幼儿有更多的机会在不同空间大胆展示，从不同角度秀出精彩。

第四节
土建工程劳动案例

一、我们的鼓浪屿——日光岩

幼儿年龄段：大班

活动持续时间：2021 年 2 月—2021 年 6 月

案例提供者：吴鹏莹

活动指导：王明雯

一开学，大家像往常一样讨论着过年去哪儿玩了。受新冠疫情影响，幼儿讨论最多的就是厦门的各个旅游景点，有胡里山炮台、鼓浪屿、环岛路、科技馆等，而最让幼儿感兴趣的，就是鼓浪屿。

舒然：我放假去了好几次鼓浪屿，我最喜欢坐船了。

欣阳：我和爸爸去了鼓浪屿最高的地方，日光岩，要爬很高很高的阶梯。

柏熠：我还记得鼓浪屿有海底世界、郑成功像、菽庄花园。

明鑫：我妈妈跟我说了，鼓浪屿是厦门很著名的景点，每个来厦门玩的人都会去鼓浪屿，鼓浪屿很出名的呢。

瑾瑜：不知道弟弟妹妹和老师们知道不知道鼓浪屿呢？好想把鼓浪屿搬到幼儿园，让弟弟妹妹知道，让来幼儿园参观的客人老师知道，厦门有一个美丽的地方叫鼓浪屿！

瑾瑜的提议得到了大家的认可，幼儿产生了把鼓浪屿搬到幼儿园让大家认识的想法。是啊，这对于一个厦门人来说是多么值得自豪。作为老师，我决定保护幼儿的好奇心，追随他们的兴趣，和幼儿一起思考如何将大家热爱的鼓浪屿搬到幼儿园，并在活动中帮助他们不断积累相关经验，让他们进一步了解鼓浪屿，懂得鼓浪屿，激发他们作为一名厦门人的自豪感。

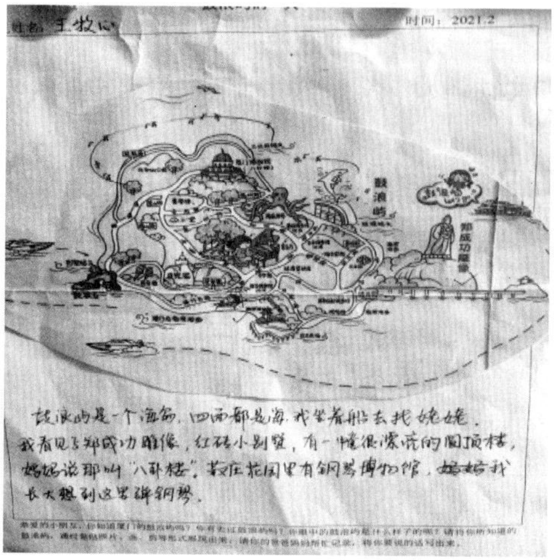

1. 预设目标与活动初期网络结构图

“我们的鼓浪屿——日光岩”活动预设目标

领域	预设目标（幼儿最低发展目标）
健康	1.能根据需要画出图形，线条基本平滑。 2.能使用简单的工具。
艺术	能运用绘画、手工制作等手段来表现日光岩的外部特征。
语言	能与同伴交流自己知道的鼓浪屿和日光岩的相关信息。
社会	1.会分工合作解决工程劳动中遇到的难题。 2.敢于尝试有一定难度的活动和任务。
科学	1.尝试归类、判断、简单推理、计划等，逐步发展逻辑思维能力和数学能力。 2.善于发现问题，尝试分析问题。

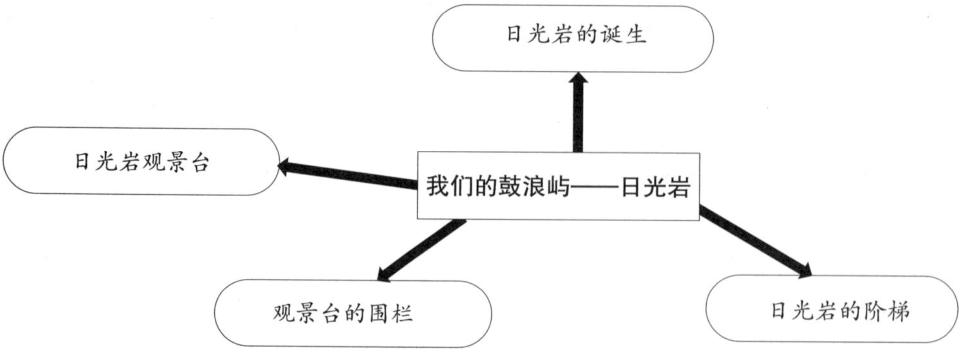

“我们的鼓浪屿——日光岩”活动初期网络结构图

2. 将日光岩搬到幼儿园的“热带雨林”

（1）我们的鼓浪屿

对于将鼓浪屿“搬”到幼儿园，大家的想法很多，要以什么形式来“搬”，是争论最大的。

是安：我觉得我们可以拍一段视频，也可以拍很多照片，这样播放出来，可以让很多弟弟妹妹和客人老师了解鼓浪屿。

欣阳：我觉得可以用画画（的方法），把我们看到的画出来。

辰洋：我们会做工程啊！我们可以做一个鼓浪屿在幼儿园。

明溪：可是鼓浪屿那么大，我们要怎么做呢？

融易：我在鼓浪屿看到很多小的雕塑，我们可以做一个小的鼓浪屿。

琳斐：没错，我也看到了。大大小小很多，叫微景观。

……

对于大班幼儿来说，表现鼓浪屿的方式已经不局限于画画、拍照、拍视频，他们还希望用微景观的形式把它呈现出来。“微景观”是一个很酷的词，可以利用学到的一些工程技术来做微景观吗？可以做鼓浪屿的哪些景点呢？可以将这些微景观放在哪里呢？大家思考着，谈论着，都很兴奋。我决定支持幼儿的想法，带领幼儿一起探索新的领域、新的知识。

（2）日光岩的雏形

确定用微景观的形式让大家了解鼓浪屿之后，幼儿又迎来了第二次讨论：鼓浪屿有十二洞天、菽庄花园、郑成功像、日光岩、海底世界等，该选择哪些景点呢？幼儿举行投票会，会上，大家先阐述自己想要塑造的景点，然后大家投票。最终日光岩以高票通过，因为幼儿觉得日光岩是鼓浪屿的最高点，站在日光岩上可以看到鼓浪屿所有的景色，并且日光岩是两块大石头，有长长的阶梯通到最上面去，每个想看到美丽风景的人都要努力爬上高高的阶梯，很有意义。此外，孩子们还总结出日光岩是石头构成的，可以像之前大班哥哥姐姐做的那条很有意思的“刺激自行车道”

一样，用砖头和水泥来制作日光岩。于是，这学期工程劳动的主题——微景观日光岩——确定了。

（3）日光岩选址

日光岩这个微景观做在哪里比较合适呢？大家分组采访了老师、弟弟妹妹，还实地观察了幼儿园的各个角落。

是安：日光岩要做在客人老师一进幼儿园就能看到的地方。

陈陈：鼓浪屿周边都是海，还有树，我们的热带雨林中有水也有树。

杰蒙：对！热带雨林！一进门就能看到我们的热带雨林。

对比了几个备选地址后，大家发现幼儿园的“热带雨林”比较符合做日光岩的环境要求。

（4）日光岩设计图

选定地址以后，开始着手画设计图啦！

有的孩子利用周末让爸爸妈妈带着去鼓浪屿，用照片和视频记录日光岩的细节；有的则是通过网络查询，将日光岩的由来、历史记录下来，与小伙伴一起分享；还有的用画画的形式，将微景观所需要的材料画下来，如石头、砖头、水泥、木块、链条等。

从设计图中可以发现：幼儿会利用符号进行简单的记录，并能根据自己所看到的日光岩设计自己心目中的日光岩；大家对日光岩的形态特征有了初步认识，且发现了一些简单的制作日光岩微景观的材料；大班幼儿还能借鉴别人的经验，在合作方面也有明显进步，不再是各自用相同或相似的方式来绘制设计图，而是集齐大家的想法，有的从整体上进行关注，有的则关注局部的设计，最终完成了一份较完整的设计图。

（5）日光岩的模型

在对日光岩的设计图进行细节改造后，我引导一部分幼儿在模型上下功夫。我们一起找来生活中一些废旧材料，在区域游戏时间里在美工区一同制作日光岩的模型。

睿莹：我觉得可以用泡沫雕刻，我们的植物角收集了很多泡沫板。

罗启：用纸皮粘，再找瓶盖叠高。

梓彤：我可以在美工区用超轻黏土捏，肯定很好玩。

幼儿的想法多种多样，想用的材料和表现形式也大不相同。在制作模型的过程中，我发现幼儿明显都处于具体形象思维阶段，他们是在动手操作、直接感知的过程中积累经验的，因此，在保证安全的情况下，每一种材料我都鼓励并放手让幼儿尝试，为接下来制作日光岩微景观打基础。

在制作模型的过程中，幼儿对日光岩的细节了解得更加深刻。接下来我将引导幼儿通过第二次设计，将图纸与工程进行结合，引导幼儿在实践中发现问题、分析问题、解决问题。

3. 日光岩“第一季”

（1）学习新技能

自从把设计图呈现出来后，幼儿开始向之前带大班的老师学习如何使用水泥抹子，上网查询如何调配水泥，同时向园长妈妈申请制作日光岩所需的材料。

均友：我们老家以前在盖房子的时候，我跟爸爸妈妈一起回去，（看到）工人都是用这种水泥抹子将水泥涂在砖头上，这样等水泥干了以后就会很牢固啦！

曦文：我上网查了，如果需要水泥稀一点，我们可以多放一点水，沙子一定要细一点，才会好看呢。

泽恩：等园长妈妈帮我们把材料买来，我们就可以开工啦！好期待啊！

在此过程中，幼儿又一次分工合作，他们有商有量，特别是在学习调配水泥时，能将和水泥、倒水、倒沙子、搅拌这些事分工来做，分步骤逐一进行。他们先将制作日光岩的技能了解了一遍，然后去沙池里寻找细沙，每天都有几名幼儿主动提出要去刨细沙，把粗的沙子过筛，留下细的沙子，这样和出来的水泥会更好用。

（2）日光岩的底座

材料到了之后，大家跃跃欲试，先把“热带雨林”处做日光岩的地面清理干净，再做一块水泥垫。他们迁移之前的经验，打算将细沙子和水泥、水进行搅拌，做成水泥浆，倒在砖头和小石头的混合物上，做日光岩微景观的底座。

铭欣：我们需要做一个底座，将日光岩微景观做在上面。

教师：那我们需要做多大呢？

铭朗：就做一个蘑菇椅子那么大就可以了。

这次大家立刻动工，不再细细思考每一步的工程，而是搅和起水泥、石头，干得热火朝天。

底座制作完后，大家又从“热带雨林”中找来两块石头，将它们拼在一起。

在做日光岩微景观的这段时间里，经常有做户外活动的弟弟妹妹经过，他们都非常好奇大二班的哥哥姐姐们在做什么。大二班幼儿将两块石头摆到底座上之后，问前来观看的弟弟妹妹和老师们是否看得出做的是什么，大家都摇摇头，猜不出这是什么。他们的成就感顿时一落千丈。问题出在什么地方呢？

卓阅：会不会需要放一块指示牌，提醒大家我们在做日光岩呢？

瑜瑄：日光岩的下面好像没有一块大底座，日光岩是沿着楼梯上去的。树呢？

书豪：我们的日光岩太小了，连弟弟妹妹都得弯着腰看。

品源：这样的日光岩，客人老师来都不能第一眼看到。

每个人的想法都不一样。

我提出：“我们知道了要做什么样的日光岩，知道了用什么材料，那究竟做多大多高呢？”这个时候，我就带领幼儿上网观看了一些关于微景观制作的视频，查阅了所需要用到的材料，并且将工程师们的设计图给大家学习，大家发现，设计图上有很多数字，这些数字是干什么的呢？

瑾瑜：我知道了！这些数字就是标出来房子要做多大多高的。

诗钰：那我们的设计图没有标数字呢。

书娴：我们要先知道日光岩要做多大多高，我们现在做的日光岩太小了。

教师：你们会看尺子上的刻度吗？

之安：我们会看，但是我们不知道那个符号是什么意思。

教师：如果不会看符号，你们有其他的方法吗？

世轩：我们可以像以前我们在阳台制作凉亭一样，我们需要做像吴老师一样高的凉亭，就切割一块和吴老师一样高的柱子来当尺子。

教师：那叫作替代品，用它来表示我们需要做多大多高的东西。

睿莹：我们还可以先做一些模型，像凉亭的屋顶那样，这样就比较能成功呢！

大家找来弟弟妹妹，找来尺子，和弟弟妹妹商量着要做多高的日光岩，并将确定的数据重新记录在设计图上。

这次日光岩微景观的失败，我觉得不是一次真正的失败，因为以此为契机，幼儿对工程有了更深的理解。之前在其他工程劳动中学到的各种分析、制作的本领，获得的很多经验，孩子们都迁移到了这次的“日光岩”主题上。无论是画设计图还是做微景观，这些对幼儿来说都是有一定难度的，从具体的设计图入手，到模型的制作，再到“热带雨林”中的日光岩微景观制作，幼儿理解了将平面图形转化成立体模型的过程，懂得了用数学知识来解决工程劳动中遇到的问题，明白了执行每一步都应该有计划书、设计图，这样能尽量避免失败。

4. 日光岩的诞生

（1）日光岩的大石头

幼儿根据设计图和与弟弟妹妹的讨论，确定将地面作为起点，把卷尺拉到30的刻度处，他们虽然不知道“30”后面的符号表示什么，但是他们会用记号笔做上记号。

第二次设计的日光岩比第一次的高很多，但找来的石头又不够高，如何解决这个问题呢？

诗文：我们在制作模型的时候，我是用瓶盖一个一个垒上去的，我们可以用垒高的方法吗？

子翔：对啊！我们可以将石头、砖头和水泥搅拌在一起，做大一点，和当时我们做底座一样。

喻禾：我看哥哥姐姐在做自行车道的时候也是这样的。

大家决定用石头、砖头、水泥垒高的方式，将这些材料堆叠起来。但说起来简单做起来难，在堆叠过程中他们便遇到了困难。

之安：为什么有些砖头一直掉下来呢？根本粘不住。

柏熠：我以为水泥像胶枪（里的胶）一样，一粘就牢。

教师（试着提醒孩子们）：我们能不能尝试调一下水泥的浓稠度呢？

天宇：可能水泥太稀了。我们再试试，不要加太多的水。

欣阳：还有我们的方法会不会是错误的？水泥抹子没办法将水泥正确地放在我们需要的地方上。

牧心：我们都来试试吧！

经过大家的讨论，大家觉得一直无法将日光岩“造”出来，一是水泥太稀了，不利于固定和黏合，二是不熟悉水泥抹子的使用方法。大家再次将水泥调好，为了避免材料浪费，我带领他们先用小盆子搅拌水泥浆进行尝试，找到最佳的水泥沙子的配比，并通过网络视频学习水泥抹子的正确使用方法，还请教有经验的阿姨，最后，终于将日光岩的两块大石头重新“立”了起来。

在此过程中，我和幼儿一起寻找解决问题的方法，然后一一尝试。幼儿学习了不同的水泥拌和比例，以及水泥抹子多种不同的使用方法。孩子们勇于尝试各种方法，如借助网络查找相关视频、迁移生活中的经验等，展现出积极主动、敢于探索与尝试的良好学习品质。

（2）日光岩观景台

在日光岩的两块大石头制作完成后，根据计划书，幼儿开始琢磨制作日光岩的观景台。

语佟：我们可以像做模型一样用纸来做（观景台）。

舒然：但是“热带雨林”会下雨，而且经常要开雾气（喷水雾），太潮湿，纸会发霉的。

昊宇：我们可以用木头啊！

泽妙：可是观景台是一个圆形，木头要怎么切成圆形的呢？

静思：那用铁皮呢？……每天都淋湿会生锈的。

从大班幼儿的讨论中我们可以发现，他们对生活中一些材料的性质有比较丰富的经验，这也是他们在主题活动和工程劳动中探究出来的，他们能迁移相关经验继续思考、探索。

经过多种材料的对比和实验，他们发现陶土可以用来做成像圆圆的花盆的样子。但幼儿园没有陶土，那该怎么办呢？

舒然：陶土就像我们的水泥一样，我们也用水泥试试看吧！

泽妙：怎么将水泥做成观景台圆圆的样子呢？

带着这个问题，他们回去和爸爸妈妈商量，寻求帮助。第二天，大家继续讨论：要铸成圆形的样子，肯定要有一个圆形模型啊！

原生：我们需要找一个圆形的模型，将水泥浇筑上去。

景达：我们可以用纸围成一个圈呀！做一个观景台的模样，这样水泥就可以浇筑上去了。

教师：水泥也是湿润的，所以这个模型可能要容易制作且防水哦！

骆圻：用我们在植物角的植物插牌！用透明胶裹上去就防水啦！

幼儿再次从生活中发现了可以防水的材料，并迁移到日光岩微景观的制作当中。在搅拌水泥和将水泥糊上模具的过程中，幼儿得到不同程度的发展——在遇到问题时，他们能够积极讨论，动手动脑解决问题，科学思维的水平得到一定的提升；在制作过程中，他们使用工具的方式方法和劳动技术也越发熟练。

（3）观景台的围栏

在制作好圆形的观景台之后，大家根据计划书，开始选择制作观景台围栏的材料。我和幼儿一起收集了各种材料，在美工区投放了毛根、吸管、木棍、泡沫、竹子等，在区域游戏时间里，一一展示材料，并做实验。孩子们发现用毛根和吸管做围栏都太软了，很快就会倒；竹子和木棍比较坚固，大家继续对比这两样材料时，发现观景台的围栏不需要太高，那到底要多高呢？根据设计图，需要手指那么高，所以木棍和竹子都需要进行切割。根据之前已获得的经验，切割木头比切割竹子要来得轻松，且容易做造型，所以大家决定用木棍来制作观景台的围栏。

展毅：围栏的高度是我们的手指那么高，我们可以在木棍上做记号，方便切割。

沁沁：我来做记号，梓彤你来切割，我帮你扶住。

梓彤：好的，没问题。

大家分工合作，将木棍切割成相同的高度，并根据之前做木头车的经验，对粗糙的木棍进行细心的打磨。最后利用少量水泥，将木棍插在圆形观景台的周围。

活动中，幼儿尝试了各种材料，探索、感受了不同材质的特性，最终发现木头

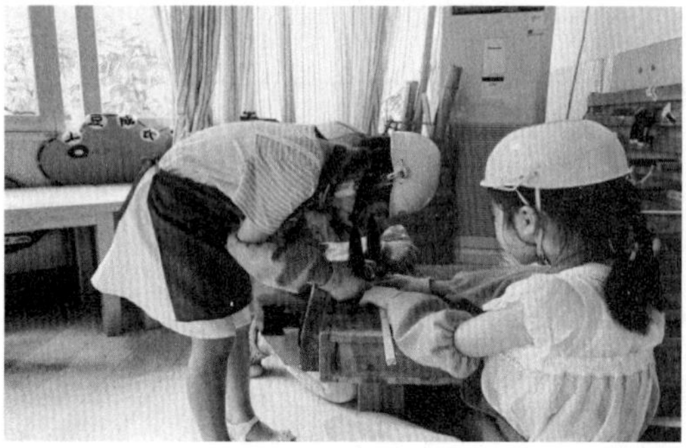

是最适合做围栏的，并按照设计图进行了切割。活动中每个幼儿都是主角，他们合作无间，不管是大肌肉动作还是精细动作都获得了发展。

（4）日光岩的阶梯

如何爬上高高的日光岩呢？要经过长长的阶梯。对于制作阶梯，幼儿没有什么概念，但是他们开始尝试从生活中寻找经验。

书娴：我们可以看看我们幼儿园的楼梯呀！

沁沁：我家也是爬楼梯呢。

熙雯：我发现在我们（幼儿园）的小山坡，有大四班的小朋友用砖头做成的阶梯呢！

大家开始分组观察不同阶梯的样子，并进行记录。决定用砖头来制作楼梯，就像大四班幼儿做在小山坡上的楼梯那样。但是买来的砖块都太大了，不适合做日光岩的阶梯，该怎么办呢？

铭欣：可以切割呀。

诗钰：砖头要用什么切割呢？

书娴：用我们的锯子试试看呢？

经过尝试，大家发现，锯子和刀、凿子都没办法切割砖头，切割砖头还需要特殊的工具。正在大家发愁的时候，谢阿姨告诉大家，她以前在工地上工作过，可以用锤子将砖头敲成差不多大小的砖块，再来制作。

之安兴奋地说："太好了！等谢阿姨帮我们将砖头敲小，我们可以（把它们）垒成楼梯的模样，再用水泥铺上去就好啦！"

找到方法后，大家第一时间进行尝试。作为教师，我决定在区域游戏中"介入"，丰富幼儿的知识经验，帮助幼儿突破重难点。我从材料着手，比如，在结构区投放积木，引导幼儿拼搭稳固的阶梯；在语言区投放各种关于阶梯的视频和图片，引导幼儿观察阶梯的特征，迁移生活经验。同时，在一日生活中引导幼儿动起手来，锻炼他们动手动脑解决问题的能力，从而更好地进行工程劳动。我知道，一层一层地拼搭阶梯不仅需要很强的动手能力，更需要耐心、细心的品质与不放弃不抛弃的精神。

（5）日光岩竣工

有了经验铺垫，幼儿带上敲好的砖块，将它们一块一块垒高，逐层拼搭在日光岩旁边，还浇上水泥，将砖块包裹起来，最后将之前切割好的小木棍插在阶梯两旁，做成围栏。

看着完工的日光岩，大家又展开了讨论。

铭朗：好想变成小小的人，可以爬上小小日光岩呢。

珊珊：对啊，就可以在日光岩上玩了。

睿莹：我们好棒哦！我们真的将日光岩搬到幼儿园啦！

在制作阶梯的过程中，幼儿先对生活中的阶梯展开探索，然后使用简单的劳动工具，用敲、抹、切割等方法动手制作，他们劳动的能力在原有的基础上获得了较大发展。他们还学会了分工合作，积极想办法解决问题，最终获得了成功体验。

5. 预设目标与生成经验对照表，及活动终期网络结构图

“我们的鼓浪屿——日光岩”活动预设目标与生成经验对照表

领域	预设目标	生成经验
健康	1.能根据需要画出图形，线条基本平滑。 2.能使用简单的工具。	1.会运用小肌肉和大肌肉动作制作并完善日光岩。 2.在使用铁铲、水泥抹子等劳动工具时具有一定的力量和耐力。
艺术	能运用绘画、手工制作等手段来表现日光岩的外部特征。	1.能用撕、剪、贴等不同的表现方式制作日光岩模型。 2.能绘制设计图，并在活动过程中不断调整、改进。
语言	能与同伴交流自己知道的鼓浪屿和日光岩的相关信息。	介绍日光岩时，能用完整、清晰的语言进行描述，并用上常见的形容词，语言比较生动。
社会	1.会分工合作解决工程劳动中遇到的难题。 2.敢于尝试有一定难度的活动和任务。	1.知道别人与自己的想法不同时，能倾听和接受别人的意见，不接受时能说出理由。 2.主动承担任务，遇到困难能坚持而不轻易求助。 3.能主动在活动中出主意、想办法。
科学	1.尝试归类、判断、简单推理、计划等，逐步发展逻辑思维能力和数学能力。 2.善于发现问题，尝试分析问题。	1.了解日光岩的基本特征。 2.根据不同需求掌握水泥的拌和比。 3.能通过观察、比较与分析，选择观景台的搭建方法。 4.会用简单的方式或者工具进行测量。（自然测量） 5.能点数所需材料的数量。（量的比较） 6.探索中有所发现时感到兴奋和满足。

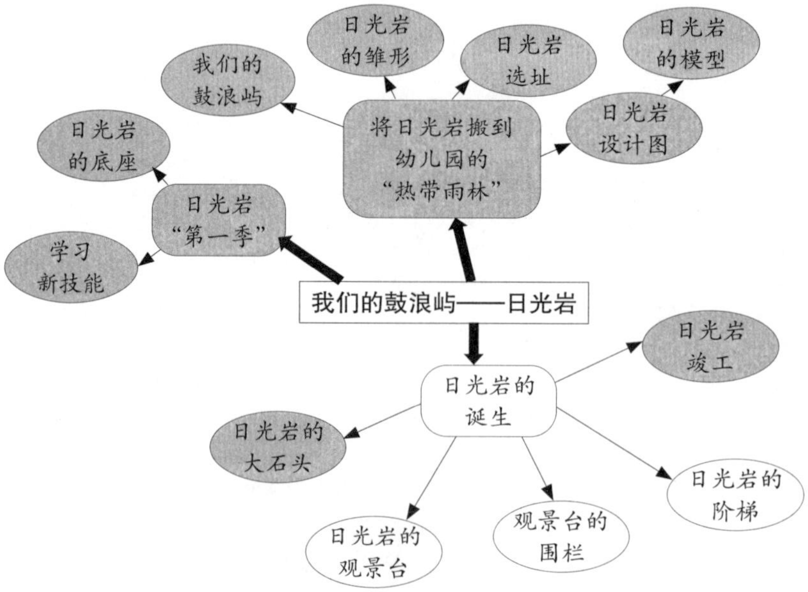

“我们的鼓浪屿——日光岩”活动终期网络结构图（阴影部分为生成内容）

收获与感悟

制作日光岩的过程，也是幼儿不断遇到问题并运用各种方法解决问题的过程。他们在“设计—制作—尝试—调整—优化”的过程中完成了日光岩微景观，形成了初步的探究能力，同时，工程思维、分工合作、科学思考等综合能力都获得了发展。在建造观景台的过程中，一些看似浅显的问题却蕴含着深奥的科学道理，也正是这些问题，激发了幼儿无穷的探究兴趣与不怕困难、勇于动手动脑的学习品质。

作为教师的我也受益匪浅。我不仅学会了观察幼儿，了解幼儿的需要，引导幼儿学会发现问题、解决问题，学会了“放手”，还学会了充分挖掘幼儿园、网络和家长等多方面的资源，并将其进行整合，为幼儿提供帮助。看到幼儿获得成功后的喜悦，我更加坚定了我的教育观念：要始终尊重和保护幼儿的好奇心和学习兴趣，不断引导幼儿发现问题、积极思考、解决问题，引导幼儿实现自己的梦想，获得成功感。

二、送给弟弟妹妹的“小天使”隧道

幼儿年龄段：混龄
活动持续时间：2020 年 6 月—2020 年 7 月
案例提供者：王花莲　林玮馨　黄艺君

经过一学年的努力，“刺激自行车道”终于竣工了，新学期伊始，成就感满满的“工程师”们热情邀请全园的小朋友前来体验：高高的天空大桥、上上下下的起伏路和颠簸的石子路……大家玩得不亦乐乎。可经过一周的“验收”后，小班、中班的弟弟妹妹提出了自己遇到的问题：自行车道虽然刺激，但还不够好玩，而且一直上上下下地骑也很辛苦。

周周姐（大班）：弟弟妹妹，“刺激自行车道”要怎么变才会更好玩呢？

小国（中班）：我想要有一个（条）长长的隧道，就像爸爸开车会带我经过隧道去公园玩。

嘉颖（小班）：对，隧道里还要有一闪一闪的灯。

维维（中班）：可以有一些平的路，但风景很美的。

一宸（小班）：对，就像海山健康步道两边有很多植物可以看。

小可爱（中班）：就像高速路一样，累了有小房子可以休息。

听了弟弟妹妹的想法后，大家觉得都很不错，便一起讨论细节，把设计图画了出来，有砖头与管子相结合的“小天使”隧道，有风景宜人的“花果山水帘洞”，还有两边种满绿植的公园步道。

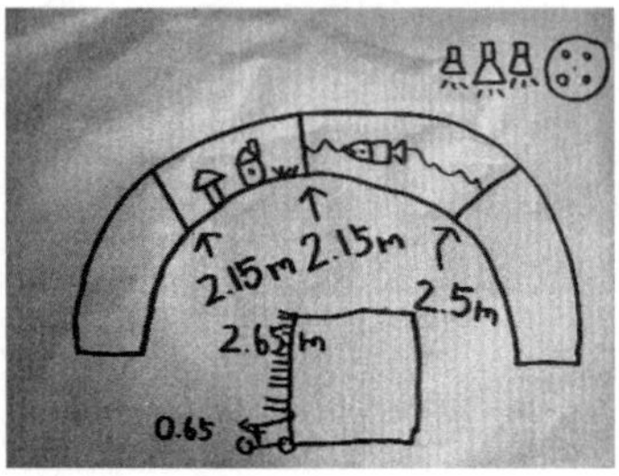

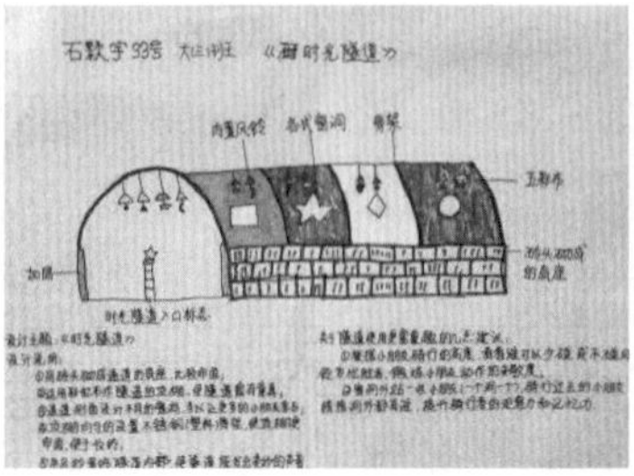

没想到“刺激自行车道”的“验收”可以生发这么有趣的活动，让原本竣工的工程又“活”了起来，而且全园幼儿都参与到工程的扩建完善中，突破了年龄的限制，相信在接下来的活动中不同年龄的幼儿会互相帮助，共同提高。比如，小班幼儿能从独自游戏到学会合作；中班幼儿能够在大班幼儿的带领下围绕想要呈现的事物进一步探讨，劳动技能会得到进一步提升，做事情会更有计划性；大班幼儿则在活动中学会关注事件的发展，合理地给小班、中班幼儿分配任务，对整个活动进行全面规划。这样一来，不同年龄段的幼儿在合作分析问题和解决困难的过程中能培养创新精神，工程思维将获得进一步发展。

1. 预设目标与活动初期网络结构图

“送给弟弟妹妹的‘小天使’隧道”活动预设目标

领域	预设目标（幼儿最低发展目标）
健康	1.能根据需要画出图形，线条基本平滑。 2.能使用简单的劳动工具。
语言	能向同伴有序、连贯、清楚地讲述关于“刺激自行车道”的知识。
社会	1.会分工合作解决工程劳动中遇到的难题。 2.敢于尝试有一定难度的活动和任务。
科学	1.尝试归类、排序、判断、推理、计划等，逐步发展逻辑思维能力和数学能力。 2.善于发现问题，尝试分析问题，能拟定解决方案后再解决工程劳动中遇到的问题。
艺术	能运用绘画、手工制作等手段来表现“刺激自行车道”的外部特征。

“送给弟弟妹妹的‘小天使’隧道”活动初期网络结构图

2.“小天使”隧道篇

（1）砖头大运输——从徒手到灵活使用工具

有了想法，幼儿立刻行动起来，商量好需要用的材料，便向园长妈妈进行申请。很快，需要的砖头就送到幼儿园门口了。怎么把它们运到幼儿园里面呢？有什么简单的办法吗？小伙伴们立刻商量起来。

奕宸（大班）：我们可以直接用手搬，这样砖头才不会坏掉。

书涵（大班）：对，用手搬，这样不会砸到人，更安全。

果而（小班）：我也想去。

想想（中班）：我们也要去帮忙。

于是，全园总动员，幼儿戴上帽子、袖套、手套，穿上围裙，嘿咻嘿咻地开始搬砖头。在搬运过程中，问题也随之出现。

柏霆（大班）：我们在搬的时候，有些砖头屑会掉下来，把我们的地板都弄脏了。

逸凡（中班）：有些小石头都掉下来了。

腾达（小班）：这样搬太累了，有没有什么好办法，省力又搬得多呢？

佩雯（大班）：我们可以用自行车运砖头，运完后，再擦一擦（自行车）。

彦宇（中班）：可以用篮子，篮子可以装很多东西。

涵琳（大班）：我们可以在地板上铺上一层布，运砖头的时候就沿着这条路走，这样就不会弄坏地板了。

说干就干，“工程师”们很快就找到了需要的工具，并用防磨损的编织布“开辟”了一条“输送通道”，幼儿园里呈现出一幅热闹的景象：孩子们有的单手搬，有的双手搬，有的互相合作用篮子运送，有的用小推车，你推我拉，有的在“运输车”后帮忙扶着砖头……大家齐心协力，很快砖头就整整齐齐地摆放到了幼儿园的一角。

在运送砖头的过程中，小班的弟弟妹妹提出徒手搬运不方便，中、大班的哥哥姐姐们结合自己的生活经验，想到用不同的工具和办法来省力、便捷地运送砖头，同伴之间互相合作，发挥了团队精神。特别是大班的哥哥姐姐能细心地想到铺设保护地板的“专用通道”，爱护幼儿园的环境，并在砖头运送完后及时清理现场，清洗运送砖头的自行车和小推车，给弟弟妹妹做了一个很好的榜样。

（2）搭砖我能行——从平铺到横竖交错

随着材料的到位，很快幼儿就开始搭建属于他们的“小天使”隧道的底座了，但是还没搭好，就倒了。

振业（小班）：我就是按照建构区搭积木的办法，一列一列地接在一起。

禹蒙（大班）：不行，这样两列砖是分开的，不能够合在一起，墙很容易就倒了，小朋友在里面玩很危险。

书辰（中班）：那把两列砖块粘在一起呢。

嘉儿（大班）：这样也是不行的，墙面没抱在一起，会没力气。（说完，还现场拿砖块演示了一下）

静希（大班）：我觉得可以问问奕宸爸爸这样的办法可以吗。上次就是他告诉我们水泥砂浆的比例，他懂得很多，一定会知道。

子扬（大班）：这个办法好。

了解了大家的问题后，奕宸爸爸以图片的形式出示了一些墙面搭建方法，并让幼儿和原来自己搭的进行对比，通过比较，幼儿了解到：搭这道墙和原先搭“天空大桥”的桥墩是不一样的，桥墩比较矮，用砖块交错搭就能够牢固了，现在隧道的墙面比较高，每层的砖块都要交错搭建，这样才能够牢固，墙面才稳。

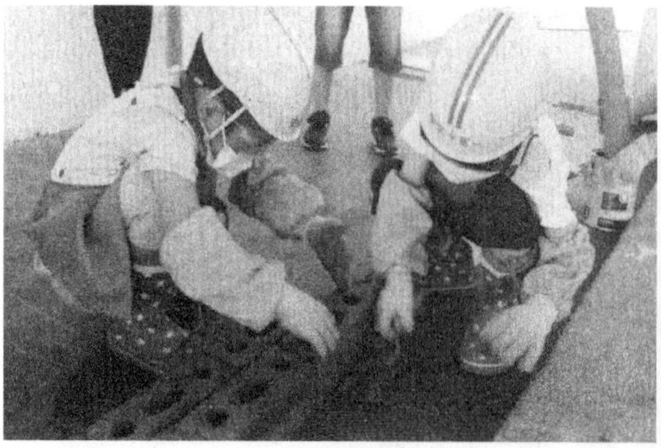

在墙面的搭建过程中，小班幼儿能迁移在建构区游戏的经验进行搭建，中、大班的幼儿能结合之前的成功经历提出不一样的看法，当遇到无法解决的问题时，大班幼儿能灵活利用身边的资源寻找问题的答案。教师发现幼儿遇到问题之后，没有直接帮助他们解决，而是让幼儿在试误的过程中发现问题症结，并让幼儿通过自己想到的途径解决，让幼儿体会自主开展劳动的快乐。

（3）"窗户"大难题——从单一材料到多种材料的尝试

很快，幼儿将"小天使"隧道的墙面砖头部分搭建完成，接下来是给"小天使"隧道做能透气的窗户。窗户的空间留出来后，如何在上面继续搭砖头呢？弟弟妹妹继续用搭底座的办法将砖头交错进行拼搭，可窗户太大，砖头会从窗户洞上掉落下来，于是他们又想到将砖头与砖头衔接在一起的方法，却因没办法及时固定住砖块，又失败了。

教师：失败的原因是什么？

雅祺（小班）：洞洞太大了，砖放不上去。

教师：除了用砖块，还能用其他的材料吗？

宇铭（中班）：要找比窗户（洞）更长更大的材料。

颢宇（大班）：对，还要能和砖块固定在一起的。

可当教师继续问"需要什么材料"时，幼儿却回答不上了。通过和幼儿的对话，可以发现他们知道解决问题的办法，但由于对生活中一些常用材料的种类和特性还不够了解，工程便停滞不前了。于是，教师将一些常见的工程材料投放到仓库中，让幼儿自主进行探索与记录。经过一段时间的尝试，他们发现：

绳子太细了，不能够承受住砖头的重量，一下子就会沉下去。

PVC 管是圆形的，砖头会往管子两边倾斜。

铁块虽然可以架住，但是水泥中有水，容易让铁块生锈。

木板可以架住砖头，而且可以用钉子将木板和砖头连接在一起。

经过探索，"工程师"们决定采用"砖头上搭建长木板"这个方法。量好窗洞的宽度后，他们在窗洞上方架上木板，为了让木板与砖头黏合得更紧，他们还找来了水泥钉，将木板钉在窗洞两边的砖上。

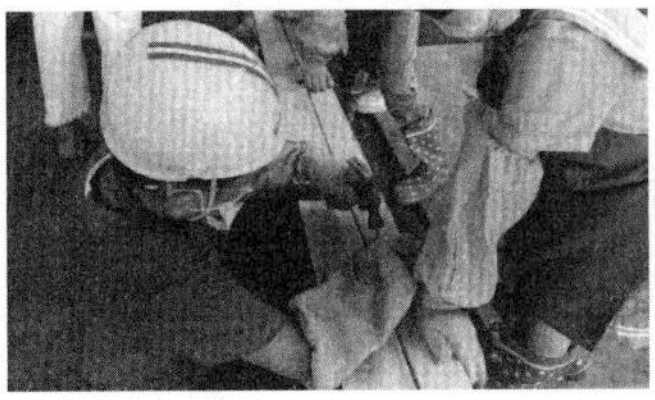

最后，在顶部糊上水泥，插入具有良好柔韧性的PVC管，做成拱形，“小天使”隧道终于完成啦！

在搭建“小天使”隧道的窗户时，小班幼儿能够和中、大班的幼儿在观察和尝试中发现问题所在，并和哥哥姐姐一起探索不同材料的特性，找出最适合的材料，还使用辅助材料——水泥钉，成功地解决了“透气窗户”顶上砖头容易掉落的问题。

当幼儿遇到困难，教师通过启发性的问题引发幼儿思考，并对症下药，给予幼儿充分的时间、空间和材料让他们去探索、尝试，使他们获得了更加全面的关于材料和探究方法的经验。

3.“花果山水帘洞”篇

“小天使”隧道完成后，紧接着幼儿在实地考察起了适合做风景宜人的“花果山水帘洞”的地方，最后决定“征用”车道旁边的杂物间，因为那里有既平整又高大的墙面。

（1）小小粉刷匠——从平面到立体

选定场地后，全园幼儿进一步对场地进行规划，并画出“花果山水帘洞”的完整设计图，计划将墙面粉刷成绿、蓝两部分，绿色部分为花果山，蓝色部分为水帘洞。材料采购好后，“小小粉刷匠”就开始动工了，可一个早上过去了，偌大的墙面只刷了小小的一块儿，而大家累得筋疲力尽。

希悦（大班）：我们的进度太慢了，有没有什么办法可以加快速度呢？

梓芮（小班）：我们可以买更大的刷子来刷呀！

嘉怡（中班）：刷子已经是最大的了，没有更大的了。

毛毛（大班）：我看过有人用像拖把一样大的工具来粉刷，我们可以找找看有没有废旧的拖把，用它来粉刷，速度就会很快。

幼儿寻找一番后，发现拖把都是班级里正在用的，于是想到去询问幼儿园的材料管理老师，他们向材料管理老师描述了所需要的工具后，终于在厨房找到了几把废旧的大拖把。使用这个“利器”，孩子们很快就把墙的底色涂好了。

粉刷完成后，幼儿继续往上画相应的元素和图案，可大家无论怎么丰富内容，都觉得不像“真正的花果山水帘洞”。

晟恺（小班）：花果山水帘洞的东西是要凸出来的，让别人能摸得到。

想想（中班）：就像海底有很多贝壳、石头、珊瑚，让人一看就像深入海底一样。

宇宸（大班）：我们也可以用平时去海边收集到的贝壳来做装饰，更真实。

小可爱（大班）：我们还可以用布和棉花做“大珊瑚”，这样就更像了。

颢宇（大班）：对，对，我们还可以在过道上挂一些布，制造一些神秘感。

有了想法后，幼儿分工收集各种材料，用各自的小巧手将一堵平面的墙装饰成了立体的，“花果山水帘洞”一下子“活”了起来，更加生动有趣。

在这个阶段的劳动中，幼儿能在刷墙时思考工程进度，变废旧的拖把为便捷高效的刷墙工具，提高了效率，体会到“磨刀不误砍柴工”的真谛。此外，对于美，他们也有了更深的感悟和理解，灵活地对生活中的废旧材料做进一步的加工改造，将其变成丰富的环境资源，他们表现美的方式也从平面过渡到立体。

（2）神秘的光影效果——从手持到固定

“花果山水帘洞”工程完工后，幼儿迫不及待地用手电筒在里面玩起具有神秘感的光影游戏来，尝试后，虽然效果还不错，但发现存在一些小“瑕疵”：手电筒需要一直拿在手中，而且一直晃来晃去的，眼睛容易被照射到。

周周（中班）：除了用手抓着手电筒，还有什么办法呢？

子扬（大班）：我们可以试着把手电筒放在墙壁上，在手电筒的前面放上画好的影子，这样是不是就能解决（问题）了呢？

幼儿对子扬的提议表示疑惑，于是我鼓励他们到区域里进行尝试，同时在平板电脑里投放关于“影子秘密”的资料。经过一段时间的验证，大家发现子扬的方法是可行的，只是怎么将手电筒固定在墙上呢？

小国（中班）：我觉得可以把手电筒套在一个东西里，这样就可以用胶枪把它固定在墙上。

香香（小班）：我觉得纸芯筒可以作为手电筒的支架，这样只要把它固定好就解决问题了。

毛毛（大班）：我觉得这个方法很好，我们可以试一试。

收集好纸芯筒后，幼儿开始制作手电筒支架，他们还惊喜地发现用长短不一的支架还能营造出大小不同的影子，可没高兴多久，幼儿就发现尺寸比较大的手电筒无法塞进纸芯筒中，即使换了大口径的纸芯筒，也因为手电筒太重了，导致无法将其固定在墙上。

敏敏（小班）：要找比较有力气的（能承重的）可以装手电筒的。

小娥（中班）：拿个架子摆在那。

周周姐（大班）：这个办法虽然可行，但是会占用我们骑车的空间，我们可以参考班级里升降卷轴的卡扣，它是用木板做的支架，用钉子钉在墙上。试一试，看它能不能支撑手电筒的重量。

说干就干，幼儿找来需要的木板，制作好支架，成功地将较大的手电筒放置到了墙上，“花果山水帘洞”光影游戏工程就这样竣工了。

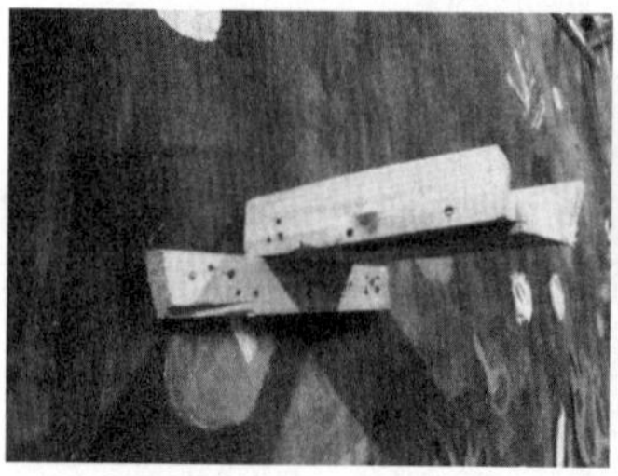

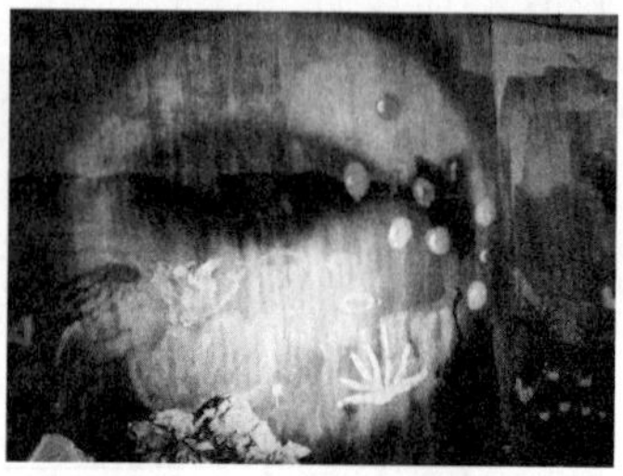

在探索光影效果的过程中，幼儿发现手持手电筒不方便时，小、中班的幼儿能够大胆提出自己的想法，并能积极寻找材料，通过比较，发现手电筒轻重不同，需要不同的支架来支撑，大班幼儿迁移生活中的经验提出了方案，便有了纸芯筒架子和木头架子的诞生。这是一个很好的在游戏中学习、在学习中游戏的过程。此外还可以发现，当幼儿遇到了自己没有办法解决的问题时，若教师在区域游戏场域中提供了相关资源，引导幼儿进行探索，就可以让幼儿自主寻求最合适的办法，从而有力地支持幼儿解决实际问题。

4. 公园步道篇

（1）贴心的步道——从简单到多层次

轰轰烈烈的“刺激自行车道”建造工作告一段落，工程竣工了，但幼儿对车道旁边的风景有了新的想法：车道旁的材料池中现在已经不堆放材料了，如何对这个材料池进行改造呢？教师想：引导幼儿观察生活中公园的样子，或许能使他们产生不一样的灵感。于是，幼儿带着记录单走遍了家附近的各大公园，回园后他们分享着自己的发现——

想想（中班）：我去的是五缘湾湿地公园，有石头搭建的步道，很宽，很好走。

景轩（大班）：我在莲花公园还发现了用砖头搭建的台阶，人可以走上去，还有转弯呢！

贝贝（小班）：公园里有很多小花小草，好漂亮！

君坦（大班）：我也看到花草丛中还有条条小路呢！

这一次的“头脑风暴”信息量很大，涌现出这么多点子，那到底要搭什么样的公园步道呢？大班的哥哥姐姐先行动了，他们用早操器材梅花桩搭出了一条小道。可是这条“简单粗暴”的小路好像人气不足，中、小班的小朋友玩一玩便失去了兴趣。怎么进行调整呢？有了“先设计再动工”的经验，他们决定从设计图开始改进，把小道调整成中班和小班幼儿都喜欢的步道。经过走访调查，他们发现，宽大稳固的石头步道更适合小班弟弟妹妹走，中班小朋友则喜欢台阶步道。为了让小路更有趣，他们还一起设计了有交汇和转弯的路。最后，大班幼儿决定保留具有挑战性的梅花桩步道，并对小道进行一番“回炉重造”，使步道满足每个年龄层幼儿的喜好。他们马上行动，根据设计图上的标注初步安排起来。

在一次试验中，大班幼儿发现，由于步道的入口处有一道很高的坎，弟弟妹妹很容易被它绊倒。凭借之前用砖头搭路的经验，他们为小班幼儿搭建了一个两层台阶，为确保台阶面的平整，他们还将一根长长的木板压在砖头台阶上面——步道更“贴心”了。

经过一系列的制作与实验，幼儿对需要完成的任务产生了更多的兴趣，对在活动中遇到的问题有了自己的认识与理解。当大班幼儿发现自己感兴趣的梅花桩步道无人问津时，能向小班、中班幼儿征询意见，全面了解不同年龄段孩子的需要。孩子们纷纷交流、分享自己的想法和经验，既有利于更好地改进设计，又锻炼了交流表达能力。

（2）处理弯道处的空洞——从单一到组合

确认好地形，孩子们准备用水泥做地基，将小路固定在地基上。可当用砖头搭建弯道时，难题出现了——由于设计了弯道，在搭建时孩子们采用移动砖头位置的方式调整步道的方向，可这样一来，砖头之间出现了许多缝隙，在道路交汇处也出现了许多尖角。针对这两个问题，他们又开起小会，讨论起来。

甜甜（小班）：可以把洞洞补起来吗？

瀚文（中班）：说得对，我们只要把洞补起来就好了。

君坦（大班）：（处理）尖角也可以用补洞的方式，把突出来的地方抹平。

贝贝（小班）：那要用什么补呢？

想想（中班）：砖头和水泥是好朋友，用水泥最合适了。

说着他们便动身和起水泥来。根据以往的经验，他们直接把和好的水泥用水泥抹子补进洞里，可由于太稀，水泥马上从另外一头流了下来。他们立刻改进策略，在和水泥时调整了沙子、水泥灰和水的比例，确认足够黏稠后，再次补洞，这一次水泥能乖乖地待在洞里，可是把工具拿走后，随着时间的推移，水泥还是会流下来。

怎么使水泥牢牢地堵住缝隙呢？他们再次寻找材料，发现一些剩下的木条可以代替水泥的角色，于是他们用锯子锯出长短合适的木条，用水泥加木块的组合，填上了弯道和尖角处的缝。

在工程劳动过程中，幼儿的劳心和劳力是相辅相成、螺旋上升的关系。当第一次补缝失败时，孩子们找到一个显而易见的原因——水泥不够黏稠，虽然改变水泥浆黏稠程度后的试验依然不成功，但他们能分析原因，利用材料相互组合的方式，从而解决问题。

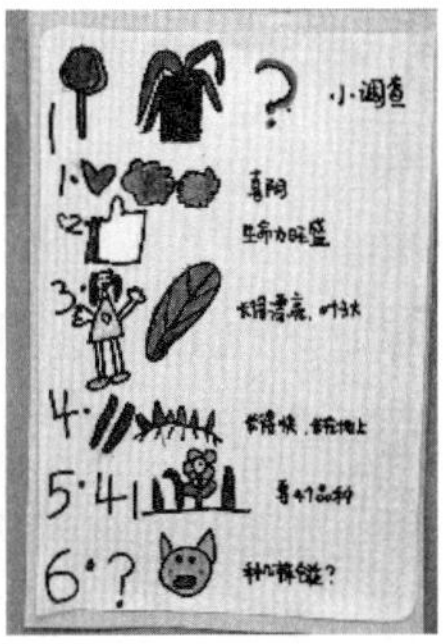

（3）绿色的步道——从筛选到种植

步道建好了，可由灰色水泥建成的这处地方，怎么看也不像一个使人可以优哉游哉欣赏风景的小公园，如何进行美化呢？在之前的讨论中，有弟弟妹妹提到喜欢小花小草，哥哥姐姐决定满足弟弟妹妹的愿望，为公园步道加点绿色。种植什么植物呢？他们先对种植环境进行了观察分析——这块地晒不到太阳，且土不能堆得太厚。经过讨论，他们列出可以种植的植物的特性——喜阴、生命力旺盛、叶子大、长得快。可是满足条件的植物那么多，怎么进行筛选呢？

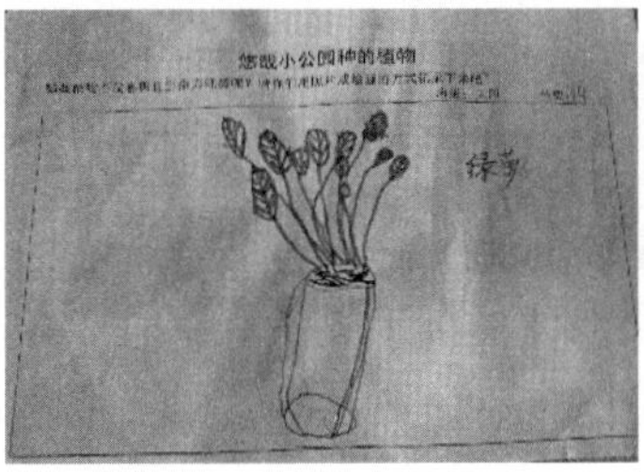

幼儿首先上网搜索，阅读了一些关于种植的书籍，接着将任务带回家，和爸爸妈妈分享，听取更多的意见，并在一份“调查表”上做记录。在老师的帮助下，他们还争取到了到花卉市场参加社会实践的机会，通过和植物的近距离接触，最终挑选出了他们认为最适合种植的小植物——鸟巢菊、红掌、常春藤、青苹果。确定好了要种植的植物，幼儿又化身为“小园丁”，先往步道两边的坑里铺上一层营养土，再把小植物移栽进来。在接下来的日子里，松土，浇水，定时观察植物的生长变化……这些工作也让平日里的“工程师”感受到了粗中有细的奥义。

在美化步道的活动中，我们发挥了幼儿园在教育中的协调作用，主动联系家庭和社区，引导幼儿开展了更加广泛和深入的活动。在认识喜阴植物的过程中，幼儿通过网络查询、阅读书籍、家庭采访、社会调查等方式，丰富了知识面，拓展了眼界，也让活动通过多种途径得到延伸。

5. 预设目标与生成经验对照表，及活动终期网络结构图

“送给弟弟妹妹的‘小天使’隧道”活动预设目标与生成经验对照表

领域	预设目标	生成经验
健康	1.能根据需要画出图形，线条基本平滑。 2.能使用简单的劳动工具。	1.会运用小肌肉和大肌肉动作建造“刺激自行车道”。 2.在使用劳动工具时具有一定的力量和耐力。
语言	能向同伴有序、连贯、清楚地讲述关于“刺激自行车道”的知识。	1.介绍自行车道时，能使用完整、清晰的语言进行描述，并用上常见的形容词，语言比较生动。 2.愿意用图画来表现“刺激自行车道”“花果山水帘洞”的场景。

续表

领域	预设目标	生成经验
社会	1.会分工合作解决工程劳动中遇到的难题。 2.敢于尝试有一定难度的活动和任务。	1.知道别人与自己的想法不同时，能倾听和接受别人的意见，不接受时能说出理由。 2.能在活动中出主意、想办法。 3.能认真负责地完成自己所接受的任务。
科学	1.尝试归类、排序、判断、推理、计划等，逐步发展逻辑思维能力和数学能力。 2.善于发现问题，尝试分析问题，能拟定解决方案后再解决工程劳动中遇到的问题。	1.了解“刺激自行车道”的基本特征。 2.基本了解不同材料的稳固性和平衡性。 3.懂得水泥浆中各成分的配比。 4.能够通过观察、分析、比较来选择合适的工具。 5.能用简单的方式或者工具进行测量。（自然测量） 6.能够用图画、数字进行记录。 7.能探索并发现影子的秘密。
艺术	能运用绘画、手工制作等手段来表现“刺激自行车道”的外部特征。	1.能用多种工具、材料和不同的表现手法来装饰“刺激自行车道”。 2.能用自己制作的作品来布置“花果山水帘洞”。 3.能够根据自己的想法画出设计图。

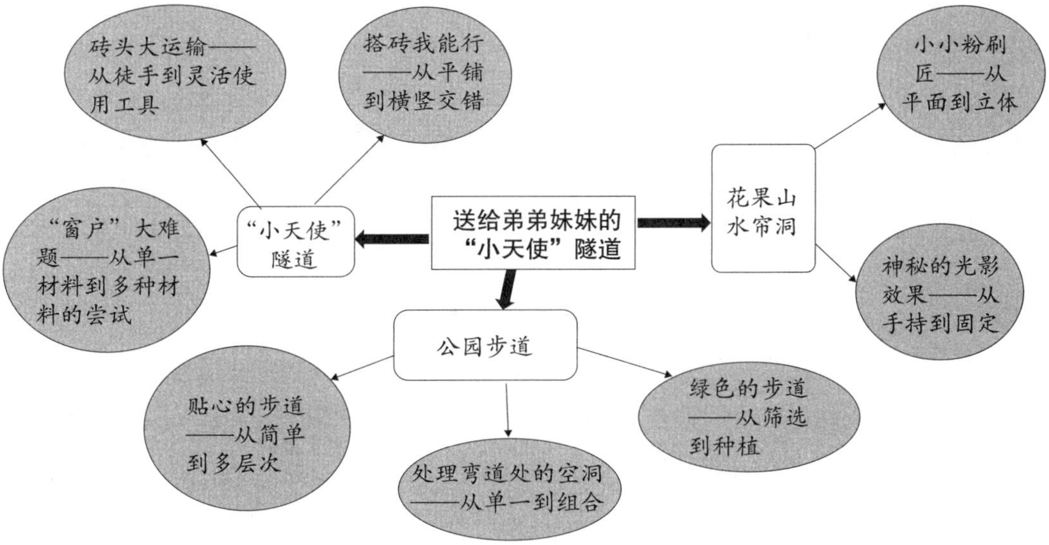

“送给弟弟妹妹的‘小天使’隧道”活动终期网络结构图（阴影部分为生成内容）

收获与感悟

首先，我们应该以幼儿的经验和思考为基础进行工程劳动资源的开发。这种方式更具有挑战性。不要急于将相关知识传递给幼儿，而是在工程劳动的动态开发过程中，让幼儿的兴趣和思考不断显露出来，这是对幼儿的尊重和信任，也让工程劳动的结果更贴近幼儿的需要。

其次，工程劳动需要幼儿的真实体验和实践。亲身实践是幼儿学习的特点，幼儿实际参与自行车道和“花果山水帘洞”的建设，就产生了对实际问题进行探究的兴趣。教师不断引导幼儿对遇到的难题进行剖析、思考，促进了幼儿更主动、更有意义的学习。

最后，在建设“公园步道”的过程中，幼儿能够综合考虑环境因素，因地制宜地搭建、美化步道，思维呈现出一定的宽度。

整个活动以家、园、社区为依托，给幼儿园的一角增添了一抹绿色的光彩，创造了一幅人与自然和谐共生的画面。

作为教师，我们要敏感地捕捉幼儿在探究过程中遇到的难题，然后根据问题找到幼儿兴趣的焦点：有时是关于量的认识，对自然测量的探究；有时是对水泥、砖头等材料的探究；有时是关于如何与同伴更好地合作等。幼儿自己发现的课程资源，仿佛给工程劳动课程注入了一汪活水，顺着他们的需要，课程在自然地“流淌”。在工程劳动过程中，我们不断观察幼儿，和幼儿共同创造课程。有时不加干预往后站，有时采取行动引导支持，一方面让幼儿开心雀跃，一方面促使他们积极探索。工程劳动课程就是教师与幼儿双向互动的过程，在这个过程中，教师和幼儿学到的一样多，创生出了真正让自己心动的课程。

沙子、石头、水泥、泥土……这些是土建工程中常用的材料，也有对应的一套工具，这些对我园教师们而言都曾是陌生的，而现在已经相当熟悉。土建工程劳动中，我们更关注劳动内容是否源自幼儿生活和游戏中的真实需求，是否来自现实生活中有待解决的问题，更关注让幼儿在操作、探索、观察、比较中逐步丰富相关经验，让生活和游戏环境真正成为土建工程的实践场。为此，幼儿园定期组织主题活动，主动创设幼儿园劳动教育实践基地，以表彰、宣传等形式来加强引导和促进，并形成固定的常规管理机制，从而为土建工程劳动教育保驾护航。在实践过程中，我们引导教师从儿童本位的视角出发，在“教”与“不教”之间把握合适的距离，抓住“高光”时刻，把握教育契机，让每个幼儿都有机会成为“C 位”主角。

4 第四章 水利工程

我们的问题和挑战

- **没有场地，怎么办?**
- **太难了，怎么办?**

《中国水利百科全书》将“水利工程”定义为：对自然界的地表水和地下水进行控制和调配，以达到除害兴利的目的而修建的工程。而幼儿园的水利工程则是幼儿自选材料，运用技术，制作产品，将生活中的水有效地利用起来，用于解决生活和游戏中遇到的问题。在幼儿园，水利工程的主要特征为幼儿根据需要通过制作产品有效利用水资源的劳动。水利工程劳动课程的实施过程中也蕴含了丰富的价值，幼儿在与水的互动中，能够了解水的特性，探索一些和水有关的物理现象，如水的浮力、重力；在利用不同的容器运水的过程中感受容量、容积以及物质守恒等概念，思考人与科技之间的关系；在建造水利工程的过程中，感知水的流向与物体的位置和空间的关系，同时增进对人与环境关系的了解、对生态环境的关注，萌发保护水资源、保护环境的意识。

想象容易执行难，我园教师在开展水利工程劳动教育的过程中也不可避免地遇到了难题。第一，水利工程教育是我们的知识“盲区”，对于我园教师来说这是个陌生又理性的领域，理论一大堆，都难理解，想法一箩筐，不易实现。有的老师说：“我们家连装修都没有做过，我怎么知道‘水利’呢？‘水利’都在墙壁里，我们都不清楚。”确实，一批“花拳绣腿”的女老师遇到“真枪实弹”的大挑战，真是困难重重！第二，开展水利工程劳动课程，势必受到空间、时间、规则、参与者等诸多因素的限制，引水灌溉、对水资源进行循环利用等工程，基本只能在户外植被区进行，拘泥在班级是无法施展“拳脚”的，而幼儿园相对规律、固定的时空安排、规则等，制约着教师带领幼儿开展这样的工程劳动。那么，应该先对哪一方面做出调整、改变，以支持该教育活动呢？我们决定从认识水利工程的原理入手，突破第一道难关。

第一节
打破界限做水利

厦门地处亚热带气候区，空气常年湿润，树木四季常青。当年，一位设计师用心为我园每个班级都设计了一个南向阳台，阳台上阳光充沛，空间独立，除了利用阳台开展户外活动之外，我们还引导幼儿在阳台上种植各类果树、蔬菜等作物，无论哪个时节都有瓜果蔬菜的美丽收获。在分园的户外场地上，我们利用小区地库上方的土地错层打造了“香草园”和“百花池”，为园区增添了一抹绿意。《关于全面加强新时代大中小学劳动教育的意见》颁布后，很快激起了我园全体教师落实好新时代劳动教育任务的紧迫感、责任感，从幼儿园劳动教育课程的活动内容、环境资源和组织形式等方面进行了深入的实践和思考。我们计划利用幼儿园得天独厚的地理位置优势，从幼儿视角出发，结合幼儿在灌溉植物这项工作上遇到的困难（如，从一楼向二楼运水、从远处向近处送水等极不便利，不仅力气不够，而且容易打翻。好不容易运到的水，都不够让花儿草儿喝饱）开展讨论，最后决定引导幼儿开展“南水北调”“水往高处流”等水利工程劳动。我们希望可以通过水利工程的科学方法更加方便地引水用水、灌溉养护植物。我们想象并期待幼儿在亲自耕种、亲手浇灌、获得丰收的过程中体验水利工程从建设到使用的每个步骤，感受身体力行地参与水利工程劳动所带来的快乐与成就感。

一、学习科学原理，让水利工程原理从抽象到具象

这几年来，随着幼儿对不同劳动项目兴趣的加深以及相关能力的发展，教师也在同步学习中成长。“花拳绣腿不畏惧，先天不足后天补”，当教师对水利工程理论一无所知的时候，中一班家长中有一位初中物理老师，同时也是家委会成员，他自告奋勇前来幼儿园，为茫然不知所措的物理“小白”们做科普。这位家长老师以伟大的水利工程丰碑“都江堰”为例，深入浅出地进行讲解，让我们知道水利工程除

灌溉、防洪、航运等方面的功能之外，还包含循环利用水资源等环保方面的内容。这位家长老师把复杂的原理用较简单的方式呈现出来，他的讲解打开了我园教师的视野，使每位教师在惊叹古人智慧的同时，也激起了亲手实践的热情，明确了教育思路。我们决定，根据幼儿的经验与兴趣，将引水灌溉和环保循环利用水资源作为水利工程劳动的突破口。有了知识的支撑，我们明确了目标，逐渐撩开了水利工程劳动“神秘的面纱”，它变得具体形象起来。

二、推动亲身操作，让水利工程设施布局从隐藏到显现

在生活中，水利设施基本在装修时被藏在墙体中、地板下，生活在城市里的教师和幼儿既看不见这些设施，更很少有机会直接接触它们，顶多从图片或视频中看到一些水利设施的样子，积累粗浅的经验。这种隐藏的状态当然不利于水利工程劳动的开展。只有让其显现，师幼才能直观地通过亲身操作和体验获得感性经验，才能共同推进水利工程的实施。那如何让水利设施显现出来呢？为此，我们对教师开展了培训，让教师亲身操作，引发教师思考，并通过小组经验分享、成果展示等方式，促进教师将水利设施布局从隐藏转为显现。

在水利工程劳动开展的最初阶段，教师认为一些现成的玩具水管对架构饮水灌溉设施很有帮助，因为它们有助于解决幼儿在探索水的流向和运水方式时遇到的困难，幼儿可以根据设计图尝试将自己的想法呈现出来。可是，后来发现，这些材料是无法真正投入真实生活中使用的，一来太昂贵，二是太现成。除了能让幼儿感受运水路线，无法激发起真实的水利工程劳动，与水利工程劳动“为真实生活服务”的初衷相背离，于是我们聚焦这个问题，组织教师亲身操作，突破困扰。

针对这一问题，我们首先组织了分组研讨。我们鼓励教师根据不同年龄段幼儿的特点和自身专长自由分组。经过商讨,确立了小组实践操作方案：在材料的选择上，教师提出应采用符合时宜的、实用的、体现环保理念的，有的教师选择了 PVC 管，有的教师选择竹子、矿泉水瓶等现有资源，有的教师分享了关于储水器的思路，等等；在设计上，年轻教师发挥她们善于搜寻优质网络资源的特长，围坐在一起，通过在各大平台搜索、对比，最终获取最佳方案。与此同时，我们还建立了“水利工程劳动资源库”，将有价值的图片资源、指导建议、参考视频、相关书籍等整理到这个公共平台中来，为更多教师提供素材，为日后开展相关活动确立行动向导。

接着就是“小组内测”阶段，教师以小组为单位，根据确定的方案，对各自的材料进行组合。这是劳心、劳力齐挑战的过程。教师亲身上阵，利用钉、钻、锯、绑、拧、切、割、绕、砌等技能与操作，将原本隐藏在屋顶或地下的虹吸灌溉装置通过

PVC管与增压器呈现出来，将复杂的水滴灌溉组件通过棉线、矿泉水瓶和竹片的组合呈现出来，将城市生活中难以找寻的辘轳运水装置通过大筒套小筒、把手支架等呈现出来……通过实践操作，教师直观地获得了关于水利工程的感性经验。与此同时，各小组其他成员还把这些过程用视频、照片等记录下来，迅速通过剪辑软件将其浓缩成小短片，为之后的分享提供有价值的素材。

最后便是“大展身手”阶段，我们为教师提供平台，鼓励他们以小组为单位，向全体教职工介绍水利工程内容的缘起、工程设计、工程思维与制作过程，包括期间遇到的困难、工程的推进措施，以及收获与感受等。在“真枪实弹”式的亲身操练过程中，教师了解了一项水利工程劳动所包含的各种因素，具体包括：人（前期、中期、后期不同的合作与分工）、事（可能出现的困难、可以抓住的亮点、提前储备的经验等）、物（材料的选择与准备，如不同特性的水管，不同种类、不同大小的套筒，粗细不一的吸水布条、麻绳，箩筐、水桶，以及各种废旧材料、自然物、工具等）。这些直接经验为教师日后组织班级的水利工程劳动课程起到了具体、实用的铺垫作用！

三、实地“整形”式培训，让教师的手脚从禁锢到开放

基于现实问题，教师们又提出：幼儿园每天固定的作息时间、固定的场地安排、行动限制等，一定程度上都成为开展水利工程劳动的阻碍。比如，想进行滴水灌溉方面的研究，水源却在班级外面距离很远的地方，能实现吗？想利用缆车探索错层运水的办法，可是往往需要较长时间的研究才会获得一点点进展，被允许吗？

于是，我们决心打破空间、作息时间以及一些规则的限制，给教师较大的自主权，尽一切可能来引导幼儿投身于各自的水利工程劳动项目。

（一）现场“整形”，因需“抢地盘”

我们鼓励教师打破固有的空间思维定式，允许他们可以根据自己班水利工程项目的需要，将“手脚”伸到原本不属于自己班的“领地”。

在一次全园教研活动中，教师们提出了关于场地方面的困难。

大一班的钟老师说：“班级阳台上的植物角空间较小，最多能进三四个孩子参与劳动，同伴少，没意思。可是，我园的阳台植物角面积就这么大，怎么办呢？”

中四班的郑老师说：“我们班级的教室是改造出来的，没有像其他班级那样的阳台，小朋友想种植，却没有场地。”

中四班的刘老师说：“在上周散步时，幼儿提出想把水运到中庭的‘热带雨林’给小草喝，我们很想跨越场地的限制，实现水利工程的运水计划。”

针对这些问题，园长组织教师一起到中四班和大一班实地察看，并根据班级的

地形、位置，组织大家进行“现场分析”。与中四班比邻的就是“热带雨林”，大家一致认为“热带雨林”很适合作为他们班级水利工程劳动开展的空间，正好还能补班级种植区缺失的“短板”。园长伸手一挥，说道：“‘热带雨林’归中四班！”引得其他班级纷纷“讨地”，一场教师们的“圈地运动”拉开序幕——教师走出班级，把目光投向幼儿园的角角落落：顶楼的平台、一楼的“生态园地”“沙池”“优哉游哉小公园”……每一块地都成了大家眼中的“香饽饽”。最终大家达成共识：让水利工程劳动打破空间界限，给各劳动项目提供更多的场地支持。

有了这样的“场地松绑”策略，愿意参与水利工程劳动的班级可以到一楼更加开阔的地方“施展研究”，工程的空间还可以根据各班的实际需求进行变换，这就激发起师幼参与水利工程劳动的兴趣和热情。当空间界限被打破,就出现了这样的场景：大班幼儿在劳动时，小班幼儿自然加入进来，参与研究，提供帮助，如协助哥哥姐姐制作喷洒壶、牵引透明橡皮管等，为水利工程出力。这样的“圈地运动”使幼儿获得更多的参与劳动的机会和经验。

除此之外，我们还支持教师打破班级界限，让幼儿走出班级，将自己研究出来的阶段性成果拿到各班进行试验。教师则跟随幼儿的兴趣、需要和能力的发展，不断观察，不断提供新材料、新技能，支持幼儿完成水利工程的各个步骤。

（二）年段“操刀”，按需调作息

由于幼儿园一日作息时间比较固定，教师队伍中新教师又居多，所以我们不敢轻易将一日生活作息时间安排规划打破，导致每次开展水利工程劳动都只能“浅尝辄止”，停留于表面，幼儿刚要迸发新的想法时，下一个环节的活动时间到了，教师只能慌忙组织开展另一项活动，幼儿宝贵的思路就这样被“掐”断，下次活动要重新启发幼儿，而幼儿早已失去了热情。因此，必须打破活动时间的禁锢。于是我们通过根据年段重新安排班级作息时间，具体做法有：

段长组织教师们根据年段的实际情况讨论“打破时间禁锢”的策略,通过“研讨—实践—研讨”这样的方式，最终找到了“破解”方法。首先，以年段为基础，将集体的户外体育活动时间进行“分解”，将过去每天统一固定的两小时户外活动时间分解为由各班灵活掌控，原则上不低于两小时，具体开展的时段可根据工程劳动的开展情况灵活应变，形成“拼盘式”活动安排。其次，允许“分散”组织早操，合理安排每日操节。过去，早操都在晨间固定时间进行，以年段为基础播放音乐，该年段所有的幼儿一起做操；如今，我们为教师人手配备一台手机小音箱，教师可随时随地组织幼儿做操进行身体锻炼。最后，将一日活动各个教学环节“重组”，教师可根据班级工程劳动的开展需要，结合季节、场地的特殊性，对固有的教学时间安排顺序进行调整，如，夏季上午户外阳光强烈的时候，可以把一些室内教学活动安排在上午开展，便于整合下午的时间开展户外的水利工程劳动课程。

当把作息时间决定权交给教师，教师就能根据工程劳动的进展统筹协调，做到合理有序、张弛有度，工程劳动的时间就变得充裕，幼儿就能更从容地思考、讨论、设计、协商、操作、尝试，最终促进工程劳动课程的充分实施。

第二节
劳动教育界限的打通

经过不断实践和研究，我园工程劳动的内容越来越丰富，从最开始尝试木作工程，到实施土建工程，再到探索水利工程。但每次“解锁”一类新项目时，我们总会遇到不同的困难。针对教师在组织水利工程劳动课程时遇到的场地问题和科学理论知识薄弱等困难，我园提供了多种支持策略和问题解决方案，其实，这些策略和方案不仅仅适用于工程劳动课程，同样适用于种植劳动、生活自理劳动等劳动教育课程。

一、分解流程——提供空间、资源的支持

（一）给幼儿使用幼儿园空间的权利

为了解决水利工程劳动中存在的“场地”问题，我园倡导空间的开放和有效利用，提出了“向幼儿释放每一寸空间”的口号，明确“幼儿园每个空间的规划设计都要符合幼儿的发展需要”这一理念，鼓励师幼因需“抢地盘”，让幼儿园的场地从封闭走向开放，从僵硬走向灵动，鼓励每一个幼儿参与到幼儿园的规划与建设中。幼儿园的每一堵墙、每一个角落、每一处空间，都允许幼儿进行合理的设计和改造。

我园鹭江新城分园的操场有两层，在二楼操场一角有个种植区，幼儿每次给这里的植物浇水的时候都要楼上楼下地接水，比较麻烦，这促使幼儿萌生了制作运水

向园长妈妈申请给工程盖章

幼儿安装缆车运水装置

装置的想法，于是，孩子们带着“计划书”“设计图”向园长妈妈“要地要粮”。工程“上马”后，就在班级老师的引导与组织下，幼儿迁移了“升旗杆”的经验，运用轮轴、绳子等材料制作了缆车运水装置，让“水往高处走”，这一装置为全园幼儿浇灌植物提供了方便。

（二）给教师合理配置班级劳动资源的权力

在我园工程劳动课程中，各班的工程劳动根据幼儿的生活与游戏需要而开展，每个班级工程劳动的内容不尽相同，各具特色。我园为师幼统一配置了木作工程和土建工程中需要的钉子、锤子、水泥抹子、砖头等工具和材料，但水利工程劳动所需的材料却是根据不同的活动内容而有所区别的。比如，在大班水利工程“水往高处走”中，幼儿需要的是轮轴、绳子；在大班水利工程“植物滴灌器”中，幼儿需要的是竹子；在中班水利工程“喷泉”中，幼儿需要的是 PVC 管、塑料膜等。由学校统一给水利工程劳动项目配置工具、材料，是不能满足各班需要的。因此，我园改革资金配置方式，每学期发放一定的经费给班级，让教师自主安排、购买所需的教具玩具和劳动材料等，园内则把好验收、报销关。这样既大大减轻了行政人员的工作量，又可以很好地发挥财力的作用，还给教师更加宽松的创新空间，促使工程劳动内容班班有特色。

二、打破界限——提供班际交流互动的机会

（一）劳动空间的交叠带动交流融合

即同一空间下，围绕同一工程劳动，各班以班级为单位，根据自己“投标”的工程劳动内容错时开展相应劳动，促进幼儿为完成同一工程劳动进行班际交流合作。如“刺激自行车道”劳动项目，幼儿的设计内容非常丰富，有桥、隧道、起伏路等，因此，他们到各班去“招标”，寻找志同道合的小伙伴，共同建造“刺激自行车道”，有的班级建造桥，有的班级制作起伏路，有的班级搭建隧道。在同一个劳动空间，几个班级围绕着同一工程劳动的不同内容开展活动，以这样的形式带动不同班级幼儿之间的交流合作。

工程劳动项目中小主题的交叠：小小空间，大大扩容

（二）共同的项目活动带动交流融合

这种形式不以班级为单位，而是拆班，引导幼儿组成新的工程小组，由具备相应特长的教师负责组织不同项目的工程劳动，每个项目的开展有相对固定的时间，幼儿可根据自己的兴趣选择工程劳动项目，在相应的活动时间参与工程劳动，而不仅仅局限于本班单一的活动。如：我园在操场上开辟了一个生态园，在生态园的活动中，幼儿发现了很多问题：小路太泥泞，不方便照顾植物；植物太多，浇灌工作量太大了；黄瓜苗长大了总是弯腰；天气太冷了，植物长不大……根据幼儿发现的问题，土建工程“园间小路”、水利工程“灌溉器”、木作工程“黄瓜支架”、木作工程“植物大棚”等劳动项目便自然生成了，每项工程由具备相应特长的教师负责组织、推进，各班幼儿根据自己的兴趣填好“工程劳动邀请卡”交给相应的老师，并按时参与活动。这种以“走班”为主的工程劳动形式，不仅真正做到了尊重幼儿的想法，而且带动同年龄段或不同年龄段的幼儿交流互动。

（三）以混龄活动带动交流融合

不同年龄段的幼儿在工程劳动中会互相邀请，实现跨界参与、跨龄参与、跨角色参与等多角度、多形式的团队合作。如混龄工程劳动项目“公园步道”中，大班幼儿邀请了中、小班幼儿共同建设。在整个工程劳动过程中，每个年龄段的幼儿都扮演着不同的角色：设计时，中、小班幼儿提供设计想法，大班幼儿将大家的想法化为设计图；在建造时，大班幼儿负责调配水泥，中、小班幼儿则在大班幼儿的指导下，将砖头进行垒高搭建；在遇到“弯道处出现了洞洞”时，三个年龄段的幼儿共同思考、讨论问题产生的原因，最后他们合作，用水泥加木块的组合填上了弯道和尖角处的缝隙……这样混龄活动不仅为幼儿提供了交流互动、同伴学习的机会，也让工程劳动的“融合”特性更为凸显。

第三节
时空支持——“拆墙”文化

随着工程劳动相关经验的逐步积累,我园工程劳动内容开始涉及水利工程。此时,我们逐步意识到:打破原有的时空限制，对于工程劳动的开展很重要，这是所有工程项目的共同需求。本节重点分享我园在这个时期开展工程劳动教育所形成的独特的“拆墙”文化。

一、我们理解的“拆墙”文化

在这里，所谓的“拆墙”并不是物理形式的拆墙，而是指幼儿园全体教职工在达成共识的前提下，努力创设一个能够激励幼儿主动投入、积极学习的教育环境。这样的教育环境，除了成人的参与，我们更希望让幼儿也能拥有改变环境的权利与能力，让幼儿有机会参与到对园内生活和游戏环境的设计改造和拆拆建建中;这样的教育环境，充分展现幼儿园园长和教师敬畏儿童、尊重幼儿主体地位的教育观;这样的教育环境，蕴含激发幼儿兴趣和需求的各种可能性，满足幼儿生活和游戏的需要，使教育的功能多重叠加，最终形成幼儿园独特的“拆墙”文化。

二、“拆”与“建”

塞林格在《麦田里的守望者》一书中为世界贡献了一个词语:守望。教育不是管，也不是不管。在管与不管之间，有一种行为叫“守望”。教师的守望是张弛有度的。教师的“守”是把握安全的尺度、提供适宜的环境、给予恰当的支持，教师的“望”是观察孩子的兴趣、学习特点、是否遇到困难。教师的“望”是为了提供更适宜的“守”。“拆墙”文化中的“拆”与“建”的关系与之类似，“拆”是教师为了满足幼儿生活与游戏的实际需求，鼓励、允许幼儿大胆提出更合理更有意义的问题和想法，“建”

是教师尽可能地为幼儿提供适宜、多样、丰富、有趣的途径，支持幼儿运用技术进行设计、解决问题并制作产品。

工程劳动中的“拆”是为了更科学合理的“建”，两者形成张弛有度、和谐共生的关系。在幼儿园独特的“拆墙”文化强有力的支持下，幼儿拥有自主规划场地、自主申报场地用途、自主设计场地功能等权利。“拆什么”与“建什么”这一组看似矛盾却又和谐共生的自然过程，增加了幼儿与成人多方互动的机会，打破了班级与班级之间合作的界限，盘活了幼儿园资源利用的空间，推动了工程劳动的可持续发展。

值得一提的是，“拆墙”文化并不是毫无章法的想拆就拆，而是幼儿、教师、园长三者共同围绕一个工程劳动项目互动、思考、反馈、交流、共赢的社会化过程。下面就以工程劳动“刺激自行车道”为例，阐述“拆墙”文化在幼儿、教师、园长之间交织、流淌的关系和过程。

案例片段：大班“刺激自行车道”

1. 缘起：骑车太难啦！

……（略）

2. 造自行车道的想法

骑车为什么会难呢？幼儿很快将原因进行归类，发现主要是车技、规则和场地三大问题。这时教师也抛出问题：“其他班的小伙伴是不是也遇到同样的困扰呢？”于是，幼儿当“小记者”，进行了蹲点观察和采访，通过向全园教师和小朋友提问，了解到问题聚焦于没有专属的自行车场地。幼儿马上请求园长妈妈进行“场外支援”，在分享了他们的调查发现后，园长妈妈爽快地“批”了一块专属空地，给幼儿建造自行车专属车道。有了场地，自行车道要建成什么样子呢？幼儿很快分组绘制设计图，经过“海选”“拉票”环节，最终，包含“螺旋车道”“天空大桥”“上下起伏路”的1号车道设计方案不孚众望，高票当选！

在幼儿调查“骑车遇到的问题”的过程中，教师有意识地引导幼儿观察周围的事物，学习观察的基本方法，培养其观察与分类的能力。幼儿通过蹲点进行连续观察，通过“小记者采访”进行比较观察，为自己的想法收集证据，最后对骑车难的原因进行概括、分类。

3. 自行车道初探

……幼儿很快根据设计图建构出自行车道模型，开始寻找合适的材料。到底要选用什么样的材料才合适呢？

在一次午后散步活动中，师幼像往常一样经过一楼的“热带雨林”，发现了“蜗牛的家”。

教师：哥哥姐姐们为蜗牛做的房子是什么样的？

思娴：蜗牛的房子可结实了，是用砖头做的。我们也可以用砖头来建自行车道。

琪琪：对，除了砖头，还要有水泥，这样才能够把砖头粘住。

……

我们支持和鼓励幼儿在探究过程中动手动脑寻找答案，解决选择哪种材料最合适的问题，但幼儿想建造的自行车道和他们平日玩的建构游戏相比，是一个全新的富有挑战的大工程，在不断尝试失败后，我们引导幼儿迁移“蜗牛的家”用砖头搭建而成的经验，让他们首次尝试使用真实的砖头来完成工程，体现了“在探究中思考，在尝试中分析并改进”的精神。

从以上这个土建工程案例片段，我们不难看出，在确定工程劳动项目“拆什么”和“建什么”的过程中，幼儿、教师、园长之间已悄然形成尊重、平等、合作的人际关系，既能体现三者在不同阶段的主体地位，又能呈现三者相互交融、互相支持的和谐关系。那么他们在“拆墙”的过程中又分别承担什么样的角色？

（一）幼儿是“拆墙”文化中的项目创造者

《纲要》鲜明地体现了“以幼儿发展为本”的理念，强调幼儿的主体性，表达了幼儿是发展的主人，阐述了教师在发挥主导作用时要尊重幼儿的主体地位，支持幼儿自主发展。而在传统课程中，幼儿活动的主题内容、手段往往是教师一手包办的，教师与幼儿之间缺乏有效互动，整个过程幼儿较少有机会发表自己的意见，也没有思考和创造的机会，更谈不上参与幼儿园环境创设的权利和能力。

爱德华·L.德西、理查德·弗拉斯特在《内在动机》一书中提出“内在动机是自主掌控人生的力量”，他们发现每个人都有 3 种最基本的心理需求：自主（autonomy）、胜任（competence）和联结（relatedness）。满足这些需求，特别是自主的需求，才能持续激发人们的内在动机，让人们全心全意地投入某件事情，同时拥有最好的体验和表现。① 对于幼儿来说也是一样，如上述“刺激自行车道”案例中，只有让幼儿从生活和游戏中主动发现“拆”和“建”的需求，这些需求才能成为他们行动的内在动机，才能诱发他们全心全意投入到改造环境、创设环境的工程劳动中，为最终“建”出美好环境而付诸努力。

（二）教师是“拆墙”文化中的项目投资人

在幼儿园里，每一项工程劳动都可以看成是一个短期的工程项目，而参与工程劳动的班级教师不是简单地追随和放任儿童，而是要像“项目投资人”那样分析儿

① Edward L.Deci, Richard Flaste. 内在动机：自主掌控人生的力量 [M]. 王正林，译 . 北京：机械工业出版社，2020.

童感兴趣的事物中所包含的学习机会，把握好其中可能遇到的困难和需要付出努力的程度，甚至需要引进“具有激励性而不是使其丧失信心”的“困难”或“问题”。如，在上述“刺激自行车道”案例中，教师在散步环节看似随意地提出一个问题：“哥哥姐姐们为蜗牛做的房子是什么样的？”激发了幼儿的再次思考，使幼儿的思维活动复杂化，这就是引发并支持幼儿“深究”问题、用自己的方式“解决”问题。

（三）园长是“拆墙”文化中的长期规划者

相对于班级教师，园长更像是工程劳动教育的长期规划者，不但要站得高、看得远，还要合理定位、长期规划，将劳动教育与幼儿园的三年、五年发展规划愿景相结合。这样的长期规划深有学问——对工程劳动项目的各项支持，不仅仅是为了回应幼儿自主申报项目的需求，也不是“拆了东墙补西墙”的简单思维，更不是一拍脑袋“推倒重建”的粗暴指令。以上“刺激自行车道”案例中，看似简单的幼儿自主向园长提出对空地的申请、拟建设自行车道的环节，却隐含了园长教育智慧的“小心机”。例如，在幼儿提交申请时适度向幼儿提出具有挑战性的问题：“你们想要的空地，是全园小朋友的公共游戏场所，其他班的小朋友也同意这样做吗？”这个问题引发了幼儿的蹲点观察和采访调查。再如：“你们建的自行车道要多宽、多高？是不是全园小朋友都能安全使用的自行车道？”这又引发了幼儿对选材安全性、牢固性的探究。除此之外，园长还需组织相关部门和教师，从幼儿园发展规划进程、经费预算、财产管理、安全卫生等方面进行多方调研，做好人力物力财力的充分保障，在园里形成一条可持续发展的“生态环境规划链”，将有限的资源盘活，最大限度加以利用和开发。

三、“拆墙”文化的浸润与滋养

当“拆墙”文化为水利工程劳动乃至幼儿园空间环境创设带来翻天覆地变化的同时，也促使幼儿园管理者形成新的思考角度和思维方式：“如何盘活资源，最大限度利用各种资源，使其参与课程实施？”我们以“润物细无声”的方式，熏陶全园教职员工树立科学的教育观念，实施适宜的教育行为，将“拆墙”文化全方位渗透进幼儿园的方方面面、角角落落。“拆墙”文化表面上看似为水利工程劳动的开展拓宽了空间，实则打通的不仅仅是有形的“墙”，更是盘活、重构幼儿园的空间、时间、人力、财力、物力等已有资源，创设了无形的资源利用空间：

所有园内空间都可以成为幼儿按需申请的“劳动地盘”。幼儿根据工程劳动的需求，可以向园长、教师递交申请并说明理由。

所有工程劳动的工具、材料存放在“共享资源仓库”。及时调整幼儿园内的劳动工具并购买补充新的材料，班级根据需要借出使用。

所有人员都可能是工程劳动的参与者。资源的盘活也包含人力资源的拓展。园内，除了教师们，还有厨师、保安等人，他们因工程劳动的需要都会被幼儿邀请到教室；园外，家长和各行各业的劳动者都有机会参与课程，成为帮助幼儿解决工程劳动问题的顾问或专家；不同年龄段的幼儿会互相邀请，混龄参与工程劳动。这样就实现了跨角色参与、跨界参与、跨龄参与等多角度、多形式的团队合作学习景象。

所有的一日活动都有可能成为工程劳动的内容。坚持以儿童为中心，追随儿童的想法与需求，我们对资源的扩大利用有了进一步的理解：幼儿在一日生活中发生的每一件事情，幼儿活动的每一个空间，都有可能成为工程劳动的内容来源和活动资源——在阳台植物角为蜗牛造房子，在一楼大厅为全园小朋友设计自行车道，为班级制造升降玩具柜，在户外活动区搭建小木桥……幼儿参与工程劳动的痕迹慢慢地遍布幼儿园的角角落落，当我们移步换景，发现处处都有惊喜！

第四节
水利工程劳动案例

一、水池喷泉

幼儿年龄段：中班
活动持续时间：2020 年 6 月—2020 年 7 月
案例提供者：苏晓燕　张珊珊

进入夏季，天气炎热，幼儿提出夏天玩水需要一个大水池。

小睿：夏天来了，阳台上好热呀，好想玩水！

小博：如果有一个大水池就好了！

小泽：那要不我们自己动手建一个吧？

小伙伴们纷纷赞同这个建议，跃跃欲试。

1. 预设目标与活动初期网络结构图

“水池喷泉”活动预设目标

领域	预设目标（幼儿最低发展目标）
健康	1.能正确使用简单的劳动工具。 2.在劳动过程中表现积极、主动、愉快。
语言	1.能与同伴有序、连贯、清楚地表达一件事情。 2.表达自己的想法时自然、从容、自信。
社会	1.能主动参与各项活动，有自信心。 2.能积极与人交往，学习和同伴互助、合作、分享。
科学	1.通过观察、比较能发现水的特征，乐于探究。 2.能用数字、图画、图表或其他符号记录，探究中能与他人合作、交流。
艺术	能按照自己的想法绘制设计图。

"水池喷泉"活动初期网络结构图

2. 围一个大水池

（1）大小合适的水池

建大水池该从何下手呢？班级里平时收集的奶粉罐引起了幼儿的注意，他们决定用奶粉罐围合水池。

多多：咦？我觉得这个水池好像有点小。

棋棋：对呀，这个真的太小了！根本不够我们进去玩。

萱萱：没关系，我们把它再围大一点。

小博：我们再去搬一些奶粉罐过来。

幼儿采用小博的办法，搬来更多的奶粉罐，继续扩大水池的范围，但奶粉罐的数量是有限的，在试验中他们发现可以将奶粉罐拉开距离，从而扩大水池的范围。很快，水池范围达到了可以让小伙伴都进去玩的程度。

当幼儿发现一开始围合的水池太小时，决定增加奶粉罐，扩大水池，说明他们对于要搭建的水池有了初步的空间概念，围合的技能也在实践中有了更新。教师引导幼儿遇到困难时自己出主意、想办法，营造自主探究的氛围，有利于幼儿拥有自信、自主、自尊。

（2）固定奶粉罐

水池初步围好了，紧接着幼儿发现了新问题。

棋棋：奶粉罐总是会跑来跑去的，我们围合的时候老是要调整。

小睿：我们要想个办法把它们固定住。

小泽：我们用木板把它们围起来吧。

小博：可是木板要怎么围啊？

小睿：木板可以锯成一小段一小段，把奶粉罐框起来。

小泽：对，最后再用钉子把木板连接起来，这样（奶粉罐）就不会跑来跑去了。

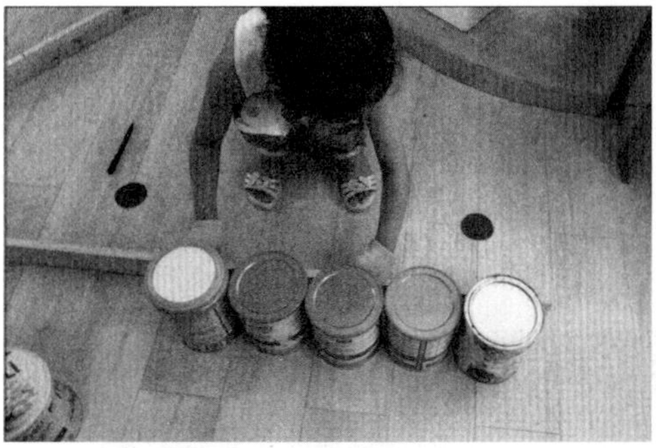

经过商量，幼儿决定以 5 个奶粉罐为一组。他们用木板对一组奶粉罐的长和宽进行测量。一开始测量时，他们无从下手，不知道该从哪里开始测量。这时，教师上前，引导幼儿进行一次测量活动。教师先让幼儿尝试用他们自己的方式进行测量，然后通过操作让他们知道要从第一只奶粉罐摆放的位置开始量，量到最后一只奶粉罐时，还要在木板上做好标记。这番引导，让孩子们对测量有了初步的概念。接着，孩子们按照标记的位置将木板锯好，再用钉子把几块木板连接成木框。

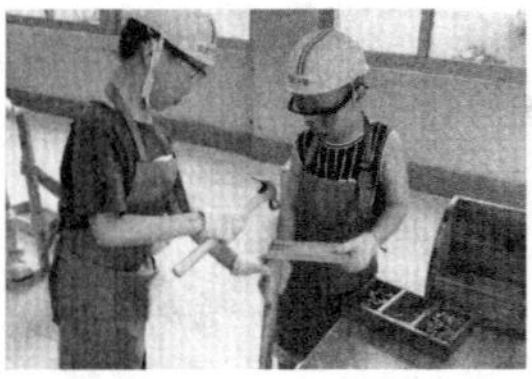

幼儿将奶粉罐放到制作好的木框中，再将木框作为水池的四条边围起来。但他们发现，这样不能围成一个圆。于是，在转角处用单个奶粉罐进行填补，这下，“大水池”终于初具雏形了。

自然测量对于中班幼儿来说有一定难度，但这个工程劳动项目中，他们能根据需要比对出木框的长度。他们还在劳动过程中逐渐掌握了使用锯子更省力的方法、拿锤子的正确姿势、钉子和锤子的配合技巧等，劳动技能得到了较好的提升和发展。当幼儿提出需要使用锯子、钉子等工具时，教师充当了引导者、支持者，大胆放手，让幼儿在实践中习得经验，并在保障幼儿安全的前提下让幼儿动手动脑解决问题，累积有益的知识经验。

3. 怎么让大水池不漏水

水池完工，接下来该为它蓄水了。

小怡：快把水倒进来！多倒一点！

小泽：不行不行！水跑了！跑了！

南南：这边也漏了！这怎么办呢？

幼儿发现搭好的水池蓄不了水，水会从水池的缝隙中“跑”掉。他们开始与同伴商量如何才能把这些缝隙堵住。

（1）用沙子补洞

小宏：这里，这里，还有这里，好多小洞洞呀，水都是从这里跑掉的。

小博：对呀，木框下面有缝隙，水流出来了。

小怡：我们得想办法把这些洞堵住，这样水池就不会漏水了。

南南：可是，我们用什么来补好呢？

媛媛：我们试一试用沙子吧，沙子又细又小，我们在这些洞洞里铺满沙子，一定可以把洞堵住的！

于是幼儿找来脸盆、小桶和铲子，有的一人一桶，有的两两合作，浩浩荡荡从沙池运来一堆沙子。

他们用小铲子、小耙子、小瓦刀将沙子往奶粉罐的缝隙处填补，抹一抹、推一推、拍一拍，来回检查，不放过任何一处缝隙。

填补好之后，幼儿为水池蓄上水，观察水池是否会漏水。

媛媛：你们看看，水会流出去吗？

棋棋：你看这里，水都跑出去了。

教师：这是为什么呢？

小怡：沙子容易被水冲散掉。

小然：那我们用水泥吧，这样就能牢牢把洞补住了。

棋棋：不行，那样就粘住了，我们的水池就移动不了了。

安安：毛巾能吸水，那我们用毛巾试试看！

幼儿初步尝试用沙子补洞时，能自己去寻找装沙、铲沙、填沙的工具，懂得用拍、抹、推等方式将沙子填得更紧些。在这个过程中，他们学会了根据自己的需要去寻找材料，发现不同工具的不同功能，而且，在发现新问题时能与同伴友好沟通，共同寻找解决问题的办法。

幼儿对沙子细小、松软、加水后可以塑形的特点有初步的了解，当他们提出要用沙子来补洞时，教师并没有直接告诉他们自己的预判，而是引导幼儿去尝试，在失败后让他们寻找原因，引导他们自己去感知沙子的塑形能力有限，从而推进活动深入发展。

（2）再尝试用毛巾补洞

听了安安的建议，幼儿决定用旧毛巾来试一试。

小怡：水又漏出来啦！

小博：这个毛巾也不行，水还是会漏。怎么办呢？

一时间，幼儿都陷入苦恼之中。这时，教师仍不急着告诉他们答案，而是启发性地提问——“你们觉得哪些材料不会渗水呢？”用问题引导幼儿进行探究。幼儿提出可以再用海绵、纱布、纸张、气球、塑料袋等进行尝试，于是，大家一起收集材

料，并投放到区域中，教师引导幼儿实际操作、观察记录，慢慢发现有些材料不渗水。通过一轮轮的试验，幼儿发现海绵、纱布、纸张很能吸水，但是随着时间的推移吸进去的水会渗出来，而气球、塑料袋装水后，不管时间过了多久，水都不会漏出去。

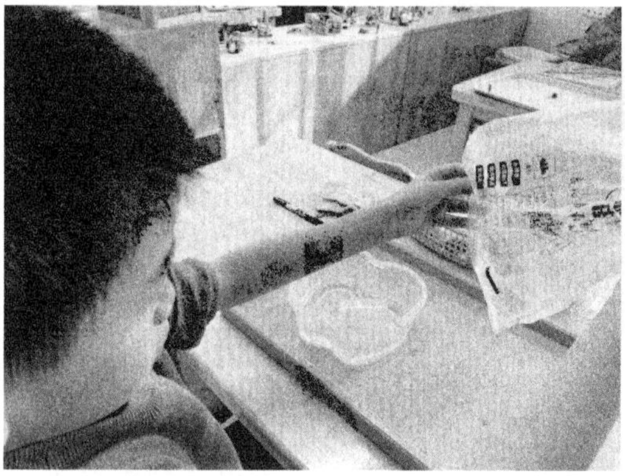
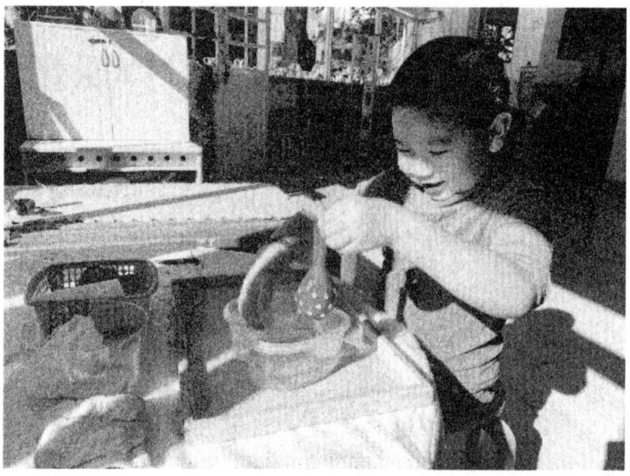

教师趁热打铁，向幼儿展示了生活中很多能存水的场所的图片，如游泳池、浴室等，幼儿很快发现，除了材料本身要具备不渗水的性能，还要保证材料之间没有缝隙。什么材料适合用来在班级建水池呢？他们决定用类似气球、塑料袋等不会渗水且还能直接盖在大水池上的材料。孩子们开始在幼儿园各角落进行大搜罗，最后发现，美工区铺在桌子上的塑料薄膜再合适不过了！

这个环节，通过操作，幼儿知道了当毛巾的吸水量达到饱和时，就再也吸不了多余的水了，懂得了毛巾吸水的局限性。虽然这次“毛巾补洞”行动还是失败了，但他们依旧勇于尝试、探究，具有良好的学习品质。教师及时组织幼儿对获得的经验进行反思，这是引发幼儿深入学习的关键。在幼儿遭遇失败后，教师仍没有直接给出答案，而是先让他们认真观察水池里的水与毛巾的状态变化，接着引导他们迁移与“水池”相关的经验，从而提高他们自主解决问题的能力。

（3）尝试用塑料膜补洞

这一次，幼儿找来一块比水池还大的塑料膜，一人拉着一个角，将它慢慢地平铺在水池上方，并用手来回按压，仔细调整塑料膜的位置，让它能更贴合地罩在水

池上。接着，他们再次为水池蓄水，检验是否会漏水。“一桶、两桶、三桶……可以装好多水呀！”大水池终于不再漏水了！幼儿兴高采烈地在水池里用小脚丫踩着、轻轻地跳着，别提多高兴了！

从发现问题，到分析问题、解决问题，再到反思和总结，幼儿在探究过程中，通过直接感知、亲身体验和实际操作，完美地解决了水池漏水的问题，体验到了探究的快乐和成功。制作水池是一个幼儿亲身参与、体验操作的过程，从围出适合的大小，到固定奶粉罐，再到不断改良，幼儿最终造出不漏水的水池，这个过程中，教师始终坚持“玩中学，做中思”的理念，让幼儿获得更全面的发展。

4. 建喷泉

利用水池做过几次游戏后，幼儿提出想让水池变得更好玩，他们想让水池里的水能动起来。

棋棋：上次我跟妈妈去庐山大酒店，看到一座喷泉，很多水会往上喷出来，实在太漂亮了！

小怡：那我们也在水池里做一座喷泉怎么样？

其他幼儿纷纷表示赞同。他们发现，要想使水池喷出水来，下面要有一个“发动机”，要有像水泵那样的机器，他们打算回家向爸爸妈妈求助。第二天，小然妈妈及时为我们提供了水泵。喷泉的“主心骨”解决了，接下来应该怎么让水像喷泉那样喷出来呢？

（1）制作水管分支

涵涵提出来：“我们在水泵的出口插上一根管子试试，看水能不能从下往上喷出来。”

幼儿到处搜集材料，通过对比、尝试，他们找到了 PVC 管，发现它跟水泵的出口正合适，插好后水真的从管子里喷出来了！

小怡：不对不对，这个只有一根管子，这一点也不像喷泉！

萌萌：对呀对呀，喷泉要有很多路可以流水，那样才好看！

小博：怎么让这个喷泉有很多条路呢？

小宇：我们可以用很多这样的 PVC 水管。试试看吧！

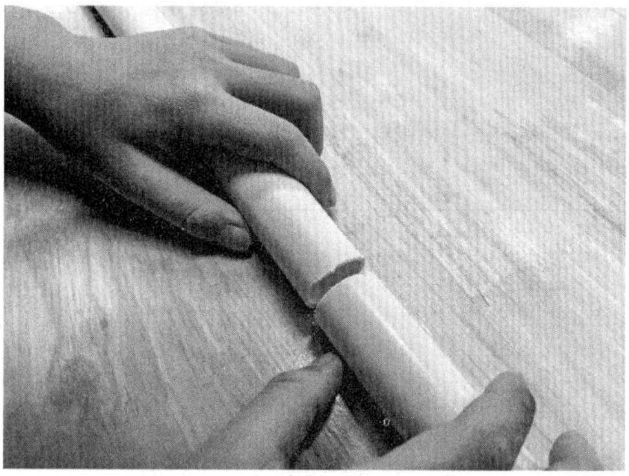

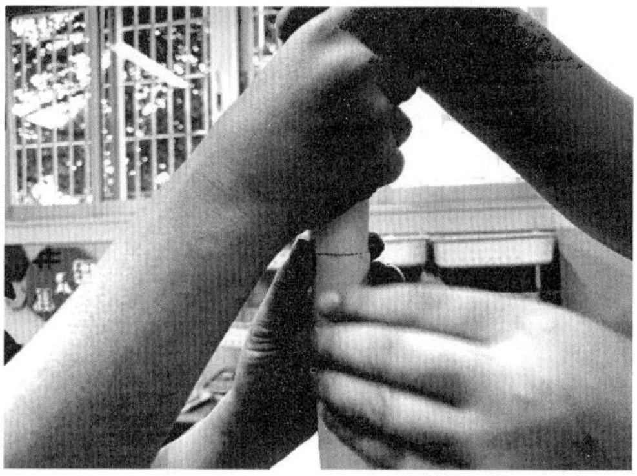

幼儿又找来很多 PVC 管开始拼插，可是不管怎么试，都没办法让两根 PVC 管连接在一起，更没办法让水管变成很多条“路”。他们发现PVC管的口子都是一样大小的，这样是没办法让它们连接在一起的，也无法随意改变水管的方向，使水流变成很多条分支。那这些水管要怎么连接呢？孩子们觉得可以先用水管积塑试一试，看看水管积塑是怎么连接在一起的。

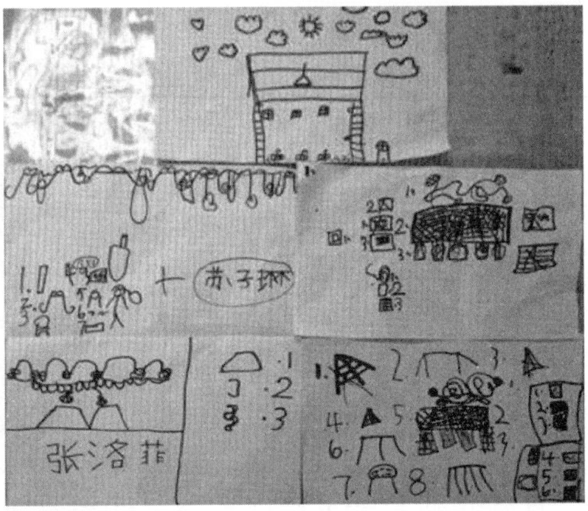

拿到了结构区的水管积塑后，幼儿决定从设计图着手。积塑有Y字形、十字形、T字形等。根据设计图，孩子们开始寻找合适的材料，尝试拼搭，发现管子加上十字形的积塑后，不仅能让水流通，还能让水从两个出口处喷出来！他们将经验进行迁移，发现PVC管只要有类似十字形积塑的“神器”来连接，就能实现多条分支喷泉的愿望啦！根据幼儿的发现，教师及时为他们提供了PVC管的各种接头：直通、三通、四通、多通、活接……让他们再进行尝试。在“神器”的助力下，拥有多条水流的喷泉终于成功了！

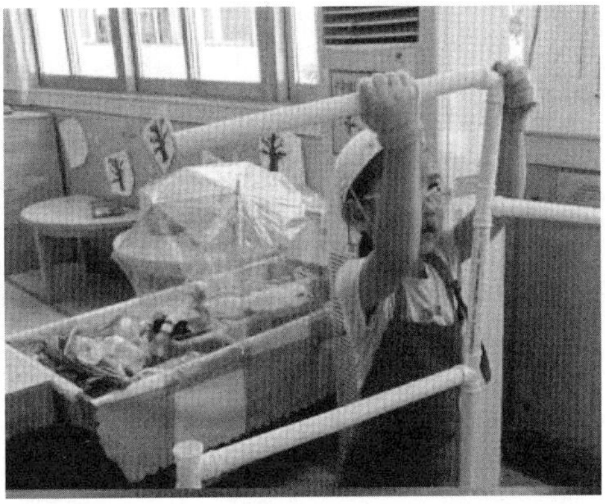

幼儿在一次次失败中不断尝试，最终找到了适合制作“喷泉”景观的材料。在这样屡败屡试的过程中，他们不但获得了成功，也收获了好奇、创新、合作、投入、自主、坚持的良好学习品质。教师是幼儿智慧型的大玩伴，在陪伴幼儿学习探索的过程中，给予幼儿充分的信任，为他们提供了宽松的空间，支持他们寻找多种材料进行尝试，赋予他们学习和发展的能量。

（2）盛水支架DIY

“喷泉”做好了，幼儿想将它变得更美观些。经过讨论，他们决定用抽油烟卷、万通板将“喷泉”装饰成小金龙的样子，还要在“喷泉”旁边制作几个小支架接水。

于是幼儿把水管直接插在奶粉罐里当支架，但是管子太重了，奶粉罐根本支撑不住。他们想到可以往奶粉罐里灌装沙子，增加下部的重量，再用胶带把奶粉罐口子封住。

希希：成功了成功了！这个支架能站住了！

欣欣：装满沙子的奶粉罐这么重，肯定不会被水管弄倒的。

 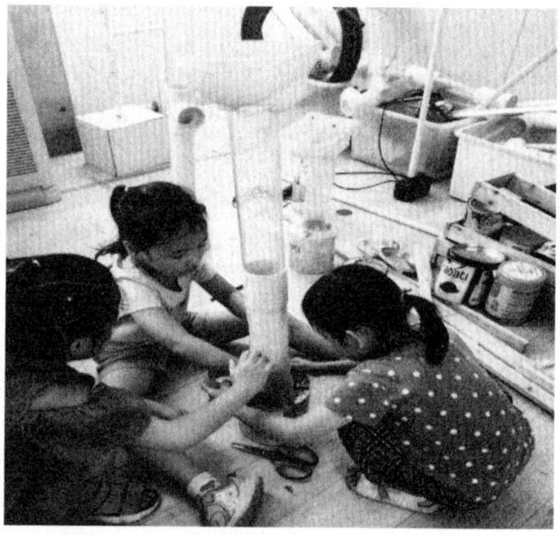

幼儿在尝试过程中明白了水管会倒是由于底部重量不够导致的，往奶粉罐里装沙子，使底部变重，以此来支撑水管。在孩子们持续的努力下，一座好玩的小金龙喷泉终于建成了！水喷出来后会先流到盛水器，再流进水池里，真是太有趣了！

5. 预设目标与生成经验对照表，及活动终期网络结构图

“水池喷泉”活动预设目标与生成经验对照表

领域	预设目标	生成经验
健康	1.能正确使用简单的劳动工具。 2.在劳动过程中表现积极、主动、愉快。	1.在使用劳动工具时具有一定的力量和耐力。 2.在劳动过程中懂得保护自己。 3.手指动作灵活，锯、搬等动作质量明显提高，也能坚持较长时间。
语言	1.能与同伴有序、连贯、清楚地表达一件事情。 2.表达自己的想法时自然、从容、自信。	1.愿意与他人讨论制作过程中碰到的问题，敢在众人面前说话。 2.能口齿清楚地与老师、同伴交流水池喷泉的相关知识。
社会	1.能主动参与各项活动，有自信心。 2.能积极与人交往，学习和同伴互助、合作、分享。	1.愿意承担力所能及的劳动，初步养成爱劳动的习惯。 2.喜欢与同伴一起制作水池喷泉，学会分享、轮流、等待、合作，共同找到水池的蓄水办法。 3.体验劳动的快乐，激发愉快的情绪。
科学	1.通过观察、比较能发现水的特征，乐于探究。 2.能用数字、图画、图表或其他符号记录，探究中能与他人合作、交流。	1.能用图画或其他符号记录蓄水实验的结果，愿意与同伴分享交流各自的探究发现。 2.通过玩水活动，对水等自然现象感兴趣，并了解水的一些特性，形成一定的节约和环保意识。
艺术	能按照自己的想法绘制设计图。	1.在绘画中大胆表达自己的情感，并从中获得愉快的情绪体验。 2.尝试用多种形式表现水池喷泉的简单形象，创造性地进行设计。

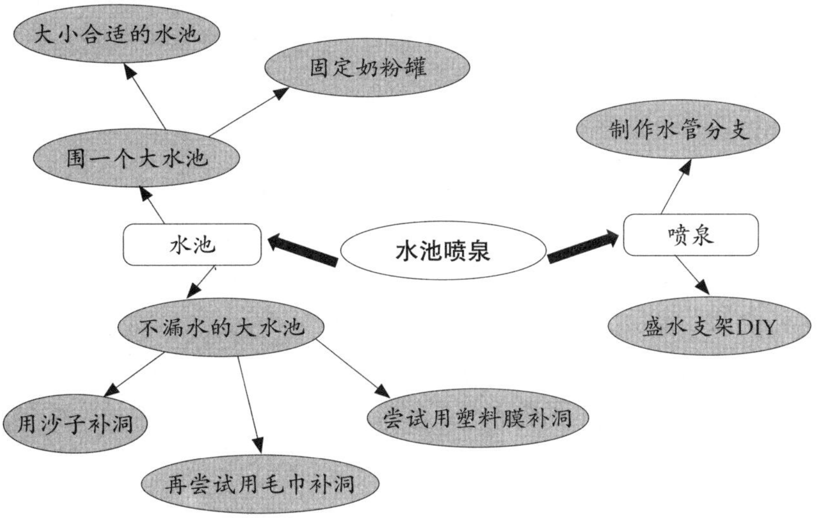

“水池喷泉”活动终期网络结构图（阴影部分为生成内容）

收获与感悟

在制作水池喷泉的过程中，幼儿能主动发现、大胆探索，积累不同的认知经验，发展了创造力、想象力、社会交往能力，学会了分享与合作、尝试与创新，体验了挫折与成功，实现了个性的和谐全面发展。

作为教师，在活动中我们能着眼幼儿的现有水平，剖析活动的关键性问题，提供适宜的支持，并鼓励幼儿自主获得“最近发展区”的进阶经验。当然，活动也存在不足，比如我们还可以引导幼儿继续探究“除了用水泵，还可以用什么办法让水流的方向产生变化”，从而优化水池喷泉的安全性和趣味性。

二、阳台植物浇灌器

幼儿年龄段：大班
活动持续时间：2020 年 9 月—2021 年 1 月
案例提供者：蔡惠芳　傅承君

夏天太热了，阳台上的植物都被晒枯萎了，幼儿提出想做一个浇灌器，于是大家开始讨论怎么做才能让植物随时都可以喝到水。

佐妹：我觉得我们的浇灌器要是自动的，这样我们上课时也不用担心植物没人给浇水了。

小婉怡：而且浇灌器要像下雨一样，让每棵青菜、小树、小花都能喝到水。

舒心：我们的阳台好大，有一块种了葡萄藤，一块种了青菜与果树，还有一片太阳花，那我们要做三个浇灌器才够吧！

小宝：那我们一起想想怎么设计我们的阳台植物浇灌器吧！

很快，幼儿有了共同的目标，决定给葡萄藤、青菜与果树园地、太阳花地三片园地分别制作三个浇灌器。

《3—6 岁儿童学习与发展指南》中提出：“观察、了解幼儿的学习与发展是为了评估他们的兴趣、特点和需要，一边更有效地拓展他们的经验，促进他们的学习与发展。”在确定工程劳动的内容时，我们让幼儿自由探讨，明确教师的位置在于观察、倾听，在过程中捕捉幼儿比较典型、重要、具有意义的想法，再引导他们进行集体讨论，最终确定活动内容。于是，教师与幼儿共同查询、记录、探索、制作，开启一段帮助植物“喝水”的旅程。

1. 预设目标与活动初期网络结构图

“阳台植物浇灌器”活动预设目标

领域	预设目标（幼儿最低发展目标）
健康	1.具备基本的安全知识。 2.能使用简单的工程劳动工具、用具。
艺术	在生活中细心观察、体验，为设计浇灌器累积经验与素材。
语言	1.听不懂或有疑问时能主动提问。 2.愿意与他人讨论制作浇灌器时遇到的问题。
社会	1.愿意与大家分享解决问题的过程。 2.能在工程劳动中出主意、想办法。
科学	1.针对遇到的问题，能动手动脑寻找答案，探索中有所发现时感到兴奋和满足。 2.能用简单的记录表、统计图等表示简单的数量关系。

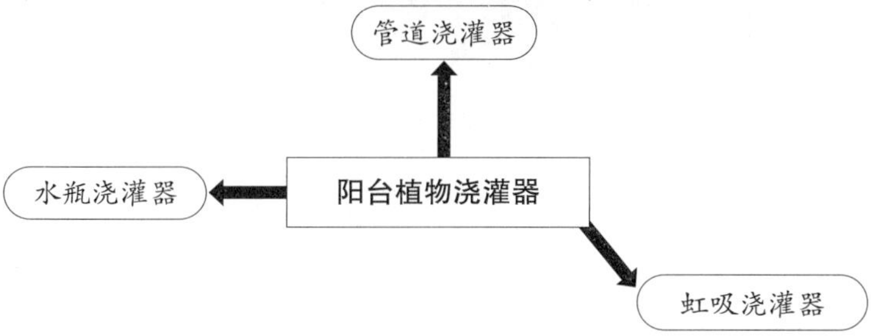

“阳台植物浇灌器”活动初期网络结构图

2. 水瓶浇灌器

（1）“头脑风暴”画设计图

幼儿首先围绕葡萄藤开始研究，并提出了以下的问题：

嘟嘟：阳台有多大？我们要怎么测量呢？

浩浩：我们要用什么材料来做我们第一个浇灌器？

柏睿：我们的浇灌器要做多高呢？

根据他们的问题，幼儿分成三个小组开始绘制设计图，还绘制了想使用的材料。画好后，各组组长来介绍自己组的设计图。最后投票，选择得票数最多的设计图为制作蓝本。竞稿过程进一步激发了幼儿的积极性，充分调动了他们的情绪，孩子们展开了充满创新的想象，对探究过程和要使用的方法进行多种预设。

（2）寻找合适的材料

小米：浇灌器要做得比植物高，我们需要支架。

瑶瑶：我们把纸筒粘长，埋在土里固定住。

新鹏：纸筒遇到水会软吧！

“不会！”“会！”孩子们的讨论声此起彼伏，那纸筒遇到水会不会软呢？就让他们自己动手实验，寻找答案。

谢泽：原来纸筒泡在水里一会儿就会变软，我们的支架不适合用纸筒（来做）。

北雕：对，我们的浇灌器要防水，不能一下雨了就倒了！

若兰：什么材料是既防水又能做支架呢？

提出了这个问题后，幼儿开始思考既防水又合适做支架的材料有哪些。

仲诺：积塑！积塑可以搭得很高，而且湿了也不会坏掉。

颖函：那我们就试试用积塑来制作支架吧！

田田：积塑搭太高就站不稳，摇摇晃晃的，加固底座（的话）又把植物的位置占了。

仲诺：而且到时候积塑上再挂水桶，那（支架）就断开了。

田田：我们的支架需要稳固，不会断的，而且还不能把土压到。

看来积塑也不是幼儿心中合适的材料，他们对支架材料的选择也有了新的方向。那

么究竟该用什么材料来制作支架呢？接下来我就请幼儿到教室、其他班级、材料间、工具间、户外活动器械存放处等场地寻找心目中最适合制作浇灌器支架的材料。

“我发现啦！我发现啦！”随着呼喊声，有孩子发现工具间有用剩的水管以及一堆管道接口，“老师！这些可以做我们的浇灌器的支架，它很细，放在土里也不会占位置，又防水！我们就用它吧！”

幼儿在寻找适合做浇灌器支架的材料时不断遇见问题，又不断做新的尝试。作为教师，我提醒自己，在支持幼儿开展科学探究时要注意：当幼儿遇到问题，可以与幼儿一起讨论；对幼儿表达和分享的内容，给予适当的回应；允许幼儿出错，让幼儿自己动手去尝试、对比。我认识到：当幼儿出现一些错误，其实对他们的科学探究和经验积累具有建设性的意义；同时，要保护幼儿的好奇心和探究兴趣，为幼儿提供精神上的支持，也为幼儿提供物质上的条件，帮助他们完成对自己猜想的验证。

（3）工具的选择

这时，翰文提出问题来：“葡萄藤地要做多大的浇灌器呢？”在听到这个问题后，孩子们纷纷思考要做多大的浇灌器，并展开了讨论。

牧尘：应该要和葡萄藤地一样大。

丘丘：要让葡萄藤都能喝到水。

幼儿有了想法后，开始测量葡萄藤地。

第一次，选择用短尺连续测量。幼儿反馈用短尺连续测量会出错，量的线条会偏斜。第二次，选择用长木棍测量。他们测量出需要的长度后，将标记做在木棍上，再将水管与木棍一端对齐，依照木棍的标记裁水管。

佐妹：水管那么硬，剪刀怎么剪也剪不断！

琬宜：我来用小刀割！

舒心：我试试用锯子锯！

幼儿选择了各种工具，发现水管难以弄断。该怎么办呢？幼儿带着他们的问题，向幼儿园里的大人们寻求帮助。

最后，小蔡叔叔为幼儿提供了一种神奇的工具：“水管那么硬，用剪刀、小刀、锯子都是很难弄断的。弄断水管有专用的工具。你们去试试这把钳子，看看能不能成功。”小蔡叔叔耐心传授这把钳子的使用方法，幼儿拿着这新奇的工具，戴上手套，继续和水管“较劲”。最后，他们利用这个工具，在合作中解决了裁断水管的问题。

铭瑄：支架插在土里摇摇晃晃的，可怎么办呀？

小宝：手先扶住，我们来想想办法。

烁宸：我想到啦！我们再加一根水管，像我们手扶住它一样，这样就不会倒了。

大大：棍子撑在哪里比较合适呢？

小小：架在后面的栏杆上吧，把它们粘在一起就牢固了。

涵涵：我去拿透明胶来粘。

幼儿选择使用透明胶来固定栏杆与横杆，可几天后支架又倒了。幼儿围着支架展开了新的讨论。

汤圆：我们加的“手”不好用，我们得想新办法。

小彬：是透明胶遇到水不粘了才倒的，你看这儿都开了。

平安：我知道了！我们可以用绳子绑，绳子碰到水也没关系。

孩子们把透明胶换成了绳子，成功固定住水管。

随后，孩子们又利用绳子，将一个个裁掉半截的矿泉水瓶绑在水管上，完成了给葡萄藤浇水的水瓶浇灌器。

这个阶段的劳动中，幼儿选择材料和工具的经验还不足，但是他们在组装水管

前后都能开动脑筋深入思考，通过观察与动手尝试，不断积累经验，巩固与调整自己的认识。在专用工具的助力下，大家发挥集体智慧，第一个浇灌器很快大功告成。

3. 管道浇灌器

（1）材料的变更

接下来，幼儿开始围绕青菜、果树园地设计新的浇灌器。当他们沿用前面的方法制作第二个浇灌器时，问题出现了——

宝妹：青菜果树园地太大了，我们剩下的水管不够，还需要更多。

宏铭：水管都在这儿了。还有其他材料能代替水管吗？

子辰：我们再去工具间找找！

青菜果树园地比葡萄藤占地面积更大，使用水管和水瓶来做浇灌器费时费力，事倍功半。孩子们迁移制作第一个支架的经验，寻找防水、能站立、放到土里也稳固的支架材料。

尧尧：这里有那么多木条，我们用木条来做支架吧！

薇薇：用木条太合适了！我还找到了大管道！

瀚宇：管道可以用来接水。我有新想法了！我们把管道接在一起，让水流下来，把水浇给植物。

邵衡：你这个想法很不错，我们把设计图画出来跟大家分享。

幼儿在工具间“翻箱倒柜”，我们给予他们充足的时间，让他们相互交流、表达想法，不断调整并优化方案。不久，孩子们再次找到适合做支架的材料——木条，还发现了新的材料——管道。他们根据管道材料的性质与结构特点展开了使用方法的猜想和验证。在这个过程中，我们为幼儿提供丰富、多样的开放性材料，支持幼儿在自主体验、创造想象、问题探究、合作交往等方面不断深入，促进了幼儿的有效学习。

有了新材料，幼儿想制作一个H形的木架，他们先把设计图画了出来。把管道架在H形木架上，这个想法会成功吗？

（2）支架从高到低

家名提出问题：“这个支架插在土里也站不稳，怎么办？”“再加一根长木棍，把它绑在栏杆上！”幼儿把制作上一个浇灌器得出的方法运用到木头支架上，果真，支架“站住”了，以此类推，他们又做了第二个支架，然后将管道放在支架上，木支架真的架住了管道。很快，幼儿按照自己的计划完成了第三、第四个支架。

邱邱：我们先加水，试试管道浇灌器能用吗。

牧尘：水都怎么都卡在中间了？

小米：我们的支架都做得一样高，水流不下来了！

尧尧：我们把每个支架做低一点，变成斜斜的，水就能流下来了！

佐妹：我们用管道接球，也是要斜的，球才会滚动，道理和这个一样，管道是平的水不会流。

这个环节，幼儿自主探究、自主发现问题，还进行了猜想和假设，把从区域游戏中获得的经验迁移到工程劳动中。他们通过小球和管道的试验，发现了水从高处往低处流的原理。在遇到问题时，孩子们能动手动脑寻找合适的解决方案，并在有所发现时感到兴奋和满足，这些都是他们自尊、自信的表现。

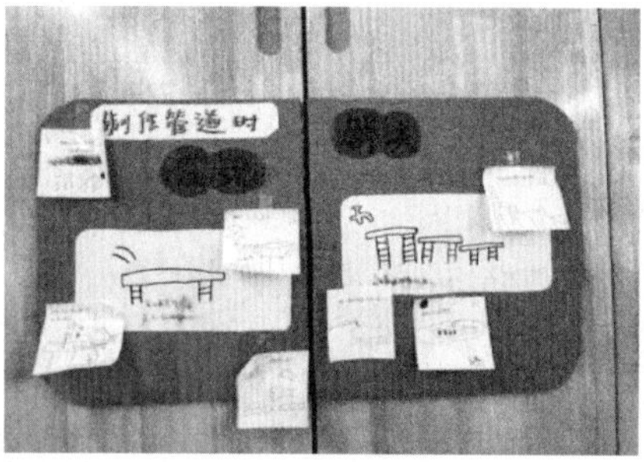

（3）井型支架

琬宜：我们的支架需要越做越低，可再低就是围墙，没有栏杆可以绑着固定了。

嘟嘟：我们把支架埋在最深的土里！

芭蕾：这个办法我们试试，木架比较轻应该不会倒。

幼儿决定把最后一个支架埋在最深的土壤里，他们找来铲子开始挖土。

浩浩：土里有好多植物的根，我不敢挖。

辰洋：不能挖了，我们再挖，植物的根就受伤了！

小宝：看来我们不能把支架埋在土里了，得换个办法。

幼儿又一次自主提出了有探索意义的问题，引发了同伴之间的交流互动，促进他们动手实验。我不干预，让幼儿自主尝试，让他们在错误中积累经验。孩子们发现了奇妙的自然现象，更激发了想一探究竟的兴趣与欲望。

“生活中有什么架子是可以站得稳的呢？我们去找一找吧！”我有意识地引导幼儿观察周围的事物，观察物体的特征，尝试从身边的事物中得到启发。

田田：我找到了！装修叔叔用的三脚架可以站稳！

子辰：书架也可以站稳。

宏明：我们的攀爬架也站得很稳，中间再放上平衡木，这和我们的管道浇灌器很像！

烁宸：真的很像！我们也做个攀爬架，把管道当成平衡木放上去，一定能成功。

幼儿有了新的想法，立即动手把 H 形的支架改成两个梯子状的支架，两侧再加上木头，把它们连接在一起，成为井形支架。幼儿在制作井形支架的过程中，初步了解了两种支架形体特点的不同：H 形支架只有一个面，而井形支架由多个面组成，有正面、后面、左面、右面，支架从单面的变成了立体的。幼儿在制作出井形支架后得出结论：“立体的支架可以自己站稳，单面的支架是没法自己站稳的。”而这个经验正是他们在劳动过程中“悄悄”获得的！就这样，管道浇灌器也完成了。

4. 虹吸浇灌器

（1）长条形支架

幼儿完成了葡萄藤地的水瓶浇灌器、青菜果树园地的管道浇灌器，就兴致勃勃地探讨制作太阳花地的浇灌器。

小宝：太阳花地的花盆都是分开的，没办法像管道浇灌器那样让水顺着流下来。

柏睿：那像水瓶浇灌器那样用瓶子浇水。

子皓：我们有好几个那么大的花盆，（需要的）水瓶太多，浇水就太麻烦了。

谢泽：那我们可以做一个大大的支架，再做一个大大的袋子装水，把袋子放在架子上滴水。

北雎：这个办法我觉得可以，我们（把）袋子做大一些，就可以装很多水，浇水也不麻烦。

子皓：架子我们要做什么样子的？

涵涵：两边要像梯子一样才能把我们的袋子挂住。

邵衡：中间还要有横杆，把两个架子连起来，（它们）才能站着。

幼儿讨论后，绘制出了太阳花池架子的设计图，从设计图与他们的讨论中可以发现，他们迁移了管道浇灌器井形支架的方法，运用“立体形状能站稳”的知识经验，想到了用横杆连接架子。

（2）制作储水袋

大大：装水的袋子我们要去哪里找那么大的啊！

汤圆：是啊，垃圾袋太小了，保鲜袋更小……

幼儿又碰到了难题，寻找不到大小合适的塑料袋。

小彬：我们把塑料袋剪开，用透明胶把它们粘成一个新的袋子。

小小：透明胶碰到水会不粘！你忘记了吗？

瀚宇：我们再去找找哪里有大大的塑料袋吧！

幼儿在探究过程中从被动转化为主动，自主推断，尝试解决问题，并主动去观察周围的事物，从身边寻找合适的材料。功夫不负有心人，他们在小班发现了他们想要的材料“大大的塑料袋”，这个塑料袋是小班美工区的桌布。

“老师，请问你们这个桌布还有吗？我们想做浇灌器的储水袋！”幼儿激动地询问，很快得知了桌布的来源——幼儿园有一大卷塑料膜。

幼儿使用米尺测量了支架最上方的长方形的尺寸，并做了记录。然后按照长方形的尺寸对塑料膜进行了剪裁。

子辰：这个塑料膜怎么绑在支架上呢？

小宝：我们（在袋子上）钻个洞，用绳子穿过去。

幼儿尝试了这个方法，在塑料膜四周剪了洞口，穿上绳子，将塑料膜固定在支架上。可当他们加水做浇水实验时，事情并没有像他们想的那样顺利。

舒心：奇怪，水怎么只能装一点儿？其他都流出去了。

佐妹：我们的储水袋子做得太小了！要再加大。

家名：对！要有两个这样的储水袋那么大才够装！

经过讨论，幼儿决定重新剪裁储水袋。他们利用制作好的储水袋，通过间接测量的方法，重新制作了一个更大的储水袋，并再次加水做实验，新的问题又出现了。

家名：袋子太重了！袋子和绳子断开了！

邵衡：我们水加太多了吗？

小米：是塑料袋剪了洞容易被扯断。

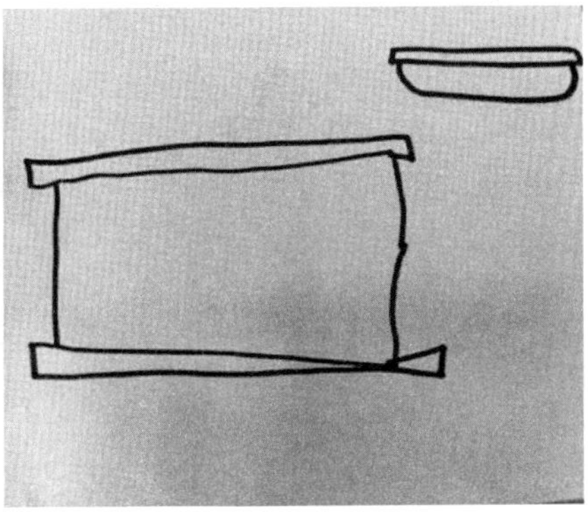

桃子：我们把塑料袋和木条用胶枪粘在一起，然后再放到支架上。

尧尧：那试试你的办法，你画出来，让我们看看要怎么做。

幼儿根据设计图第三次制作了新的储水袋，这次他们吸取了经验，制作出一个既大又不需要绳子绑的储水袋。他们将储水袋小心翼翼地放置在支架上，加进了水，这次，用储水袋浇水的实验成功了！

（3）虹吸实验

储水袋制作成功后的第三天。

汤圆：水还是太多了，瞧，木条都弯了，这样很快就会断掉了！

平安：我们还是要想个办法解决这个问题。

薇薇：木架上的水得变少才不会压坏木条。

瀚文：不然，我们在上面加管道，让水走管道流到最后。

颖涵：管道加不上去了，我们做的支架都一样高，水没办法从上往下流！

仲诺：有什么办法可以让这个袋子里的水隔那么大的空流到另一个袋子呢？

舒心：我们上网查一查！

每个问题都是幼儿进行探索与发现的良好契机。通过网络搜索，幼儿发现了"新大陆"——虹吸现象。看虹吸现象的相关视频时，幼儿被深深迷住，对他们来说，虹吸现象太有趣了。作为教师的我，该不该直接告诉他们其中的原理呢？很快我就发现，用复杂的科学原理来向幼儿解释现象，并不符合幼儿发展的规律和年龄特点，我们更应该关注幼儿探究的过程，而不是学习的结果。因此，当遇到较复杂的难题时，通过引导幼儿直接感知、亲身体验和实际操作，更能让他们感受科学探索的魅力。

嘟嘟：给鱼缸换水的方法可以用在我们的浇灌器上，这个管子很长。

谢泽：是啊。有些用吸管的，吸管不够长，不适合我们的浇灌器。

邱邱：那我们把水传到一个储水袋，再传到另一个储水袋，这样所有的袋子都有水了，而且还不会太重！

宝妹：虹吸的方法太棒了！我们把它记录下来。

根据幼儿“最新版”的设计图,我为他们提供了4条平时给鱼缸换水用的虹吸管。孩子们将虹吸管固定在支架上，将两个储水袋连接在一起。他们通过观看虹吸实验视频，已经掌握了虹吸的技巧与方法——将管子放入储水袋最底部，确保吸水管能吸到水源。

就这样，水瓶浇灌器、管道浇灌器、虹吸浇灌器在大三班的阳台开始工作了。

在自制的三种植物浇灌器的助力下，阳台上的植物都生长得郁郁葱葱，幼儿不禁感叹：“我们再也不用担心植物喝不到水了！工程就是力量！”

5. 预设目标与生成经验对照表，及活动终期网络结构图

“阳台植物浇灌器”活动预设目标与生成经验对照表

领域	预设目标	生成经验
健康	1.具备基本的安全知识。 2.能使用简单的工程劳动工具、用具。	1.使用劳动工具时能主动做好防护措施。 2.在使用原材料和半成品材料时能根据需要自主操作锤子、锯子、剪刀等。

续表

领域	预设目标	生成经验
艺术	在生活中细心观察、体验，为设计浇灌器累积经验与素材。	1.能用不同的造型、图形、色彩绘制设计图，并在浇灌器的制作过程中根据需要进行更改。 2.根据植物的种类、习性制作专属的浇灌器。
语言	1.听不懂或有疑问时能主动提问。 2.愿意与他人讨论制作浇灌器时遇到的问题。	1.提出自己的疑问时能用有序、连贯、清楚的语言讲述。 2.喜欢与同伴一起谈论交流与浇灌器相关的内容。
社会	1.愿意与大家分享解决问题的过程。 2.能在工程劳动中出主意、想办法。	1.工程劳动时能与同伴分工合作，遇到困难时能一起寻求答案。 2.知道别人的想法与自己不同时能倾听和接受别人的意见，不能接受时会说明理由。
科学	1.针对遇到的问题，能动手动脑寻找答案，探索中有所发现时感到兴奋和满足。 2.能用简单的记录表、统计图等表示简单的数量关系。	1.通过记录单、绘图等方式保留有趣的探索足迹，积累自己的发现。 2.能用实验操作、网络搜索等方式验证自己的猜测。 3.能发现支架结构与其功能之间的关系。 4.借鉴几何形体的特征制作浇灌器的支架，能画出物体的造型。

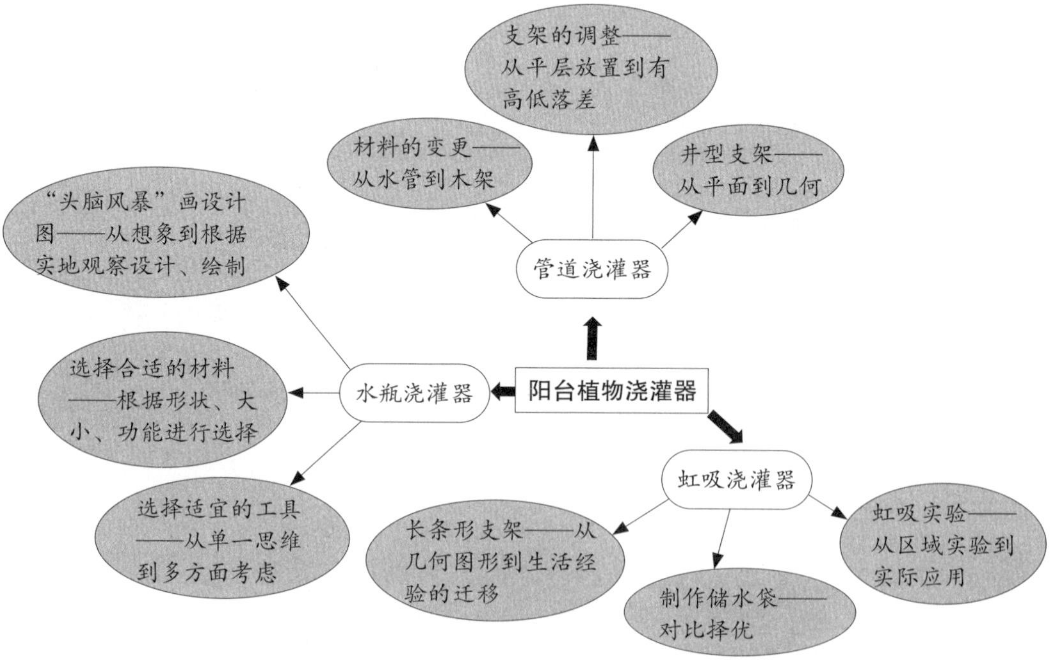

“阳台植物浇灌器”活动终期网络结构图（阴影部分为生成内容）

收获与感悟

制作植物浇灌器是一个幼儿发现问题、动手动脑解决问题的过程。当幼儿遇到水管裁断难、支架不稳固、储水袋制作难等困难时，我引导幼儿进行猜想，并与幼儿一起查询资料，根据幼儿已有的经验有针对性地提供材料，给予有力支持，激发幼儿的探究兴趣，培养他们的探究能力，发展其自主解决问题的能力。特别是当幼儿遇到难点问题时，我并没有直接告诉幼儿答案，而是逐步引导幼儿掌握科学探究的方法，把独立思考的权利交给幼儿，鼓励幼儿观察、预测、判断，帮助他们形成初步的工程思维，还引导幼儿尝试假设、验证，再进行反思和改进，进一步培养幼儿对自己的想法进行验证和再证明的能力。

三、水往高处走

幼儿年龄段：大班

活动持续时间：2020 年 9 月—2021 年 1 月

案例提供者：林玮馨

幼儿园二楼种了好多花草，每次孩子们给花草浇水的时候，都要楼上楼下地接水。

一一：好累啊，老师。

小小：还要爬楼梯！你看我的水都洒出来了。

浩铭：而且距离好远啊，我都不想走了。

我听到孩子们的这些话后，便和孩子们进行了讨论，看看有什么办法可以解决这个问题。孩子们七嘴八舌地说着想法，最后决定要想办法直接把水从一楼引到二楼。

1. 预设目标与活动初期网络结构图

“水往高处走”活动预设目标

领域	预设目标（幼儿最低发展目标）
健康	1.能根据需要画出图形，线条基本平滑。 2.能安全地使用简单的工具。
艺术	能运用绘画等手段来设计水车的样子。
语言	愿意与同伴一起讨论关于水车制作的问题。
社会	1.能同伴分工合作，遇到困难能一起克服。 2.自己的事情自己做，不会的愿意学。
科学	1.能发现生活中许多问题都可以用数学的方法来解决，体验用数学解决问题的乐趣。 2.在成人帮助下能制订简单的计划并执行。

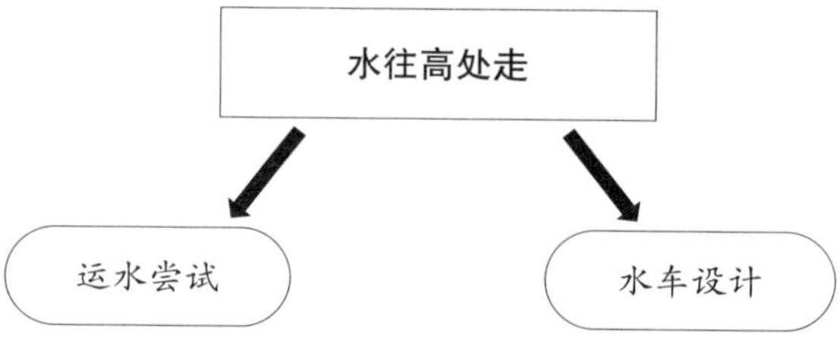

“水往高处走”活动初期网络结构图

2. 对运水的初步尝试

（1）竹筒运水

办法是有了，可是到底要怎么运水呢？游戏是最好的灵感源泉。孩子们平时在户外玩水的时候，就有拿竹筒接水的经验，于是他们这次直接把所有的竹筒搬了出来。

雷明：看，我们有这么多的竹筒，可以建一条很长很长的水渠。

科宇：对，长水渠就要建到二楼，这样水就可以在里面直接流过去了。

几个孩子这么谈论着，一边说一边拿竹筒搭建水渠。这下引来不少幼儿，大家都加入建水渠的队伍里。

可是，水渠刚搭建了 4 节，问题就来了——竹筒在台阶上固定不住，老是往下滑。

敬晨：我们需要找一个东西来固定才行。

于飞：不然我们用手固定住吧。

家豪：我知道了，我们可以拿摇摇椅，（把竹筒）架起来。

孩子们想出了各种各样的办法，也成功地将竹筒在楼梯上固定住了，所有孩子齐声喊：“放水！”大家这才发现水根本没办法流那么远的路程，更何况还要爬楼梯上去呢！

（2）水管运水

这次竹筒运水失败后，孩子们并没有气馁，他们继续寻找运水的好办法。

这一天，水泵旁边正好放置着一条平时保安叔叔用的水管，眼尖的明轩就大叫起来：“快来看！这里有一条很长很长的水管，我们可以用它来直接引水到二楼了！”

这一喊，其他孩子都被吸引过来，加入用水管运水的劳动队伍，有的孩子压水泵，有的孩子拉水管，眼看水管里的水就要成功流到很远的地方时，问题又出现了——水管实在太长，而且要经过平时孩子们户外活动的场地，所以水管就和骑车小朋友的车轮绕在了一起，而且越绕越多，怎么解都解不开。我在一旁看着也干着急。最后，孩子们自己说：“看来还是不行，用水管引水太不方便了。”玲玉说：“是啊，我们要想其他的办法来运水了。”

在初次尝试运水的过程中，孩子们能够迁移平时在游戏中获得的经验，利用身边常见的材料，如竹筒、水管等，来尝试运水。而且，从第一次尝试发现竹筒无法运水上楼梯，到第二次尝试发现用水管运水管子容易打结，孩子们是有商量、有思考的，他们在尝试的过程中，能够通过动手操作、亲身体验去发现材料的简单特点和适用性，并积极主动地寻找不同的方法。我则鼓励孩子们大胆去探索，保持他们对运水的热情。

3. 水车设计

孩子们回家后，将在幼儿园运水的事情跟爸爸妈妈进行了分享，希望在爸爸妈妈的帮助下能找到其他解决问题的办法。这样一来，孩子们果然有所发现，大多数孩子找到的解决方案是——水车。那就这样办！孩子们都准备制作水车。水车应该制作在哪里？水车应该多高？我带领孩子们实地勘察地形。

音诺：我们要先量一量二楼到一楼有多高。

宁诺：对，还要量水池的宽度，这样我们做的水车才能放进去。

家豪：测量的时候要记得把尺子拉直，这样测量起来才准。

柯宇：而且还要顶到墙角，要不量出来会短。

孩子们自己梳理着关于测量的经验，分工明确地开始了劳动。他们分成工程组和设计组，工程组在测量出数据后，把数据交给设计组。很快，第一版“水车设计图”诞生。

在绘制设计图的环节，孩子们能充分利用周围的资源和知识储备，大胆发挥想象，从实际的地理位置出发，考虑高度和宽度等因素。同时，他们相互合作，通过自然测量得出水车的尺寸数据。在下一阶段，我将继续鼓励孩子们提出设想并及时给予支持，当好一个“旁观者”和引导者，在以幼儿为活动主体的前提下，鼓励他们大胆提问、大胆尝试。

4. 制作模型把好关

设计图画好后，幼儿迁移了在上学期工程劳动中获得的经验，想到制作水车的木头一旦钉下去就改不了了，于是工程组的孩子们想先制作水车的模型。

一飞：那我们用什么材料制作模型呢？

郑宇：(用)毛根吧，我们在美工区经常玩，可以拗出造型。

紫苑：可是毛根太软了，我们需要硬一点的东西，（那样）才能支撑起来。

孩子们各抒己见，谁也没说服谁。但是没关系，他们用不同的材料都来试一试，看看用哪种材料制作出来的水车模型最好。

孩子们在上学期的工程劳动中积累了不少宝贵经验，他们将其运用到了这次的水车模型制作中。他们知道，要想让工程劳动的成果更加如意，不能操之过急，应该从模型开始设计；也正是在制作模型时孩子们发现了设计图中的问题，经过不断的讨论和修改，最终才确定了设计图。幼儿丰富了从设计图到实际制作的知识经验，使后期的制作工作更加顺畅。我在此过程中多次肯定了孩子们的探究精神，为他们鼓劲。

5. 制作水车支架

有了大家共同制作出来的模型做参考，水车支架的制作变得更加顺畅。孩子们搬运木头、测量长度、清理现场，每一项工作都有条不紊地进行着。

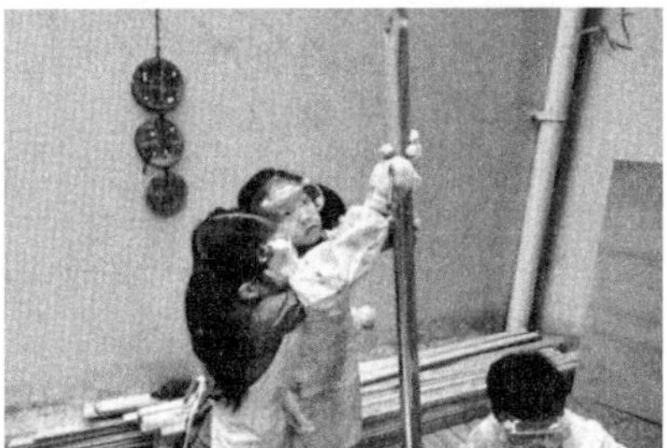

在真正制作水车的时候，工程组的小朋友自觉地合作起来，从记录数据到锯木头、钉钉子，孩子们配合默契、动作迅速，不一会儿工夫，在大家的参与下，水车支架就制作出来了，但是，问题也随之而来——由于整个工程组的人都来帮忙，大家测量和记录的数据出现了一些偏差，导致制作出来的水车支架尺寸不对，太大了，放不到水池里去。这可怎么办呢？

玲玉：我们还是重新做一个吧，这个太大了。

凯杰：可是重新做一个的话这个水车也没地方放啊。

政赫：我们还是不要浪费这个水车，不如把横的木板拆了，我们重新钉。

柯宇：对啊，这样我们也节约了时间。我们先量一量大了多少，下一次才不会错。

孩子们讨论完，将水车和水池进行了对比，确定了应该缩小的尺寸。

就这样，孩子们通过明确的分工和积极的合作，将水车支架的主体部分成功做出来了。这个过程中，孩子们的动手能力、语言表达能力和协商能力都得到了很大的锻炼。

然而，接下来遇到的问题是他们在前期测量过程中没有预设到的：由于一楼到二楼高度差较大，以水车支架的高度还是无法将水运送到二楼。因此，在接下来的阶段，我将有意识地引导幼儿去观察生活中可以将物品升高的装置，扩宽他们的知识面，帮助他们继续推进这个关于运水的工程劳动。

6. 缆车运输装置

水车支架是成功制作出来了，孩子们还来不及庆祝就发现了新的问题：由于水车的高度有限，虽然能把水运输到一定高度，但水还是没办法到达二楼。那怎么办呢？还是到游戏中去找解决办法吧！

在一次户外游戏中，陈陈和周周在坡道攀爬区玩着滚球游戏，突然，球掉了，于是，周周就顺手拿起一块木板，架在楼梯上，把球运送上去给陈陈。

周周：我把球从木板上滚上去给你，你快接住。

陈陈：好的，你用力啊！

这个偶发的游戏场景被欣芃注意到了，他自言自语道："水桶是不是也可以这样，先送到一个中转站，再继续往上送呢？"旁边的宁诺听到，觉得主意不错，建议："对，用水车把水先运到这个攀爬架上，再架斜坡，送到二楼去。"

很快，他俩的主意就得到了我和其他小朋友的赞同，真的太会想办法了！可是，水桶不能像球一样滚，因为里面的水会洒出来，这又该怎么办呢？

悦悦：我们把木板变成绳子可以吗？

一一：就是像我们升国旗那样，用绳子把水桶送上去吗？

陈陈：对，要有两条线，一条送水桶，一条拉。

菲菲：我知道了，还要两段路，就像缆车运输一样，水桶就像一个个车厢。

我惊讶于孩子们能想出这样的办法，他们竟然能从旗杆和缆车上迁移相关经验！孩子们说干就干，开始收集自己的跳绳，并进行固定和尝试。

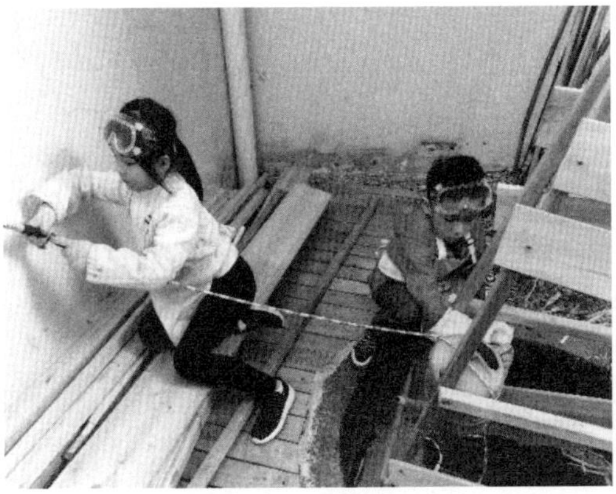

孩子们的留心观察帮助他们找到了解决问题的办法——原来，可以将旁边的攀爬架作为一个“中转站”，再通过几个小朋友的配合把水运送到二楼。孩子们迎难而上，积极寻找合适的方法来解决问题。孩子们之间的配合也越来越默契了。我在下一阶段可以继续以观察者、合作者和引导者的身份参与到工程中去，并适时地为孩子们提供支架。遇到困难就解决困难，不逃避困难，孩子们的这种精神在工程劳动活动中逐渐形成，我则继续在一旁认真观察，助力孩子们的成长。

7. 运水装置的改进

用跳绳连接而成的运水装置还没有运几次水就断了，孩子们又开始讨论还能用什么绳子来运水。但是，对于大班年龄段的孩子来说，对绳子类型的认识还是比较欠缺的。于是，我请来幼儿园的工程叔叔——小叶叔叔。小叶叔叔给小朋友们带来了各种各样的生活中能用到的绳子，如缆绳、麻绳、尼龙绳、钢丝绳等，并详细地给孩子们介绍了各种绳子的用途。这下，问题又抛给了孩子们，这么多的绳子，用哪种绳子合适呢？

玲玉：我觉得用麻绳吧，我们经常用。

凯杰：不行不行，麻绳太粗糙，水桶不好拉上去。

于飞：我觉得要用钢丝绳呢。

欣芃：不太好，我刚才摸钢丝绳，好锋利，我们还要用手拉呢！这样危险。

柯宇：我知道了，我们就用升国旗的那种绳子，又粗又不锋利。

其他小朋友听完，都觉得这个建议很不错，绳子的问题就这么解决了。可是水桶挂在绳子上后，要怎么样才能上升呢？有了刚才的对话，小朋友们很快就联想到升国旗的旗杆。旗杆上的滑轮可以帮忙呀！没错，把滑轮拴在绳子上，固定在二楼的栏杆上，然后将挂着水桶的绳子绕过滑轮，拉动另一端，这样水桶就能像升旗一样升上去了。

全部商量好后，小朋友们就开始实施。有的拿电钻钻孔，有的打下手……一群小朋友热火朝天地劳动着，终于把升级版的运水装置做出来了。

在这个阶段，孩子有商有量，通过触摸、拉扯不同质地的绳子，加深了对绳子的认识，提炼出物品的特性，从而选择合适的绳子作为运输工具，而且，他们也能通过观察发现事物之间的联系，帮助自己解决实际的问题。接下来的活动中，我同样应该尊重幼儿，允许幼儿用多种方法尝试解决问题，并多给予正面鼓励，培养大班孩子发现问题、解决问题的积极性。

8. 被拦在外面的水桶

运输装置设计、安装好后，孩子们就开心地开始运水了，但没想到的是，这回水桶是成功运送到二楼了，可它被拦在了栏杆外面，根本拿不到栏杆里面去。这可怎么办呢？这个问题可真把孩子们给困扰住了。

一一：栏杆的缝隙太小了，水桶根本进不来。

于飞：如果把水桶换成小的呢？

彦泽：可是我们没有那么小的水桶，而且水桶太小也装不了多少水。

于森：把栏杆变矮的话我们就能拿得到了。

宁诺：可是栏杆是铁的，我们变不矮（不能把它变矮）。

……

孩子们继续想着各种办法，可是这回好像确实找不到什么解决问题的方法。我看到这个情况，便过去询问道："遇到了什么问题？需要老师的帮助吗？"

欣芃说："水桶被拦在栏杆外面了，我们拿不进来。而且栏杆还是铁的，我们锯不动。"

听到这个，我明白需要我这个老师出马了。为了使孩子们有成功的体验，保持对把水引到高处的兴趣，我请来了师傅，请师傅帮忙把栏杆锯开一个口，能够让水桶进来。这个口子具体要多宽多高呢？这个就交给孩子们自己去测量吧。

孩子们先将手臂与栏杆的缝隙进行比较，还用尺子测量出水桶的尺寸，并记录下来。

孩子们解决问题的能力越来越强了，而且随着工程的推进，他们的动手能力也在不断增强，从原来的自然测量，到目前能精准测量出可以让水桶穿过栏杆的洞口的高度和长度，可见他们的数学水平在提高。我可以以此树立榜样，鼓励更多的孩子学习测量的知识。

9. 安全措施要配套

经过一系列不懈努力，挥洒了很多辛勤的汗水，"水往高处走"运水装置真正投入使用。但是用着用着，孩子们发现用水车打水的小朋友的脑袋经常会碰到旁边的铁架子。

一一：你们看，这个固定架上有好几个尖尖的角。

欣芃：这很危险的，要是不注意的话会让人受伤的。

于飞：是啊，我们拿东西把它包裹起来，这样就不会危险了。

真是太棒了！孩子们不光注意游戏，还能意识到游戏过程中存在的安全隐患。于是，孩子们就回班级拿出了报纸、防撞角等，对固定架进行了包裹，完成后还试了试效果。这边防撞措施刚做好，水桶刚顺利运送到二楼，就听到楼上突然传来尖叫，水桶“砰”的一声从二楼的栏杆处掉落下来！

桐桐：还好我大叫一声，下面的人及时躲开了。

宁宁：没错，如果下面有人在可就太危险了！还会连衣服都湿了呢！

铭夏：那我们可要想个办法。

郑羽：弄一个像遮雨棚一样的东西呗，停车场上面就是这样。

然冰：那我们编一个网放在窗口下面，这样就算水桶掉下来，也会被网给兜住。

经过孩子们的一番讨论后，男生负责钉网框，女生负责编织。没两天，网就编好了，就被孩子们马不停蹄地安装上去了。

随着安全保护措施的完善，“水往高处走”工程终于大功告成！孩子们穿上水鞋、雨衣，开心地体验把水运往高处所带来的快乐！

幼儿的学习能力往往是超乎想象的。他们留心观察，善于迁移，能把生活中看到的、听到的经验都迁移到工程劳动中，很好地解决了遇到的难题。而且，他们还能想办法规避隐藏的危险，这一点是老师没有想到的。所以，工程劳动可以创设环境，让孩子们充分感知各种可能发生的情况，锻炼他们的应变能力和思维能力。通过这个活动，我们深深感觉到：游戏需求是幼儿开展科学探究的内在驱动力，是诱发幼儿深度学习兴趣的机会，教师要不断给孩子们创设机会，让他们去挑战“不可能”。

10. 预设目标与生成经验对照表，及活动终期网络结构图

“水往高处走”活动预设目标与生成经验对照表

领域	预设目标	生成经验
健康	1.能根据需要画出图形，线条基本平滑。 2.能安全地使用简单的工具。	1.熟练掌握工具的使用方法并安全使用工具。 2.在工程完成时懂得检查运输装置的安全性，拥有一定的安全知识。
艺术	能运用绘画等手段来设计水车的样子。	1.绘制水车设计图，并在制作过程中调整改进。 2.能大胆织网，注意网眼大小较均匀。
语言	愿意与同伴一起讨论关于水车制作的问题。	懂得按次序轮流讲话，不随意打断别人。
社会	1.能同伴分工合作，遇到困难能一起克服。 2.自己的事情自己做，不会的愿意学。	1.遇到问题愿意向别人请教。 2.能主动在活动中出主意、想办法。 3.会主动承担任务，遇到困难能坚持想各种办法来解决问题。 4.愿意为集体做事，为集体的成绩感到高兴。 5.有合作精神，能够通过分工合作完成有一定难度的任务。
科学	1.能发现生活中许多问题都可以用数学的方法来解决，体验用数学解决问题的乐趣。 2.在成人帮助下能制订简单的计划并执行。	1.能经常动脑动手寻找问题的答案。 2.能用简单的方式或者工具进行测量。 3.初步了解运输装置的基本特征。 4.能够发现不同绳子的承重力是不同的。 5.能够根据设计图把实物制作出来。

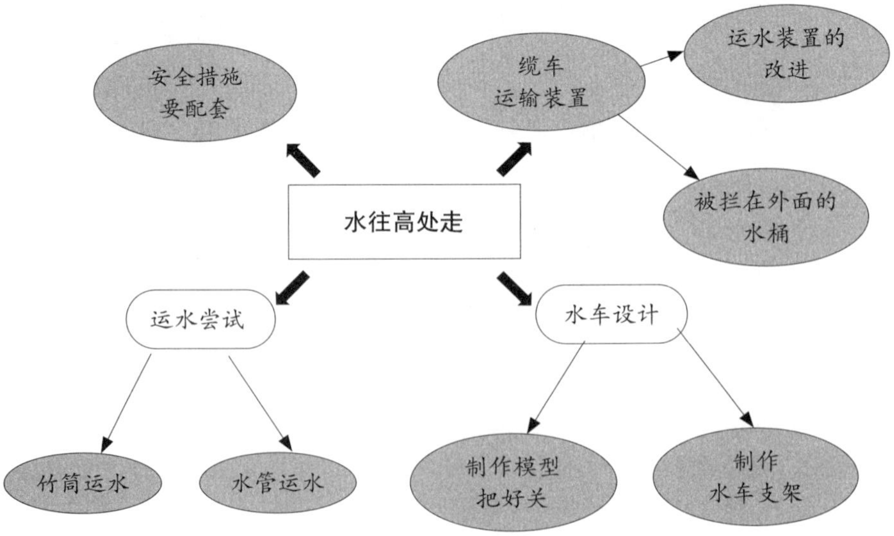

“水往高处走”活动终期网络结构图（阴影部分为生成内容）

收获与感悟

“水往高处走”工程劳动是一个来源于幼儿又基于幼儿发展水平的劳动项目。项目的每一步推进都是幼儿自己做主，自己动手操作完成，我没有过多干预，只是适时帮助他们，支持他们的想法，规范他们的行为。我通过引导者、支持者和合作者的身份，为幼儿提供材料支持，扩宽幼儿的经验知识，本着尊重幼儿的态度，朝着促进幼儿整体发展的目标，与幼儿互动，推进工程发展。整个活动开展下来，幼儿的各项能力都得到了提升——他们能够按照自己的想法来设计、制作水车；在制作过程中能与同伴分工合作，学会与同伴协商，接纳同伴的想法；拥有了初步的劳动能力，学会了使用简单的劳动工具，掌握了一些劳动技能；遇到问题时，能够通过观察、实验、调查、记录等方式分析问题产生的原因，并迁移生活中的经验寻找解决问题的方法；最后，他们逐渐具备了良好的学习品质，积极主动，认真专注，不怕困难，勇于尝试和探究。

我在这项工程劳动的推进过程中，充分尊重幼儿作为游戏主人的主体地位，认真观察幼儿的行为，倾听幼儿的想法。在观察到幼儿对绳子的类型了解甚少时，及时请来“外援”，帮助幼儿认识不同的绳子；在发现幼儿难以解决水桶被卡在栏杆外面这个难题时，能及时提供支持，使得工程得以顺利往下进行，让孩子们体验到劳动的成就感……总体而言，我较准确地把握了工程的进展，并针对幼儿的实际水平提供了合适的支架，促进了幼儿的有效学习与发展。

在水利工程劳动实践中，我园面对的是“更上一层楼”的挑战，涉足陌生又理性的领域，缩小现实与构想的差距。为解决水利工程劳动课程实施难题，我园首先从专业技能上为教师提供平台，从科学原理、亲身操作、实地“整形”三个维度开展培训；面对场地问题，我们在实践中打破各种原有的“界限”，让幼儿拥有改变环境的权利和机会，让各年级段的教师有机会“操刀”，按需调整一日活动作息安排；面对资源难题，赋予教师自主配置班级劳动资源的权利，以混龄活动与共同的项目活动带动交流与融合，合理分配任务，实现劳动高效化；面对技术难题，教师针对幼儿的实际水平提供合适的支架，逐步引导幼儿掌握科学探究的方法，引导幼儿自主尝试，促进幼儿的有效学习与发展。通过这样的研究与实践过程，我园积淀形成了独有的“拆墙”文化，在水利工程劳动教育中实现了跨界参与、跨龄参与、跨角色参与等多角度、多形式的团队合作学习景象。

5 第五章 综合工程

我们的问题和挑战

- 工程劳动真的有那么“香”吗?
- 能实现从单一工程劳动向综合工程劳动的迈进吗?

综合工程劳动最显著的特征为综合性，在综合工程劳动中，幼儿需要综合运用木作、土建、水利、编织等技术制作产品。在这个过程中，幼儿不仅获得木作、土建、水利等多学科的知识和经验，还能根据不同材质去使用不同的工具和技术，提高综合使用技术和全面思考的能力，进一步形成工程思维。

经过一段时间的实践，我园以综合工程劳动带动了幼儿各方面的发展，加快了教师的专业成长，也收获了更多的成果，例如，幼儿将木作、土建、水利等工程劳动技能融汇应用，创作出了更多有意义的物化作品，使工程劳动课程在各类型劳动的融合中不断发酵，日久弥香。

我园的工程劳动课程还拥有了更多的支持者与参与者。经过培训，我园教师对精细工具、特殊工具的不同用途进行研究，如探究锤子的各种方法、各类钉子不同的用武之地……并通过线上、线下等方式向家长、社会宣传工程劳动的教育作用，赢得家长的支持、社会的认可。有了更多力量的加入，我园的工程劳动教育逐渐散发出更加“香醇”的“后劲”。

第一节
日久弥“香”话工程

一、工程劳动真有这么“香”吗

有人说：“你们研究的是工程劳动，自然免不了‘王婆卖瓜，自卖自夸’。”还有人说：“无非就是放着现成的物资不买、不用，非要自己绞尽脑汁累死累活做出来。”……面对外界诸多的声音，我们组织教师一起围绕话题“工程劳动真有这么‘香’吗”展开系列培训，其目的是让教师更加坚定，让家长、社区更加支持，让外界更加认可……最终起到“墙内开花墙外香”的辐射作用！

（一）综合多形式的培训，锻造教师的专业信念

在工程劳动课程开展过程中，我们时常通过案例分享来梳理工程劳动的价值，相关的研训活动有针对班级、年段、课题组、全园等不同层面的，也有许多形式，如组织教师围坐下来聚焦一个问题进行集体研讨，邀请专家开设讲座，实地分析幼儿在工程劳动中的行为并进行探讨，明确下一步的支持方式等。研讨内容都是关于如何推动课程发展、解决当下困惑的。在强化教师的“大劳动”思想与“全收获”理念，帮助教师树立对工程劳动课程的信心与决心方面，我们还有以下途径：

1. 雷打不动的学期案例分享，全员齐参与

每个学期末，我园都会组织开展一场“工程劳动分享会”。教师们以班级为单位，通过案例分享的形式，将这学期开展的工程劳动课程故事娓娓道来。这样的梳理与分享，对于提升全体教师的专业水平来说十分具有效力。教师们会在每一个分享之后，将自己的发现、想法、思考与收获进行交流，在他人的分享中获取自己最想突破、最感兴趣、认为最有价值的那一部分内容。这是教师专业升级的“补给站”。呈现完整案例也是教师统合各方面能力的机会，教师对课程建构与实施的逻辑梳理能力、语言组织能力、价值判断能力及沟通展示能力、分辨剖析能力等也会在每次的分享

会中积累、提升，从量变到质变！

每当期末分享案例时候，全园、全员一起参加。我们认为，当后勤人员等人参与课程，他们就不再是旁观者，园里每一个人都是课程的主人。在分享案例的时候，可以通过一个个具体完整的实例，帮助大家再次明确“为什么要开展工程劳动”“工程劳动带来了什么收获”“工程劳动中幼儿的发展、教师的进步是怎样的”……巩固大家对工程劳动课程的信心，树立坚定的信念，为齐头并进做能量储备，使工程劳动更“香”！

2. 运用信息技术开展培训，让幼儿的发展不仅看得见，更有说服力

过去，我们在记录幼儿的发展过程时，常常用拍摄照片、记录文字的方式，总结时最多做图文并茂的解释和说明。由于工程劳动的开展是一项动态的劳作，过去所采用的幼儿发展过程的呈现方式，受限于教师的文字表达能力与照片的说服力，导致真实的矛盾冲突与精彩亮点不易被人们感知。于是，我们通过组织线上自学、线下突破“双管”式的信息技术培训，帮助教师获得动态记录幼儿劳动技术提高、有效呈现幼儿发展水平的能力。幼儿园为全体教师购买了 20 台平板电脑、3 台摄像机，并安装了信号覆盖全园的网络通信设施等；为拍摄需要，设立“行政人员、配班教师协助制度”，每个班级在开展工程劳动课程时都可以申请“外援”来协助，多角度拍摄视频资料；为解决教师在视频剪辑上的困难，设立了“信息技术小达人”团队，随时在线解决问题和困惑。这些物资与制度，为教师的学习和提升提供了保障。有了这些保障，教师们认真学习，积极尝试：在拍摄时，教师懂得了利用一个固定机位加一个移动机位进行合作拍摄，只为取到更多有说服力的镜头，让更多真实的想、学、干的场景更具体地呈现出来；在剪辑时，教师会通过转场、变速、配音、配字等手法，将幼儿的发展通过视频对应展示出来。视频的冲击力和说服力远远超出了文字，解读的深度也远远超出想象，能让观众信服，让工程劳动更加“香”。

3. 培养骨干，走出园所，参加评选，形成经典案例

我们沉浸在工程劳动课程中，满足又欢喜，当然，我们也很想听听同行、专家对课程的评价和见解，帮助我们变得更好，于是，我们将园内工程劳动课程开展得较好的班级教师组织起来，通过骨干培养、推课参赛等方式，让他们参加区级、市级的评选、竞赛、“练兵”等活动，经过层层教研不断改进，打磨出更加经典的工程劳动案例，存储在幼儿园的公共资源平台上，供教师们共同学习。

（二）培训教师，引领家长，辐射社区，持续吸纳课程支持者和参与者

课程的发展靠幼儿园一方之力一定不够，家长和社区的支持和加入，才能使工程劳动课程有持续发展的可能和长远的意义。如何让家长、社区也知道工程劳动的“香”呢？对教师的培训可以利用讲座、研讨会、分享会等形式，可是，向家长和社

区说理念、讲“课程”可不行！适宜他们的是一种润物无声的“无形”的“培训”。那么，幼儿园如何对家长、社区产生看不见却能真正起推动作用的影响呢？首先，我们让教师明白，渗透相关理念的行动，不仅可以在班级进行，还可以蕴藏在和社区、家长及其他幼儿园的互动之中。我们通过筛选，帮助教师梳理出适合的方法，具体如下：

1. 云直播，让家长感受工程劳动的“香”

我们协助教师建立了“绿色家校平台”，指导教师利用节假日面向家长开展“‘基础劳动——生活自理小达人’家园共评选”活动，促使家长将目光转向幼儿在家时的自我服务劳动，作为幼儿园劳动课程的配合；新冠疫情期间，我们指导教师通过直播形式将“云上种植”活动组织起来，激发家长和幼儿参与劳动的兴趣；我们还指导教师定期、不定期地利用云直播技术，展示幼儿在工程劳动中的重要进展，反馈幼儿的进步情况，并适时邀请家长为下一步的推进“出谋划策”，使家长有参与感和自豪感。就这样，家长们逐渐支持我们，并对工程劳动产生兴趣、信任，最终信服，体会到工程劳动的“香”。

2. 共享书屋，让社区感受到工程劳动的“香”

我们帮助教师甄选出一些具有社会效力、能为社群服务的工程劳动案例，将其展现在家长和社区面前，把工程劳动课程推向更高层面，使其产生更多社会效益。如，当教师从幼儿对话中捕捉到他们想制作“社区共享书屋”的愿望后，引导幼儿通过木作劳动完成共享书屋，并利用信息技术手段定期投放电子书，为周边的小学生、中学生、居民等提供阅读资讯、视频和书籍，为提升社区文化影响力出一分力。

3. 示范辐射，同行共成长

我园经常接待前来观摩的幼教同行，我们就通过每一次教师对外开设的讲座、每一次接待同行参观跟岗的方式，将工程劳动课程细致呈现出来，唤起同行的共鸣和重视，从而将工程劳动课程推向更多园所，使更多教师和幼儿获益。

二、除了单一的工程劳动，还能有什么

自我园开展工程劳动课程实践以来，教师们听了很多案例分享，也开展了木作工程、土建工程、水利工程等的实践研究，引导幼儿做成了很多工程作品。那么，工程劳动与其他形式的劳作是剥离开来的呢，还是相辅相成、互相依托的呢？虞永平教授说过：“幼儿园的教育活动是教师有目的、有计划地引导幼儿生动活泼、积极主动地获得有益经验的过程。幼儿园教育活动的内容广泛，形式多样，其核心是教

师引导幼儿与周围的自然、社会环境相互作用，在探索、交往、表达等活动过程中不断获得新经验。”基于此，我们也结合工程劳动课程进行了梳理。

（一）园长引领，重塑“生态”理念

工程劳动课程是一个载体，它开展的目的决不仅限于其本身，而是借助它，承载起一个民族的教育重任。我们把它高高“举起”时，也开始透过“大劳动”理念审视自身的行动。20 世纪 60 年代出生的林园长每天奔走于各班，从全球资源紧缺到全国倡导节能的角度，苦口婆心提醒大家注意节约，身体力行做到物尽其用。逢会必以造福子孙的平实夙愿向全员强调生态平衡的重要性；倡导节水节电，倡导物资的重复利用；在教职工代表大会上开展关于“节能”的主题讨论，话题涉及教职工的衣食住行用和世界观、价值观的树立……这些思想，潜移默化地影响着每一位厦门市实验幼儿园的成员。

（二）教师留心，随处可见课程资源

有了园长的引领，教师们从节约转向对资源再利用的深度思考。他们面对周围的事物，总是能主动思考它们是否可以成为课程资源或为课程服务。

1. 从“不要就扔”到“物尽其用”的转变

我们生活在一个好像什么都不缺的年代，东西坏了就扔掉重新买似乎成为“家常便饭”。可是，在工程劳动课程的实施过程中，教师经常发现有些材料要用的时候却找不到，常常会有“早知道就留着它”的后悔心情。为此，我园开辟了“工程劳动材料间”，在材料间里，增设各类各型号的“置物架”，教师可以将一定有用的、可能有用的和修修还能用的一切“有用的东西”存放于此，并做好信息登记（包括物件材质、存放位置、大小尺寸、可能用得上的条件等），便于自己或其他教师取用。有了这样的场所，教师们会从马路边捡回粗大的树枝，交给孩子们做攀爬架；会从装修工人手上要来本会被丢弃的木龙骨，给幼儿用来钉护栏；会从家里带来不用的风扇，给孩子们尝试做水车……他们把“物尽其用”的思想渗透到工程劳动的方方面面。

2. 从无到有的“全过程”“全收获”

我们认为，无论是工程劳动、种植劳动，还是生活劳动，都是“全收获”“全资源”的重要形式。这些接地气的、生活化的课程内容，没有高高在上，不是高不可攀。我们帮助教师梳理经验，让教师形成支持幼儿的思维模式，促进幼儿主动学习、劳动，主动解决生活中的困难、实现自己的设想，参与制造能服务于生活的具体事物的劳作过程。如，当幼儿想跨过池塘却不想损坏草地时，我们允许教师带领幼儿在池塘中间建一座桥梁；当幼儿渴望看到秋天田间稻子的模样，我们便组织教师一起挖了一口泥塘，带幼儿种下秧苗，并养护、照顾，期待收成；当幼儿想要为植物遮阳，我们鼓励教师带领幼儿耐心培育水稻，等其成熟后，利用稻草织成顶棚；当幼儿有了防蚊

驱蚊的想法，我们支持教师改造场地，种植藿香、艾叶，并带领幼儿用竹篾编制出筛子，晾晒香草；孩子们想要碾谷子，我们就邀请专业木匠来培训教师，用木头制作一个手摇碾米机……教师有“一桶水”，才能给予幼儿“一碗水”，我们在持续的培训和研讨中强化教师的理念，提升教师的劳动素养和技能水平。我们坚守“想法来自幼儿，过程依靠幼儿，成果属于幼儿”，而园长、教师、后勤人员、家长、社区，都为之服务，都给予帮助、支持，大家成就同一个成果，达成同一个目标，最终在教研中成长，在实践中获得，并在获得中体会快乐！

第二节
劳动教育资源的拓展

随着工程劳动课程的开展，我们的教师从什么都不懂的“小白”成长为不断“解锁”新的工程劳动内容的“高手”，直到现在，能引导幼儿尝试运用木作、土建等技术开展综合工程。这就要求幼儿园的管理不断跟进，调整并产生新的举措，以支持综合工程劳动的开展。同时，我们将工程劳动课程逐渐向家长、社区和社会辐射，这些延伸和辐射不仅能为综合工程劳动的开展提供更多的活动资源，也让我园的工程劳动成果越来越“香”。

一、劳动资源的叠加利用促进工程劳动教育深度发展

（一）多元工具的配备，支持幼儿综合使用工具

综合工程强调综合性，在综合工程中，幼儿需要综合运用木作、土建等技术制作产品，他们对工具的使用更加精确。比如锤子的使用。羊角锤是我园最先提供给幼儿使用的锤子，在木作工程时他们用它来钉木头、起钉子，可到了综合工程中，幼儿使用这样的铁锤去锤水泥时，便容易导致水泥开裂的现象，于是幼儿提出了需要材质更轻的塑料锤来锤打水泥和砖头，这说明幼儿对工具的性能越来越了解了，能够根据劳动对象不同的材质而选择使用不同的工具，他们对工具的需求也更加精细。因此，我园便创设条件，为幼儿提供更加丰富、多样化的工具和材料，根据工具的使用功能对工具进行细化分类，保障幼儿能将工程劳动的计划付诸实践，实现自己的想法。

以螺丝刀的提供为例，我园按照螺丝刀的功能将其分成了以下三类：普通螺丝刀（头与柄造在一起的螺丝刀）、组合型螺丝刀（将螺丝刀头和柄分开的螺丝刀，要安装不同类型的螺丝时，只需把螺丝刀头换掉即可）、电动螺丝刀（即以电动马达代替人手旋转来安装或移除螺丝的螺丝刀）。我们还根据螺丝刀头的结构造型为幼儿提供

一字、十字、米字螺丝刀。

除了细化工具的种类外，我园还随着综合工程劳动的开展为幼儿提供一些现代化的工具，如电动锁钉枪、电子水平尺、玻璃胶枪等，引导幼儿探索现代化劳动工具的使用方法，感受现代化工具给工程劳动带来的便利。

幼儿使用胶枪

幼儿使用电动锁钉枪

幼儿使用电子水平尺

（二）生态环境的叠加，丰富幼儿的生活体验

虞永平教授提出了“全收获”理念，“全收获”中的“全”是指多层次、多方面、多主体。我们深度学习“全收获”理念后，在不断的实践中，对工程劳动课程有了新的思考，尝试从“全视野”角度来推进综合工程的实施。

我园充分挖掘、整合园内一切环境资源，根据园舍的实际情况“化整为零”地利用空间，创设生态园，引导幼儿在生态园参与劳动，鼓励幼儿通过综合工程劳动去改善生态园的环境，参与生态园的建设，综合运用木作、水利、土建等工程技术去解决劳动过程中遇到的问题。生态园的创设产生了空间叠加的效果，丰富了幼儿的生活体验，幼儿自主发现的工程劳动内容不仅仅局限于生活和游戏，而是在“全环境”中生成。

以综合工程“植物灌溉器”为例，幼儿在生态园浇灌植物时，发现每次浇灌植物的水都不均匀，靠外边的植物总是能“喝到”很多水，里边的植物却“喝”不到水，生态园里的环境和相关的劳动让幼儿发现了这个问题，萌发了制作“植物灌溉器”的想法。他们根据生态园的不同场地，综合运用各种材料制作了不同造型的灌溉器，有单排竹筒灌溉器、双排 PVC 管灌溉器、日字形透明灌溉器、可调节水量灌溉器等。在这个过程中，他们会通过木作工程劳动来制作灌溉器的支架，用土建工程劳动中的水泥浇灌技术来增强灌溉器的稳定性，结合水利工程中“水从高处往低处流”的知识制作灌溉器。在生态园的“植物灌溉器”工程劳动，与以往在班级阳台制作植物浇灌器不同。以往在班级阳台植物角，因场地较小，幼儿只是制作简单的支架让水流动起来，更多关注水利工程的内容，而在生态园里，幼儿要根据不同的种植场地制作不同的灌溉器，他们关注的不仅仅是水利工程了，而是综合运用水利的知识、木作工程和土建工程的技术，去解决生态园里的实际问题。生态园的环境为幼儿开展综合工程劳动、创造性地设计和制作产品提供了环境上的支持。

（三）“同项异构”，提高教师实施课程的能力

随着工程劳动课程的深入开展，综合工程的综合性使得教师组织与实施工程劳动更具挑战性。我园师资比例呈现“三角形”的状态，以新教师居多，青年教师人数次之,有经验的骨干教师相对较少。面对综合工程给教师带来的新挑战,我园在“同课异构”的启发下，延伸出“同项异构”，“同”即相同的工程类型或相同的工程劳动内容，“异”即不同的教师、不同的教学思想、不同的幼儿。“同项异构”让不同的教师根据不同幼儿的发展特点对相同的工程劳动内容进行不同的设计与组织实施，教师可以“抱团取暖”，针对同一工程劳动内容展开有针对性的教研。这样的形式，不仅帮助教师总结相关经验，提高了教师组织与实施工程劳动课程的能力，也能让工程劳动在不同的班级和园区呈现出不同的精彩。

以小班工程劳动“植物防晒衣”和大班工程劳动“植物保暖大棚”为例。分园小班的幼儿发现班级里的植物经常被紫外线晒伤，他们萌发了为植物制作“防晒衣”的想法，而总园大班的幼儿则发现生态园里的植物因为天气太冷而被冻伤了，他们提出要给植物做一个保暖的大棚。不同的园区，不同年龄段的幼儿，在照顾植物的过程中萌发了相似的想法，于是，两个园区的教师便组成了“同项异构”小组。在组织工程劳动课程的过程中，教师们针对幼儿的年龄特点、“最近发展区”、当下遇到的困难等内容，围绕着工程劳动的推进展开多次讨论，在讨论中，教师学会从幼儿遇到的问题去思考、分析他们的核心经验，抓准时机介入幼儿的活动，推进工程劳动深度发展。在这样的“同项异构”活动中，小班幼儿选取生活中的雨伞为模仿对象，通过拆解、缝制等适宜小班幼儿年龄特点的方式，制作了“植物防晒衣”，而大班幼儿则是综合运用工程劳动技能制作了植物大棚，如运用木作工程技术搭建大棚的框架，运用土建方法增加大棚的稳固性。这样的“同项异构”方式，不仅促进幼儿在原有基础上获得发展，而且提高了教师组织与实施工程劳动课程的能力，还使工程劳动的成品更加多元化。

二、社区（社会）资源的拓展让工程劳动课程的价值自然延伸

（一）家长专业资源的引入，让家园共育自然衔接

在劳动课程，尤其是工程劳动课程的实施过程中，常常需要水利、木作、土建等相关专业知识和原理的支撑，面对专业知识“短板”，我园教师们也经常充满困惑，于是我们尝试打通与园外资源的有效连接，通过相应途径，让不同岗位、职业和工作领域的家长及各行各业的劳动者积极参与劳动课程建设，使他们成为帮助幼儿解决工程劳动问题的顾问或专家。

1. 成立“家长助教团”

“家长助教团”是我园一直坚持的一种家长助教活动形式，它是幼儿园根据一日活动的目标与要求，以及家长的职业、经历、兴趣等而组建的相对稳定的组织，便于幼儿园有计划地请家长参与幼儿园的教育教学活动。该组织协助教师完成保教任务和课程开发，共同促进幼儿全面、和谐发展，其成员包括幼儿的家长、亲戚等。根据我园工程劳动课程实施的需要，我们后来又将其升级为专门的“超级工程家长助教团”。

首先，各班教师向家长发放“幼儿园助教参与书”及“报名登记表”。登记内容包括家长的姓名、性别、年龄、职业、专业特长、兴趣爱好、助教意愿、联系方式等。登记表回收后，由班级老师进行汇总筛选，然后建立统一的“超级工程家长助教团”资源库。

其次，在校园网上建立资源库的电子档案，教师在资源库内进行选择，邀请其中的成员开展助教活动。由专人负责资源库资料的建档和调整，及时记录和统计助教活动的开展情况。

这种形式打破了班级的界限，实现了全园家长专业资源的互通与共享。

家长助教案例：大班工程劳动“桥世界”

在“造桥”主题活动中，孩子们回家寻找生活中的“龙骨”，他们发现床有“床骨”，伞有“伞骨”，桥也有桥的“龙骨”，还知道了龙骨可以承载重量，起到支撑作用。第二天来园后，幼儿互相分享经验，一致认为桥面加上龙骨承重力就会更强，也更牢固。

观察桥的“龙骨”长什么样

家长引导幼儿感受床的龙骨

家长林叔叔带来了家里装修剩下的各种厚度不同的防腐木，帮助孩子们实现造桥梦。在压一压、跳一跳、承载一个人的重量、承载两个人的重量的试验中，再次让孩子们感受、体验厚度不同的防腐木其承受力也不同。林叔叔还和孩子们讲解了桥面龙骨的主要用处：主龙骨是承载桥的全部重量的；副龙骨是横撑龙骨的，用于平放桥面木材；边龙骨是用在桥的四周的，帮助固定和水平定位。

家长助教与幼儿交流龙骨的作用

听林叔叔讲解了龙骨的用处后，孩子们也说出了自己的想法。

咏言：林叔叔说主龙骨是承载桥的全部重量的，那要选用最厚的防腐木当主龙骨。

泽远：副龙骨是放桥面的木材的，我觉得承重力也要很好，也要选最厚的防腐木。

至成：边龙骨也很重要，也要用很厚的防腐木，这样才好固定。

小宝：栏杆扶手没有承重，可以选薄一点的防腐木。

林叔叔肯定了孩子们的想法，但是也指出：因为你们建的桥比较窄，只要用副龙骨就完全能支撑起桥的全部重量，所以可以不用主龙骨。孩子们听了林叔叔的分析，也想出一个好办法——测量出防腐木的长度，比较出防腐木的厚度，再对防腐木进行分类，做上记号，这样一眼就能看出哪些是较厚的防腐木。

……

2. 引领家长更新家庭劳动观念

对孩子进行工程劳动教育离不开家长的配合与支持，否则幼儿园与家庭的要求不一致，家长仍然事事处处包办代替和不放心，对幼儿劳动习惯、劳动能力和劳动情感的培养难以见到明显成效。

（1）引领家长更新观念，树立正确的劳动教育意识

我们通过家长学校围绕劳动教育积极开展培训；借助幼儿园的微信公众号定期向家长推送有关劳动教育的文章；通过线上家长开放日活动，利用播放视频等方式让家长观看孩子们在园参与工程劳动的情景，让家长看到幼儿是“有能力的、自信的主动学习者”，看到孩子们既能独立完成生活自理劳动，也能创造性地设计和制作工

程产品；邀请专家向家长宣讲劳动教育对于幼儿发展的价值和意义……通过全面、系统的引导，家长的劳动观念得以逐步更新，形成了培养儿童劳动习惯的意识。

（2）帮助家长拓展思维，挖掘工程劳动教育资源

通过“家长园地”向家长介绍工程劳动的价值、工程劳动的组织与开展方法、家庭配合幼儿园开展工程劳动的要点等。教师也将幼儿在园参与工程劳动的情况进行细致梳理，以文字、照片或视频的形式，启发、帮助家长拓展思维，尝试挖掘家庭中可利用的资源，支持工程劳动的开展。

（3）带领家长找到方法，增强教育自信

家长的难题在于调动儿童的劳动意愿。我们借助家长开放日活动，让家长感受、学习，并找到实施劳动教育的灵感；还以线上互动的形式，与家长进行及时沟通，帮助家长从一件一件小事上获得成就感，增强自信心；我们还以“家务劳动我来做，争当劳动小能手”为宣传语，开展“劳动小模范”评选活动，鼓励幼儿在家自己穿衣、吃饭、收纳玩具，帮助爸爸妈妈做一些简单的家务。这些都能增强家长在家庭中对幼儿进行劳动教育的自信。

（二）社区丰富的活动资源，给孩子劳动能力的发展提供更多机会

加强幼儿园与社会的有效互动是现代教育对幼儿园提出的一个新要求。幼儿的活动场所不应仅仅局限在幼儿园内，社区丰富的自然、文化环境资源，不仅可扩大幼儿学习与探索的空间，也使劳动课程内容得以延伸、拓展，更有利于对幼儿想象力和探索欲的培养。

如我园教师带孩子们去木材市场，和商家进行沟通，选择需要的木料，再加工成合适的尺寸；教师和孩子们一起去花市或花店，询问商家哪些是喜阴植物，哪些是喜阳植物，咨询价格，看看是否超出预算，等等。

中班幼儿准备搬运园林工人锯下的木料

又如我园与附近小区紧邻，围墙外有一圈高大粗壮的樟树，樟树繁茂的枝叶常常延伸进幼儿园围墙内，为避免枯枝掉落带来的安全隐患，我园每年都要联系社区园林管理人员前来修剪树木，这个联络工作最初由成人来做，慢慢地就交由大班小朋友来完成了。每年春夏之际，在教师的协助下，孩子们打电话给社区工作人员，提出修剪树木的需求，预定修剪的日期，并提出要保留一些锯下来的木头、树枝等；等园林工人来修剪后，孩子们会主动再询问工人叔叔是否可以留下一些给班级，在得到工人叔叔允许后，孩子们会开心地把这些湿木材或拖或搬或拉

运进幼儿园，找地方晒一段时间，再一起搬运到大劳动工具间，储存起来备用。在此过程中，幼儿劳动学习的课堂从室内走向室外，从园内走向社区，挖掘了社区中的资源，有效增强了幼儿与他人交流沟通、大胆表达等社会领域的能力，也促进了工程劳动课程的开展。

（三）将劳动教育主张推向社会，助力孩子可持续成长

通过劳动课程的持续实施，我园大、中、小各年龄段的孩子们自己的事情自己做，养成了爱劳动的意识。幼儿通过为同伴和集体服务，体验到了劳动带来的快乐和获得感。他们走出幼儿园，走进社区，为他人、为社会群体提供服务和劳动，感受到劳动者的光荣。工程劳动课程鼓励幼儿大胆设计、制作产品，解决生活中的问题，提高了孩子们解决问题的能力和思维能力等。我园将劳动教育主张推向社会，也助力孩子们持续成长，让孩子们真正获得劳动带来的成就感！

我们的“共享书屋”

我们的“小篱笆”防护栏

小小志愿者向路人推荐、介绍“共享书屋”里的精彩绘本

第三节
固本培元——“发酵”文化

经过三年的工程劳动教育实践与研究，我园教师从最初木作工程的“小白”到现在能融合木作、土建、水利等技术开展综合工程，从关注劳力、劳心到关注自然、生态、生命，对幼儿的可持续发展不断深入思考，确确实实经历了一个不断充实、调整、变化、发展的自我提升过程。到综合工程研究阶段时，我园逐步凝练出“生活启蒙劳动，劳动滋养生活”的教育主张，孕育出“固本培元”的教育思想，其中的“本”即“根本”，就是儿童的本真，“元”即“元气”，是儿童发展的动力。该思想旨在巩固儿童的生命基础，助力儿童可持续发展。在此基础上，逐步酝酿出我园的“发酵”文化。

一、我们理解的“发酵”文化

教育家苏霍姆林斯基曾说：“离开劳动，不可能有真正的教育。”幼儿与生俱来就有劳动的意愿，劳动不仅能锻炼幼儿肌肉动作、身体的协调性，还能深刻地影响他们的个性品质、性格发展、人际交往等。

通过三年的实践，我们发现，只要幼儿园为工程劳动的开展创设了适宜“温湿度”和“空间”条件，工程劳动就会像一个“酵母菌群”，源源不断地“发酵”出越来越多的教育价值和作用，不仅给幼儿带来更多的机会和挑战，支持幼儿个体全面发展，而且推动教师的专业发展，促发幼儿园课程建设的自然生长和深度融合。全园上下因此滋长、弥漫着“劳动创造美好幸福生活”的精气神。幼儿园将这样的“小美好”向家长、社区和社会层面进行宣传和推广，取得了较大的社会效益。每个看似简单的小工程，除了让“固本培元”的教育思想在实践中落地生根、助力儿童可持续发展外，还不断“发酵”，教育影响和价值不断扩大。这种现象，我们称之为“发酵”文化。

二、“发酵”什么

不能简单地将劳动理解为洗衣、做饭、打扫卫生……劳动教育的意义在于让劳动者用身体“丈量”物理和心灵的世界。劳动即教育，劳动的缺失即教育的缺失，当劳动教育缺位或异化，幼儿只能在“纸面上”完成所谓的“成长”。劳动本身就有着丰富的内涵，我们对劳动的理解不能仅仅停留在生存层面，劳动还能创造许多精神财富。虞永平教授指出：幼儿的劳动主要是幼儿通过身体或体力活动，达到服务自己和他人的目的，本质上是幼儿主动与周围世界相互作用的过程。通过与人、物和自然的主动互动，幼儿开展了自理劳动、服务社群劳动、工艺劳动、工程劳动、种植劳动、饲养劳动等。那么，工程劳动实践可以“发酵”出什么呢?

（一）工程劳动“发酵”求真务实的劳动精神

在工程劳动中，我们想要“发酵”的是真正促进儿童学习与发展的教育观念和真实可行的教育行为与过程，让劳动真正融入幼儿的一日生活，提倡求真务实的真劳动，在自然的情境中使用真工具，体验真实的劳心、劳力过程，获取真实可用的成果，让幼儿感受世间万物的真实，避免片面追求劳动形式，将脱离幼儿真实生活情境的劳动任务简单粗暴地加诸幼儿。同时，我园根据幼儿的身心发育特点，量身订制了各种“缩小版”的劳动工具、护具和储藏柜等，让幼儿投身于真实的劳动现场，体验真正意义上的劳动过程，为求真务实的劳动精神的养成奠定基础。

（二）工程劳动涵养吃苦耐劳的劳动品质

近年来，由于家长的包办代替和过度溺爱，再加上教师对安全性的顾虑和对劳动教育理解的偏差，幼儿与“乐于劳动”“勤于劳动”“吃苦耐劳”等品质几乎“绝缘”。基于以上问题，我们认为，只有让幼儿亲身参与他们喜欢的、觉得有趣的、与他们的生活息息相关的劳动过程，从力所能及的劳动中，从具有挑战、探索乐趣的劳动中，从体验自己的劳动给他人带来方便的满足感中，才能逐步养成吃苦耐劳的劳动品质，体验劳动成果的来之不易，才能在富有挑战和成就感的劳动过程中形成积极的劳动态度，逐步变得愿意劳动、乐于劳动、尊重劳动。

（三）工程劳动促进幼儿的全面发展

幼儿园劳动教育是落实《指南》目标的重要途径，工程劳动是促进幼儿全面发展的重要途径。

1. 满足自我服务的个体需求，让幼儿拥有独立自主的生活能力

陈鹤琴先生关于幼儿劳动教育的思想是：日常生活劳动构成幼儿劳动教育的重要形态，日常生活为幼儿劳动教育提供了丰富而鲜活的经验素材。我园始终坚持将一日生活活动作为劳动教育的主要内容，坚持“把劳动渗透在一日活动中”这个原则，这一点在前面的章节已经做了详尽的介绍，此处不再赘述。

2. 支持服务集体的社会需求，让幼儿萌发服务他人的劳动意识

除了以自我服务为基础的劳动教育内容，我园根据幼儿的年龄特点，从一日生

活和游戏中挖掘并创设为集体服务的机会和空间。如：晨间让幼儿和生活老师一起摆杯子、摆椅子、擦椅子、给植物浇水；午餐时分碗筷、铺桌布、自助取餐；每月的自助餐，从桌布的铺设、桌椅餐具的摆放，到餐后的收拾整理、大带小的互帮互助……这些场景中都能看到幼儿为集体服务的劳动过程和身影。还有幼儿为保护幼儿园大门处的草坪而设计制作护栏、为社区设计制作电子共享书屋等。这种基于幼儿生活与学习的劳动教育，让幼儿在一日活动的各个环节都能参与劳动，在体验劳动为他人带来方便的满足感的同时，萌发服务他人的劳动意识。

3. 发现幼儿生活中的劳动需求，让幼儿有机会成为劳动的主角

劳动离不开生活，幼儿园一日生活的各环节均蕴藏着劳动教育的机会和内容。例如，在炎热的夏季，幼儿会提出“在阳台上搭建一座可以遮阳挡雨的小凉亭”“为蔓延生长到地面上的植物搭建支撑架”“在幼儿园拥堵的门口制作安全隔离柱”等想法，从中我们可以看出生活中处处有劳动的需求，教师要善于发现各种劳动教育的契机，及时激起幼儿参与劳动的兴趣和愿望，帮助和支持他们成为劳动全过程的主人。下面以工程劳动“校门口的安全小卫士”中的几个片段为例。

大班工程劳动案例片段：“校门口的安全小卫士”

大班幼儿朵朵在幼儿园门口刷卡时，发现刷卡的地方很拥堵，回到班级，她就和其他幼儿讨论起这件事情，大家也都觉得幼儿园的大门口很拥堵。

崔阳：有的爸爸妈妈刷完卡，也进到幼儿园里了，很危险。

苏晴：有的爸爸妈妈刷完卡转身，差点撞到后面的小朋友，很危险。

璐璇：有的爸爸妈妈刷完卡还堵在门口张望，造成了门口拥堵。

佳圣：不如我们做一个“安全小卫士”，放在幼儿园门口，可以提示大家进出（时的注意事项）。

这个建议得到了班级所有幼儿的同意，于是，“安全小卫士”的制作就这样开始啦！

……

“安全小卫士”排排队为大家服务了。因为木板底座有足够的重量，交错叠加的木板给了水管支撑点，既轻巧又方便摆放，所以这种款式的“安全小卫士”成了最后的“赢家”。幼儿用自己的小手给底

座绘制上美丽的图案，然后拿出他们事先做好的链子把三个“安全小卫士”的底座串了起来，安放在幼儿园门口。

为了给大家做隐形的示意，幼儿还结合隔离围挡在地板上贴上了箭头和符号，无形中给家长和幼儿做了“分流”暗示。

第一天，幼儿在门口观察“安全小卫士”的效果，他们发现大部分爸爸妈妈都能和幼儿分开来走了，但是也有小部分不知道分流走的规则，需要保安叔叔在门口反复提醒。有什么办法让每个人都知道分流走的规则呢?

小叶子：我觉得可以在门口放个喇叭，提醒大家。

钰洁：我觉得可以制作一份海报，放在门口提醒大家。

乔安：我觉得可以制作一个宣传片，在幼儿园门口的大屏里播放。

幼儿分小组行动，有的制作海报，有的拍摄视频。宣传视频制作好以后，还在教师的协助下把它传到各班的家长群里，这样大家就能及时学习幼儿园门口的安全分流规则了。第二个星期，效果就显现出来了——家长们和幼儿都能走自己的通道，遵守进出规则，幼儿园门口终于不再拥堵了。

4. 解决游戏中的真实问题，让幼儿有机会自然“卷入”多领域学习

通过劳动提升生活的品质，解决生活与游戏中的真实问题，这是工程劳动的重要目标和内容。游戏可以说是幼儿的一种典型的情境性学习活动。低结构、高开放的材料和不确定的游戏情境中包含着很多需要解决的问题，因而能为幼儿提供更多自主探究、运用经验、思考和创造的空间，使得幼儿自然“卷入”多领域学习，进行深度思考和探究。例如，在大班“刺激自行车道”工程劳动中，幼儿发现用积木和砖头搭的“大桥”很容易倒，幼儿在“找问题—想办法—多次试误”的过程中了解到能让“大桥”牢固的主要因素后，开始了新一轮的尝试：他们围绕“桥要多大”“桥面需要多长”“桥的每个组成部分用什么材料做”等问题重新进行思考和计划。他们一次次调整、改进设计图，寻找合适的材料，借助已有的科学经验、数学经验、社会交往经验等开展工程劳动，运用技术和工具辅助推进活动。他们用首尾相接摆放测量单位的方式，测量需要的桥面长度；他们学习安全使用锯子、胶枪、钳子、锤子等工具，运用锯、粘、夹、锤等各种技能进行制作。可见，为了解决游戏中的真实问题，幼儿短暂的兴趣变成长久的需要，这些真实问题充分延伸和拓展了幼儿学习与探究的领域，将浅层的学习变为深度的探究。

5. 诱发深度思维，让幼儿感受劳动创造的成就和愉悦

张雪门先生提出：“课程固由于劳动行为，却需在劳力上劳心。”劳心与劳力结合的工程劳动能满足幼儿自由发挥水平的需求，能让幼儿在劳动中思考并运用智慧，让

幼儿感受劳动为自己、为他人带来的帮助，从而获得成就感，能让幼儿感受劳动创造的本质，培养幼儿热爱劳动的精神，而不仅仅停留在“流汗”或“劳作”上。例如，大班幼儿发现浇灌植物时水壶漏水，会把阳台弄得湿漉漉的，就想设计一条可以像自来水管那样把水引到种植角各个角落的灌溉器。为了引水，他们面临一些真实的工程问题，如“支撑水管的木头架子要几个脚才能站稳？”“怎么架管道才能让水从高往低流？”幼儿通过拟定计划、实验操作、探究思考、调整改进等劳心与劳力交互作用的过程，与同伴合作完成了会储水、能流动、能喷洒的灌溉器。在实验成功的那一刻，孩子们体验到劳动成果为自己、为他人的生活带来便利，产生了巨大的成就感和幸福感。这个过程中，工程劳动既提升了幼儿幸福生活的能力，也涵养了他们的劳动品质。

三、“发酵”文化的弥漫与生长

劳动教育的最终目的，是让孩子拥有幸福生活的能力。幼儿劳动教育是落实《指南》的重要途径，是全面发展教育的重要组成部分，正如南京师范大学刘颖老师在《劳动教育促进完整儿童的发展》一文中提出的：新时期践行幼儿园劳动教育，不在于“劳动”在当下是时髦的，而在于生活在当下的幼儿需要劳动教育。[①]

“发酵”文化为幼儿园的劳动教育带来新的思考和定位——“生活启蒙劳动，劳动滋养生活”，这是相互交融、相互推进的密不可分的过程，是幼儿在生活情境中解决真实问题、满足内在需要的，自由自主的、综合性、创造性的活动，是涵养幼儿的劳动品质、促进幼儿德智体美和创造力全面发展的重要途径。

“发酵”文化为我园构建“金字塔”形的劳动教育框架带来启示，在这个框架中，以种植、自我服务、集体服务等内容构成劳动教育基础的“大底座”，以工程劳动为切入口，在劳力的基础上加入劳心，让工程、劳动和生活自然融合，不但促进教师观念转变，使其知行合一，而且带动幼儿园课程建设的自然生长和深度融合。

“发酵”文化为我园的办学理念的提升和社会效益的扩大带来促进作用。过去，我们更多的是“闭门造车”式的自我提升，忽视了对家长、社区的宣传影响，弱化了与周围大环境、大社会的互动接轨。当“发酵”文化逐步在园区内弥漫和生长时，我们认识到成长是一种过程性的收获，劳动能为幼儿的可持续成长助力，我园变得更愿意、也更主动地将开展工程劳动研究所收获的教育思想（“固本培元”）和教育主张（“生活启蒙劳动，劳动滋养生活”）推向外界，不仅向幼儿教育界展示，也向家长、社区乃至厦门市做宣传推广，弘扬劳动教育的真正内涵。例如：我园成立了幼儿园劳动教育实践基地；我园在省、市级申报了两个相关课题，并获得立项，以此进

① 刘颖．劳动教育促进完整儿童的发展 [N]. 中国教育报・学前周刊，2020-05-03.

一步促进幼儿园劳动教育研究；我园总结梳理劳动教育课程故事，并在国家级层面分享、推广……这些成果，助力我园建设“幼儿园劳动教育实践基地”品牌，为厦门市大、中、小学和幼儿园德育与劳动教育一体化建设工程添砖加瓦。

第四节
综合工程劳动案例

一、悠哉悠哉木栈道

幼儿年龄段：混龄
活动持续时间：2020 年 9 月—2021 年 1 月
案例提供者：黄晶　陈雪莹

在一次社会实践中，幼儿参观了厦门的健康步道，回来后纷纷谈论这次特殊的经历。

子扬（大班）：健康步道有很多造型，有直的、转弯的，还有螺旋的！

甜甜（小班）：人好像在空中走！

想想（中班）：那是因为它是一座架在空中的大桥。

贝贝（小班）：哇！在幼儿园我也想要这样的步道！

瀚文（中班）：不如我们就把健康步道搬到幼儿园来，变成小朋友游戏的地方！

君君（大班）：还可以像莲花公园那样建，人们可以在栈道上悠哉悠哉地散步。我们就叫它“悠哉悠哉木栈道”吧！

在日常教学活动中，经常是教师提出问题，幼儿围绕问题进行探究。而那些问题真的都是幼儿感兴趣的吗？在这次社会实践中，幼儿自主自发地提出了要在幼儿园建造一条健康步道的想法，我们也围绕幼儿应获得的关键经验对“悠哉悠哉木栈道”这个工程劳动项目内容进行了剖析，认为其具有可行性和教育价值。

1. 预设目标与活动初期网络结构图

“悠哉悠哉木栈道”活动预设目标

领域	预设目标（幼儿最低发展目标）
健康	1.能根据需要画出图形，线条基本平滑。 2.能使用简单的工具。
艺术	能运用绘画、手工制作等手段来表现木栈道的外部特征。
语言	能与同伴交流自己知道的木栈道或健康步道的相关知识。
社会	1.会分工合作解决工程劳动中遇到的难题。 2.敢于尝试有一定难度的活动和任务。
科学	1.尝试归类、排序、判断、推理、计划等，逐步发展逻辑思维和数学能力。 2.善于发现问题，尝试分析问题，能拟定解决方案后再解决工程劳动中遇到的问题。

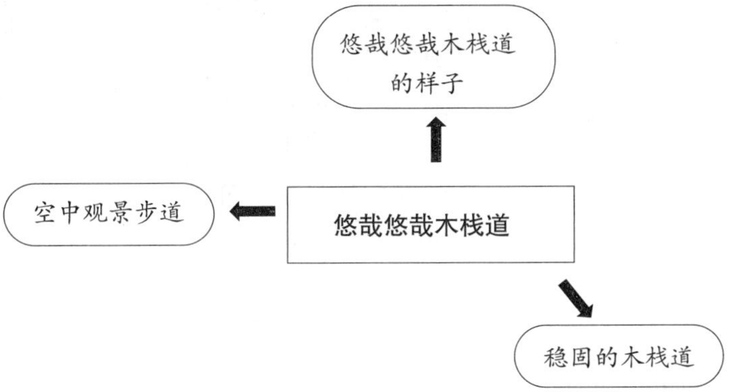

“悠哉悠哉木栈道”活动初期网络结构图

2. 悠哉悠哉木栈道的样子

（1）设计图的诞生——从空想到落地

有了搭建步道的想法，孩子们开始了“征地计划”，为木栈道寻找合适的地盘。在幼儿园勘查了一圈后，他们发现一楼沙池不仅大，而且利用率低，眺望台不仅高，而且活动范围有限，最终他们决定以眺望台为起点，造一条通往草坪小山坡的步道。“圈”了地，孩子们便投身到设计图的创作中。在以往画设计图时，他们更多的是将搭建想法直接画出来，但那样往往会出现成品和设计图相差甚远的情况，设计图形如虚设，对于幼儿的操作起不到实际作用。吸取了以往“空想”设计图的经验，在大班幼儿的带领下，孩子们一起用手机拍照，记录下实地场景，并直接利用一体机在场景图上绘制出步道的初步设计方案。他们讨论着关于如何借助眺望台建造木栈道的细节，最终，包含上下坡、层层阶梯、两侧扶手的步道设计图脱颖而出。

在设计过程中，幼儿畅所欲言，积极筹划。为了让他们的想法变得实际可操作，我引导他们采用在实地场景图上直接绘制设计图的方法，幼儿按照自己对木栈道的认识，结合实际，尝试画出了设计图。

有了设计图后，我们一起对下一步的工作进行了讨论。幼儿先利用积木、棉签、吸管等在区域中随手可得的材料在建构区搭建立体步道模型，感受二维设计图和三维物体之间的空间转换，丰富自身经验。

根据第一版设计图纸搭建模型后，幼儿又进行了实地勘查，发现了许多问题。

甜甜（小班）：（走）这个木栈道的下坡我会怕。

君坦（大班）：在设计的时候我们没有考虑到弟弟妹妹，这可能太高了。

想想（中班）：可是眺望台就是这么高，怎么办呢？

子扬（大班）：我们可以把下坡的阶梯搭得密集一些。

瀚文（中班）：再像我们的楼梯那样加上扶手，这样弟弟妹妹就不会害怕了。

这个环节，我通过引导幼儿在区域里制作步道模型，促进幼儿空间感知能力的发展；引导幼儿结合实地场景绘制并调整设计图，这符合幼儿思维的特征，能给幼儿具体形象感，也给他们充分发挥想象的空间。

（2）材料的选择——从迷你材料到真材实料

孩子们根据讨论的内容对设计图进行了改进，为步道加上了护栏和密集的台阶。新的问题又产生了——用什么材料来制作步道呢？他们把目光转向了旁边的材料池，那里有水泥砖、空心砖、实心砖、老木头、新木头、新型的合成木头。选择哪种合适呢？他们拿着木头在实地比画起来。

贝贝（小班）：哥哥姐姐，新木头被我踩断了……

想想（中班）：没关系，因为新木头又薄又脆，老木头才比较厚。

陈宇（大班）：我们可能需要用老木头搭配新木头的方法搭建步道。

君坦（大班）：老木头可以做下面的龙骨，用新木头做路面。

小班幼儿的“莽撞”成为推进工程的“催化剂”，在哥哥姐姐眼里觉得很简单的问题，往往因弟弟妹妹的加入而变得充满未知和挑战。当新木头被踩断后，大班幼儿主动总结原因，分析木头材质和薄厚程度的异同，并和中班幼儿一起探索解决问题的方案，最终对照设计图再次进行调整，这体现了“在探究中思考，在尝试中分析改进”的精神。

3. 稳固的木栈道

（1）木栈道的龙骨——从平铺到穿插

确定了需要用的木头后，幼儿着手建设步道，他们决定从龙骨开始下手。他们先用卷尺测量出观景台到地面的距离，然后根据测出的长度锯了两段老木，斜搭在观景台和地面这端的木板上，很快，他们就发现了问题。

想想（中班）：木头没有固定，会掉下去的。

君坦（大班）：可木头是斜靠着的，用钉子直接没办法连接。

陈宇（大班）：木头之间的接触面很小，不能直接钉的，要换一种方法连接。

瀚文（中班）：接触地面的这边可以用东西堵住！

他们决定采用瀚文的意见，先将龙骨的一端用东西堵住，初步保障步道的安全，接着，他们从旁边的材料池里挑出了两小块边角料，用钉子牢牢钉在木板上，抵住龙骨在地面的这一头。

可是靠近观景台的那一端要怎么固定呢？幼儿又开起了小会。

瀚文（中班）：这一边的木头需要有东西把它拉住。

君坦（大班）：可以用龙骨把这块老木和观景台连起来。

君坦的提议获得大家的一致认同，龙骨就是起到连接的作用嘛！他们测量出需要的长度，用新木锯出了龙骨，接着用钉子固定，把步道和观景台牢牢连接了起来，步道的框架初见雏形。

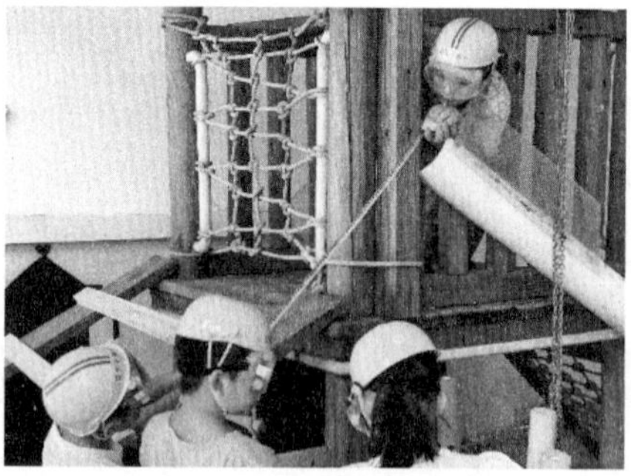

接着开始制作台阶，他们如法炮制，经过一系列的测量、标记、锯、钉等劳动，步道的台阶很快就完成了，他们迫不及待地爬上去体验一番。

贝贝（小班）：哥哥姐姐，我不敢走啦！

想想（中班）：我也发现中间的木头不够牢固，

走上去摇摇晃晃的。

景轩（大班）：是因为中间少了一块龙骨木头。

君坦（大班）：对，没有支撑，所以不够牢固。

他们想到在中间再加一块龙骨，可是台阶已经钉好，怎么把龙骨加上去呢？他们上网搜索资料，又到实地勘察步道底座的框架，发现除了平铺，还可以用互相错开、穿插交叉的方法固定龙骨。在小蔡叔叔的帮助下，他们将第三根龙骨穿插到其中，完美解决了步道的稳固性问题。

材料是工程劳动的基本保障，有了材料，幼儿的一切活动才成为可能。幼儿已经习惯从材料池里寻找合适的材料，根据各种木头的软硬和厚薄进行筛选，他们的劳动技能也逐渐提升。当他们发现步道的底座不够稳固时，我为其提供网络支持，再引导他们实地考察，帮助他们逐步解决问题。

（2）扶手的难题——从表层到深入

搭建好了步道的底座和台阶，幼儿又开始检验。在检验过程中，大班幼儿发现步道具有一定挑战性，中班幼儿表示从观景台上下来有点难，而小班的弟弟妹妹更是不敢踏出一步。对照设计图，他们发现原来是少了扶手。于是孩子们很快将扶手直接钉在台阶的两边，三下五除二便宣告完工，可再次检验时问题接踵而至。

瀚文（中班）：弟弟妹妹把扶手弄歪了，怎么办呀！

想想（中班）：他们是不是不适合玩这个呀，不然别来了。

陈宇（大班）：不能这样怪弟弟妹妹，是因为我们的扶手太不牢固了。

君坦（大班）：是呀，如果是我们用，它也会坏的，这样太不安全了。

教师：怎么让步道的扶手和旁边的“天空大桥”的扶手一样稳固呢？

孩子们观察起“天空大桥”的扶手，发现扶手不仅要和桥面连接，还需要利用灌了水泥的奶粉罐将扶手和地面紧紧粘在一起。可是这次的步道是在沙池里建的，怎么使扶手和地面连接呢？孩子们很快把平时玩沙挖沙的经验迁移过来，提出把沙子挖到底，再将灌满水泥的奶粉罐深深插到沙池底部去。有了方案，他们马上动手干起来，将原来的扶手拆下来重新制作，

有的幼儿负责挖沙、筛沙，有的幼儿负责灌水泥，最后，“桥桩”被插入了沙池里。

可孩子们紧接着又发现扶手和步道之间隔了一段距离，而钉子又不够长，无法将扶手和步道连接，怎么补上这个缝隙呢？他们继续到材料池里寻找合适的材料来补救。之前用剩的一些木材边角料进入幼儿的视线，用这样的木头拼一拼，能填上空隙吗？经过不断试验，他们发现，用两块小木头就可以补上扶手和步道之间的空隙。掌握了方法后，他们左右开工，用钉子对木头进行“左右夹击”。这一回，扶手终于能为弟弟妹妹保驾护航了。

当遇到“扶手不够稳固”这个难题时，我引导幼儿认真观察“天空大桥”的扶手构造，引导幼儿进行对比，帮助幼儿理解增加底座的重量能增加扶手稳定性的原理，为木栈道扶手的制作做好经验准备。在这个过程中，我为幼儿提供运用已有知识经验动手设计和制作的机会，让幼儿深入探索加固扶手的方法，并制定更适合的实施方案。

4. 空中观景步道

（1）路面上的弯道——从统一规格到“量身打造”

沙池部分木栈道的建造首战告捷，接下来该制作延伸至沙池顶端的观景步道了。在动工之前，幼儿发现了一个难以攻克的难题——之前的步道都有现成的地基，而这段观景步道是架在空中的，且底下的地势复杂，有容易打滑的小山坡，还有不规则的沙地，地基该设置在哪里呢？幼儿先用木板代替地基在沙池上比画起来，他们设想用砖头搭建出三条间隔的地基，再将观景步道的路面架在地基上。

按照计划，他们着手挖沙设地基，在铲子的助力下，沙地上很快就出现了一个小洞。保安叔叔来支援，小洞变成了一个两米多深的大洞。原来沙地下面这么深啊！孩子们惊叹之余，困难随之显现——面对这么深的坑，如何实现用砖头搭建地基的想法？他们不得不请来了专业人士小叶叔叔。了解了地形后，小叶叔叔在幼儿的设计图上进行了改进：将原来用砖头搭建地基的想法调整为用钻孔打桥桩的方式。在“外援”和小工程师们的共同努力下，空中观景步道的框架愈加清晰。

接下来到了路面的拼搭环节。有了之前做台阶的经验，孩子们熟练地操作着，很快，矩形木块占领了大部分桥面，可到最后收尾阶段，意想不到的事发生了……

瀚文（中班）：怎么这里最后变成了一个三角形呀！

景轩（大班）：因为我们的观景步道不是直线，有一点转弯。

想想（中班）：有转弯的地方就会变成三角形吧！

教师：弯道最后都是三角形的吗？弯道上的木块是如何设计的呢？

贝贝（小班）：快看！我发现了转弯！

弟弟妹妹的发现带来了转机，原来沙池的隔断围栏上就有好几个大大的转弯。带着疑问，幼儿对园里、公园内、马路上的各种弯道进行了“走访调查”，他们发现，根据弯度的不同，会出现三角形或扇形转弯。在我的引导下，他们对比直路和弯道的异同。在美工区，幼儿对比较难理解的扇形进行分割，用剪刀裁剪出矩形和扇形纸张，接着再组合拼搭平面弯道；在建构区，幼儿利用不同形状的积木和废旧纸盒尝试搭建立体弯道模型；在集中教育活动中，我利用一体机分解各种形状，让幼儿画画拼拼，加深对弯道形状的理解。最终幼儿发现制作弯道不仅需要矩形的木板，还需要“量身打造”三角形或扇形木块来组合拼搭。解开了关于弯道的疑惑，孩子们便拿着宽木头在实地画出要切割的形状，根据标记将形状锯好，木栈道的路面终于大功告成了！

在这个环节，我在幼儿需要的时候“恰巧”出现，这种“进”和“退”的策略对幼儿的发展有着至关重要的作用。“进”体现在当幼儿遇到无法突破的难点时，我利用开放性的问题激发幼儿进一步思考，引导他们探究搭建弯道的多种方法；“退”则表现在“幼儿在前教师在后”，在区域游戏和集中教育活动中提供帮助幼儿理解图形特征的资料，遵循了幼儿的学习规律，促使幼儿的学习深入发展。

（2）坡上的台阶——从滑落到稳固

观景步道初步建成了，幼儿迫不及待进行“工程验收”，可他们很快发现步道的尾端距离小山坡的山顶还有一段陡峭的路，怎样利用木栈道让人平缓地上坡呢？“在上坡的地方搭一段台阶吧！”有了前面搭台阶的经验，孩子们的意见很统一，可经过观察，他们发现这次搭建台阶没有想象的那般容易。

甜甜（小班）：这个坡好高，我跨不上去。

想想（中班）：怕什么，我们搭台阶就好走了。

君坦（大班）：可没有想的那么简单。原先我们是在平路上搭砖。

瀚文（中班）：现在在斜坡上怎么做到呢？砖头会滑下来的。

陈宇（大班）：没关系，可以用水泥加固，让砖和斜坡粘起来。

幼儿商量了一番，决定和以前一样，用砖头加水泥的组合来建造台阶。可运来了砖，问题也随之而来——斜坡太陡，留给台阶的空间很小，砖头根本放不上去。

教师：整块的砖太大了，要怎样调整呢？怎么让砖头能填补框架内的空缺呢？

景轩（大班）：我们可以像以前一样用切砖的办法（把砖切小）！

于是幼儿先用整块砖搭出台阶的框架，接着在我的帮助下将砖切成小块，再倒上浓稠的水泥浆，填补了框架内的空缺。水泥还起到了黏结的作用，将砖头台阶固定在斜坡上。孩子们还从材料池里找来了各式各样的瓷砖来铺贴台阶表面，边贴边用水平尺检验台阶是否保持水平，就这样，三级台阶逐渐完善起来，“悠哉悠哉木栈道”的建造告一段落。

在工程劳动过程中，我们强调培养幼儿的工程思维和多方面的经验，尤其是关于数学、科学、工程、技术等方面的知识或技能。教师在这个过程中起到重要作用，在幼儿遇到问题时，教师要清楚问题产生的原因及其解决方式，在必要时介入，以启发的方式引导幼儿进行深入尝试和探究，从而起到更好的“支架”作用，促进幼儿多方面经验的获得。

5. 预设目标与生成经验对照表，及活动终期网络结构图

“悠哉悠哉木栈道”活动预设目标与生成经验对照表

领域	预设目标	生成经验
健康	1.能根据需要画出图形，线条基本平滑。 2.能使用简单的工具。	1.会运用小肌肉和大肌肉动作建造并完善木栈道。 2.在使用劳动工具时有一定的力量和耐力。
艺术	能运用绘画、手工制作等手段来表现木栈道的外部特征。	1.能用撕、剪、贴等不同的表征方式装饰木栈道。 2.能绘制木栈道的设计图，并在活动过程中不断调整改进。
语言	能与同伴交流自己知道的木栈道或健康步道的相关知识。	介绍木栈道时，能使用完整、清晰的语言进行描述，并用上常见的形容词，语言比较生动。
社会	1.会分工合作解决工程劳动中遇到的难题。 2.敢于尝试有一定难度的活动和任务。	1.知道别人与自己的想法不同时，能倾听和接受别人的意见，不接受时能说出理由。 2.主动承担任务，遇到困难能坚持而不轻易求助。
科学	1.尝试归类、排序、判断、推理、计划等，逐步发展逻辑思维和数学能力。 2.善于发现问题，尝试分析问题，能拟定解决方案后再解决工程劳动中遇到的问题。	1.了解健康步道的基本特征。 2.掌握不同材料的稳固性和平衡性的区别。 3.在步道转弯时感受弯道的搭建方法。 4.按照一定的行进路线对步道各部件进行排列组合。 5.能用简单的方式或工具进行自然测量。 6.较熟练地进行量的比较。（点数所需材料的数量） 7.搭建时能考虑高度、角度及坡度问题。

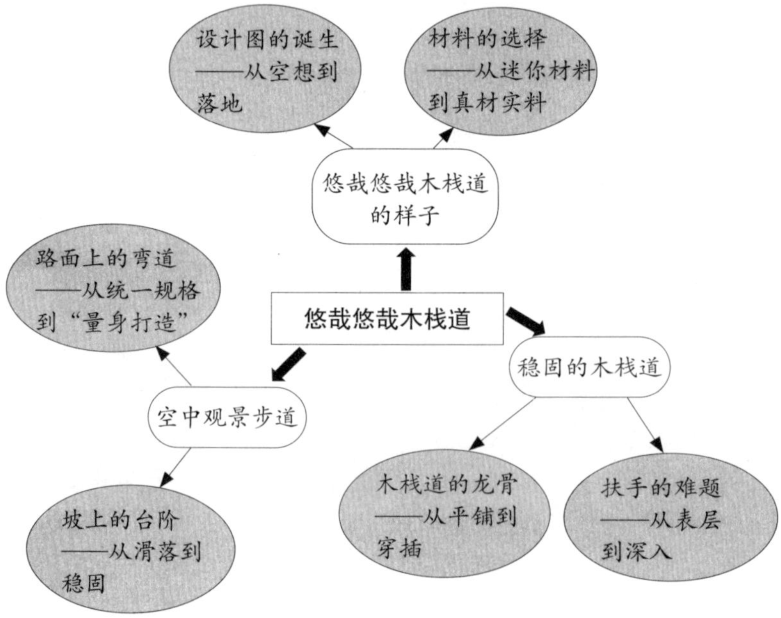

“悠哉悠哉木栈道”活动终期网络结构图（阴影部分为生成内容）

收获与感悟

近年来，由于家庭中家长包办代替、学校教育中相对淡化等诸多原因，劳动教育逐渐被社会大众忽视。本案例中，从幼儿制作桥面、加固扶手、稳定桥桩、搭建台阶的过程，我们不难看出工程劳动的影子。这个工程劳动是劳心与劳力相结合的过程，也体现了劳动教育的独特价值：精确测量、完善转角、稳固地基为劳心；搬砖运砖、和水泥、用平铲抹水泥等为劳力。幼儿在劳力中除了使“力”，还结合劳心用“巧劲”。因此，我们认为：劳力诱发了劳心，劳心沁润了劳力，劳力与劳心融合推进。

本案例中，我们从生活中发现进行劳动教育的契机，使幼儿积极主动、情绪愉快地投入劳动，通过适宜的体力付出，在劳动的汗水中理解“坚持不懈”的含义，体会成功的喜悦，明白珍惜劳动成果的意义。

二、观鸟屋

幼儿年龄段：大班

活动持续时间：2020 年 9 月—2021 年 1 月

案例提供者：苏晓燕　张珊珊

新学年开学了，孩子们来到了新的班级，刚走进教室，他们就被阳台木栈道上的东西深深吸引了……

“这是什么？为什么绳子要连到树上？”“好像是个升降机，你看，拉一下绳子它就会降下来，那一边又会升上去。”“那树上绑个‘升降机’干什么呢？”“不知道，可能是以前在这儿的哥哥姐姐们留下的吧。”大家七嘴八舌地讨论着……

为了解开这个谜团，孩子们询问了原来大一班的老师。原来，班级阳台上会有很多小鸟来做客，哥哥姐姐们做了这个会升降的“喂鸟器”，给树上的小鸟喂食。孩子们听到阳台上有小鸟，兴奋不已，议论纷纷：“阳台上都会飞来什么样的小鸟呢？”“它们吃东西是怎么吃的呢？”“好想近距离看看小鸟呀！”“我们做一个低一点的鸟窝，放食物吸引它们吧！”

这个建议一提出，得到了大家的欢呼和附和！大家纷纷表示要做一个可以“观鸟”的房子。

幼儿园和隔壁小区之间的一排大树与幼儿园的绿植融合成一幅自然生态的场景，得天独厚的地理位置孕育了“观鸟屋”工程劳动内容，幼儿能在此基础上主动挖掘劳动资源，我则抓住时机，积极思考如何利用好资源让幼儿参与劳动，促进幼儿的劳动水平更上一层楼。

1. 预设目标与活动初期网络结构图

“观鸟屋”活动预设目标

领域	预设目标（幼儿最低发展目标）
健康	1.能使用简单的工具。 2.劳动后能做简单的收拾、整理及清洁工作。
语言	能与同伴交流自己知道的观鸟屋的相关知识。
社会	1.会分工合作解决工程劳动中遇到的难题。 2.敢于尝试有一定难度的活动和任务。
科学	1.尝试归类、排序、判断、推理、计划等，逐步发展逻辑思维能力和数学能力。 2.能用适当的方式表达探索的感受和发现，并积极与同伴交流。
艺术	能运用绘画、手工制作等手段来表现观鸟屋的外部特征。

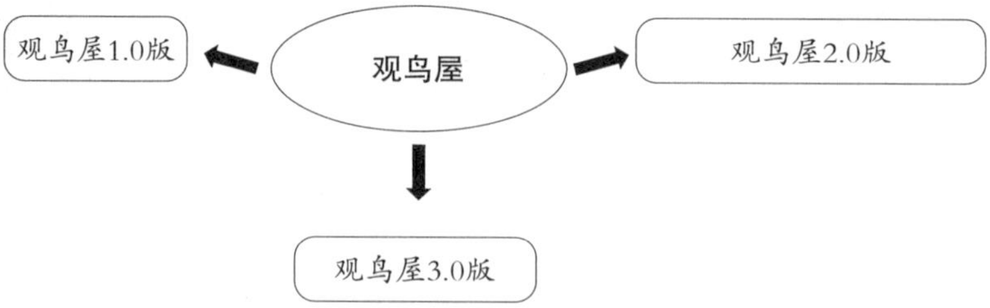

“观鸟屋”活动初期网络结构图

2. 观鸟屋 1.0 版——吸引鸟儿的喂食器

有了想法后，围绕着“如何吸引小鸟”这个关键，孩子纷纷画起了设计图。

梓霖：要像游乐园一样，有摩天轮、滑滑梯，这样小鸟才会想来玩。

宸睿：我觉得要用木头或者竹子做，这样小鸟才觉得是在大自然里。

莉翔：应该要暗一点，这样小鸟觉得安全，才愿意来。

芷萱：屋子上面插点树枝，小鸟会以为是树屋，就会来了！

对于观鸟屋要如何吸引鸟儿，每个孩子都有自己的想法及依据。但是，到底谁的想法才正确呢？没人能说出个所以然。智多星含含突然灵机一动："我们可以做一个调查，往鸟窝里投食，每天看一看谁做的鸟窝里食物被吃得最多，不就说明它是最能吸引鸟儿的吗？"这个想法一提出，得到了大家的认可。

于是，大家按照各自的想法组队制作了观鸟屋，每天记录鸟窝里剩下的食物便成了幼儿最感兴趣的事。但问题很快出现了，由于大家记录的方法不一样，时间久了再翻阅从前的统计，已经看不出记录的是哪个鸟屋的情况了，也不清楚数字代表的是吃掉的食物数量还是剩下的食物数量。

教师：我们住的小区是怎么区分每一栋房子的？

菲菲：我们小区是用数字编号的。我们也可以用数字给每个鸟窝进行编号，记录的时候就清楚了。

宸睿：是个好办法！我们来试试看。

含含：我们就约定只记录剩下的食物数量吧。

睿怡：还要再加上日期和时间。

最后，孩子们决定给鸟窝编号，并在不同的鸟窝里放不同的食物，还约定要记录食物投放的时间、数量（10 以内），以及离园时鸟窝里剩下的食物的数量（以此来推算小鸟吃了多少食物），等等。

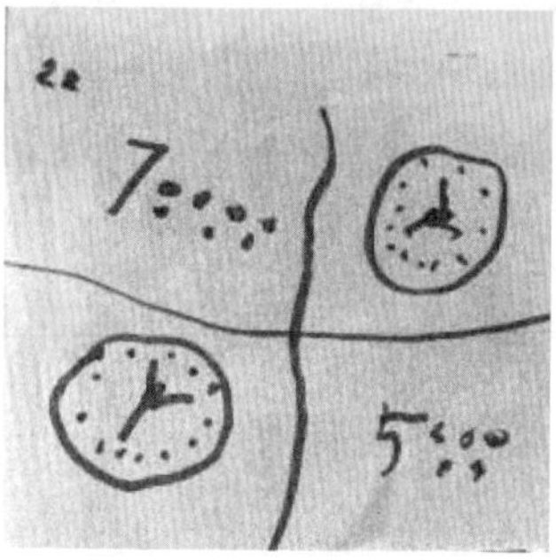

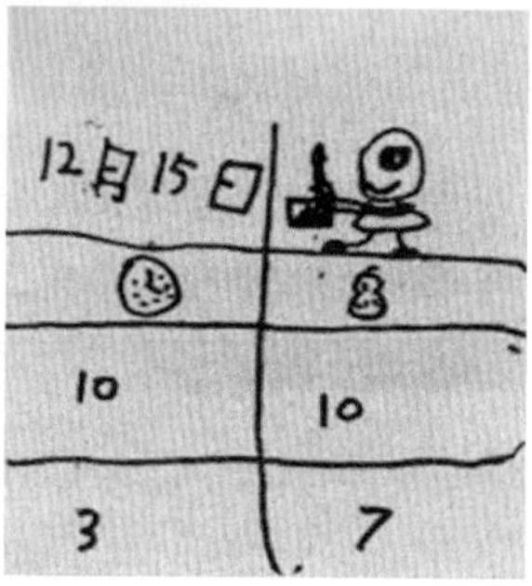

如何求证自己做的鸟窝是不是能吸引鸟儿？围绕此问题幼儿能确定调查主题并进行记录。他们一开始用简单符号记录自己所看到的场景，后来结合调查需要重新确定记录要素，比如时间、记录人、食物投放数量等，并因此确定调查结果。孩子们将科学探究的方法及记录技能融入这个劳动项目中，同时也提高了表达与交流的能力。

3. 观鸟屋 2.0 版——从平面到立体

（1）观鸟“隐身衣”

经过一个阶段的调查，孩子们发现每个鸟窝都有许多小客人光临，但是只要一走近观察，小鸟就都害怕地飞走了。既想观察小鸟，又怕打扰到小鸟，他们不知道该如何是好。

宸睿：那我们就躲起来，这样就不会吓到小鸟了。

睿怡：表演区里有之前哥哥姐姐们留下来一个屏风，我觉得那个可以用上。

含含：对，做个“隐身衣”，把自己藏起来。

芷萱：我有办法了！我们还可以用大纸箱来做。

萌萌：我想用我们结构区的炮筒搭一面像墙的屏障，我就可以躲起来。

菲菲：用鸡蛋托也可以，又轻又能遮住我们。

经过讨论，孩子们最后决定用纸箱、积塑炮筒、奶粉罐、蛋托四种材料来制作“观鸟屏障”。但在分组制作过程中，他们发现奶粉罐和蛋托不太方便连接，一番尝试之后，决定分别用胶带和毛根来连接奶粉罐、蛋托，他们还会边做边看看屏障的高度够不够。而我虽然预估到屏障的遮挡效果不佳，但未加干涉，决定让幼儿在“试误”中获取经验，从而进一步探索适合的观鸟屋。

（2）观鸟帐篷如何“站”

观鸟屏障做好后，孩子们每天都根据自己的需要将它们放在自己觉得最佳的观鸟位置处，满心期待，可是，与以前一样，只要稍微有一点儿动静，鸟儿就飞走了。

泽清：我们躲在蛋托后面，不小心碰到撑蛋托的椅子，可能是发出声音了，小鸟很快就飞走了，没有吃我放的玉米。

书妍：躲在奶粉罐后面看得不是很清楚，因为洞太小了，我总是会忍不住探出头。

含含：我觉得观鸟屏障只是挡住了我们身体的前方，但是小鸟是在高处，是从上往下看的，还是会发现屏障后面有人的。我们要做一个能把我们整个人都藏起来的观鸟屋。

教师：要怎么做才能把自己藏起来呢？

译翎：我们可以用积木搭一座小房子。

靖翔：不行，积木很容易被碰倒的，不牢固。

媛琪：那拿个大纸箱，挖个小洞洞，直接躲在里面，盖好。

禹喆：不行，那太暗了，而且箱子要很大很大，才能几个人躲在里面，如果只有我一个躲在里面，暗暗的，我会害怕。

钰菲：要不，我们做个帐篷吧，爸爸妈妈带我出去玩的时候就会搭一个帐篷，我们可以躲在里面，又不会暗。

钰菲提出制作帐篷的主意，很快就得到同伴的赞同。他们开始讨论、收集所需要的材料，撸起袖子准备开工。

孩子们先通过“比一比”确定了帐篷的高，接着他们尝试将帐篷的四根木架连接在一起，用胶带绑、用毛线绳捆，都不行，最后，他们找来了稍微粗一些的麻绳，在大家的努力下，终于将四根木架连接到了一起。但是绑好的木架支撑不住，歪歪扭扭的，很容易就倒了，这可怎么办呢？

恩琪：我觉得底下要有支撑的（东西），才会让木架固定住。

琪翔：我们可以钉一个底板框架，把四根木头都连接住了，这样帐篷就能站住了！

宇铭：这个办法我觉得行得通，要不我们试试吧！

这个办法果然有效。帐篷的框架做好后，孩子们从班级的小仓库里找到了几块闲置的布，拿来后，先用绳子或胶带进行捆扎，但是不但无法把布固定在木架上，反而使布皱巴巴的，一点儿都起不到遮挡作用。后来经过几次尝试，孩子们最后选择用钉子将布钉在木架上，这样布终于平平整整地在木架上展开，一个帐篷终于搭好了。

从制作观鸟屏障到观鸟帐篷，可以看出孩子们在一次次地挑战自己，最初运用最简单的材料制作观鸟屏障，后来发展到运用木工材料制作三维立体帐篷，幼儿锻炼了测、锯、绑、钉等基本劳动技能，提高了手部肌肉精细动作的水平。面对幼儿积极主动学习的状态，我默默地在一旁观察孩子，给予他们充足的时间、空间及材料，让他们在一个

宽松自由的环境中学习探究方法，形成良好的探究品质。

4. 观鸟屋 3.0 版

（1）心目中的观鸟屋

帐篷做好后，孩子们迫不及待地将之拿到阳台，想要钻进去观察鸟儿。

恩琪：哎呀，帐篷太小了，我们三个人都钻不进去。

翊晨：昨天晚上下雨了，帐篷还会漏水。

翔翔：那我们就做一个大一点的、可以防水的。

孩子们尝试在帐篷里观察小鸟，发现了这个帐篷存在各种问题，于是他们决定造一个既能遮风挡雨又能藏很多人在里面观察小鸟的“房子”。那么这样的“房子”要多大？建成什么样？要用什么材料？

诗凡：我觉得我们要建能够藏很多人的。

盈佳：那应该像工人叔叔那样建很大的房子。

诗凡：是啊，只有大房子才能藏很多人。

程曦：而且还要能够防雨的，不要再用布了。

诗涵：还要高高的，比前面的帐篷还要高，这样才方便观察小鸟。

通过对话碰撞思维，孩子们总结出新的观鸟屋所需要满足的条件：“容纳很多人”“防雨水”“有一定的高度”。那将这些条件结合起来，制作出的观鸟屋会是什么

样子的呢？孩子们纷纷拿出画笔，对“心目中的观鸟屋”进行了设计，并用一些低结构材料搭建模型，然后分享交流，最后大家投票选出了他们觉得既满足所需条件又比较容易搭建的“长长三角”造型的观鸟屋。

观鸟屋模型设计好后，孩子们又开始忙活起来了。他们到材料仓库找来了需要的材料，准备先做底板。但是底板要多大呢？孩子们一会儿觉得要三根木板长，一会儿觉得只要两根木板长，对长度没有一个准确的衡量标准。

教师：底板的大小可以决定什么？

睿儿：可以决定我们能站几个人。

教师：那你们想一次可以站几个小朋友呢？

这个问题一抛出，孩子们马上受到启发，因为他们设计的是一座长长的观鸟屋，横着要能容纳 2～3 个人站立，于是孩子们请来班上个头较大的几位小朋友，让他们在中间站好，然后测量观鸟屋底板需要的宽度；而要能观察到小鸟，视线就不能被遮挡，因此观鸟屋的高度必须要达到阳台围栏的高度；至于底板的长度，孩子们选择了一次能站 5 排小朋友的长度，这样刚好占班级一半人数，两批小朋友等待观鸟的时间不会太久。

就这样，孩子们从一开始对观鸟屋的大小、底板的长与宽等没有具体的概念，到借助物体做比对，再到做标记确定、区分不同的长度，对结果进行量化表征，他们的探究能力与测量能力在不断提高。

（2）垫高观鸟屋——奶粉罐的连接

观鸟屋的底板做好后，孩子们开始思考要怎样将底板架高，通过商量，孩子们决定用奶粉罐来当柱子，还提出要往奶粉罐里灌水泥来增加重量，使其支撑得住垫高的观鸟屋。对比了阳台围栏的高度后，他们决定将三个奶粉罐叠加在一起作为“柱子”的高度，可三个奶粉罐要怎么连接才能稳固呢？

孩子们尝试用胶带、胶枪来连接奶粉罐，把他们觉得可行的办法都试了一遍，最终都以失败告终。的确，纵向连接奶粉罐使其变成观鸟屋的柱子，孩子们对此是缺乏经验的，于是我组织幼儿观看关于建造房子的视频，孩子们了解到，视频中房子的柱子里是加入钢筋来连接的，柱子里，水泥包裹着钢筋，两者融为一体。幼儿园没有钢筋，但孩子们马上想到了可以用材料仓库里长长的水泥钉来代替钢筋，于是，孩子们先在奶粉罐的连接处打孔，再穿进水泥钉进行连接，等三层都连接好了，给最底下的那个奶粉罐先装水泥。

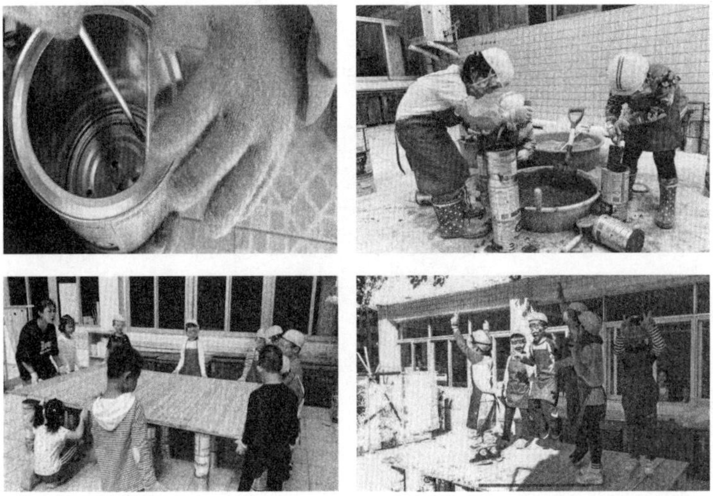

往奶粉罐中装水泥是幼儿在中班建造“大水池”的围栏时获得的经验，而那时候围栏只需要两层奶粉罐，且不承重，因此将那个经验迁移到观鸟屋的底座上面来是不适用的。于是我引导孩子们对比两种水泥奶粉罐的不同作用，并丰富他们的相关经验，孩子们经过一次次尝试，终于将水泥奶粉罐柱子造好了，而且每根柱子高度一致，整齐排列。

（3）屋顶的固定——神奇的角码

孩子们齐心协力，又用水泥钉将观鸟台的底板和奶粉罐柱子连接在一起，他们站在平台上面，欢呼雀跃，庆祝制作观鸟屋的一个小胜利。

平台制作好了，孩子们又马不停蹄地建屋顶。有了之前确定底板长和宽的经验，孩子们拿出之前测量好的木条，再一次请小伙伴来验证其高度是否合适。孩子们钉好屋顶一侧的木条后，请全班小伙伴都站到平台上，看看这样的高度是否适合全班小朋友。

验证了高度后，孩子们又用同样的办法钉屋顶另一侧的架子。接着，孩子们将两侧的屋顶架子用一根长木条连接起来，就是连接龙骨。但是他们发现龙骨不牢固，轻轻一扭就转来转去的。要怎么使它变得牢固呢？

观察到孩子们碰到了困难，我没有第一时间给予他们答案，而是带他们去其他班级参观，引导他们自己去发现。孩子们来到中三班，参观弟弟妹妹制作的椅子，发现了“角码”。

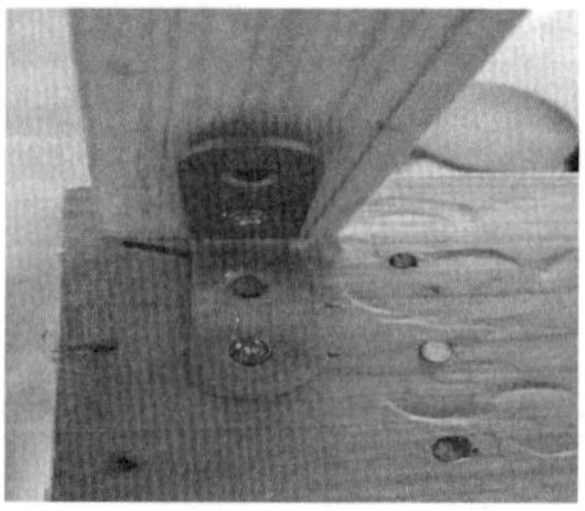

睿怡：圣博你快来看，这个好神奇，它可以将两边的木板连接在一起啊。

圣博：你看它有两个洞，是可以锁螺丝的，这样就可以牢牢地将扶手和椅面连接在一起了。

书妍：真的好神奇呀，那我们的（观鸟屋）屋顶也可以用角码来把木头连接起来。

获得了关于角码的经验后，孩子们马上开始加固观鸟屋顶的横梁，他们用角码将横梁与两边的架子牢牢连接在一起，观鸟屋顶的雏形开始呈现。可此时他们发现屋顶还是会摇摇晃晃的，他们进一步迁移“龙骨有助于稳固”的经验，决定在左右两边相对应的斜木条中间再加一根与横梁平行的木条，帮助固定。有了这两根龙骨的“加持”，观鸟屋屋顶框架得以稳固。

（4）能够遮雨的屋面材料

屋顶固定好了，接下来就是搭建屋棚。在加密棚架之前，孩子们对于应该再钉多少根木条、怎么钉产生了意见分歧，有的觉得应该钉密一点，有的觉得要钉宽一点，双方一直争执不下。针对孩子们的不同意见，我组织了一次投票会，将三种不同的屋棚样子用图片形式呈现出来，请孩子们自由投票选择，以得票最多的屋棚样式为最终方案。

①塑料薄膜要多大

屋棚做好后，“重头戏”——铺遮雨布就开场了。在中班建造“大水池”的活动中，孩子们对哪些材料能防水有一定的经验，他们一下子就选中塑料薄膜作为“遮雨布”，这种薄膜既防水，又是透明的，便于透过它向外观察。可是，塑料薄膜要裁剪多大呢？怎么裁剪合适呢？一开始，幼儿将塑料薄膜打开，在棚架的两边来回比画，显然，测量棚架两边斜坡的长和宽对他们来说还是有一定难度的，他们感到无从下手。

于是，我组织幼儿进行了一次关于测量的集中教育活动，帮助他们巩固自然测量的经验，引导他们利用工具对物体进行测量。活动以启发的方式，引导幼儿利用不同的辅助材料测量屋棚的长与宽，测量材料有书、泡沫块、吸管、尺子等。我提醒幼儿从顶端开始测量，在每个末端都用彩笔做上记号，再将每一次的测量结果记录下来。孩子们发现，用尺子测量，次数是最少、最省事的。最后大家决定就用尺子来作为测量工具。

在采用各种物品进行自然测量后，幼儿发现还是运用尺子这个工具进行测量次数最少，也最省事。幼儿在活动中完成了从自然测量到工具测量的过渡。我作为观察者和引导者，不断帮助幼儿掌握关于“测量”的技能，起到了关键的作用。

②塑料膜的固定

裁剪好大小合适的塑料薄膜后，难题又出现了——要怎么将塑料薄膜“铺”到棚架上去呢？孩子们有不一样的办法……

棋棋：我们用透明胶将它粘上去就好了，观鸟屏障就是用透明胶粘的。

含含：我觉得双面胶也是可以的。

教师：请你们都试一试。看一看，哪个能成功呢？

孩子们分别用透明胶、双面胶进行尝试，他们发现，虽然一开始都能粘住，但是由于塑料薄膜太大、太重，慢慢地就会掉下来。这时

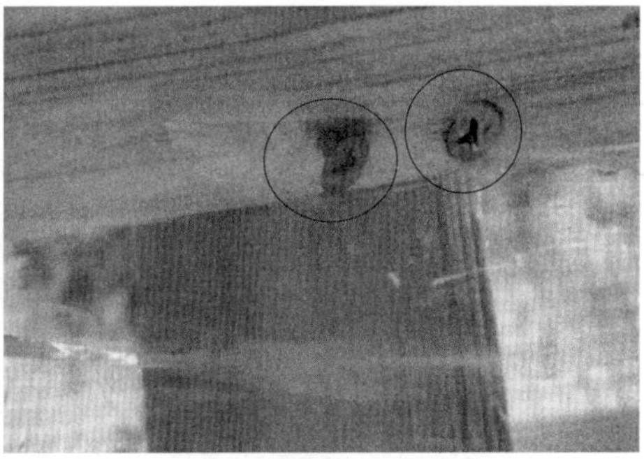

有孩子提出可以把螺丝隔着塑料薄膜拧进木头里去，他觉得用螺丝钉能把木板固定住，固定塑料薄膜一定没问题的。他们决定再试一试。

笑笑：太棒了，这个螺丝可以，塑料薄膜不会掉了！

小博：你看，这边拧进去后塑料膜破了一个大洞，这边掉下来了。

棋棋：这里也有个洞，这里也有！

萌萌：是不是拧的时候太用力了呢？

孩子们发现螺丝钉虽然能将塑料薄膜固定到棚架上去，但有些位置会破一个大洞，塑料薄膜就会掉下来，这可怎么办呢？面对孩子们的疑问，我还是带领他们去寻找解决问题的办法。在楼下的“刺激自行车道”，我引导幼儿认真观察“星光隧道”上的彩色玻璃纸与木板的连接方法，通过对比，帮助孩子们理解了用木条压边可以让彩色玻璃纸完好无损的原理，并鼓励他们大胆尝试在观鸟屋上用此方法。在这个过程中，我不仅为孩子们提供动手的机会，当他们遇到困难时，及时介入与引导，帮助幼儿找到解决问题的关键，促使他们做出调整，采用更适合的方法。

（5）组装式楼梯

观鸟屋更像样子了，孩子们非常兴奋，争先恐后想上去体验一下。这时，有些个子比较小的孩子提出观鸟屋有点高，不好上去。孩子们又决定做一个可以组装的两层楼梯。

我请他们分小组，先画一画楼梯的设计图，再进行投票，最后确定楼梯的制作方案。孩子们坚持勤俭节约、不浪费的原则，用班级里的剩余木料来做楼梯。他们还提出要将楼梯做成移动式的、分层式的，满足大家的多种需求。

有了之前在“大水池”活动中做框架的经验，孩子们很快就将楼梯框架钉好了，但是他们发现这个框架还不够牢固，会摇来摇去，他们经过讨论，决定再在中间加一根“龙骨”，用一块小木板将上下两层木板连接起来。

在制作楼梯的过程中，正因为在之前的工程劳动中获得了一些经验，孩子们已经能自发进行讨论，自主设计与寻找合适的材料，在遇到困难时，第一时间选择自己想办法解决。随着工程的进展，孩子们不仅劳动技能得到了提升，解决问题的能力也有了质的提升。

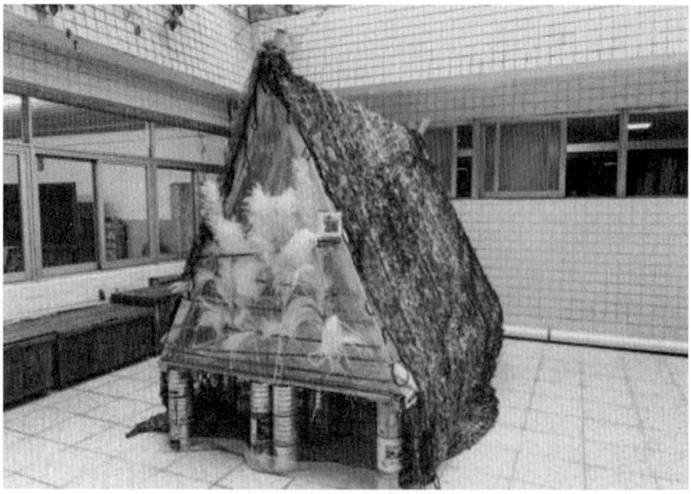

（6）“打卡”观鸟屋

在利用观鸟屋观察小鸟后，孩子们又提出：棚是透明，门是敞开的，还是会被小鸟发现。于是他们选择能和阳台绿植融为一体的芦苇和绿色透气的网格布对屋棚进行装饰，为观鸟屋“穿”上了“隐形衣”。观鸟屋终于在一次次的尝试中成功了！为了分享这份成功的喜悦，孩子们还制作了邀请函，邀请全园的小朋友到自己班级的观鸟屋来“打卡”，而观鸟屋也在大家“打卡”的过程中不断吸纳新的建议而不断完善……

5. 预设目标与生成经验对照表，及活动终期网络结构图

“观鸟屋”活动预设目标与生成经验对照表

领域	预设目标	生成经验
健康	1.能使用简单的工具。 2.劳动后能做简单的收拾、整理及清洁工作。	1.能正确使用简单的劳动工具。 2.知道一些在劳动过程中自我保护的常识、安全使用常用工具的方法。
语言	能与同伴交流自己知道的观鸟屋的相关知识。	1.能向同伴有序、连贯、清楚地讲述关于观鸟屋制作过程的相关知识，介绍时能用上常见的形容词，语言比较生动。 2.能大方地与他人分享“鸟屋喂食日记”“观鸟记录”“观鸟趣事”等。
社会	1.会分工合作解决工程劳动中遇到的难题。 2.敢于尝试有一定难度的活动和任务。	1.劳动过程中敢于发表和坚持自己的合理意见，并能尝试接受不同的意见。 2.遇到困难能坚持，不怕困难。 3.会分工合作解决工程劳动中遇到的难题。
科学	1.尝试归类、排序、判断、推理、计划等，逐步发展逻辑思维能力和数学能力。 2.能用适当的方式表达探索的感受和发现，并积极与同伴交流。	1.乐于观察、比较、发现小鸟的外形特征和生活习性等。 2.能用数字、图画、图表或其他符号做记录，探究中能与他人合作、交流。 3.在探究过程中，能通过实物操作或其他方法进行10以内的加减运算，体验解决问题的乐趣。 4.学会自然测量，能用简单的方式或工具进行测量。 5.了解龙骨有帮助稳固的功能，并对龙骨加固技能有一定的掌握。 6.了解水泥灰与沙子、水的混合比例，掌握和水泥的方法。 7.能按一定的规律对观鸟屋底部的水泥柱和屋棚上的木条进行排列。
艺术	能运用绘画、手工制作等手段来表现观鸟屋的外部特征。	1.能用贴、画等不同的表现方式设计观鸟屋。 2.能用不同的艺术形式表现对小鸟的认知。

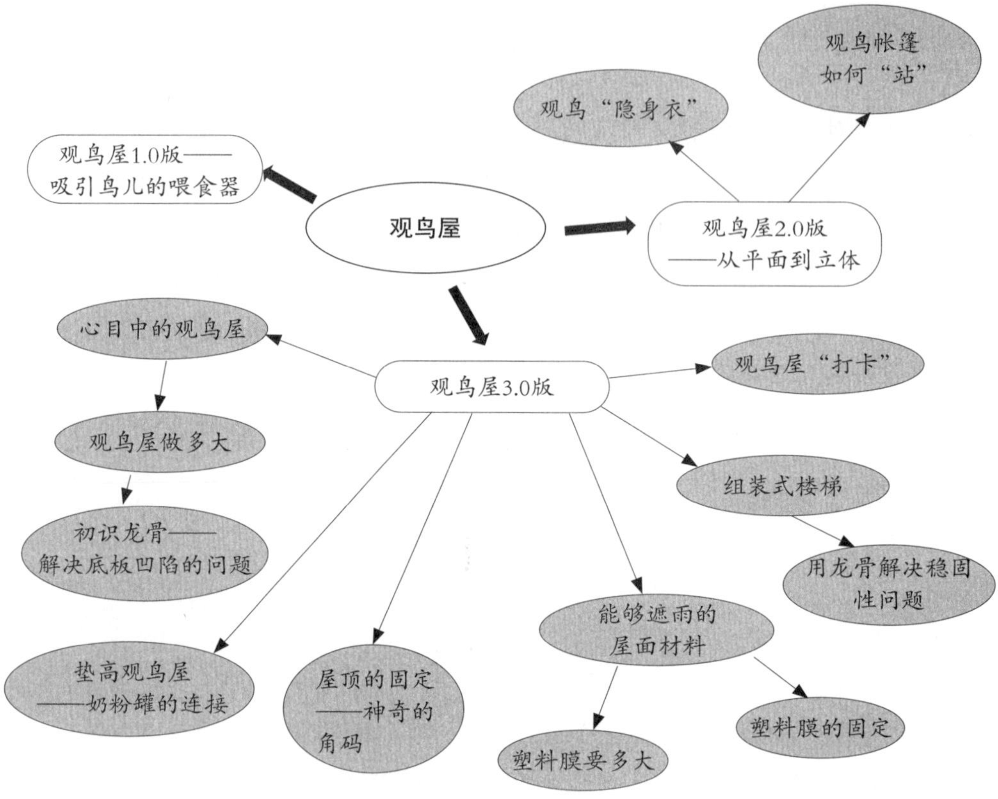

“观鸟屋”活动终期网络结构图（阴影部分为生成内容）

收获与感悟

“观鸟屋”是幼儿自发生成的一个工程劳动项目，内容本身源于幼儿观鸟的想法，所以他们感到非常有趣，且这个工程也非常有意义，能丰富、完善幼儿观鸟护鸟的环境。在活动中，幼儿在每个阶段都产生新的建构想法，这些想法是随着工程的进展不断浮现的。幼儿在整个工程的推进过程中能够全身心参与其中，不断面对挑战、困难、不确定性和困惑，但他们大胆尝试各种材料、方法，并能坚持到底。建造“观鸟屋”对于幼儿来说不是一朝一夕就能完成的，它需要幼儿花费一定的时间、气力、脑力才能够建造出来，幼儿在较长时间的工程劳动中，逐渐了解：类似的问题可能有相似的解决方法，但也要区分不同方式之间细微的差别和效能。他们不断积累着新的经验。同时，在该工程劳动项目中幼儿还发展了多方面的能力，如：与同伴协商合作、用适合的语言来表达、制作三维立体模型、绘画、测量，以及与建筑专业人士互动交流等，其各项智能的水平也得到相应提升。建造“观鸟屋”也从侧面也反映出幼儿关爱小鸟、热爱自然的良好品质，他们将走进“观鸟屋”进一步了解鸟儿的生活习性，通过观察小鸟、爱护小鸟获得走进大自然的第一张“门票”，这是该工程劳动项目又一个重要的意义。

三、植物的防晒衣

幼儿年龄段：小班

活动持续时间：2020 年 9 月—2021 年 1 月

案例提供者：林静玉

开学初，幼儿发现班级角落的自然角空空的，他们讨论着要种什么、怎么种，并和同伴交流自己想到的点子。

语萱：我们可以种点漂亮的花。

欣标：我和妈妈在家里阳台上种蒜头，蒜长得很快。

林萌：我最喜欢吃地瓜，它可以种吗？

宇彬：薯条最好吃了，是土豆变的，我们种土豆吧。

冰彦：我们家有好多盆栽，可以带来放在自然角，这样自然角就不会空空的。

幼儿听到要丰富自然角，都觉得好玩又有趣，他们的话题离不开“我要种……”，并和同伴交流自己看过哪些漂亮的盆栽。

《指南》中提出：“支持、引导幼儿学习用适宜的方法探究和解决问题，或为自己的想法收集证据。”因此，我以此为契机，不仅引导幼儿解决“自然角空空的”这个问题，还和他们共同探究种植的秘密、养护植物的方法等。在接下来的活动中，我和幼儿一起讨论“种植前，我们需要做什么准备”，推进活动的开展。

1. 种植行动

（1）种植准备

教师：你们想到了要种植，让自然角不空空的，是个好办法。但种植需要做什么准备？

欣标：需要很多的土。

亦晴：没错，而且还需要一些花盆。

语萱：我们要种子。

洛尧：那我们怎么种？

欣标：我知道，要先挖个洞，再把种子种下去就好了。

语萱：还要浇水呢。

第二天，幼儿带来很多盆栽，欣标小朋友带来很多蒜头，他说：“我知道怎么种，我妈妈教过我。”

自然角本来就是为幼儿开设的，活动中的事情应该让幼儿来做，包括最初对“种什么”的选择。作为幼儿的支持者，教师要学会“幼儿在前、教师在后”，要将更多的机会留给幼儿。在这个过程中，幼儿根据自己的知道的种植办法来种植蒜头，并通过看一看、闻一闻、剥一剥，感知蒜瓣的外形特征。种植后，我们通过“大带小”的形式开展活动，邀请哥哥姐姐一起绘制植物插牌，让哥哥姐姐带领小班幼儿了解各种各样的植物的名称。

（2）植物插牌

小班幼儿了解了植物的名称，并和哥哥姐姐一起绘制了植物插牌。

在这个环节，幼儿初步了解了植物的外形特征及其名称，但不同植物的特性及养护要求还有待幼儿深入挖掘和探究。作为教师，我们把握教育契机，积极引导幼儿观察植物，了解其生长的秘密。我们提供了放大镜及各种种植工具，让幼儿在宽松、和谐的氛围中自由观察、操作、探索，从而获得一些粗浅的知识，体验劳动的愉快，产生珍惜劳动成果的情感。

（3）卡通玩偶陪伴上幼儿园

有了小植物，班级自然角就慢慢丰富起来了，可是，好像还缺少些什么。怎么让自然角更漂亮呢？

语萱：我想把我最喜欢的卡通玩偶放在自然角里，这样我想妈妈的时候看看卡通玩偶，我就会开心点。

林萌：我也喜欢卡通玩偶。

欣标：我有好多卡通玩偶，可以带来。

为了帮助幼儿更快、更好地适应集体生活，稳定情绪，喜欢上幼儿园，我们结合主题“卡通玩偶陪我上幼儿园”来布置自然角。在这个过程中，幼儿初步尝试种植。我们请幼儿自己带小植物、种子来幼儿园种植，以增强他们的归属感，培养他们的小主人意识和责任感，激发他们照顾自然角的兴趣。我们还有意识地艺术地摆放自然角的植物，或分类摆放，或错落有致，给幼儿美的感受。每天，幼儿都会自主来自然角看看小植物，看看它们长高了吗，发芽了吗，长了几片叶子。每当有一点儿变化，幼儿就会和老师、同伴分享自己的发现。

（4）蒜丰收

渐渐的，幼儿跟植物成了朋友，在观察、体验、交流中，他们发现，所有植物中蒜长势最好。

洛尧：蒜的叶子又长高了。

天祺：对啊，叶子也变绿了。

林萌：蒜叶能吃吗？

欣标：当然可以吃了，我家里种的，我妈妈都炒菜吃了。

语萱：我们能不能让厨房的叔叔也煮给我们吃？

教师应追随幼儿的生活和经验组织相关活动，凡是幼儿需要的、感兴趣的、有教育价值的，又是他们急于想知道或解决的问题，都应及时纳入活动中来。幼儿收获了蒜叶，通过看一看、摸一摸、闻一闻、择一择，了解了蒜叶的外形和气味，再请厨房的叔叔把蒜叶变成美味的蒜叶炒蛋。

幼儿付出劳动，有所收获，品尝到劳动成果，就明白了劳动的意义。

（5）省力的轮子

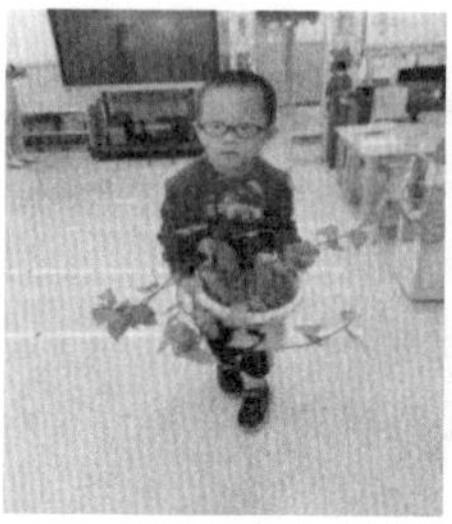

品尝到自己的劳动成果后，幼儿体验到劳动真光荣。他们也感受到喜悦的背后是辛勤的付出。因为班级每天晚上都用紫外线灯消毒，孩子们每天都要徒手搬运植物。可是，随着植物越来越多、种植盆越来越大，徒手搬越来越吃力了，该怎么办？

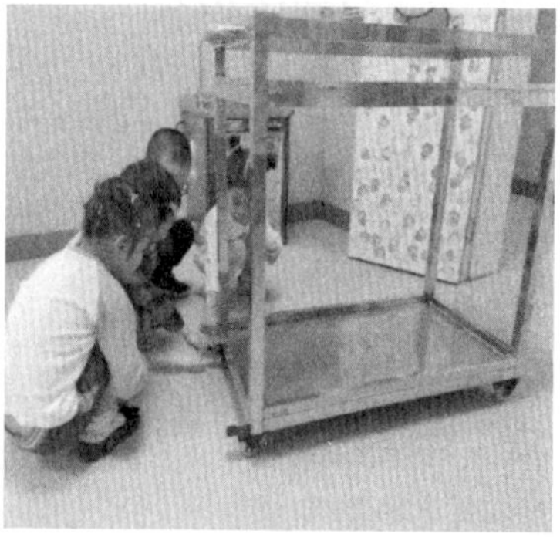

语萱：李阿姨每次拿餐点都是推着餐车，阿姨说这样比较轻松，比较省力。

欣标：我们也推推。真的比较轻松，这个办法真好。

单颜：那我们也去找车子来搬运。

林萌：对，车子都有轮子。

有了参照物，幼儿很快找到有轮子的搬运工具。

冰彦：我们玩的“大力士”游戏，那个箱子下面有轮子，也可以用来搬植物。

宇彬：对，还有小推车也有轮子，推起来应该也比较轻松。

悠悠：操场上的滑板车也有轮子。

在确保安全的前提下，我们支持和鼓励幼儿在探究过程中积极动手动脑寻找答案或解决问题，如在寻找带轮子的工具的过程中，幼儿会观察平时保育老师推的餐车，并迁移相关经验。这个过程就是幼儿尝试自主解决问题的过程。

可问题还是出现了。由于搬运工具都比较庞大，占据了自然角很大的空间，再加上植物总是被搬来搬去的，一直在动荡中生存，散步的时候孩子们经常看到

各班走廊上枯萎的植物。

怎么给植物们找到一个安稳、舒适的“家”呢？除了有时要将植物移到有日照光的地方，植物生长场所不固定的最大的原因来自紫外线灯光。那怎么阻挡紫外线灯光？我们结合家园共育的需求，请家长带幼儿利用空闲时间想办法、收集资料等，为下次活动做准备。

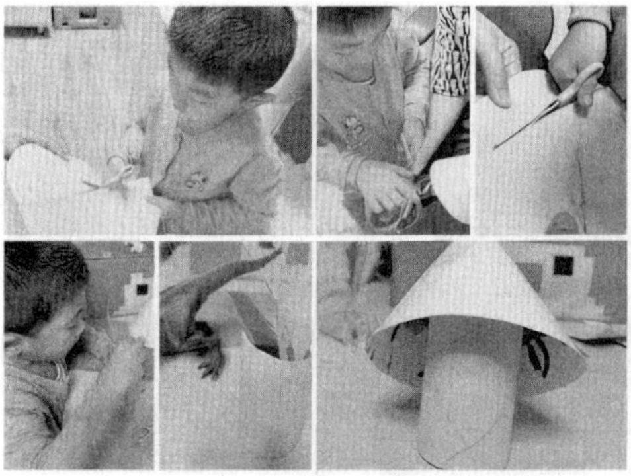

自我园的工程劳动教育活动开展以来，我们也将“植物防晒衣”这个问题推送到家园共育群里，展开以“保护植物”为主要内容的讨论。不少家长谈到班级开展工程劳动以后幼儿的变化、自己在教育观念上获得的启示。这些感想在家长群中传播，启发了大家智慧，家长资源的加入大大提高了孩子们保护植物的积极性。这个时候，我们觉得可以以此为契机，将幼儿的思维引向工程劳动方面了。

2. 预设目标与活动初期网络结构图

“植物防晒衣”活动预设目标

领域	预设目标（幼儿最低发展目标）
健康	1.会使用剪刀等简单的劳动工具。 2.具有一定的力量和耐心。
艺术	能运用绘画、手工制作等手段来表现防晒衣的外部特征。
语言	能向他人分享关于防晒的知识。
社会	乐于与同伴分享种植的快乐。
科学	发现问题后，初步尝试分析问题，努力克服困难，想各种办法解决在活动中遇到的问题。

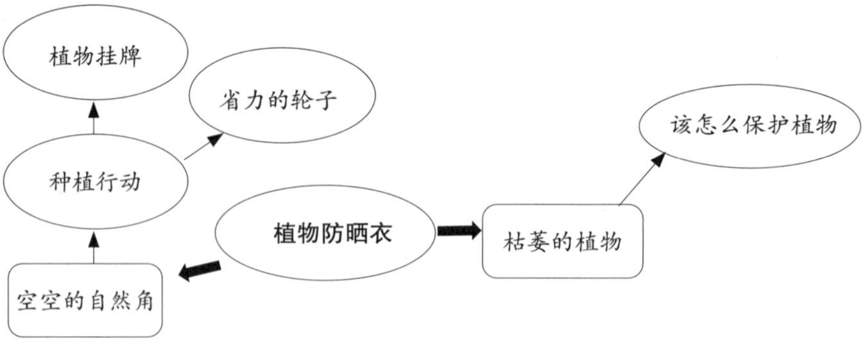

“植物防晒衣”活动初期网络结构图

3. 防晒伞的作用

（1）阻挡紫外线小实验

小班的“工程师们”一起求助网络，通过上网搜索，发现防晒伞、遮光布、锡箔纸等都具有阻挡紫外线的功效；但锡箔纸太小，最佳的遮挡紫外光的工具当属防晒伞了，防晒伞常见、常用，还可以废旧利用，既环保又经济。为了验证防晒伞遮挡紫外光的可行性、实用性，孩子们做了一个为期 5 天的小实验。

在这 5 天中，植物都待在班级自然角，每天晚上将防晒伞向紫外灯的方向撑起来，遮挡住光线。5 天后，植物安然无恙，说明防晒伞能比较有效地阻挡紫外线灯的照射。

在这个家园共育环节，孩子们能针对实际生活中遇到的问题提出自己的想法，并和爸爸妈妈们寻找解决问题的办法。经过 5 天的实验，幼儿验证了防晒伞的作用，体验到了动脑筋想办法的快乐。

（2）遮挡紫外光的小困扰

实验成功了，孩子们为植物打起了防晒伞。一把，不够；两把，不够；三把、四把……怎么还是没办法把植物全部遮住？

语萱：因为伞太高了，植物都会露出来。

宇彬：伞太小了，有缝隙。

竞博：我们要一块大大的布就能盖住全部植物了，就像桌布一样。

冰彦：我们力气小，要打开、收放这么多把防晒伞有点难。

若琳：对，时间要好久啊。

语萱：我们用桌布试试，看看它能不能盖住植物。

成功！桌布盖得住所有植物了，且一点儿缝隙都没有留！这个过程中，孩子们能借鉴桌布能严实盖住桌面的办法，将这个经验迁移过来，可见他们已经有了初步的解决问题的能力。接下来，他们决定让防晒伞面变成和桌布一样的伞布，需要怎么做呢？

4. 伞骨、伞布分离记

（1）怎么让小小的伞面变成一块布

竞博：要用力拆掉。

单颜：要用螺丝刀帮忙。

天祺：动画片里面有一种好用的工具，像那样的工具就可以（用来拆伞）。

宇彬：用钳子可以拆掉伞。

语萱：用小刀把它切断。

（2）向哥哥姐姐借工具

孩子们向哥哥姐姐借来螺丝刀、钳子，哥哥姐姐认真解释了工具的名称和它们的使用方法。可是有了工具，孩子们还是不知道该从哪里下手。

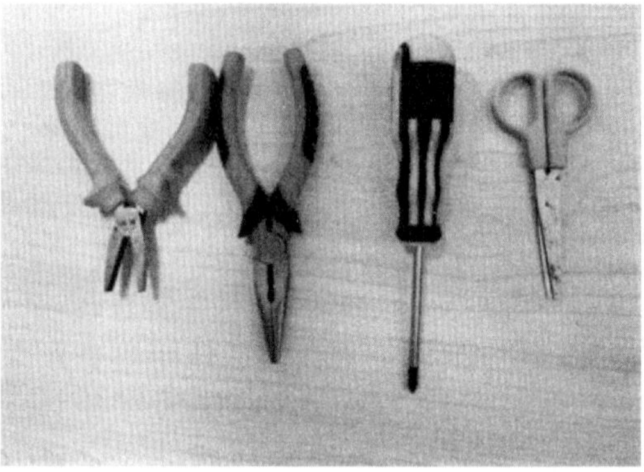

（3）认识伞的构造

那就从认识伞的结构开始吧。原来，伞是由伞骨、伞布、手柄、旋钮组成的，伞骨和伞布是用线连接着的，伞布顶上还有一个伞帽，起到固定伞布的作用，所以，只要剪掉连接伞布的线，最后旋开伞顶上伞帽，就可以让伞布和伞骨分离啦。

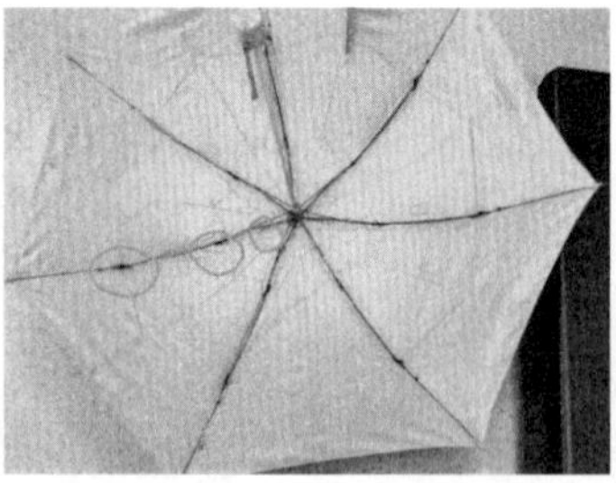

（4）拆伞大行动

孩子们找到了拆卸办法，立刻全副“武装”起来，穿上围裙，戴上手套、护目镜，开始行动。幼儿的安全是确保活动顺利开展的前提，在齐全的安保措施下，幼儿能在活动中尽情地劳心、劳力。

《指南》指出:“鼓励幼儿根据观察或发现提出值得继续探究的问题。”本活动中,幼儿迁移生活经验,想用各种各样的工具拆掉伞布,最后利用信息化手段(上网搜索),发现了伞布和伞骨连接的秘密,并通过实践学会了方法,让伞布和伞骨成功分离。

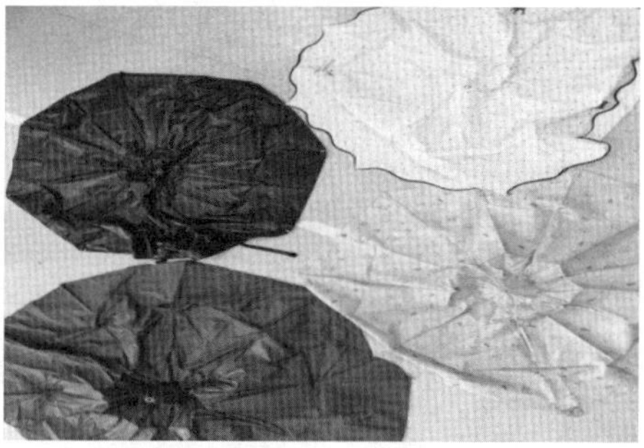

5. 制作植物防晒衣

(1)让伞布变成一件大大的“防晒衣”

竟博:可以用胶水把它们粘起来。

语萱:用透明胶也可以。

林萌:橡皮泥黏黏的,可以把伞布粘起来。

天祺:老师粘东西的胶枪也可以。

《指南》又提出:“支持和鼓励幼儿在探究的过程中积极动手动脑寻找答案或解决问题;引导他们猜一猜、想一想,有条件时和幼儿一起做一些简易的调查或有趣的小实验。”在保证安全的前提下,孩子们又开始做试验,发现用胶枪粘是那么多种办

法中最好用的，也是粘得最牢的。孩子们在试验过程中懂得与同伴配合，感受各种办法的不同效果，选择了胶枪这个工具。但是过了几天，他们发现用胶枪粘的还是不够牢固，容易被扯开。

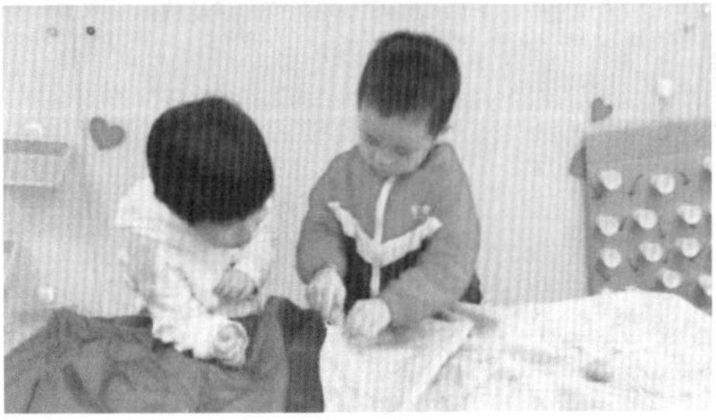

（2）连接伞布的好方法

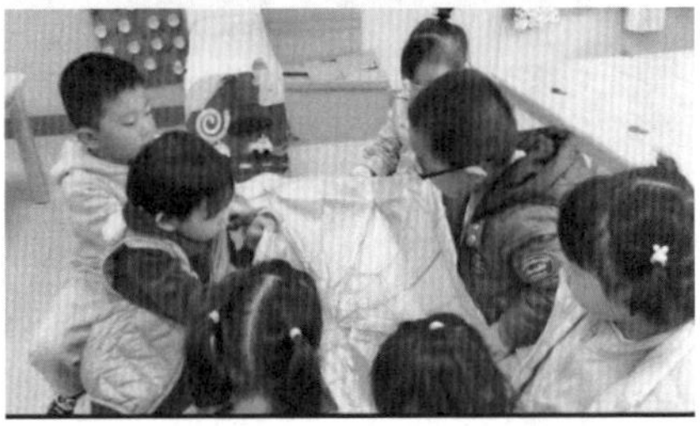

我们引导幼儿围绕“怎么能让‘防晒衣’变得更加牢固”这个问题进行讨论。我问：“衣服是怎么把袖子连接上来的？”这个问题启发幼儿观察到衣服连接处、被套等都是用线缝制的，他们知道了用线缝可以起到连接、加固作用。孩子们又动手拉一拉、扯一扯缝线连接处，再次体验缝线的作用。孩子们互相分享经验，一致认为用缝的方法会使伞布连接得更牢固。了解到缝线的作用后，孩子们回家和爸爸妈妈一起讨论，绘制大伞布设计图。

这个环节，孩子们能在我的引导下找到问题的答案，并结合家园共育发现身边很多物品上都有缝线，知道了缝纫在生活中的作用很大。

（3）不会用的缝衣针怎么办

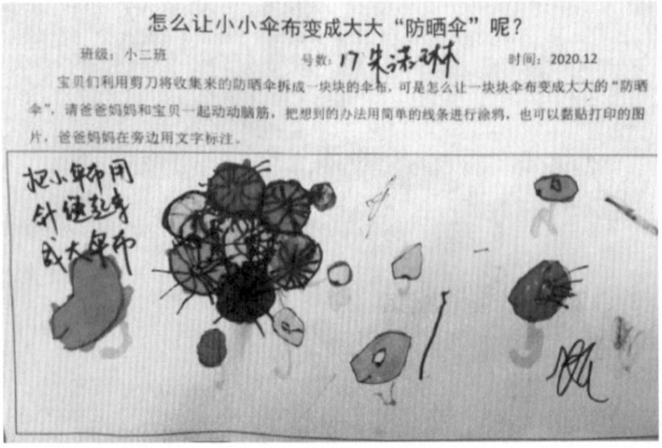

为了满足的孩子们的兴趣和需要，我们提供了充足的工具、材料、空间、时间，让他们继续探索，支持他们在劳动中主动承担、自主选择、自由创造。

亦晴：我衣服扣子掉了，妈妈是用针和线（把扣子）缝好的。

语萱：可是我们不会缝，怎么办？

欣标：缝衣针尖尖的头不能对着

自己。

竞博：缝衣针上面有个洞，是做什么用的？

林萌：李阿姨会缝，我看到她缝布娃娃的衣服，让她教我们吧。

李阿姨现场示范并讲解缝衣针的使用方法。但是使用缝衣针存在一定的安全隐患，我将李阿姨介绍的方法进行了小结：缝衣针要拿粗的那头，尖头朝外，从布的这一面扎进去，再从另一面穿出来，一针上一针下，从布的一头缝到另一头。我边讲边示范，尽可能将危险系数降到最低。

（4）缝制前的固定

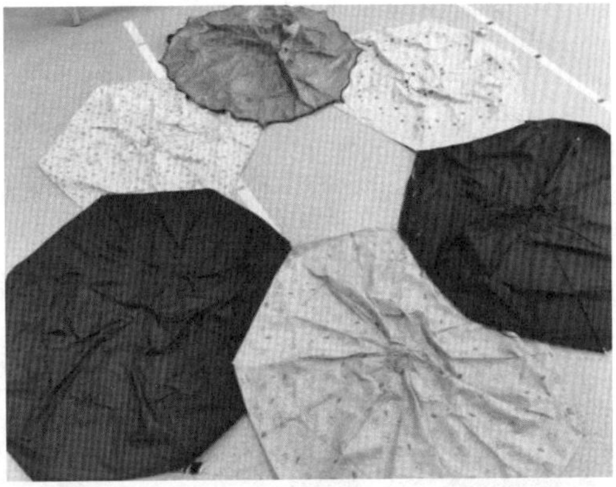

有了李阿姨的讲解示范，小朋友们也跃跃欲试。可是圆圆的伞布该怎么拼？如何让缝制过程顺利进行呢？

洛琳：我和妈妈想到的办法是把伞布变成一朵花。

竞博：那我们把伞布摆在地上看看。

林萌：把七块伞布拼在一起，真的像一朵花，连在一起没有缝隙。

语萱：让我们做上记号，伞布叠在一起的地方就缝在一起。

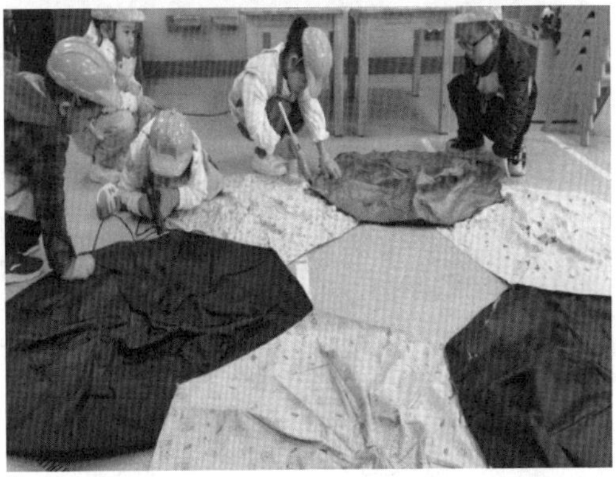

教师：那怎么让伞布不打滑，更容易缝制呢？

欣标：做上记号后，用胶枪粘一下，就不会（滑）掉，这样应该比较好缝。

我惊讶于孩子们的想法，他们能迁移经验，想到可以将伞布先粘一下再进行缝合！为了让缝制过程顺利进行，我和孩子

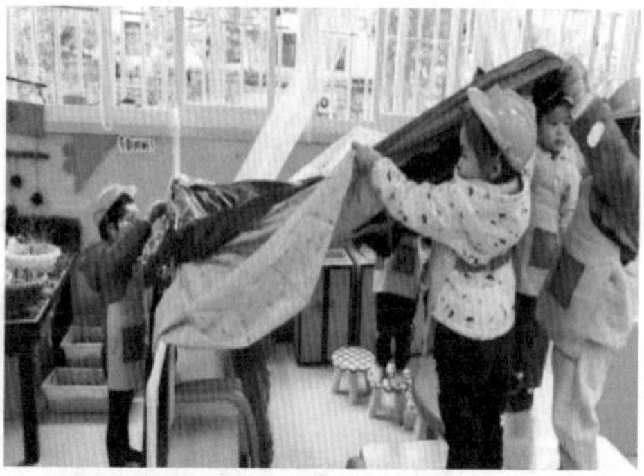

们一起查找相关图片，发现把布固定在支架上更方便缝制，而且看得到缝衣针。可是伞布那么大，该固定在什么样的“支架”上？

单颜：把伞布放在桌子上，平平的就可以啊。

语萱：不行，桌子看不见，缝衣针也看不见，会扎到手。

天祺：对啊，中间是空空才可以啊。

宇彬：图片上的架子是长方形和圆形的，中间空空的。

教师：找找看，我们班级有什么是长方形或圆形的，中间空空的。

家梁：老师，我们的篮子是长方形的。

译萱：可是篮子底下挡住了，针拿不出来。

欣标：这个可以，是长方形。（指着悬吊瓶子的 PVC 管框架，兴奋地说）

其他孩子也纷纷看向 PVC 管框架，都点点头说它确实是长方形，中间也空空的。

这个过程中，孩子们能迁移经验，根据需要的“支架”的形状寻找到班级里的 PVC 管架子。在选好“支架”后，孩子们把伞布放到了管子框架上。为了不让伞布打滑，他们寻求我的帮助，找来夹子，把要连接的伞布夹在 PVC 管框架上。孩子们已经会在教师的启发下发现问题并尝试解决问题。

（5）缝制

林萌：我们一人站一边，其他人帮忙拉防晒衣。

语萱：对，我把缝衣针穿过去后，林萌再把缝衣针穿过来，就可以了。

欣标：好像玩捉迷藏，跑过来跑过去，真好玩。

教师：怎么使用缝衣针才不会扎到自己和其他小朋友？

洛尧：缝衣针穿过来的时候要跟对面的人说一声，李阿姨说这样才不会扎到手。

欣标：对，穿过去之后要和对面的人说一下，他们就会看得见。

整个缝制过程看得我们胆战心惊，因为缝衣针对小班幼儿来说是危险系数颇高的工具。为了安全起见，是否停止活动？或由成人包办代替？《指南》中提到："创造条件和机会，促进幼儿手的动作灵活协调。"我们持续观察，发现幼儿不怕困难，敢于挑战，而且有基本的自我保护意识，因此，应该满足幼儿的需求。同时，我们提醒孩子们做好安全防护，穿戴好装备，把危险系数降到最低；并通过"怎么使用缝衣针才不会扎到自己和其他小朋友"这一问题，将实际操作方法和安全指引进行整合，在基本确保安全的情况下给了幼儿更多的探索机会。

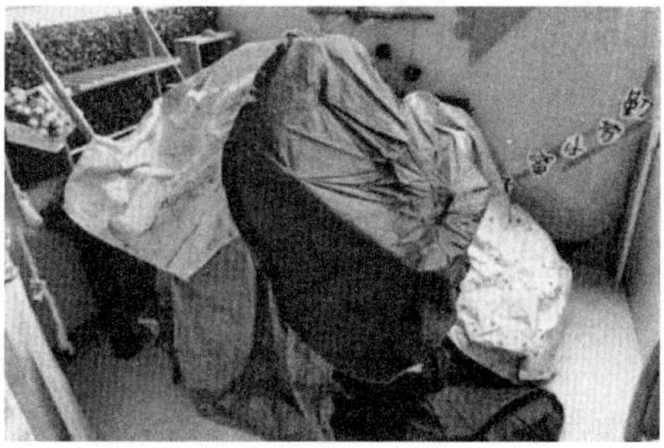

6. 预设目标与生成经验对照表，及活动终期网络结构图

"植物防晒衣"活动预设目标与生成经验对照表

领域	预设目标	生成经验
健康	1.会使用剪刀等简单的劳动工具。 2.具有一定的力量和耐心。	1.在搬运植物时具有一定的力量和耐力。 2.理解紫外光会对植物和人体产生一定的伤害，懂得保护植物和自己免受紫外光的伤害。
艺术	能运用绘画、手工制作等手段来表现防晒衣的外部特征。	1.会运用画、涂等技能制作、装饰防晒衣。 2.会使用剪刀让伞布与伞骨分离。 3.会使用缝衣针缝制防晒衣。
语言	能向他人分享关于防晒的知识。	愿意与同伴、老师交流防晒伞的相关知识。
社会	乐于与同伴分享种植的快乐。	1.遇到困难能坚持，并懂得寻求帮助。 2.喜欢承担制作防晒衣保护植物的任务。
科学	发现问题后，初步尝试分析问题，努力克服困难，想各种办法解决在活动中遇到的问题。	1.通过观察、比较、体验，尝试为植物挑选最适合阻挡紫外线灯光的材料。 2.对感兴趣的防晒伞能仔细观察，发现其明显特征。

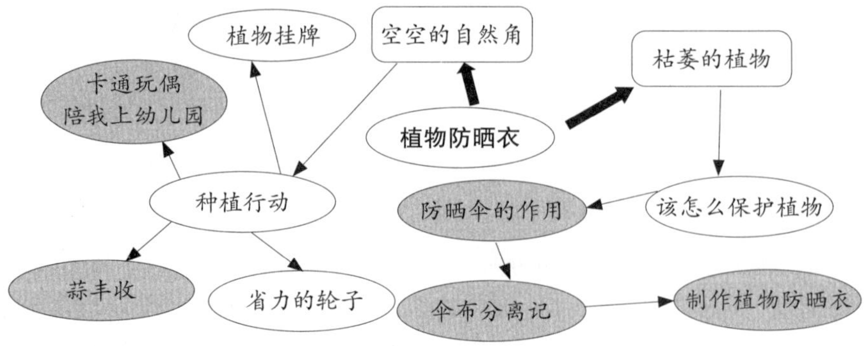

“植物防晒衣”活动终期网络结构图（阴影部分为生成内容）

收获与感悟

故事到此暂时告一段落，幼儿在这一段时间里获得很多保护植物的经验。首先，幼儿初次种植前了解植物的名称、特征，了解了一些种植的方法。其次，知道紫外线灯照射对植物有危害，能徒手搬运植物，保护植物。接着，了解到动荡的环境也会让植物枯萎，于是想到给植物做“防晒衣”。最后，孩子们在一一解决难题的经历中，缝制好大块的“防晒衣”。

我在这个过程中顺应幼儿的天性和兴趣，和他们一起保护自然角中的植物，满足他们的保护欲。我在工程劳动中充分考虑了幼儿的年龄特征，选择了他们在体力上能负担的、内容上可接受的，以及经验上能有所收获的劳动内容，在劳动工具、材料、空间和时间上都有所分层，逐步提高对劳动活动的质量和幼儿自主自发的劳动水平的要求。如，在幼儿使用剪刀的技能方面，依据是《指南》中说明的3—4岁的幼儿“能用剪刀沿直线剪，边线基本吻合”的要求，充分考虑幼儿的年龄特点，提供的劳动材料是幼儿触手可及的防晒伞，既联系生活实际，又培养了幼儿的小主人意识和责任感。

综合工程是集各工程劳动技能为一体，将木作、土建、水利等工程劳动融合应用，通过多途径开展实践研究的综合性劳动工程。在实践中，需要的不仅仅是单一的工程技术，更需要对技术进行有机整合，将多样化的工具和材料叠加利用，盘活资源环境，将生态环境与工程劳动相结合，从单个的工程技术辐射到多种工程技术的融合。

我园通过对教师开展多种形式的培训、提供相关信息技术支持，以及实行骨干先行、“同项异构”的研究方式等，强化了教师的工程劳动教育理念。通过成立“家长助教团”，充分利用社会资源，引领家长、社区参与、支持工程劳动，促进工程劳动的深度发展。在综合工程多渠道多途径的实施过程中，我们诱发幼儿多维度学习，促进幼儿多领域发展，让劳动教育在我园自然生长，与主题探究活动深度融合，孕育“固本培元”的教育思想，在我园“发酵”出求真务实的劳动精神，“酿造”出吃苦耐劳的劳动品质，使劳动之果芳香四溢。

后 记

自从踏上了幼儿园工程劳动教育的实践研究之路，我们有过疑惑，也遇到了很多困难，但是在多形式的研训、幼儿园的管理及班级实践中，我们也不断地“见招拆招”，让工程劳动教育课程逐渐在我园落地生根，开花结果。在此过程中，我们发现“工程劳动”里到处都是宝藏，它带动了幼儿的综合发展、教师的专业成长、家长教育理念的转变、幼儿园课程结构的优化等。我们在本书中总结了工程劳动教育课程在幼儿园实施的一些经验，希望能给还在“迷雾”中摸索的幼教同行提供一些参考。

一、四大元素为幼儿园工程劳动教育奠定坚实的基础

为了让幼儿园工程劳动教育的目标越来越精准，让我们的教师能越来越专业，我园坚持对幼儿园工程劳动教育的内涵进行了细致摸索，用“放大镜”一遍遍地剖析幼儿园工程劳动教育所蕴含的关键元素，经过一次次的思维碰撞、一次次的热烈讨论，我们终于拆分出了“劳动教育”“可持续性教育”“主题探究活动”“STEM 教育”这四大元素。

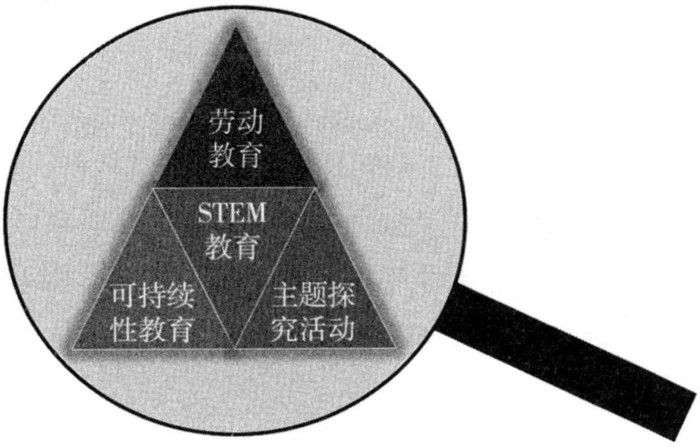

幼儿园工程劳动教育中包含的四大元素

下面结合上图来和大家探讨现阶段我园对这四个元素与幼儿园工程劳动教育关系的粗浅看法。

在我们看来，“劳动教育”是幼儿园工程劳动教育的基础，它在品德教育、身体动作发展等方面的作用无可替代，如果失去了“劳动教育”元素，那么幼儿园工程劳动教育的独特魅力也将消失殆尽，因此，“劳动教育”元素应该居于幼儿园工程劳动教育的最顶端，它是异于其他教育形式的鲜明旗帜，是最不可或缺的元素。“STEM 教育”元素之所以位于正中，因为它是支撑工程劳动顺利进行的核心部分，是幼儿在科学、技术、工程、数学等领域进行一系列深度学习才能获得的“高精尖”经验，是工程劳动的“大脑”所在。而位于左右两侧的“可持续教育”元素和“主题探究活动”元素，则是工程劳动教育的“左膀右臂”，“可续性教育”让幼儿学会关注自然、尊重生命、了解文化、勤俭节约、物尽其用，而“主题探究活动”能促进幼儿在五大领域的均衡发展，为其学习品质、学习习惯的养成奠定基础。如果说幼儿园工程劳动教育是一座“城池”，那么这四个元素就是支撑其巍然耸立的奠基石。在我们看来，只要将这四个元素做深做透，就能建设较为科学有效的工程劳动课程。当然，随着后期我们对工程劳动的认知越来越深入，或许还能拆分出更多的元素，为这座“城池”添砖加瓦。

另外，如上拆分也在很大程度上解决了因工程劳动研究资料少而导致的我园教师相关理论知识较贫瘠的问题，老师们终于可以有意识地从上述四个方面去认识、理解工程劳动的内涵，交流、探讨对工程劳动的理解，达成基本的共识，找到明确的方向，寻得高效的路径，储备丰富的教学智慧，摸索出行之有效的工程劳动课程的教学框架、教学模式，从而共同搭建心中理想的“城池”。

让我们一起逐个重温“四块奠基石”的相关理论。

（一）奠基石之一——劳动教育

国家政策正在号召大家“努力建构德智体美劳全面培养的教育体系”，强调“在学生中弘扬劳动精神，教育引导学生崇尚劳动、尊重劳动，懂得劳动最光荣、劳动最崇高、劳动最伟大、劳动最美丽的道理”。2020 年 3 月，中共中央、国务院颁发了《关于全面加强新时代大中小学劳动教育的意见》，就全面贯彻党的教育方针，加强大中小学劳动教育进行了系统设计和全面部署，站在促进国家发展的高度，唤醒社会各界对劳动教育的重视。对我们来说，“劳动教育”不仅仅是一个课题、一个项目，它是“生存教育、实践教育、永恒教育、全民教育、创造教育、幸福教育、未来教育、全人教育”①，与德、智、体、美相互关联、有机融合，是不可或缺的，是新时代国家长远发展的战略需求，是值得我们高度重视、深刻体验、反复推敲的一项教育内容。

---

① 徐长发 . 新时代劳动教育再发展的逻辑 [J]. 教育研究，2018（11）.

劳动教育是国民教育体系的重要构成部分，是全面发展教育、终身发展教育的必要内容。虽然幼儿教育是学前教育阶段，但幼儿园能以工程劳动等各种符合幼儿年龄特点的活动为载体，引导幼儿开展对劳动知识、劳动技能的学习，注重对其劳动态度、劳动观念的熏陶，为培养新时代中国特色社会主义建设者与接班人打下基础。

对于“科技进步了，劳动教育已过时”“劳动教育课题过于老旧”等观点，我们也从相关资料中找到了解答——“技术越发展，劳动对人来说就越重要，只是其内涵会随着时代变化而变化。从国家发展的需要来看，新时代格外需要我们高度重视劳动教育，认真落实劳动教育”①。劳动教育一点也不过时，不老旧，它是培养全面发展人才的重要举措，其内涵会随着时代的发展不断更新与丰富，与时俱进。

我国著名儿童教育家陈鹤琴先生提出了幼儿劳动教育的基本原则——“凡是儿童自己能够做的，应该让他自己做”，并批判了溺爱、包办等现象，认为那样做就剥夺了小孩子肌肉发展的机会，“养成小孩子不识世务、不知劳苦的性质，应着力避免”②。这些话，让身为幼儿教师的我们深刻反思。曾经，在孩子们的哭闹和家长的要求下，我们没有守住作为幼儿教育者应该坚守的理念与原则，盲目地迎合、服务，现在看来，那是多么不智慧、不专业的举动。如果幼儿园里的劳动教育被简化，加上家里父母长辈的长期包办代替，我们教育出来的不正是“四体不勤、五谷不分”，有“啃老”可能性的人吗？劳动教育最重要的功能在实践性和育人性，只有教师坚定教育立场，将劳动渗透在幼儿一日生活各环节，在制定教学目标、实施教学内容、安排教学活动等方面注重落实劳动教育，才能避免“只劳动不教育”或“只教育不劳动”的现象。另外，我们也很有必要向家长大力弘扬热爱劳动、不怕苦不怕累的精神，与家庭达成“以劳动为荣，劳动使幼儿受益终身”的共识，让家庭、幼儿园、社会这三个幼儿密切接触的环境合力发挥作用，营造符合时代发展需求的劳动氛围。

另外，陈鹤琴先生还提到“身心和谐发展是幼儿劳动教育的价值定位，劳动启蒙教育是幼儿劳动教育的核心内涵，回归日常生活是幼儿劳动教育的基本特征，家园协同一体是幼儿劳动教育的实践路径”③，他倡导幼儿劳动教育应以儿童心理发展规律与特点为前提展开，无论是目标的设定，还是劳动内容的选择、劳动方法的采用，都应该建立在对幼儿心理发展的准确把握与充分了解之上。对于我们幼教工作者来说，陈鹤琴先生的劳动教育理念，不仅为前文教师提出的“什么样的工程适合孩子做”的疑问找到了思考的方向，也为教师判断幼儿提出的工程劳动内容的价值提供了抓手，让工程劳动难易程度的把握、劳动材料的选择标准等有了依据。我们认为，

① 徐德明，阳锡叶 . 新时代劳动教育怎样落地生根 [N]. 中国教育报，2019-4-9.

② 刘军豪 . 陈鹤琴幼儿劳动教育的理念辨析与实践逻辑 [J]. 教育导刊（下半月），2020（7）.

③ 同②

脱离了幼儿发展规律、年龄特点、实际水平的工程劳动课程，要么是不切实际的“空谈工程”，要么是成人做、幼儿演的“虚假工程”。唯有围绕幼儿生活中的兴趣与需要，紧扣幼儿身心发展水平而设计，能激发幼儿自主劳动、探究的意愿，由幼儿自然生发又让幼儿一次次自主跨越“最近发展区”的，才是真实的工程劳动课程。

（二）奠基石之二——可持续性教育

前文提到，地小人多一直是我园的“瓶颈”，现有的小小空地，勉强支持这一届孩子完成了几个占地面积较大的工程，可下一届孩子、下下届孩子呢？当孩子们还需要空地做“大工程”时，幼儿园或将无法满足他们的“征地”需求。因此，如何既能满足当下幼儿进行工程劳动的需求，又不给将来的需求造成局限，这成了我园一直头痛的问题。其实，不仅场地面积捉襟见肘，幼儿园有限的经费、资源也是紧紧凑凑。如何做到物尽其用，助力每个班级工程劳动的开展？如何用长期发展的眼光来盘活全园资源，促进幼儿园可持续性的长远发展？……这些都是摆在幼儿园未来发展道路上的一道道难题。正当我们对工程劳动在我园的发展前景担忧不已时，虞永平教授的“全收获”理念使我们大受启发，让我们体会到“山重水复疑无路，柳暗花明又一村”的惊喜。

虞教授在《用“全收获”的理念开展幼儿园种植活动》一文中指出：“全收获的‘全’是指多层次、多方面、多主体，说明种植不只是让幼儿有收获，不只是获得食物。全收获理念指导下的种植活动意味着种植能给幼儿带来多样化的活动、多方面的经验，还能促进教师、家长等成人的专业发展。”①。确实，种植劳动从最初的一颗种子开始，到最后的收获，整株植物都可以物尽其用，整个过程都可以让幼儿获得新经验。例如，种植玉米，不仅可以让幼儿了解玉米的整个生长过程，让幼儿品尝自己种植的成果，还可以将玉米须、玉米叶等作为美工区或表演区的材料，将玉米棒作为饲养区里小动物的食物……在“全收获”理念下的种植劳动，不仅引导孩子注意时令和节气，关注植物的根、茎、叶、花及果的不同特点，还自然而然地向孩子渗透劳动意识、节约意识、关注身边事物的意识、生命教育，等等。种植劳动从表面上看似乎与工程劳动毫不相关，但细细解析我们就能发现，它们是异曲同工、融会贯通的。种植劳动和工程劳动虽然在劳动对象、内容、形式上有所不同，但都是教师有目的、有计划、系统地引导幼儿生动活泼、积极主动地获得有益经验的过程；都是教师引导幼儿与大自然、大环境相互作用；都是幼儿在观察、交往、表达、探究、记录等过程中不断习得新的经验，为将来形成自我管理、自我约束等综合能力打下基础。

① 虞永平 . 用“全收获”的理念开展幼儿园种植活动 [J]. 幼儿教育（教育教学），2017（07）.

因此，我们认为，将“全收获”理念广泛应用到工程劳动的课程建设中，乃至幼儿园长期的规划中来，或许是解决我园地小人多问题的一剂良药。我们可以尝试将“全收获”“全过程”理念渗透到每一项工程、每一块空地、每一块砖中，由原来一味看重工程的数量，转变为追求工程的“性价比”，将每一个材料、空间的作用开发到极致。比如，虽然空地有限，但可以由每一届孩子在原有工程的基础上进一步做足做透，不断迭代更新，真正做到地尽其利。

一直以来，我们对“可持续发展”一词的理解，较多局限在关于环境保护方面。拥有可持续性特征的早期教育是什么样的？它对工程劳动又有什么启示？《幼儿与环境：致力于可持续发展的早期教育》一书让我们对可持续性教育的深度与广度有了新的认识。书中这样定义儿童早期可持续性教育：“发生在早期教育情境内，围绕可持续性的问题、主题和经验，开展的具有改革性、赋权型和参与性的教育。儿童早期可持续性教育应支持早期教育学习共同体创设一种‘可持续性的文化’，即围绕‘可持续性’建立或改变人们的思维方式、行为方式和人际关系——它是由‘内部’生长出来的，而不是由外部强加或命令的，是一种全体参与的模式。”①。可持续性的教育是改革性的教育，“它重视、鼓励、支持儿童在自己的环节中成为问题的发现者、解决者和行动者，赋权为儿童的参与、做决定和做选择提供了更多的机会，也就是说，它给予儿童做事情的权力（能力）”②。该书作者通过“四个维度”——经济、环境、社会、文化，和“五根支柱”——学会认知、学会做事、学会合作、学会生存、学会转变自己和社会，让我们深刻意识到可持续发展是全球教育界关注的核心，是“为幼儿建设一个可持续的未来”的重要理念。

党的十九大报告也明确指出：要“努力实现更高质量、更有效率、更加公平、更可持续的发展”，重点指出“坚持人与自然和谐共生”，且将“可持续发展战略”确立为全面建成小康社会决胜期的重要战略之一。国家的发展、教育的趋势都提示我们应该尝试在工程劳动教育中逐步落实可持续发展的教育，一方面，可以结合本土文化中的精神源泉，如闽南文化、大海文化等当地文化，创造性地将工程劳动与可持续发展教育结合，如建鼓浪屿、八卦楼、骑楼等标志性建筑，尝试石雕、漆线雕等特色技艺。另一方面，可以学习各国优秀教育案例的做法，学习“重视儿童作为独立公民的技能和能力（如领导能力、自主权、解决问题和决策）；强调对他人的更多考虑、自我反省以及与他人和自然的和谐，进一步促进儿童对其所在社区可持续发展的责任”③等精髓。总而言之，在工程劳动教育中，教师不能只做埋头苦干、不

① 朱莉·M. 戴维斯．幼儿与环境：致力于可持续发展的早期教育 [M]. 孙璐，张霞，王巧玲，姚春生，译．南京：南京师范大学出版社，2018.

②③ 同①

闻窗外事的“打工人”，而应该抬起头，重视可持续性教育对幼儿终身发展的意义，应牢固竖立“可持续”的课程意识、教育理念，引导幼儿关注环境、关注社区、关注人与自然的关系。

（三）奠基石之三——主题探究活动

主题探究活动是我园研究了 20 多年的课题，一直以来是我园开展的特色课程，相对于其他三块奠基石来说，主题探究活动是我们最为熟悉的，也相对驾轻就熟。但在教师队伍建设与教师专业成长方面，我园存在着“青黄不接”的状况，青年教师队伍人数多、教龄短、经验不足。如果不让青年教师参与工程劳动教育课题的研究与实践，而是让他们慢慢地在主题探究活动课程中摸索、领悟，假以时日，他们一定能在课程设计、支持策略及课程领导力等方面有长足进步。但工程劳动的课题研究已经提上日程，时间紧，任务重，我们必须推动这些刚刚学会如何有序带好半日活动的青年教师倍速发展，从我们最熟悉、每天都在实施的主题探究活动入手，快速提高自身专业能力。

何为主题探究活动？我们认为，“它是从幼儿的认知特点和兴趣出发，围绕着认识自我、周围的动植物、身边熟悉的社会生活等一个个核心主题，提出问题情境与活动任务，带着幼儿走入生活、动手操作、自主选择、主动探索，在感受、体验与探究的过程中获取知识、积累经验、得出结论，并以自己的方式进行表征，在与教师、同伴交往互动的过程中获得解决实际问题的能力，获得积极的情感与体验”[①]。主题探究活动是一个重要的教学理念，是一种富有弹性、充满活力的课程。

主题探究活动与传统的课程有何区别？传统的课程观认为“课程”是一个名词，要求教师遵循课程纲要，使用过于教条的教科书或实施预设的教学计划等，旨在发展儿童的语言智能和数理逻辑智能，教学途径单一。通过这种课程培养出来的儿童，不仅发展片面，而且没有个性和创造性，缺乏实践能力。[②] 而主题探究活动追随幼儿的经验和生活，强调幼儿自主学习，重视幼儿内在的学习动机，同时重视教师的引导作用，课程实施过程中，教师拥有自主安排活动、自主生成课程的空间。它不要求全班幼儿都参与相同的主题，一般以小组，有时也有全班或个别幼儿等形式参与，旨在建立一种开放式的教育模式，改变以课堂、教材和教师为中心的传统教育模式，改变原有分科的、割裂的、封闭的、完全预设和只注重结果的课程结构，实现以幼儿发展为本的教育目的。

主题探究活动与工程劳动有什么关系？就目前我们的分析来看，主题探究活动和工程劳动有很多相似之处：学习内容主要源自幼儿周围的现实生活，是幼儿感兴

---

① 江旭琳．多元智能化主题探究活动中幼儿的学习评价 [M]. 福州：福建人民出版社，2013.

② 高小荣．多元智能理论下幼儿园主题探究活动的开发与建设 [J]. 创新教育，2020（07）.

趣、好奇、关注的，是幼儿可感知的、具体形象的内容；都是根据学前儿童身心发展的规律以及感性、直观的思维特点而设计和组织实施的课程。在活动的设计上，不管是工程劳动还是主题探究活动，我们都要考虑：①内容的递进性。两种课程形式下，活动都呈递进关系，体现由浅入深的学习轨迹。②目标的整合性。在目标的定位上，都注意多个领域知识、情感、态度、能力、兴趣等方面的有机整合。③手段的多元性。都综合运用各种教育手段，多方位给予幼儿积极的刺激，满足不同幼儿的不同学习需求。④资源的统整性。都从幼儿的具体需要出发，充分利用了社区资源、家长资源、本土文化资源、自然资源等当地优质的教育资源，促进活动的顺利开展。⑤计划的灵活性。不管是工程劳动还是主题探究活动，都有很多生成活动，是教师根据幼儿的兴趣、需要和发展水平，及时调整、补充原有计划，机动改变和创新设计的。

从刚开始接触工程劳动课题到现在，我们不断追求探索，一直在寻找工程劳动课程实施的途径。我们发现这不是一道非此即彼的单选题，即不是选择了工程劳动就不能实施主题探究活动。无论课程怎么改革、课题怎么开展，我们都不应该丢了最基础的部分，不能一味追求创新而摒弃园本文化。实际上，主题探究活动与工程劳动既有非常高的相似度，也有其各自的特点——工程劳动更强调劳力，更注重体力的付出，而主题探究活动则多为劳心的活动，对体力付出不特别强调。工程劳动讲究最后成果的真实性，也就是说，工程劳动的产品是要能真实使用且耐用的，而在主题探究活动中，则可以用手工作品等去替代，追求形似、神似即可。例如，过去我们开展“滑滑梯”主题活动，孩子们用梯子、木板进行简单拼搭，做出一个简易的滑滑梯即可，但在工程劳动中，就会用砖头、水泥做楼梯，用木板或瓷砖等做滑道，建造出一个货真价实的滑滑梯。不管是在主题探究活动中加入工程劳动的元素，还是在工程劳动基础上运用主题探究活动的课程架构，两种课程、两种理念是融会贯通、相辅相成的。

（四）奠基石之四——STEM 教育

随着教育改革的不断深化和社会对创新型人才需求的不断增加，STEM 教育给我国教育乃至学前教育都带来积极影响，如我国教育部在《教育信息化“十三五”规划》中提出“有条件的地区要积极探索跨学科学习（STEM 教育）等新的教育模式的应用”，中国教育科学研究院在《中国 STEM 教育白皮书》中提出“STEM 教育应纳入国家创新型人才培养战略”；《3—6 岁儿童学习与发展指南》中也明确将幼儿的科学素养作为学前教育阶段对幼儿的培养目标之一。这些都为我们培养幼儿的科学素养指明了新思路、提出了新要求。那么 STEM 教育到底是什么？要如何理解 STEM 教育的理念呢？

STEM 教育作为近十几年国际科学教育发展的新趋势，已经逐步开始影响我国幼儿园的科学教育。“STEM”是英文单词“Science”“Technology”“Engineering”“Mathematics”的缩写，是综合科学、技术、工程、数学四个学科进行教学的方式。STEM教育在当代最为突出的价值在于其强调跨学科的整合学习，尤其强调“通过以工程为核心的设计和制造活动来解决生活中真实的、有意义的问题”[①]，另外，STEM教育的倡导也非常适合社会发展的需求：“①研究现实生活中真实的、有意义的问题，由此可以培养学生对现实生活的关注。②用工程思维，而不仅仅是科学思维去解决问题。不同于指向求知的科学问题，工程问题的解决是一个设计、制作和改进的过程，由此可以培养学生的‘工匠精神’和创造性解决问题的能力。③将科学、技术、工程与数学的学习加以整合，以问题解决为核心，进行跨学科的学习，由此培养学生的学科融通和知识迁移能力”[②]。

面对STEM教育，一开始我们也有诸多疑问：它适合在幼儿园开展吗？ 3—6岁的幼儿年龄小，思维、动作发展都还处于萌芽阶段，怎么做得好工程？会不会太难了？它是一种对教师要求很高的“高精尖”课程吗？……南京师范大学的张俊老师是这么解答疑问的：“幼儿年龄小，但并不意味着幼儿就没有对生活的关注、设计的创想、制作的兴趣。问题的关键在于，教师首先要有STEM素养，用STEM思维去重新审视平时已经惯常的教育方式。例如，我们可以思考：在幼儿的生活和游戏中，有没有可以通过制作来解决的问题？如何引导幼儿从问题出发，根据需求有目的地做，而不仅仅是尝试错误地做？如何引导幼儿在做之前进行真实的设计和现实的规划，而不仅仅是幻想？如何将科学探究、数学认知有机整合进来，让幼儿更高效和合理地做？如何在做的过程中增进幼儿动手做的技术能力、有关怎样做的程序性知识（技术知识），以及对技术（含工具）的了解？”[③]张俊老师的解答拨开了我们眼前的迷雾，原来STEM教育并不是我们想象中的那么高不可攀、神秘莫测，对于幼儿园的孩子来说，所面临的大多为常识性问题，教师并不需要很强的专业学科背景。STEM教育一直藏在幼儿园生活的各个角落，只是因为教师尚未具备STEM教育的意识，因此没有及时发现它、抓住它，错失把它融入平日的教学活动中去的契机；或者有些老师发现了，但由于缺乏STEM教育的理念，只是将各个领域的知识做了简单的拼凑，忽视了学科之间的配合与交叉应用。“作为幼儿园教师，最需要的是深入了解STEM教育的概念和基本精神，对科学、技术、工程、数学的核心概念和特征有所把握，体会STEM理念在幼儿教育阶段的独特内涵，通过实践探索什么是属于儿童的技术，什么是属于儿童的工程，教师并非工程、技术知识的传授者，而是在考虑每个年龄段适宜性

---

① 莎莉·穆莫.早期STEM教学：科学、技术、工程与数学的整合活动[M].李正清，译.南京：南京师范大学出版社，2017.

②③ 同①

的工程劳动的前提下，通过真实的问题情境引发幼儿主动探究，引导幼儿在探究中学会学习，获得解决问题能力和高阶思维能力的发展”①。

在充分认识STEM教育理念及其教育价值后，我们再回头看它与工程劳动的关系,相信不用诸多介绍,单从前文频繁出现的“工程”“技术”“产物”“设计”“制作”等字眼中，大家就已经能感受到它们之间密不可分的联系了。工程劳动里处处蕴含着STEM教育的机会和可能，为幼儿提供了许多“真”问题、“真”困难，是培养幼儿科学素养的丰沃土壤。STEM教育是在工程劳动的反复实践中，去发现问题、质疑现象，运用STEM理念启发幼儿学习相关的知识经验，支持幼儿用多种方法与材料来解决工程中的问题，从而大大提高工程劳动教育的质量与效率。

用个比方来形容一下我们眼里工程劳动与主题探究活动、STEM教育之间的关系吧——如果将工程劳动想象成制造手机，主题探究活动就是手机的“基础外设”，而STEM教育则是“智能芯片”，是工程劳动成为“智能手机”的关键。

二、全资源教育理念让劳动课程视野被自然拓宽

（一）理念引领，“全”面对话

太阳放射出万丈光芒，充满力量，我们期待阳光能普照大地，驱散黑暗和阴霾，让每一处角落都充满温暖，并让我们的生命趋于丰满而富有激情。在工程劳动课程实践中，“全收获”理念始终如一束光，引领着我们前行的方向。

虞永平教授如是说：

“你看，从种子种下去，到收获以后，再到被利用，这个过程他们（幼儿）都关注了，每个阶段都关注了，都有记录，这就是全过程。”

“从种子为什么是蓝的呀，种植种子的过程当中为什么用薄膜呀，然后那么多花到底有什么不同呀，最后，从这个棉花壳到棉花、棉花子，每一个要素都会被他们（幼儿）充分地利用，叫全要素。”

“全员就是所有的人员，包括孩子、家长、植物顾问等。孩子要发展，要获得经验。……植物不断生长，（长到）比孩子人还要高，这时，跟人比较测量，是一种粗略测量。也可以用尺去测量，这是精细的测量。为什么种子之间要空那么多呢？间距是可以测量的。空多少是合理的？记住了，下次自己种。比如种棉花，里面有很多经验、很多知识。最后是（幼儿）自己表现出来的棉花的形态，自己画出来的这个棉花跟真实的棉花可能又是不同的，因为他们有自己的理解在里面。所以这里面

① 陈晓娟.幼儿园STEM教育活动中的困惑与解答[J].早期教育（教育教学），2019（10）.

是全方位的、多种知识。”

（二）学行结合，“全”面消化

在深度学习和研读虞永平教授的“全收获”理念后，我们对劳动教育的“全过程”“全要素”“全方位”内涵进行深入解读和研讨，在反复的学习—研讨—实践—反思—再实践的过程中，我们对劳动教育有了新思考、新认识，当我们用全视野的角度来审视和推进劳动课程时，幼儿园的劳动教育课程已经自然而然地生长和延伸，我们凝练出下面几个关于幼儿园工程劳动教育的内涵——

全资源：幼儿园所有人员都是工程劳动的参与者，资源的盘活也包含人力资源的拓展，除了教师们，园内的厨师、保安等工作人员因工程劳动的需要都会被幼儿邀请到教室，园外的家长和各行各业的劳动者都有机会参与幼儿园的劳动课程。

全环境：挖掘并整合园内一切资源，空间利用方面“化整为零”，根据园舍的实际情况，从小处着眼创设工程劳动基地，为自行车道、木栈道、观景步道、热带雨林、鱼池等工程提供自然、开放的环境，以此激发幼儿参与劳动的愿望；在全园自上而下地树立支持儿童主动参与劳动的意识，同时号召全员参与、全员劳动，从而在园内形成支持性的、有价值认同感的劳动教育人文环境，支持幼儿更加全面地参与劳动。

全课程：幼儿的一日活动都有可能成为工程劳动的内容来源。我们坚持以儿童为中心，追随他们的想法与需求，这让我们对课程资源的扩容有了更进一步的理解：丰富多样的劳动隐藏在儿童的一日生活中，顺着生活的逻辑，让劳动与儿童生活紧密结合，自然，无痕。

三、重新审视教育行为，践行生活化、游戏化、过程化的新劳动精神

劳动教育的回归是时代的呼唤，劳动教育必须从娃娃抓起。作为基础教育的奠基阶段，幼儿园在新时代新形势下如何开展劳动教育成为亟待探索的问题。但长期以来，幼儿园劳动教育在教育实践中已被淡化，即使部分教师重视，也仅局限于引导幼儿自己的事情自己做。而幼儿园的劳动教育不仅可以增强幼儿的动手能力、生活自理能力及责任感，且对幼儿的身体和心理发展都具有不可替代的作用，有利于幼儿创造能力的发展。2020 年，国务院《关于全面加强新时代大中小学劳动教育的意见》中提出未来将构建劳动教育体系，以劳树德、以劳增智、以劳强体、以劳育美，培育和弘扬社会主义核心价值观。这为我们树立大劳动教育观提供了方向和指引。

（一）重新审视幼儿的生活与游戏，把握新时代劳动教育中幼儿应初步具备的核心素养

新时代背景下，我们应围绕立德树人这一根本任务，围绕培养能担当民族复兴

重任的时代新人这个目标，着力提升幼儿的综合素质，促进幼儿全面发展、健康成长。加强对幼儿的劳动教育、提高幼儿的劳动素质是我们需要践行的教育任务。在此背景下，我园迈出大劳动课程实践研究的第一步，重新审视、分析幼儿一日活动流程、过渡环节的安排、幼儿的游戏等是否注重劳动对幼儿成长的促进价值，并提出了“生活启蒙劳动，劳动滋养生活”的劳动教育主张，凸显劳动教育对幼儿成长和发展的深远意义。

通过对幼儿劳动素养现状的分析及劳动教育理念的重构，我们意识到劳动不仅是一日生活对幼儿提出的要求，也是幼儿自身发展的需要。在劳动中，幼儿可以学习独立和自信，学会尊重劳动、尊重他人，提高劳动意识、劳动能力，形成服务精神和助人品格，劳动教育是帮助其创造幸福人生的重要的“起点教育”。

（二）尊重幼儿的学习特点，凸显幼儿劳动教育的游戏性

劳动之所以锻炼人的品格，因其在一定程度上是日复一日的，甚至是枯燥重复的无意识劳动，能使人形成坚忍、不怕辛劳的品性。然而，对幼儿来说，训练式的劳动很容易使幼儿尚未感受到乐趣便丧失了兴趣。因此，幼儿阶段的劳动教育要尊重幼儿的年龄特点和学习方式，以幼儿生活的逻辑组织多样化的、感性的、有趣味性的劳动，且应随着生活情境的变化而变化，在劳动内容上结合实际生活，形式上结合游戏活动。我园尊重幼儿的学习特点，将劳动与游戏相结合，抓住幼儿在游戏时生发的劳动契机，创设适宜的劳动环境，支持幼儿自然参与劳动。只有逐步把劳动教育的目标物化成游戏材料和环境，把劳动教育的内容转化成儿童喜欢的游戏或活动，才能让丰富多样的劳动活动成为幼儿乐于参与、尽情享受的美好生活。

（三）遵循幼儿的成长规律，关注幼儿的劳动过程及经验获得

劳动是伴随人一生的活动，而相对短期的幼儿园劳动，其成果的内隐性使幼儿阶段的劳动教育成果不容易被直接看见，不同于成人能够通过劳动创造精神和物质财富，因此，幼儿劳动教育需更加注重培养儿童对劳动的情感、态度和习惯。对幼儿的劳动教育应更关注劳动的过程，关注幼儿劳动情感与态度的萌发，以及综合、全面的发展。激发幼儿参与劳动的兴趣，培养其良好的劳动态度和习惯，使其体会劳动所带来的自我效能感，是我园劳动教育重点关注的目标。培养幼儿的劳动习惯是一个长期、持续的过程，不仅应在劳动课程中有所体现，还应在生活环节以及家庭中加以渗透。

综上所述，经过数年研究，我园初步构建了工程劳动课程，也发现工程劳动教育的内容、目标、展开形式会随着园所实情、课程建设方向、教师专业水平、幼儿已有的劳动经验与水平的不同而产生很大的差异。我们将继续探索不同年龄阶段幼儿在工程劳动教育中能获取的关键经验，让幼儿园工程劳动教育更有层次性、阶梯性、连续性。

参考文献

［1］徐长发．新时代劳动教育再发展的逻辑 [J]. 教育研究，2018（11）.

［2］中华人民共和国教育部．构建新时代中国特色社会主义劳动教育体系——教育部有关负责人就《关于全面加强新时代大中小学劳动教育的意见》答记者问 [EB/OL].（2020-03-26）[2020-05-01].http：//www.moe.gov.cn/jyb_xwfb/s271/202003/t20200326__434972.html.

［3］徐德明，阳锡叶．新时代劳动教育怎样落地生根 [N]. 中国教育报，2019-4-9.

［4］江旭琳．多元智能化主题探究活动中幼儿的学习评价 [M]. 福州：福建人民出版社，2013.

［5］胡君进，檀传宝．劳动、劳动集体与劳动教育——重思马卡连柯、苏霍姆林斯基劳动教育思想的内容与特点 [A]. 国家教育行政学院学报，2018（12）.

［6］王吉吉．论苏霍姆林斯基劳动教育对个性全面和谐发展教育的作用 [J]. 黑河学刊，2017（1）.

［7］刘军豪．陈鹤琴幼儿劳动教育的理念辨析与实践逻辑 [J]. 教育导刊（下半月），2020（7）.

［8］虞永平．用“全收获”的理念开展幼儿园种植活动 [J]. 幼儿教育（教育教学），2017（07）.

［9］朱莉·M. 戴维斯．幼儿与环境：致力于可持续发展的早期教育 [M]. 孙璐，张霞，王巧玲，姚春生，译．南京：南京师范大学出版社，2018.

［10］高小荣．多元智能理论下幼儿园主题探究活动的开发与建设 [J]. 创新教育，2020（07）.

［11］蔡蔚文．幼儿园保教质量监控指导手册 [M]. 福州：福建教育出版社 .2018.

［12］莎莉·穆莫．早期 STEM 教学：科学、技术、工程与数学的整合活动 [M]. 李正清，译．南京：南京师范大学出版社，2017.

［13］陈晓娟.幼儿园STEM教育活动中的困惑与解答[J].早期教育(教育教学)，2019(10).

［14］尤梦洁.探析幼儿园开展STEM项目活动的途径和方法[J].新课程，2020(17).

［15］高翔，胡露.STEM教育：幼儿园活动开展的新探索——以成都市金牛区机关第三幼儿园的实践为例[J].中国教育学刊，2019(09).

［16］刘颖.劳动教育促进完整儿童的发展[N].中国教育报·学前周刊，2020-05-03.

［17］任秋燕.基于STEAM理念的大班儿童工程教育研究[D].南京师范大学，2018.

［18］赵辉，贺腾飞，王全旺.STEM教育理念下幼儿基于项目学习的模式探究——以“制作滑轮喂鸟器”为例[D].内蒙古师范大学学报(教育科学版)，2019(01).

［19］王春林.基于项目活动的幼儿STEM课程实施的行动研究[D].华中师范大学硕士学位论文，2019.

［20］楼晓双，石腾峰.基于幼儿园木工活动开展STEM教育的实践探索[J].教育导刊(下半月)，2021(03).

［21］杨彩香，钟媚，黄苗苗，潘霞.设计思维培养为导向的小学STEAM课程教学设计流程构建[J].中国教育信息化，2020(10).

［22］杨伟鹏，张丹丹.推动STEM教育：人工智能时代下的幼儿园课程建设[J].幼儿教育，2018(5).

感谢您使用本书。您在使用时如有建议或发现质量问题，请联系我们。

【内容质量】电话：4008283622

【印装质量】电话：4008283610

图书在版编目（CIP）数据

小工程　大劳动：幼儿园工程劳动教育实践 / 林远龄等著. — 南京：江苏凤凰教育出版社, 2023.9

（幼儿园劳动教育丛书 / 刘颖，虞永平主编）

ISBN 978-7-5743-0397-3

Ⅰ. ①小… Ⅱ. ①林… Ⅲ. ①学前教育—劳动教育—教学研究 Ⅳ. ①G613.3

中国国家版本馆CIP数据核字（2023）第158416号

幼儿园劳动教育丛书

书　　名　小工程　大劳动——幼儿园工程劳动教育实践

作　　者　林远龄　庄宏玲　唐淑玲　钟萍萍　梁　薇　罗　盈

出版策划　刘　煜

责任编辑　严小英

出版发行　江苏凤凰教育出版社（南京市湖南路 1 号 A 楼　邮编 210009）

苏教网址　http: //www. 1088. com. cn

印　　刷　江苏扬中印刷有限公司（电话：0511-88420818）

厂　　址　江苏省扬中市大全路 6 号

开　　本　787 毫米 ×1 092 毫米　1/16

印　　张　20.25

插　　页　1

版　　次　2023 年 9 月第 1 版

印　　次　2023 年 9 月第 1 次印刷

书　　号　ISBN 978-7-5743-0397-3

定　　价　68.00 元

网店地址　http：//jsfhjycbs. tmall. com

公 众 号　苏教服务（微信号：jsfhjyfw）

邮购电话　025-85406265，025-85400774

盗版举报　025-83658579